倒吹無孔笛

明清佛教文化
研究論集

廖肇亨 著

塗毒鼓聲何處起

—— 明清佛教研究的再省思

一、前言：明清佛教研究的發展軌跡

從當前佛教研究的角度來看，明清時期謂之備受冷落當不為過；從明清文學文化的角度來看，佛教也是相對寂寥的環節。曾經溿歟盛哉的明清佛教文化，門前可謂冷清寂寥。二十世紀以來，日本學界先是以「禪道變衰」來形容元代以後的禪宗，❶二十世紀中葉又刻意強調明清佛教的「庶民性」，彷彿沒有新的宗派出現，就預示在思想境界上沒有足夠深刻的重要建樹，雖然說法不一，然其貶抑之意則無二也，流風所及，幾乎迄今不歇。

所幸，學界尚有一二有識之士挺立其間，直如暗室

---

❶ 忽滑谷快天影響深遠的《禪學思想史》一書可為代表。參忽滑谷快天，
《禪學思想史》（東京：玄黃社，1923 年）。

明燈。二十世紀初期的中國學者陳垣（1880－1971）的《明季滇黔佛教考》、《清初僧諍記》二書可以說是現代學術意義之下的開山之作，❷雖然此二書的論證性不強，多半是傳統文獻的鋪陳，但陳垣經眼之文獻甚多，且多有今日難以見及者，具有重要的指引作用，日本野口善敬先生曾就《清初僧諍記》加以譯註，❸提供了一個今日大致可見的書目指南。陳垣《語錄與順治宮廷》則是以清初僧人的語錄做為觀察清初帝室的史料，可謂別開生面。❹陳垣之後，華語學界關於明清佛教的研究幾乎可謂一片沉寂。大陸郭朋雖有《明清佛教》一書，❺但並未給予正面積極的評價，直至聖嚴法師（1930－2009）以蕅益智旭（1599－1655）❻為題的博士論文正式出版，之後並出版《明末佛教研究》一

---

❷ 陳垣，字援庵，廣東新會人。著名中國宗教史學者，曾任輔仁大學、北京師範大學校長、哈佛燕京學社社長、中央研究院院士。關於佛教方面的著作有《明季滇黔佛教考》、《清初僧諍記》、《釋氏疑年錄》等書。

❸ 陳垣撰，野口善敬譯註，《訳註清初僧諍記——中国仏教の苦悩と士大夫たち》（福岡市：中国書店，1989 年）。

❹ 陳垣，《語錄與順治宮廷》，《陳垣學術論文集》，第 1 集（北京：中華書局，1980 年），頁 517-532。

❺ 郭朋，《明清佛教》（福州市：福建人民出版社，1985 年）。

❻ 蕅益智旭，江蘇木瀆人，俗姓鍾。初學儒，後兼究天台、華嚴、法相等學，後篤志淨土，為淨土宗第九祖。著有《閱藏知津》、《靈峰蕅益大師宗論》、《成唯識論觀心法要》、《梵網合註》數十部著作。

書，❼特別梳理藏經中明代佛教的相關資料，聖嚴法師
又在正式的學術著作之外，例如《禪門修證指要》、
《禪門驪珠集》中標舉無異元來（1575－1630）❽、晦
山戒顯（1610－1672）❾等禪師，尤其是對晦山戒顯的
《禪門鍛鍊說》的高度推崇。聖嚴法師之後，江燦騰
教授繼之而起，其憨山德清（1546－1623）的研究膾
炙人口，釋見曄關於晚明四大師的研究也頗受注目。❿
陳玉女教授從社會經濟史的角度出發，對明代佛教發
展的歷史進程頗有新見。⓫大陸方面，晚明佛教研究一
直處於低迷狀態，陳永革教授由博士論文為基礎，修
改而成的《晚明佛學的復興與困境》一書可謂橫空出

---

❼ 釋聖嚴，《明末佛教研究》（臺北：東初出版，1992 年）。

❽ 無異元來，舒城人，俗姓沙。年十六矢志出家，年二十七至鵝湖心和尚
處受菩薩毘尼。歷住信州博山、建州董巖、建州仰山、福州鼓山、金
陵天界等諸剎，並著有《無異元來禪師廣錄》、《博山無異大師語錄集
要》、《博山參禪警語》等書。

❾ 晦山戒顯，俗名王瀚，字原達，太倉人，曾與吳梅村同學，年三十五，
在寶華山依三昧寂光剃髮出家，後嗣法靈隱寺具德弘禮。歷主杭州靈
隱寺、雲居山真如禪寺、武漢安國寺、四祖寺等名山巨剎。著有《語
錄》、《詩文集》、《現果隨錄》、《禪門鍛鍊說》等。

❿ 江燦騰，《晚明佛教叢林改革與佛學諍辯之研究——以憨山德清的改
革生涯為中心》（臺北：新文豐出版公司，1990 年）、釋見曄，《明
末佛教發展之研究——以晚明四大師為中心》（臺北：法鼓文化，2007
年）。

⓫ 陳玉女，《明代佛門內外僧俗交涉的場域》（新北：稻鄉出版社，2010
年）。

世，⓬張志強教授《唯識思想與晚明唯識學研究》也曾
對晚明的唯識學下過深切工夫，⓭然而惜未能蔚為風
尚。歐美學界，于君方教授師承狄百瑞教授，關於雲棲
袾宏（1535－1615）的研究具有開創性的意義⓮、徐頌
鵬（Hsu Sung-Peng）*A Buddhist Leader in Ming China:
The Life and Thought of Han-shan Te-ching* 一書處理
憨山德清。⓯接此之後，有韓書瑞（Susan Naquin）
Peking: Temples and City Life 1400-1900 一書則主要以
北京為例，檢視寺院與當時節令風俗之間的關係，亦
社會史進路之一端，並未觸及思想層面之問題。⓰歐美
世界的研究，以卜正民（Timothy Brook）*Praying for
Power: Buddhism and the Formation of Gentry Society in
Late-Ming China* 一書較為知名，⓱作者原係知名的社

⓬ 陳永革，《晚明佛學的復興與困境》（高雄：佛光山文教基金會，2001
年）。

⓭ 張志強，《唯識思想與晚明唯識學研究》（高雄：佛光山文教基金會，
2001 年）。

⓮ Yu, Chun-fang, *The Renewal of Buddhism in China: Chu-hung and the Late
Ming Synthesis* (New York: Columbia University Press, 1981).

⓯ Hsu, Sung-peng, *A Buddhist Leader in Ming China: The Life and Thought of
Han-shan Te-ching* (University Park: Pennsylvania State University Press,
1979).

⓰ Susan Naquin, *Peking: Temples and City Life, 1400-1900* (Berkeley:
University of California Press, 2000).

⓱ Brook, Timothy, *Praying For Power: Buddhism and the Formation of Gentry
Society in Late-Ming China* (Cambridge, Mass.: Council on East Asian

會史家，此書亦主要在討論佛教與晚明知識階層在權
力、社會脈絡的相互糾葛，作者此書仍然側重在佛教與
社會階層的關係，對於佛教內部談論較少。北美漢學界
近年明清佛教研究的著作，吳疆（Wu, Jiang）教授挺
而秀出，其 *Enlightenment in Dispute: The Reinvention
of Chan Buddhism in Seventeenth-Century China* 一書由
其博士論文修改而成，[18]雖然其處理的課題與陳垣《清
初僧諍記》大同小異，但運用某些新出的佛教史料，亦
注意到佛教內部發展的差異，思想史意味較前述諸人為
強。近年吳疆教授又有黃檗宗的專著一書問世。[19]一般
而言，除了吳疆教授之外，大部分的明清佛教研究者都
帶有社會史研究的傾向，思想課題的討論似非其關注
的焦點。

　　總體而言，關於明清佛教的研究，著力最深，精彩
迭出仍然首推日本學界。日本學者於此努力耕耘，代不
乏人。日本九州大學名譽教授荒木見悟（1917－2017）

Studies, Harvard University and Harvard-Yenching Institute: Distributed by Harvard University Press, 1993).

[18] Wu, Jiang, *Enlightenment in Dispute: The Reinvention of Chan Buddhism in Seventeenth-Century China* (New York: Oxford University Press, 2008).

[19] Wu, Jiang, *Leaving for the Rising Sun: Chinese Zen Master Yinyuan and the Authenticity Crisis in Early Modern East Asia* (New York: Oxford University Press, 2014).

的一系列研究對宋明思想當中儒佛交涉的課題用力最深，❷且極具開創性，在荒木見悟的學術生涯當中，開拓了眾多課題，例如張九成（1092－1159）、管東溟（1536－1608）、憨山德清、顏茂猷（1578－1637）、彭際清（1740－1796），現在都已蔚成大國，荒木見悟的研究，文獻與理論並重，屢屢提出新問題當然不在話下，解決問題的方法更是細密過人，且化用西方哲學論述於無形，絕無生剝之譏，可謂近世佛教思想史研究的登峰之作，荒木見悟一系列的著作已成為明代佛教思想的經典，其題名直接相關的著作至少有《雲棲袾宏の研究》、《明代宗教思想研究》、《憂國烈火禪》等著作。筆者曾經翻譯兩冊荒木見悟的專著，亦撰有專文介紹荒木見悟的方法與成就。❷荒木見悟的嫡傳弟子野口善敬對於元代、明代禪宗史的研究亦可見其博雅深厚之功，亦是近世佛教思想史家中的大手筆。其註解《清初僧諍記》，❷使之成為極有助益的資料集，其自身亦有

---

❷ 荒木見悟，日本九州大學名譽教授，著名佛學研究者，對明代思想史、佛學史有卓越研究貢獻。著有《仏教と儒教》、《陽明學の位相》、《憂國烈火禪──禪僧覺浪道盛のたたかい》、《明末清初的思想與佛教》等書。

❷ 參見荒木見悟著，廖肇亨譯，《明末清初的思想與佛教》（臺北：聯經出版社，2006 年）、《佛教與儒教》（臺北：聯經出版社，2008 年）。

❷ 同註❸。

多篇論文，討論晚明佛教人物如黃端伯（？－1645）、
密雲圓悟（1566－1642）、晦山戒顯等重要佛教人物，
長谷部幽蹊先生專長於明清佛教部派發展，對明清佛教
研究基礎文獻史料的整理有傑出貢獻。其大作《明清佛
教教團史研究》已成為明清佛教發展史的經典，❷其又
有論文專論晚明的華嚴宗、臨濟宗三峰派。荒木見悟、
長谷部幽蹊、野口善敬三者的研究成果，目前可以說是
明清佛教研究的一大里程碑。

　　整體來說，佛教方面的學者對佛教自身的問題十
分關心，但對於文化相關的分野極少觸及，對《大藏
經》以外的材料大部分往往未能給予適當的關注，連當
時著名文人別集，如袁中郎（1568－1610）、錢謙益
（1582－1664）等人之著作皆罕所寓目（唯一的例外是
荒木見悟先生），故亦極少以宏觀的文化視野省視當時
的學術、文化等問題。筆者主要關注於明清佛教與社會
文化脈絡之間的互動關係，特別是詩禪交涉與遺民出家
兩個重要的文化現象。

---

❷　長谷部幽蹊，《明清佛教教團史研究》（京都：同明舍出版，1993
　　年）。

二、明清佛教文化的精神特質

　　一般談論明代佛教，喜以馬鞍為喻，謂兩頭高起，中間平落之勢。一般的觀察往往如是，明初高僧輩出，中葉一度衰歇，到晚期又有復興之目。雪浪洪恩（1545－1608）、萬曆三高僧（憨山德清、雲棲袾宏、紫柏真可〔1543－1603〕）、月川鎮澄（1547－1617）等人橫空出世，禪家講家紛然勃興，淨土法門與清規戒律，一時成為叢林關注的焦點。關於明清佛教發展的歷史軌跡，前人言之已詳，茲不辭費，❷不過明清佛教的社會文化性格或許略有可說，筆者管見以為，明清佛教文化性格約有數端可說，大體歸納為「雜多性」、「積極入世」、「跨界互文」，茲分說如下：

　　（一）雜多性：明清佛教一度被定位為「庶民佛教」，似乎在教理教義無甚可觀。事實上，佛教經典的注疏的數量遠邁前代。禪門大德也有各種創造性的說法，也曾流布異國，例如雲棲袾宏《禪關策進》❷、無異元來《參禪警語》在扶桑影響深遠。❷另外，就文學

---

❷　沖本克己編，辛如意譯，《中國文化中的佛教》（臺北：法鼓文化，2015 年），頁 107-159。

❷　雲棲袾宏，《禪關策進》，《大正藏》，第 48 冊，No. 2024，又見《嘉興藏》，第 32 冊。

❷　無異元來，《博山參禪警語》，《續藏經》，第 63 冊，No. 1257。

來說，傳統上只講詩禪不二。宋代以後，詩歌之外，小說、戲曲、講唱文學，莫不皆可見佛教的投影。當然宣講、廟會、朝山等種種宗教活動也是顯而易見。從文士風雅到庶民趣味，從高深義理到社會救濟，焉能以「禪道變衰」或「庶民佛教」一語可以統而括之。就佛教著作的種類、數量與作者背景分析，種種複雜的層次紛然並陳，可謂「雜多性」的充分體現。

（二）入世性：大乘菩薩道強調慈悲利他的基本精神，原無足深訝。但明清時期的佛教積極強烈的社會性格，可謂特出之例。以明清鼎革時期為例，不同的政治立場的僧人在歷史舞台都有十分醒目的角色。明社既屋之後，士人依政治立場分為新、舊兩派，佛教叢林亦不例外，不事新朝的僧人，學界慣以「遺民僧」名之。遺民僧一直是學界關注的焦點，筆者亦曾有專書探論。❷然而相對於遺民僧的熱況，政治立場傾向於有清一代的僧人似乎問津者寡。事實上，新朝派的僧人也不容忽視。清初漢僧敕賜禪師封號人數不少，較為知名者，至少有大覺能仁普濟國師玉琳通琇（1614－1675）❷、

---

❷ 參見拙著《忠義菩提──晚明清初空門遺民及其節義論述探析》（臺北：中央研究院中國文哲研究所，2013年）。

❷ 玉琳通琇，俗姓楊，江蘇常州府江陰人，十九歲從天隱圓修出家，圓修示寂後，玉琳通琇遂繼席報恩禪寺，大闡宗風，順治十六年，奉清廷世祖順治皇帝詔請，入京說法。敕封「大覺普濟能仁國師」。順治駕崩

玉琳通琇弟子笻溪行森（1614－1677）㉙、弘覺禪師木
陳道忞（1596－1674）㉚、明覺禪師憨璞性聰（1610－
1666）㉛等人亦嘗接受清世祖順治帝的敕封。透過憨璞
性聰之薦，玉琳通琇與木陳道忞二人皆曾應清世祖順治
帝之詔請入京說法，從而成為當時叢林與士林熱衷談論
的話題，轟動一時，二人的著作亦豐，雖與當時江南浮

───────────────────────────

後，玉琳通琇南還報恩寺，曾住杭州西天目山禪源寺，感其地為元代高
峰原妙禪師祖庭獅子正宗寺故地，遂以其地開「獅子正宗派」。歷住武
康報恩寺、杭州大雄山、湖州扣冰寺、龍池山、磬山、西天目山禪源
寺、宜興善權寺。門人音緯等人輯其法語、遺稿，編成《普濟玉琳國師
語錄》十二卷。

㉙ 笻溪行森，博羅（廣東）人，俗姓黎。世稱笻溪行森禪師。參學於雲門
雪嶠圓信，復參謁玉林通琇於大雄，得嗣其法，隨侍多年。清順治年
間蒙聖恩召入內廷，師力辭封號，上遂賜呼「慈翁」，既歸，隱於圓照
寺。康熙十六年示寂於吳山華嚴寺，世壽六十四。雍正十一年追諡「明
道正覺禪師」。

㉚ 木陳道忞，潮州茶陽人，俗姓林，幼有夙慧，試博士弟子，然性不耽世
好，飄然有塵外想。及冠，讀《大慧語錄》，忽憶前身雲水參方，歷歷
如見，參憨山、黃檗諸尊宿，皆深契之。後於密雲圓悟處開悟得法，掌
書記十四年，密雲圓悟示寂，繼主天童，順治十六年奉詔入京，康熙十
三年示寂，世壽七十九，僧臘五十五。著有《北遊集》、《布水臺集》
等，關於木陳道忞的研究，可以參看荒木見悟，〈禪と名教──木陳道
忞の變節〉，《東洋古典學研究》第 1 號，（廣島：廣島大學，1996
年），頁 11-23。

㉛ 憨璞性聰，延平府（福建南平）人，俗姓連。清世祖賜號明覺，字憨
璞，世稱明覺性聰或憨璞性聰。十五歲於天王寺出家，先後參訪支提山
本輝、普陀巖大雲、武林山默淵、永覺元賢、東山爾密、溫州魚潭，得
法於杭州太平寺百癡行元。歷住杭州觀音寺、餘杭法喜寺、錢塘廣福
院、順天海會寺及延壽寺、邵武安國寺、順天愍忠禪寺等。遺有《明覺
聰禪師語錄》十六卷。

屠遺民的政治立場不盡同調，但從清代佛教思想史的角
度，具有相當程度的代表性自不待言。遺民派的僧人強
調救國，新朝派的僧人強調護國，雖然政治立場有異，
但其具有強烈的社會屬性則無有異也。更具體的說：應
該是「世、出世間，打成一片」。

　　（三）互文性：明清時代佛門具有強烈跨界論述
的文化傾向，最明顯的是說儒佛一致的高僧大德不知凡
幾，「儒家的骨，反在宗門」一語在明清之際的宗門俯
拾即是一事便是最佳例證。具體言之，晚明思想家管東
溟以《華嚴》說《易》、蕅益智旭以禪解《四書》與
《周易》，❷此儒家也。道家中，則以《莊子》最受佛
門重視，覺浪道盛（1593－1659）《莊子提正》❸、無
可弘智（方以智，1611－1671）《藥地炮莊》❹、俍廷

---

❷　如管東溟《覺迷蠡測》、蕅益智旭《四書蕅益解》、《周易禪解》等著
　　作。
❸　覺浪道盛，別號杖人，閩浦人，俗姓張。嘗從博山和尚受具，不契，辭
　　往壽昌，道經書林，見東苑和尚投機，遂折節過多。後禮壽昌無明，
　　重重參證，昌頷之。年二十八於興化開堂，後住龍湖、壽昌、靈谷、天
　　界、鳳林、徑山、攝山棲霞。師年老復持金陵，諸護法書請歸天界，故
　　晚稱天界和尚。著有《天界覺浪盛禪師全錄》等書。清順治己亥九月初
　　七示寂，世壽六十八，僧臘四十九。
❹　無可弘智，別號藥地，桐城人，俗名方以智。明亡後出家為僧，得法於
　　覺浪禪師。歷住金陵天界、新城壽昌、吉州青原等剎。著有《藥地炮
　　莊》、《通雅》、《物理小識》、《愚者智禪師語錄》、《浮山後集》
　　等。清康熙十年示寂，世壽六十一。

靜挺（徐繼恩，1615－1684）以禪解《莊》❸，側重將禪宗與道家《莊子》做有機的結合。文學藝術更爲清楚，除了講詩禪不二大行其道之外，湯顯祖（1550－1616）受紫柏眞可大師影響，創作《玉茗堂四夢》等傑出劇作，已是學界老生常談。覺浪道盛說「盡大地是一戲場」、金聖歎借趙州和尚無字公案說《西廂記》，將戲曲也納入禪林文化論述的視野。❸ 文學之外，有用琴說法的東皋心越（1639－1695），❸ 也有大談畫禪不二的董其昌（1555－1636）、苦瓜和尚（道濟，1642－1707），❸ 更不能忘了畫藝精工絕倫的髡殘石谿（1612－1692）、❸ 漸江弘仁（1610－1664）等 ❹。除

---

❸ 徐繼恩，世臣，武林名士。後出家，法名淨挺，註有《漆園指通》，以禪解《莊》。

❸ 參廖肇亨，〈淫辭艷曲與佛教——從《西廂記》相關文本論明末清初的佛教詮釋〉，收入《中邊·詩禪·夢戲——明末清初佛教文化論述的呈現與開展》（臺北：允晨文化，2008 年），頁 391-434。

❸ 東皋心越，俗姓蔣，浙江浦江人。八歲於蘇州報恩寺出家，二十歲參覺浪道盛，後於道盛門人闊堂大文下獲得印可，住杭州永福寺、康熙十五年受邀東渡日本，落腳水戶藩，被奉爲日本曹洞宗壽昌派祖師。精通琴道，爲當時日本引入古琴的演奏指法。

❸ 石濤，本名朱若極，廣西桂林人。爲明靖江王朱贊儀十世孫，清初逃至全州湘山寺出家，爲清初四畫僧之一，晚年還俗以賣畫爲生，是當時著名畫家、藝術理論家。

❸ 髡殘石溪，俗姓劉，一字介邱，號白禿，一號殘道者。武陵人。清初四畫僧之一，寓居南京牛首山幽栖寺，能詩文，有《詩集》及《畫冊》行世。

❹ 明清禪林中類此種種「異類中行」的傑出僧人，一個簡要的介紹，參見

了說明禪林文化的無遠弗屆之外，不同場域之間的相互借鏡取譬蔚然成風。不僅是遊戲筆墨，更有直探價值本源與規範疆界基準的用意。

「雜多性」、「入世性」、「互文性」可以說是明清佛教顯而易見的特質，當然也有部分時代思潮也反映在明清佛教文化，例如「回歸原典」或文獻復古輯佚之風也不難在佛教找到類似的呼應，特別是藏經的刊刻，影響亦極為深遠。但筆者以為：明清佛教中，「雜多性」、「入世性」、「互文性」三者光譜的交相映襯，成就此際佛門多元精彩的精神特質，藏經刊刻、回歸原典等風氣也是在此光譜映襯之下探尋神聖根源的必然之舉。

在此基礎之上，本書論文主要分成三部分：第一篇 明清佛教在東亞、第二篇 文化話語中的佛教、第三篇 禪林文化論述，共收論文十二篇。現就其大致內容解說如下：

第一篇 明清佛教在東亞

在東亞文化交流過程當中，佛教一直是最重要的載

廖肇亨，《巨浪迴瀾——明清佛門人物及其藝文》（臺北：法鼓文化，2014 年）。

體之一，日本史學家西嶋定生（1919－1998）曾經說明東亞文化交流過程中的四大要素：（一）漢字、（二）律令制、（三）佛教、（四）儒學。❹漢字是彼此溝通的方式，佛教與儒教代表了思想型態與論述方式，律令制可以引申解釋爲所有的典章制度。除此之外，筆者管見以爲：在近代化歷程以前，東亞彼此溝通交流過程中，文學與藝術亦占有不可或缺的重要地位，筆者曾於他處多所觸及，於此可先置之弗論。西嶋定生所列四項要素之中，歷時最久、範圍最廣、牽涉層面最爲複雜，自當首推佛教。東亞佛教交流當中，學界最熱衷談論的對象當中，一是日本中世的五山詩僧，另一是明清之際以黃檗宗爲主的渡日華僧。黃檗宗的部分，筆者已將歷年發表的論文彙集成帙，另有專著集中討論，於此先不贅及。過去討論此一研究課題，先賢多集中在宋元時期五山詩僧，明清時期罕有著意，本書收錄〈聖境與生死流轉 —— 日本五山漢詩中普陀山文化意象的嬗變〉則側重於普陀山多變樣態之後歷史文化脈絡、〈曹洞宗壽昌派在東亞的流衍傳布 —— 以東皋心越與石濂大汕爲中心〉則是反思曹洞宗壽昌派在明清時期東亞文化交流的

---

❹ 西嶋定生，《邪馬台國と倭國 —— 古代日本と東アジア》（東京：吉川弘文館，1994 年），頁 164。

角色與作用、〈百川倒流——日本臨濟宗五山禪林海洋論述義蘊試詮〉一文介紹日本五山詩僧的海洋論述、琉球王國的佛教罕爲人知，但從東亞文化交流的角度似乎約略可以觸及，故〈南浦文之與琉球王國〉一文以薩摩藩的僧人南浦文之（1555－1620）❷的漢詩文爲例，嘗試就僧人的書寫特徵與精神樣態加以闡發。雖然只有四篇論文，但希望從文化交流史舊的角度對明清時期禪林的心態與意涵能有新的認識。

第二篇　文化話語中的佛教

佛教對於中國文學書寫型態的一大貢獻在於心理層面的拓深，反映在罪業的感知，以及對夢的研析。❸罪惡感，其實就是道德意識的另一種不同的型態，夢，則牽涉到了心理層次的抉發，由心理而生理，或曰「身心性命的安頓」，其實是明清知識社群的核心關懷之一。以

---

❷ 南浦文之，又名文之玄昌，俗姓湯淺，生於日向　飫肥南鄉外浦，十二歲，脫白出家，諱玄昌。爲薩南學派開祖桂庵玄樹四傳弟子，從龍源寺一翁玄心兼學儒、禪。受後水尾天皇之召，於宮中講《四書集註》。著有《鐵炮記》、《南浦文集》、《南浦棹歌》、《戲言》等。於元和六年（1620）九月三十日圓寂，享年六十六歲，詳參本書〈南浦文之與琉球王國〉一文。

❸ 關於佛教對夢的論述，特別是近世，參見拙著，〈僧人說夢——晚明叢林夢論試析〉，《中邊‧詩禪‧夢戲——明末清初佛教文化論述的呈現與開展》，頁 435-466。

西方而言，原罪觀念是西方基督教文明形成最重要的基石之一，在中國是否有相對應的觀念，在二十世紀初期曾引起廣泛的討論。在當時反傳統的風潮之下，似乎有一種聲音認為中國文化基盤中欠缺基督教文化「原罪」的觀念，成為中國邁向現代化的一大阻礙，不過最近的研究證明這種說法已經愈來愈有商榷的必要，從六朝的天師道開始，就已經以悔過做為修練實踐的重要課題，佛教中長遠而豐富的懺法傳統，明清時代風行一時的功過格、日記書寫在在證明中國文化具有豐富的懺悔書寫傳統，可惜學界幾乎從未加以重視。透過懺罪，人類可以從價值根源重新凝視自己的生命歷程，故《懺悔錄》之類的作品一直是西方自傳文學的重要類型，聖奧古斯丁（Augustinus Hipponensis，354－430）、盧梭（Jean-Jacques Rousseau，1712－1778）、托爾斯泰（Lev Nikolayevich Tolstoy，1828－1910）等人的作品成為西方文化一個特殊的精神系譜。盱衡中國文學傳統中，從六朝的沈約（441－513）〈懺悔文〉開始，中國文化傳統便已自成一局，敦煌石窟中留有一大批題為〈懺悔文〉的經卷，在《大藏經》、《道藏》中收錄〈懺悔文〉、〈自責文〉之類不知凡幾，主要原因係「懺悔」幾乎可以說是所有宗教共通的救度行為，因此，懺悔也成為沉淪與救度之間關鍵轉變的樞紐。罪惡感也是形塑自我認

識的重要因素，這部分包括四篇論文，〈脫軌‧錯位‧歸返——《醒世姻緣傳》中的懺罪書寫與河川文化的相互投影〉從懺罪書寫的角度解讀清初《醒世姻緣傳》此部小說的書寫方式。懺罪也是心理機制複雜的運作過程，佛家亦往往從「夢／覺」的角度論之，故有〈欲識玄玄公案，黃粱未熟以前——從《谷響集》看明季滇僧徹庸周理的思想淵源與精神境界〉一文，此乃論究徹庸周理（1591－1641）——晚明佛教夢理論集大成《夢語摘要》一書的作者，❹側重在發掘徹庸周理在明清禪林脈絡當中的定位與內心世界。身心性命兼論又是晚明知識社群值得注意的新趨勢，故〈冷然萬籟作，中有太古音——從《古今禪藻集》看明代僧詩的自然話語與感官論述〉談僧詩中的感官與自然。至於〈葉燮與佛教〉一文，則是以清初最重要的批評家之一葉燮（1627－1703）❺為例，嘗試解析文人與僧人的交遊，這也是文化話語中之所以盈漾佛教光影的重要背景。

---

❹ 徹庸周理，俗姓杜，雲南榆城人。十一歲入雞足山大覺寺出家，後參密藏道開而有省悟，崇禎七年訪天童寺，嗣法密雲圓悟，曹洞、臨濟兩燈並弘。徹庸周理與雲南碩儒陶珽共論《華嚴》、《中庸》。後創妙峰山德雲寺，著有《雲山夢語》，編有《曹溪一滴》。

❺ 葉燮，字星期，江南吳江（今江蘇）人，世稱橫山先生。自幼聰慧，能詩文。康熙十五年罷官後，於蘇州橫山築二棄草堂講學，通講理學、佛老、詩文，門人不乏能人，如沈德潛、薛雪等。著有《已畦文集》、《已畦詩集》、《原詩》、《汪文摘謬》。

第三篇　禪林文化論述

　　本篇收錄〈慧業通來不礙塵 —— 從蒼雪讀徹《南來堂詩集》看晚明清初賢首宗南方系的發展歷程〉、〈覺浪道盛〈原道七論〉義蘊試析 —— 從三教會同看近世佛教護國思想〉、〈近世禪者淨土詩義蘊探析 —— 從玉琳通琇的淨土詩談起〉、〈《禪門修證指要》與明清禪學〉等四篇論文。遺民僧一直是明清佛教研究者主要關注的焦點，筆者過去也曾對明清佛教護國思想略加著意，❹但是從滿清政權的角度來看，遺民僧反而是國家安定秩序的破壞者，易言之，清初與滿清皇帝往來密切的漢僧國師玉琳通琇與木陳道忞等人才是護國佛教的體現者。透過佛教史的研究，也能對清初的歷史有進一步的認識。事實上，在玉琳通琇、木陳道忞奉召入京以前，清世祖曾親謁當時住錫北京的閩僧憨璞性聰，其與清世祖與孝莊太后的機鋒問答亦俱收入於其語錄當中。玉林通琇與木陳道忞之所以奉詔入京，憨璞性聰之力居功厥偉。換言之，憨璞性聰的著作中亦有可能埋藏認識清初歷史的重要線索，但幾乎除了陳垣等極少數學者之外，歷史學家對於佛教史料往往未能善加運用。眾所周

---

❹　參見拙著，《忠義菩提 —— 晚明清初空門遺民及其節義論述探析》（臺北：中央研究院中國文哲研究所，2013 年）一書。

知，玉琳通琇與藥師法門關係極為密切，從他的淨土詩反思禪者創作淨土詩的傳統，也是別創蹊徑。不過清初叢林文化話語權主要仍在遺民社群，蒼雪讀徹（1588－1656）❹與覺浪道盛都是著名的僧中遺民，對於滿清政權往往不懷好意，蒼雪讀徹《南來堂詩集》固然詩藝精深，但也是明清賢首宗南方系的人脈譜系的絕佳史料，覺浪道盛〈原道七論〉則是清初佛教史一重公案。透過此三人著作的探論，或許可以看到明清佛教文化別有一番風貌。此書以聖嚴法師《禪門修證指要》一書與明清佛教的交涉為總結，重新省思聖嚴法師對於明清佛教研究的貢獻。《禪門修證指要》一書有傳統、也有新創，意義遠遠超過一部禪門文選。透過《禪門修證指要》一書，聖嚴法師的識見與慧解展露無遺。

　　《禪門修證指要》一書類似傳統的《人天眼目》、《五家宗旨纂要》、《禪關策進》之類的著作，然不拘宗派，從體例上來說，似乎與《禪關策進》最為接近。《禪門修證指要》一書共選文二十四篇，其中明清部分選四人，包括雲棲袾宏《禪關策進》、憨山德清〈觀心

---

❹　蒼雪讀徹，俗姓趙，雲南呈貢人，幼年出家，至雞足山寂光寺依止水月儒全，後參雪浪洪恩。雪浪恩入滅後，隨其弟子一雨通潤，後住蘇州中峰寺，與巢松慧浸、一雨通潤、汰如明河並稱為「巢、雨、蒼、汰」，盡出雪浪之門。蒼雪讀徹尤以作詩聞名。

銘〉、無異元來《參禪警語》、晦山戒顯《禪門鍛鍊說》。其中雲棲袾宏、憨山德清是著名的萬曆三高僧，博山元來雖然不能與雲棲袾宏、憨山德清比肩，也是曹洞宗壽昌派第一健將，特別是《參禪警語》一書在日本頗爲風行。晦山戒顯《禪門鍛鍊說》雖然收錄於《卍續藏》中，首次拈出之功則未有過於聖嚴法師者。聖嚴法師既紹續了明清禪學的傳統，也開創了現代化學術意義下的明清佛教研究。

三、結語

明清佛教，上承唐宋宗風，下啓近現代佛教。其著作數量之豐富、涵蓋面向之多元，遠邁前代。正好適用於學界目前強調種種科際整合、跨界互文的研究視角，但另一方面，明清佛教雖然有歷史、藝術、文學、哲學種種層面，但佛教畢竟還是佛教，神聖性的根源與終極關懷，一直縈繞在佛門中人的心中。本書所收諸篇論文除了勾勒近世東亞佛門文化的豐富精彩之外，也同時嘗試探索面臨種種現實磨難之際佛門中人如何重新認識理想，乃至於親身實踐佛家理想的生命態度。

（本書所收多篇論文曾獲科技部獎助，特此致謝）

目錄

第一篇

明清佛教
在東亞

聖境與生死流轉

── 日本五山漢詩中普陀山文化意象的嬗變

一、前言：問題的所在

　　大慈大悲、聞聲救苦的觀音菩薩在南海普陀山的岸邊入流無所、靜觀水月，同時又悲憫娑婆世界的苦難與愚闇。那溫柔慈悲的觀音是東亞流傳最廣的佛教信仰之一，觀音根本道場普陀山（Mt. Potalaka）相關的傳說與意象在東亞各國（中國、日本、韓國、越南）各自傳衍變化，既與佛典的根本智慧有關，又有各自的風土人情，不肯去觀音在中國浙江普陀山留下一則傳奇。再者，觀音信仰傳入日本後，各地紛紛建立三十三靈場（西國、關東），時至二十世紀中葉，著名的小說家井上靖曾以熊野地方補陀落山出海殉道的傳說爲主題，寫成〈補陀落渡海記〉一文，邇近引起學界的高度重視，又紛紛從民俗學、文學書寫、空間理論就補陀落山渡海傳說與日本式的觀音信仰的關係展開研究。❶觀音信仰

始終吸引佛教、文學、藝術以及歷史學者的高度注意。嚴格來說，浙江寧波外海的普陀山成為觀音道場為時並不長遠（大約源自北宋後期），卻能夠在短時內深獲人心，相關的文化文本（包括詩文、圖像、俗文學等）大量出現，在形塑東亞文化圈觀音信仰的過程中發揮重大影響。本文將以日本中世禪僧的漢詩文出發，就普陀山文化意象從中國到日本的流變，從神聖空間與生死流變中極樂淨土信仰等不同觀點，省思觀音信仰義蘊與普陀山文化意象的豐富層次。

二、「由此取道放洋」：靈山信仰與海洋信仰的交會

舟山群島中的梅岑島，一躍而成觀音菩薩的根本道場普陀（補陀、寶陀、補怛落伽）山，有偶然，有必然，充滿著不可思議的神祕。例如目前存世最早一部普陀山志──《補陀洛伽山傳》（1361）的作者元代龜茲僧人盛熙明（生卒年不詳），如果沒有瑞夢示現，其於觀音道場普陀山竟在四明外海一事畢竟不能無疑。❷雖

---

❶ 參見川村湊，《補陀落──觀音信仰への旅》（東京：作品社，2003年）一書。

❷ 盛熙明嘗曰：「僕嘗遊五臺山，從密哩室利師，獲聆番本補陀洛迦山行程記，始自西竺。至葛剌撥迦羅國，有靈塔，當晝夜遶道叩禮。自有告以道里方所，乃可前進。（中略）則決非凡境。豈造次所能至哉？似

然普陀山志屢經改寫增修，但盛熙明《補陀洛伽山傳》一書具有無可取代的重要性，神聖書寫的濫觴必須體證由疑入信的過程。主體精神必須在時間歷程中完成展現，因此，普陀山神聖書寫從主觀的信仰想像轉化成客觀的歷史現象，盛熙明的《補陀洛伽山傳》（慣稱《舊傳》）居功厥偉。❸

盛熙明的《補陀洛伽山傳》將普陀山神聖書寫的因緣繫端於日本僧人慧鍔，其記事早已見於宋代佛教文獻，例如《佛祖統紀》，其云：

> （大中十二年〔858〕），日本國沙門慧鍔禮五臺

匪此地比擬也。後至四明，屢有邀余同遊補陀山者，心竊疑之，不果往也。一夕，忽夢有人謂曰：『經不云乎「菩薩善應諸方所」蓋眾生信心之所向，即菩薩應身之所在，猶掘井見泉，然泉無不在，況此洞，神變自在，靈跡夙著，非可以凡情度量也。』既覺，而歎曰：『嗟夫！諸佛住處，名常寂光。遍周沙界，本絕思議，何往而非菩薩之境界哉？斷無疑矣！』」盛熙明，《補陀洛伽山傳》（慣稱《舊傳》），《大正藏》，第 51 冊，No. 2101，頁 1138 下。

特別值得注意的是：盛熙明是在五台山聽聞觀音道場補陀洛迦山的相關事蹟。衡諸本文以下的論述，浙江外海普陀山的成立與東亞海洋貿易網絡（network）相互往來極為密切，無怪乎來自龜茲的盛熙明覺得陌生。

❸ 這當然不是說後代山志的纂修毫無獨特性，特別是明代萬曆以後，在歷經倭寇之亂後重修的山志，對於認識普陀山仍然具有重要的意義。參見于君方著、陳懷宇等譯，《觀音──菩薩中國化的演變》（臺北：法鼓文化，2009 年）一書第九章〈普陀山：朝聖與中國普陀洛迦山的創造〉，頁 385-438；徐一智，《明代觀音信仰之研究》（中正大學歷史系 2006 年博士論文），頁 446-572。

山，得觀音像，道四明，將歸國，舟過補陀山，附
著石上，不得進。眾疑懼，禱之曰：「若尊像於海
東，機緣未熟，請留此山。」舟即浮動，鍔哀慕不
能去，乃結廬海上，以奉之。（今山側有新羅將）
鄞人聞之，請其像歸安開元寺。其後有異僧，持嘉
木至寺，倣其製刻之，扃戶施功，彌月成像，忽失
僧所在，乃迎至補陀山。❹

這則記事屢為佛教史家所徵引，用以見普陀山之成為
神聖空間的緣由。大中十二年（858），一說為五代後
梁貞明二年（916），佐伯富引用《慧萼（即慧鍔）年
譜》等相關資料以為大中十二年之說較為可從。❺此則
記事有幾點值得進一步思考：首先，從不肯去觀音的出
身來看：普陀山的神聖性乃自五台山而來（盛熙明的說
法也有異曲同工之妙），從某個角度來看，謂普陀山為
海上的五台山亦不為過。神異僧持嘉木倣製聖像，直接
說明普陀山的神聖性來自五台山的移神模寫。因此，論
海上聖山普陀山時，目光恐須時時轉向凝望五台山方為

---

❹ 釋志磐，《佛祖統紀》，《大正藏》，第 49 冊，No. 2035，頁 388 中。
❺ 佐伯富，〈近世中国における観音信仰〉，塚本博士頌寿記念会編，《塚
本博士頌寿記念仏教史学論集》（京都：塚本博士頌寿記念会，1961
年），頁 372-389。

不失。而這似乎也暗示了：佛教信仰由中土逐漸向東南沿海流衍傳布的過程。其次，不肯去觀音雖然不願前往日本，但卻經由日本僧人慧鍔之手到達四明外海，這也意味著：異國聖僧也是普陀山神聖性的重要載體，不過仍然有所殘欠。儘管慧鍔註定要與不肯去觀音在普陀山分手道別，但慧鍔與五台山的特殊淵源開啓普陀山神聖空間的勳業，成為普陀山神聖書寫的第一頁。一般而言，隋唐時期的日本僧人在中國，具有好學溫雅的形象，為「日本知識分子群體的主要構成之一」❻。眾所周知，觀音信仰過程中與神異僧超乎日常經驗理性的神通妙用密不可分，❼是以慧鍔雖然無法將不肯去觀音帶回日本，然其參禮五台山的虔信亦足通神，見諸載籍。❽對於慧鍔而言，觀音不肯去固然是情感上的遺憾，卻又再一次體證五台山與觀音菩薩的赫赫威神力。❾

---

❻ 關於當時一般中國知識社群對日本留華僧人的印象，參見張哲俊，《中國古代文學中的日本形象研究》（北京：北京大學出版社，2004 年），頁 98。

❼ 關於這點，可以參閱于君方前揭書第五章〈神異僧與觀音的本土化〉，頁 223-252。

❽ 入唐僧圓仁曾記惠萼（即慧鍔）事曰：「日本國惠萼闍梨子，會昌二年，禮五台山，為求五台供，就李鄰德船，卻歸本國去。」見圓仁，《入唐求法巡禮行記》，收入藍吉富主編，《大藏經補遺》（臺北：華宇出版社，1985 年），卷四，頁 109。

　　慧鍔在不肯去觀音留駐普陀山的情形之下返回日本，至少有幾種可能：（一）日本人機根時地尚未成熟（福薄）；（二）普陀山當地較日本對於觀音聖像有更迫切的需要（業重）；（三）普陀山是不肯去成就特殊的信仰型態與神聖書寫特質的善因緣；（四）日本應當因應斯地的風土人情，另外建構不同於中土的信仰形式，未必需要完全複製中國經驗，或者更精細的說，除了複製中國經驗之外，尚須於演化創發酌意加工乃可。也因此，不肯去觀音的「不去」，並不是慧鍔故事的結尾，而是另一則傳奇的發凡。實無所行，本無不來；無所從來，亦無所去。如是我聞，只是這箇。

　　于君方教授曾經注意到「異國的關聯」在普陀山各種神聖傳說的特殊作用，❿然而其以爲普陀山爲觀音道場一事「不只必須被中國人承認，也必須受到外國信徒認可」的看法不免略嫌簡略。佐伯富曾經指出，普陀山成爲聖地實與宋代發達的海上貿易有關，例如張邦基曾謂：「東望三韓，外國諸山，在杳冥間，海舶至此，必有所禱，寺有鐘磬銅物，皆雞林商賈所施者，多刻彼國

---

❾ 關於中古時期五台山信仰崇拜的研究甚多，參見劉淑芬，《滅罪與度亡 —— 佛頂尊勝陀羅尼經幢之研究》（上海：上海古籍出版社，2008年），頁 20-33；林韻柔，《五臺山與文殊道場 —— 中古佛教聖山信仰的形成與發展》（臺灣大學歷史系 2008 年博士論文）等相關著作。

❿ 于君方前揭書，頁 416。

之年號，亦有外國人留題，頗有文彩者。」❶新羅、日本，乃至於南洋諸國，莫不歸心於南海普陀山。盛熙明記載王舜封之事值得玩味。其曰：

> 元豐中，謁者王舜封使三韓，遇風濤，大龜負舟。惶怖致禱，忽覩金色晃耀，現滿月相，珠瓔粲然，出自巖洞。龜沒舟行，泊還以奏，上聞，始錫寺額曰：「觀音寶陀」。自是，海東諸夷，如三韓、日本、扶桑、阿黎、占城、渤海數百國雄商鉅舶，繇此取道放洋，凡遇風波寇盜，望山歸命，即得消散，感應頗多。❷

由此不難得知：普陀山神聖性建構過程中，至少曾經有皇室、官員、海商、來自海上的異邦人等不同階層的信眾。官員見證觀音的示現應驗，皇室的權威彰顯普陀山的可靠性，吸引雄商鉅舶來附，信眾與財富亦隨之雲集。雖然中土自身有其他的海洋神祇（例如南海廣利王）❸守護航行的安全，但未如普陀山觀音菩薩般，廣

---

❶ 張邦基，《墨莊漫錄》（北京：中華書局，2002 年），卷 5，頁 152。
❷ 盛熙明，《補陀洛伽山傳》，《大正藏》，第 51 冊，No. 2101，頁 1137上。
❸ 關於南海神的信仰，參見王元林，《國家祭祀與海上絲路遺跡——廣州南海神廟研究》（北京：中華書局，2006 年）一書。

獲各國人士認可。在各方願力的匯聚之下，普陀山成為國際航道上的守護者，聆聽八方遊子不安的音聲。與江南另一重要觀音道場天竺寺相形之下，普陀山道場的國際性更形突出。有趣的是：雖然觀音信仰最初可能源自於印度南部濱海地帶，❹但傳入中土的過程中，歷經種種複雜而多變的行旅，❺雖然《華嚴經》與《法華經》等經典家家傳誦，但觀音做為海難救助神祇的性格似乎早已為人遺忘，至少中國的觀音信仰，宋代以前海洋光影並不顯著。因此，觀音道場普陀山的神聖性雖然源出五台山，卻在四明外海重逢久遭遺忘的濤聲，帶有強烈的海洋性格與混融無間的國際性。即使觀音鎮護威靈與悲憫心緒，早已深入人心，但普陀山的出現，對於重新形塑觀音想像與性格，仍然具有重要的意義，從中國到東亞。或者，不無可能是，從東亞再到中國。

三、「異瑞神奇之蹟，蕃衍海內」：普陀山在東亞的移神擬寫

對於南海靈山普陀聖境的描述，主要來自華嚴系經

---

❹ 孫昌武，《中國文學中的維摩與觀音》（北京：高等教育出版社，1996年），頁 78；李利安，《觀音信仰的淵源與傳播》（北京：宗教文化出版社，2008 年），頁 69-77。

❺ 詳參于君方前揭書。

典，例如：「善男子！於此南方有山，名補怛洛迦，彼有菩薩名觀自在，汝詣彼問菩薩云：『何學菩薩行、修菩薩道？』爾時，居士因此指示，即說偈言：『海上有山眾寶成，賢聖所居極清淨，泉流縈帶為嚴飾，華林果樹滿其中。最勝勇猛利眾生，觀自在尊於此住，汝應往問佛功德，彼當為汝廣宣說。』」❶「善男子！於此南方有山，名：補怛洛迦；彼有菩薩，名：觀自在。汝詣彼問：『菩薩云何學菩薩行、修菩薩道？』即說頌言：『海上有山多聖賢，眾寶所成極清淨，華果樹林皆遍滿，泉流池沼悉具足。勇猛丈夫觀自在，為利眾生住此山；汝應往問諸功德，彼當示汝大方便。』」❶除此之外，玄奘（602－664）在天竺也曾親聞觀音道場布呾洛伽山，其狀為：

　　秣剌耶山東有布呾洛迦山，山徑危險，巖谷敧傾，山頂有池，其水澄鏡，派出大河，周流繞山二十匝，入南海。池側有石天宮，觀自在菩薩往來遊舍。其有願見菩薩者，不顧身命，屬水登山，忘其

---

❶ 般若三藏譯，《大方廣佛華嚴經》，《大正藏》，第 10 冊，No. 293，頁 732 下。

❶ 實叉難陀譯，《大方廣佛華嚴經》，《大正藏》，第 10 冊，No. 279，頁 366 下。

艱險，能達之者，蓋亦寡矣。而山下居人，祈心請
見，或作自在天形，或為塗灰外道，慰喻其人，果
遂其願。❸

對玄奘而言，到「布呾洛伽山」的路程還是「艱險，能
達之者，蓋亦寡矣」，緣此，元代盛熙明對位處四明外
海，「航海乘風，刻日可至」——交通極其便利的普陀
山之所以不能無疑故也。然而，儘管如此，從唐代開
始，對於觀音信仰早已深入各地的日、韓等地，如何建
構屬於濱海普陀山做為觀音信仰的根本道場，成為各自
關心的重要課題。無獨有偶，最早的記錄似乎起源於韓
國華嚴宗祖師義湘法師（625－702）。《三國遺事》記
義湘創立洛伽山的經過云：

昔義湘法師始自唐來還，聞大悲真身住此海邊崛
內故，因名洛山，蓋西域寶陀洛伽山。此云小白
華。乃白衣大士真身住處，故借此名之。齋戒七
日，浮座具晨（陳）水上，龍天八部侍從引入崛內
參禮，空中出水精念珠一貫給之，湘領受而退。東

---

❸ 玄奘述，辯機撰，季羨林等校注，《大唐西域記校注》（北京：中華書局，1985 年），卷 10，頁 861。

海龍亦獻如意寶珠一顆，師捧出。更齋七日，乃見
真容。謂曰：「於座上山頂雙竹湧生，當其地作殿
宜矣」師聞之，出崛，果有竹從地湧出，乃作金堂
塑像而安之。圓容麗質，儼若天生。其竹還沒，方
知正是真身住也。因名其寺曰洛山，師以所受二珠
鎮安于聖殿而去。⑲

李利安注意到《大唐西域記》的布呾洛迦雖須屬
水，卻未必濱海，⑳是以南五台山、上天竺山雖然並未
臨海，但卻不礙其成為觀音道場。而《華嚴經》強調觀
音道場地處南隅，故而幾乎可以說：普陀山臨海的說法
似乎與華嚴教學的普及有關，此則記事只言義湘聽聞大
悲真身住此海邊，並未有一語提及中土普陀山。義湘所
聽聞者是否為不肯去觀音之說法不得而知，然而筆者以
為：義湘所言，更有可能直接來自《華嚴經》。何勁
松特別指出：義湘接納觀音信仰，主要出於華嚴思想中
圓融無礙精神，可能來自於《華嚴經・入法界品》的啟
發，㉑洵乎有識。此外，文殊菩薩道場五台山與華嚴的

---

⑲　釋一然，《三國遺事》，《大正藏》，第 49 冊，No. 2039，頁 996 下。
⑳　李利安，《觀音信仰的淵源與流傳》，頁 70-71。
㉑　何勁松，《韓國佛教史》（北京：宗教文化出版社，1997 年），上冊，
　　頁 201-202。

密切關係眾所周知。從五台山到普陀山，暗示著華嚴教學思想的流衍傳布。因此，觀音普陀山濱海（南海觀音系）的特質重新受到注目當在華嚴教學流行之後。

早期在中土流傳的觀音靈驗記，固然不無惡水救溺的情節，但海洋性格並不明顯，多數仍為「涉大川」之例。❷但唐中葉開始，在洛山觀音以前，韓國已有觀音救濟海商的傳說出現，此即為高麗的敏藏寺觀音。《三國遺事》記其事蹟云：

> 禺金里貧女寶開，有子名長春，從海賈而征，久無音耗，其母就敏藏寺（寺乃敏藏角干捨家為寺）觀音前克祈七日，而長春忽至。問其由緒，曰：「海中風飄舶壞，同侶皆不免。予乘隻板歸泊吳涯，吳人收之，俾耕于野，有異僧，如鄉里來，弔慰勤勤，率我同行，前有深渠。僧扶我跳之。昏昏間，如聞鄉音與哭泣之聲。見之，乃已屆此矣。日晡時離吳，至此纔戌初。」即天寶四年乙酉四月八日也。景德王聞之。施田於寺。又納財幣焉。❸

---

❷ 詳參董志翹，《〈觀世音應驗記三種〉譯注》（南京：江蘇古籍出版社，2002年），頁21-22、55、67-80。

❸ 釋一然，《三國遺事》，《大正藏》，第49冊，No. 2039，頁993上。

其事早在天寶四年（755），斯時新羅商人在環中國海頗爲活躍，❷雖然這則故事中，海賈長春並非於惡水險濤中獲救，而係登岸後得以平安歸鄉，在此，觀音菩薩尚未化身爲女性，仍然是神異僧的形象，展現部分過渡時期的特質。即使如此，對新羅海商而言，觀音具有護衛的靈驗神力不言可喻，從敏藏寺到洛山觀音，可說是海洋性格不斷加強的過程。反觀中國普陀山，從不肯去觀音、潮音洞以及王舜封、徐兢等出使三韓之使節，普陀山的相關傳說無一不與海洋有關，而就敏藏寺觀音與洛山觀音的記事來看，出使三韓的使節與普陀山成立的過程恐非僅止於惡海救苦而已。

　　三韓之外，越南也有普陀山傳說。阮朝時期的百科全書式學者黎貴惇（1726－1784）曾就越南的普陀山加以記錄，其曰：

> 　　安山縣柴山，李朝名蒲陀落山，陳名仙跡山，山上有寺，及各處仙洞。洞中有凹八處，如人頂觸痕，又有如巨人足跡，下有天福寺，前大池，後鐘樓，有道行禪師所鑄鐘，立於李朝龍符元化九年，

---

❷　關於這點，可以參見拜根興，《七世紀中葉唐與新羅關係研究》（北京：中國社會科學出版社，2003 年）一書。

弟子惠興撰記，著作郎嚴常書鐘上，作蒲牢形。懸
以鐵索，乃七百年來古器，記文下有刻陳英宗興隆
十二年給祀田聖旨，其傍有題瑞庵，立於景統中有
碑記，尚書阮保所撰。㉕

仙跡山（一作「佛跡山」），一度名為蒲陀落（普陀）
山，乃徐道行禪師神通遊戲之處。徐道行在越南佛教
史上赫赫有名，神通昭靈顯赫，實有佛圖澄（233－
349）、寶誌（418－515）之風，近乎神異奇僧，㉖觀
音法門本有此一路，然未見其強調臨海，或未霑華嚴法
雨致爾。

　　琉球的普陀山則嚆矢於由日本漂流而至的日秀上
人（1503－1577）㉗，以琉球的金武建立觀音道場普陀
山。琉球僧人賴仁（生卒年不詳）敘其緣起曰：

㉕　黎貴惇，《見聞小錄》（漢喃研究院藏本，中央研究院中國文哲研究所
　　有景印本），頁 344。

㉖　關於徐道行禪師，參見武瓊，〈徐道行阮明空傳〉，《嶺南摭怪列
　　傳》，卷 2，收入陳慶浩等編，《越南漢文小說叢刊》（臺北：學生書
　　局，1992 年）第 2 輯，冊 1，頁 77-85。

㉗　日秀，真言宗僧人，行補陀落渡海，至琉球，建立護國寺等多處寺院。
　　日秀上人與琉球佛教的關係，詳參知名定寬，《琉球佛教史的研究》
　　（宜野灣：榕樹書林，2008 年），頁 159-163。不過知名定寬特別指
　　出：關於日秀上人的史料往往舛錯互見，真實性有待進一步查證。

　　嘉靖年中，日域比丘日秀上人，修行三密，終，
而欲趣補陀落山，隨五點般若，無前期，到彼郡中
富花津。上人自安心，歎曰：「誠知為補陀落山，
又行何所求之耶？」留錫安住。幸哉！此地靈也。
向比方者，似蓬萊，有富登嶽。眾峰羅立，似兒
孫。前有大湖，名池原。日洗塵垢，浮般若船。松
樹竹塢，月照三轉四德圍。實相實有，春花開幽
窗；自性本有，造化無不現。峒窟無窮。按，天有
一門，不所及人力，靈跡不可舉數。靈現舉，不可
說。大悲呼有應。此洞者，龍宮千萬里，誰知根源
哉！上人爰刻彼三尊，建宮，奉崇權現正體也。❷

就此觀之，琉球的普陀山信仰，或可謂移自日本。日本
方面，觀音信仰源遠流長，包括密教、天台、淨土都有
各自的觀音信仰。❷ 據說，最早的補陀洛寺似為天台宗
延昌上人在京都洛北所建立，❸ 幾乎日本全境（北海道

---

❷ 賴仁，〈金峰山補陀落院觀音寺緣起〉，向祐等編，《琉球國由來記》，卷11，伊波普猷等編，《琉球史料叢書》（東京：井上書房，1962年），冊1，頁243-244。
❷ 速水侑，《觀音信仰》（東京：塙書房，1989年）一書對於觀音信仰日本化的過程提供一個簡明的輪廓，值得參看。
❸ 高野澄，《熊野三山·七つの謎》（東京：祥傳社，2008年），頁174-175。

除外）都有普陀山的蹤影。❸然而，前已言之，觀音道場未必盡在濱海之地，濱海的觀音道場與華嚴思想、五台山信仰具有相當程度的關聯。森克己也注意到：建構普陀山與觀音巡禮的活動乃由入唐僧傳入日本，是五台山文殊信仰與觀音信仰交融互攝的現象。❸因此，據說是文殊菩薩化身的行基（668－749），建立臨海的觀音道場也就順理成章。後世五山詩僧圓伊仲方（1354－1413）曾記行基建立小松原東觀音寺之經過曰：

自大法流國朝，生靈皆知嚮佛。其異瑞神奇之蹟，蕃衍海內。雖巧曆善計，莫之慨悉焉，而其間，或蕩誕謗詒，使人瀵洞者，蓋亦不為不夥矣。若大岩千手大士像，其感通靈應，寔章章焉，不可盖也。竊考《舊記》，聖武皇帝統御區宇之日，推睿於吾教，際遇隆篤，緣是天下名僧麕至，法師行基，簡在宸衷，其密贊陰翅之功，與聖化相表裏。創梵宇、興象設。殆偏天下。天平聖曆四年四月，適謁熊峰神祠，欲親見密迹，蚤暮懇禱。到第七

❸ 根井淨曾對日本各地的普陀山（補陀落）進行過詳細的調查與考證，值得參看。見根井淨，《補陀落渡海史》（京都：法藏館，2008 年），第三章〈補陀洛渡海の諸相〉，頁 367-456。

❸ 森克己，〈日宋交通と末法思想的宗教生活との連關〉，《日宋文化交流の諸問題》（東京：刀江書院，1950 年），頁 101-125。

夜，持念益精，時祠內有聲，琅然囑曰：「大德諦聽！我在清泰號無量壽，在忍土名觀自在。蠢蠢眾庶，爰來爰禱，隨乃心念，覬以景福。汝欲見我乎？邇彼參川，郡曰渥美，小松之原，辟在海陬。東之五更，乘白馬來者，乃我也。」基感嗟涕洟，主復神語，其審詳綢繆。猶面接而承命，唯東之語，未窹厥旨。趣。冥心推究，乃「東」之為字，蓋「十八日」也，尋來茲地。六月十八日，時將平旦，基獨憑聖讖，顯然南望，忽有神人，輕盈海上，與波昇降，徐徐相近，容貌端麗，光彩交射，翠鬟嶷峨，白馬幹如。基改容摳衣，敬且問曰：「仁者何人？」庶賜哀矜，答如熊神所囑。基欣懼溢懷，臨涕拜伏。未檀頭面，妙躰乃隱。獨有白馬，就視之，化作枯槎。基自斤斯木，雕圓通大士像七軀，相攸靈區，奉以邃宇，馬頭安小松原。今號東觀音寺。千手安我山相傳馬頭乃枯槎第一斷，千手乃第二斷。而抱厥餘材聖像七軀，餘長一丈有畸圍尺有五六寸咒曰：「我有堅誓，若得樹立，斯斷共穹壤相終始。億載萬年，無有朽壞。以植立東寺中庭。」蓋所以占隆替於教門也。❸

---

❸ 圓仲伊方，〈三州大岩寺千手觀音像記〉，《懶室漫稿》，第7卷，上

　　這段話雖然旨在說明小松原東觀音寺的緣起，但對理解神聖普陀山光被扶桑之經緯甚具參考價值。熊峰，指熊野三山，位處和歌山縣南部。眾所周知，熊野地方正是日本補陀落山所在地之一，補陀落渡海一直是佛教民俗學者關心的重要課題，稍後會有較詳細的討論。天章澄彧（1379－？）有言曰：「（南紀三山）海岸絕處，岳尖摩宵，曰那智，聞思大士所居，雖小白花（即普陀山），無以過之。」❸亦將那智（在熊野）地方比作普陀山，其情可以略窺一斑。此則故事的主人公行基（668－749）同時也是日本五台山竹林寺的開創者，❸前已言之，普陀山信仰既淵源自五台山，文殊與觀音信仰交融互攝，故其創建觀音道場絕非偶然。盛熙明曾引密教經典謂：「觀自在菩薩為蓮華部主，現諸神變，忿怒則稱馬首明王。」❸在日本觀音化為白馬，早見於

村觀光編，《五山文學全集》（京都：思文閣，1973 年），第 3 卷，頁2531。

❸　天章澄彧，〈送梅屋侍史還紀陽詩序〉，《栖碧摘稿》，玉村竹二，《五山文學新集》（東京：東京大學出版會，1967-1981 年），別卷 2，頁 438。

❸　日本法相宗僧人行基在日本佛教史上，以神異靈變著稱，略似佛圖澄或寶誌之風。參見速水侑，《民眾の導者──行基》（東京：吉川弘文館，2004 年）一書。

❸　盛熙明，《補陀洛伽山傳》，《大正藏》，第 51 冊，No. 2101，頁 1136上。

《宇治拾遺物語》，白馬之來，亦有資於白馬寺之典，
暗喻大法東來因緣不可思議也。圓伊仲方所敘東觀音寺
緣起拼貼建構之跡歷歷可見，例如觀音成為妙齡少女，
起源甚晚，❸觀此處之說法實頗有取於洛濱神女之說。
「東」，指大法東來；六月十八日，為六月十九日觀音
成道日前一日，借以暗喻此乃大道成就前之序曲也，
此種說法或當晚於行基之世以後。此外，祝禱七日聞天
啟、枯槎化作聖像等事蹟又與前述義湘故事若有所承，
踏襲跡痕顯而易見。

　　圓伊仲方的記事年代距離行基太遠，真實性不盡
可從，雖然如此，仍然有幾點值得進一步思考：（一）
熊野地方與具有海洋性格的觀音信仰格外深厚，❸在某
個程度，幾乎可以說濱海觀音信仰在彼方已然定著，故
爾分靈，向東方流衍而去。（二）五山詩僧對於普陀觀
音的海洋性格有相當程度的體認。但這非意謂靈山信仰
已然消退，而意味著兩者某種程度的疊影襲合。（三）
五山詩僧對觀音及其臨海道場普陀山的認識，相當程度

---

❸ 日本觀音女性化的來源有二，一是日本自身的風土所致，另一則是來自
　中國的影響。前者參見彌永信美，《觀音變容譚》（京都：法藏館，
　2002 年），中國的部分于君方前揭書第八章〈妙善公主與觀音的女性
　化〉，頁 323-438 有詳細的討論。
❸ 日本還有其他靈驗廣溥的觀音道場，但多偏向靈山性格，例如長谷觀
　音、壺坂觀音等。參見速水侑《觀音信仰》。

混糅了中日雙方不同的知識來源，有普遍性，也有特殊性。五山文學相當程度地反映了日本中世的佛教觀，江戶幕府成立以前，幕府與諸藩大名實際的外交工作多集中於五山僧人之手，❸故而五山僧人對於中土故實與東亞漢詩文的形式、論述等極其熟稔，對認識普陀山與觀音信仰在日本的流衍具有重要的參考價值。以下以五山漢詩爲例，省思其中普陀山與觀音相關的文化意涵，從而探尋東亞文化意象嬗變的軌跡。

四、「月在波心」：五山漢詩中普陀山的思想義蘊

如前所述，觀音信仰傳入日本、韓國等地，有各地流傳的形式與內涵。南海觀音道場普陀山的出現，既是思想學說體系化的表徵，同時也開啓了新的觀看視角與思維側面。五山禪僧題詠普陀山與觀音不計其數，例如天章澄或曾曰：

　　稽首悲增大開士，金剛三昧諸塵起，曩劫既處世雄尊，樂邦還稱法王子。真性了徹六用互，化機翻

---

❸ 關於此一課題相關的研究甚多，邇近伊藤幸司，《中世日本の外交と禪宗》（東京：吉川弘文館，2002 年）一書有翔實的說明。另外可參見村井章介，《東アジア往還──漢詩と外交》（東京：朝日新聞社，1995 年）一書也屢屢論及。

轉四弘具,自肯隨墮闡提徒,未曾認取泥洹路。先
佛密語豈深藏,此邦教體要全彰,無畏均施甘露
雨,群生熱惱頓清涼。東瀛西南有孤島,山秀地靈
天亦老,琉璃照影旃檀林,盤陀鋪碧吉祥草。仙容
示現慈且威,琅髻珠瓔映縞衣,龍伯波心低頭禮,
梵童雲外合爪隨,奇哉如幻一類薰,感格輒赴幾分
身,籃裡錦鯉平欺俗,灘頭鎖骨脫賺人,蚌胎投去
破寒慳,鰲背坐來度冥頑,任是僧繇閣神筆,敢為
宣和受道冠。竺土正宗雖傳得,梁朝明主難默識,
願同長男廣大行,智比初友勇健願,尋聲救苦妙何
窮,春行萬國月流空,而常不動於本際,善能攝入
於圓通,普門境界物皆含,情與無情聖及凡,剎剎
爾兮念念爾,海潮聲打白華岩。❹

　　東瀛西南有孤島,乃從日本望普陀也。「盤陀」、
「白華岩」皆為普陀山之別稱。此段將白衣觀音(「縞
衣」)、魚籃觀音(「籃裡錦鯉」)、馬郎婦觀音
(「灘頭鎖骨」)皆湊合為一,故雖稱觀音「法王
子」,其以女相示現當無疑義。同時,聖凡平等與拔苦

---

❹ 天章澄彧,〈寶陀山觀音示現圖贊〉,《栖碧摘稿》,玉村竹二編,
《五山文學新集》,別卷 2,頁 451。

救難之悲憫情懷（《法華經》，特別是〈普門品〉）與
耳根圓通無礙的修行境界（《楞嚴》與《華嚴》）融匯
交織。此外，全篇「龍伯」、「蚌殼」❹、「鰲背」等
海洋意象反覆出現，性體廣大湛然，周遍含容（「物皆
含」）。「刹刹爾、念念爾」，典出唐代宗密的《註華
嚴法界觀門》，圭峰宗密（780－841）自言此乃證「佛
身一毛端，則遍一切而含一切也」、「證此本法，故能
凡聖融攝，自在無礙」❷，情與無情、聖與凡，皆融作
一真法界，體證海印三昧，❸自在遊戲性海，這段話幾

---

❹ 「唐文宗嗜蛤蜊，東南沿海頻年入貢，民不勝苦。一日，御庖獲一巨
　蛤，刀劈不開，扣之，乃張，中有觀音梵相。帝愕然。命以金飾檀香盒
　貯焉。後問惟正禪師。師曰：『物無虛應，乃啓陛下信心，以節用愛人
　耳。經云：「應以菩薩身得度者，即現菩薩身而爲說法。」』帝曰：
　『見菩薩身矣，未聞說法。』師曰：『陛下信否？』帝曰：『焉敢不
　信？』師曰：『如此陛下聞其說法竟。』帝大悅悟，永戒食蛤。因詔天
　下寺院各立觀音像。則洛伽所從來矣。」見周克復輯，《觀音經持驗
　記》，收入藏經書院編輯，《新編卍續藏經》（臺北：新文豐據藏經書
　院版影印），第 134 冊，頁 965 中。
❷ 宗密，《註華嚴法界觀門》，《大正藏》，第 45 冊，No. 1884，頁 683
　下。
❸ 永明延壽曾言海印三昧十義，以大海之澄寂不動，印現萬象，比喻如來
　之智海，清淨湛然，一切眾生之心念、根欲，皆印現於如來三昧智中，
　稱爲海印三昧。永明延壽曰海印三昧具有如下十義：（一）謂如來三昧
　法性平等，離諸名相，不加功用，而能顯現一切諸相，稱爲「無心能
　現」。（二）謂如來三昧隨眾生之心而現種種相，此相如光如影，了不
　可得，稱爲「現無所現」。（三）謂如來三昧於能現之智與所現之境，
　皆爲一念圓融而十方普應，稱爲「能現所現非一」。（四）謂如來三昧
　於能現之智與所現之境，雖十方普應不一，然皆本於一念，稱爲「能現

乎將普陀山視為華嚴教學的具體表徵。海洋，既是普陀
地景實寫，也是超凡入聖的門徑。

　　從天章澄或「先佛密語豈深藏，此邦教體要全彰」
的說法來看，觀音題贊有時並非僅止於一般文人描繪應
化身的精妙形象而已，與佛教的思想委實密不可分。除
了海印三昧與華嚴義海之外，《楞嚴經》言及觀音耳根
圓通的修行法門亦人盡知之，著名的五山詩僧中巖圓月
（1300－1375）的觀音題贊於此境一意抒發，其云：

　　　眾生界內同悲仰，諸佛果上同慈力。耳能聽色眼
　　觀音，所觀非音聽非色。眼耳二境既顯互，六處皆
　　寂根塵識。不分八百千二百，根根皆具諸功德。龍
　　神恭敬奉海寶，求哀憫受廣饒益。願我同發大慈
　　悲，永劫持佛多千億。

所現非異」。（五）謂如來三昧乃萬法現於自心，此為不來；其身相遍
於法界，此為不去，稱為「無去來」。（六）謂如來三昧普遍包容，無
法不備，眾生之世界，亦含容而不離於一心，稱為「廣大」。（七）謂
如來三昧將一切世界攝於一心中，而不簡別巨細，皆能印現，稱為「普
現」。（八）謂如來三昧於一切世界當念即現，無前無後，色相宛然，
稱為「頓現」。（九）謂如來三昧於諸法相，無有不現之時，稱為「常
現」。（十）謂如來三昧寂然不動，然為順應眾生，故於非應之中隨
感而應；猶如明鏡，無心現物，而對像即現，稱為「非現現」。見延壽
著，劉澤亮點校整理，《宗鏡錄》，卷 18，收入《永明延壽禪師全書》
（北京：宗教文化出版社，2008 年），頁 291。

眼聲耳色，不即不離。五蘊非有，如何思惟。
噫！月在波心說向誰。

我問大悲千手眼，畢竟那箇是正眼？仰觀千葉寶
蓮華，盤陀石上在海岸。

者箇大士，聞性圓通。一處休復，六根互融。千
眼千手，無用無功。惟無功故，厥功不宰。惟無用
故，其用無窮。應以其身得度，各各現形不同。同
慈力、同悲仰、如法界、如虛空。所以龍神同恭
敬，諸天皆奉崇。看來非惟觀自在，所證亦從吉祥
中。❹

　　這段題贊說理氣味甚強，不當以一般詩作視之，
而類似於佛家所謂「說法偈」。六根互融，用錢鍾書的
話說，曰：「通感」❹，簡單的說：即感官作用的交融
互攝。「通感」固然是近代詩學與美學的重要課題，

---

❹ 中巖圓月，〈觀音〉十首，《東海一漚集》，《別集》，上村觀光
編，《五山文學全集》（京都：思文閣，1973 年），第 2 卷，頁 1042-
1043。

❹ 錢鍾書，《管錐篇》（北京：中華書局，1982 年），冊 2，頁 483-
484。不過唐代以後古人論感官互通時往往歸諸《楞嚴經》這點，錢鍾書
並未特別強調。

卻早已見諸佛教義理相關的眾多討論。從佛教的立場來看，感官的交融互攝遠不止於美學或修辭問題而已，而是體證佛法奧義與涅槃實相的進路。曹洞宗開祖洞山禪師曰：「若將耳聽終難會，眼處聞聲方得知」，❹斯此之由也。《楞嚴經》中的觀音耳根圓通法門以聽覺爲例，詳細解說如何超越感官知覺，進而體契聖道的過程。「月在波心說向誰」，典出雪竇重顯禪師。這組詩偈雖然主要在闡發《楞嚴經》中〈觀音耳根圓通章〉中的「一根既返源，六根成解脫」、「元依一精明，分成六和合，一處成休復，六用皆不成」❹的說法，普陀山成爲弘揚觀音修行法門的場域。黃檗禪師曰：「一精明分爲六和合。一精明者，一心也；六和合者，六根也。」❹五蘊本非實有，世事原如空華。「月在波心說向誰」以詩論詩，此處觀音題贊的語言幾同內典，鍛字之功未稱精諦，在藝術成就上恐非佳構。不過也正因如此，其清楚明白的揭示：普陀山的海潮音，正是觀音菩薩入聞思修三摩地的神聖梵音，體證了本體如滿月般之

---

❹ 遠孫沙門慧印校訂，《筠州洞山悟本禪師語錄》，收入《大正新修大藏經·諸宗部》，第 47 冊，No. 1986，頁 507 下。

❹ 般刺蜜帝譯，《大佛頂如來密因修證了義諸菩薩萬行首楞嚴經》，收入《大正新修大藏經·密教部》，第 19 冊，No. 945，頁 131 上。

❹ 黃檗希運，《傳心法要》，《大正藏》，第 48 冊，No. 2012，頁 382 上。

圓滿瑩徹，又如大海般之寂然浩瀚，在此同時，也凝攝
離滅眾生苦難的解脫法門。

自長水子璿（965－1038）以華嚴義理說《楞
嚴》，兩者在義理上的交流越發密切❹，感官固然是優
入聖境的門徑，但同時也是沉淪墮落的根源，升沉往往
只在一念間。而且嚴格來說，佛教戒律對於身體感官的
負面特質著意更多。《楞嚴經》發端摩登伽女與阿難之
典實即發揮此意，故楞嚴圓通又常與美媚姿容的觀音化
身相提並論，是以萬里集九（1428－？）曰：

　　鯉魚背上補陀山，湧出波瀾浩渺間。
　　三十二身那相汝，琴高仙一笑歡顏。❺

此圖實化用琴高乘鯉之典，琴高乘鯉典出《列仙傳》，
琴高乘鯉圖常借以喻魚水之歡，此處補陀山是觀音菩薩
的代稱，萬里集九又云：

　　補陀岩畔有佳人，黛色拂殘妝鏡春。

---

❹　關於這點，魏道儒稍有觸及，參見魏道儒，《中國華嚴宗通史》（南
　　京：江蘇古籍出版社，1998 年），頁 223-225。
❺　萬里集九，〈騎鯉魚觀世音贊〉，《梅花無盡藏》，玉村竹二編，《五
　　山文學新集》，第 6 卷，頁 854。

二十五圓通密意，三生若許結花因。㊶

「二十五圓通密意」即是《楞嚴》法印。普陀山成
為佳人的妝鏡台，三生因緣，即頭出頭沒之生死苦海，
亦觀音欲海作寶筏之謂。眾所周知，魚籃觀音、馬郎婦
觀音等化身往往隱喻愛欲解脫法門，㊷魚籃觀音、馬郎
婦觀音進入日本國土，成為日本僧人乃至於一般眾生觀
想凝思的對象。別源圓旨（1294－1364）曰：

　　觀音觀音休賣弄，我識得爾。曾在南海中間補陀
　　岩畔，潮音洞裏，或現圓光，或現蓮花，乃現種種
　　形相，千變萬化，眩惑人眼，不是爾？又在陝石現
　　婬女姿，媚容衒色，惱動人心，而終嫁于馬家郎，
　　不是爾？或在紅塵鬧市中，提臭爛魚之籃兒，賣而
　　索價，不是爾？或在齊梁陳之三朝，杖挂剪刀尺
　　拂，出入禁中獄門，不是爾？今亦來日本國裏，相
　　州住人本光宅內廚竈中，現二三寸許小身，靠座岩

㊶ 萬里集九，〈觀音贊〉，《梅花無盡藏》，玉村竹二編，《五山文學新
　集》，第 6 卷，頁 850-851。
㊷ 關於這點，參見于君方前揭書第十章〈中國中世紀晚期的女性觀音
　像〉，頁 439-484；彌永信美前揭書，頁 469-550；胡萬川，〈延州婦
　人——鎖骨菩薩故事之研究〉，《真實與想像——神話傳說探微》（新
　竹：國立清華大學出版社，2004 年），頁 237-267。

石而作思惟，欲作何事？休休抑逼人作麼。❸

《楞嚴》七處徵心、八處還見的說法也是禪家說心
的重要資具。明代之後，《楞嚴經》的廣泛流行也引起
學者的重視，❹晚明以降，《楞嚴經》的七徵八還成為
三教論者心識論說法的重要命題。然而禪門之中，於此
秘響旁通，早已契入無間。五山詩僧多出臨濟門下，於
禪門要旨往往深有所悟，觀音當然也對禪家祕旨心契神
悟。例如虎關師鍊（1278－1346）謂觀音曰：

> 端嚴妙相，威慈兼收。蒼龍波嶮，白花岩幽。要
> 識圓通真境界。浮雲淺處半輪秋。❺

大士垂眉與金剛怒目同體異相，應時而展，故謂
之威慈兼收，此四字亦可同時囊括。普陀山又名「小白
華山」，白花岩即指普陀山。前已言之，月往往是真如
本體的代稱，此處之月固非圓滿，然與圓滿之月不二。

---

❸ 別源圓旨，〈觀音贊〉，《東歸集》，上村觀光編，《五山文學全
　集》，第 1 卷，頁 779。
❹ 荒木見悟，〈明代における楞嚴經の流行〉，《陽明學の開展と佛教》
　（東京：研文出版，1984 年），頁 245-274。
❺ 虎關師鍊，〈觀音〉，《濟北集》，上村觀光編，《五山文學全集》，
　第 1 卷，頁 72。

浮雲往往爲煩惱無明之謂，一抹淺淡浮雲其實是成佛之
前最後一份無明，觀音雖然與佛如如不動名稱有異，完
美具足並無不同，解行相應早已成就圓滿，與佛並無二
致，別源圓旨曾謂觀音大士備具「華嚴八萬細行，具足
三千威儀」、「發大機大用，具大慈大悲」❺，觀音刻
意留下最後一絲無明，與三界眾生同在，神通遊戲，是
大悲心，是大願力，正所謂「留惑潤生」。是以「浮雲
淺處半輪秋」，與眾生「六根才動被雲遮」（張拙秀才
偈）的境界不可同一而論，此雖非大圓滿境界，然無此
則無以優入聖域。用禪家的話說，此即「消息透露」。
觀音大士在前景，是圓通境界；浮雲半月在後，是工
夫，兼以表行布次第。同置一處，用華嚴的話說：此
乃「圓融不礙行布」、「行布不礙圓融」，又兼之以表
「初發心即成正等正覺」的華嚴心法。此詩偈意通於天
柱崇慧禪師「萬古長空，一朝風月」之禪境，若非一朝
風月無以見萬里長空之澄淨也。虎關師鍊此寥寥數句看
似矛盾的詩偈，不僅音節條唱、風神悠然，打通境界與
工夫，涵攝佛法妙諦，既無蔬筍氣的說教意味，亦不刻
意以謗佛毀僧爲高❺（例如萬里集九），如同最高妙的

---

❺ 別源圓旨，〈觀音贊〉，《東歸集》，上村觀光編，《五山文學全
集》，第 1 卷，頁 784。

❺ 黃龍禪師曾說：「佛法以謗爲義」，訶佛罵祖是禪宗的一種特殊表述方

禪畫，寥寥數筆，但卻有著動人的神采。這首觀音贊詩禪並高，不愧一代宗匠手筆。

全用禪門公案典故題寫普陀山觀音，尚有古劍妙快（生卒年不詳，1365 前後在世），其曰：

> 瞻部洲吞香水海，百億乾坤都粉碎。一念不起無浮漚，洞徹十方空三際。赤腳波斯念八還，忽然平地雲濤翻。牛頭沒出無踪迹，浸爛鼻孔何時乾。珍重補陀岩圓通大士，凡聖同源只者是。一陣薰風殿閣涼，珊瑚枝上月如水。❺❽

此處，補陀岩代表圓通聖境。前兩句意味「大地平沈，虛空粉碎」，若能「一念不起」，自然可以「洞徹十方通三際」。赤腳波斯，意指達磨，兼謂禪門行者力求明心見性的勇猛精進。「牛頭出沒」二句當從「泥牛入海」轉化而來，此即泯除相對分別之謂。凡聖同源，即「不落階級」、「不落凡聖」——破一切有為法知見障，無一切分別心。結尾二句乃點化「薰風自南來，殿閣生微涼」與「珊瑚枝枝撐著月」之公案，末尾兩句可

式，外人不解，不免時作驚駭。
❺❽ 古劍妙快，〈南海偈〉，《了幻集》，上村觀光編，《五山文學全集》，第 3 卷，頁 2148。

為觀音圓通大士見性之徵。通篇以禪門公案融鑄而成，觀音既是凡聖同源的見證，更是默契圓滿光明境界的大成就者。

《法華》、《華嚴》、《楞嚴》、禪門公案之外，眾所周知，觀音本即為西方極樂淨土接引三聖之一，故而觀音道場普陀山，更是生死苦海的解脫彼岸。讚歎觀音聞聲救苦的慈悲的篇章則更多不勝數，無須在此多所著墨。普陀山周遍涵容多層次的思想意境，自然也反映了觀音信仰在中國與東亞不斷流衍弘傳的過程。同時，因為多層次的神聖書寫，普陀山的神聖威光幾同無遠弗屆，普被四海。不同階層、不同學派立場、不同國度的人卻都同表讚歎，做為神聖場域的普陀山在肇建之初，其神聖性固然相當程度來自於五台山，然而由於種種因緣和合，開啟了獨特的生命歷程。在波光粼粼的東亞海岸，觀音道場普陀山在不同的土地上接引眾生，如同因陀羅網網目上繫結的寶珠，既散發出動人的光芒，彼此投影也相互融滲映襯，風華燦爛，無與倫比。

五、「猶如有專於吾日本國」：神聖空間觀音三十三靈場到補陀洛渡海

眾緣和合，使得普陀山攝受八方崇仰的目光。前已言之，普陀山的故事肇始於日本僧人惠鍔與不肯去觀

音的淵源，其又位處東亞海洋貿易的重要航道之上，是故日本禪僧對於普陀山亦懷有特殊感情，例如景徐周麟（1440－1518）曾曰：

　　按補陀洛迦者，梵名也，華言小白華。傳云：「大士示現之地，其山有二，其一自西竺歷羅剎鬼國暨諸魔土、始至其境。」其一即《華嚴》所說善財第二十八參觀音菩薩，即此地也。然世無知者，唐初有梵僧，來洞，前燔指，得見大士慈容，寶陀之名遂傳焉，繼之日本僧惠鍔得菩薩像，將還國，舟過此不能動，望潮音洞，默叩，得達岸，迺以像舍於洞側，有信士捨宅作觀音院，天下歸依焉。（中略）大士應緣無方，猶如有專於吾日本國者哉。四明玄一道人與客約以寶陀之遊，而疑不果往也。忽夢有人謂曰：「《經》不云乎？菩薩『善應諸方所』，抑眾生信心之所向、即菩薩應身之所在，非可以凡情度量也。」既覺，而斷無疑矣。吁！聖境非夢則不能通也。❺⑨

---

❺⑨ 景徐周麟，〈仙住寺觀音大士聖像記〉，《翰林葫蘆集》，上村觀光編，《五山文學全集》，第 4 卷，頁 356。

景徐周麟這段話泰半以盛熙明《補陀洛伽山傳》為基礎
修改而成，然若於《舊傳》當中覓「猶如有專於吾日本
國」的說法必如兔角龜毛，了不可得，《舊傳》的記載
反而是強調與日本無緣的情狀居多，因此，景徐周麟的
說法無意間透露日本禪僧對於普陀山企盼景慕的心情。
景徐周麟重敘盛熙明的夢中啟示，用以證明普陀山為觀
音菩薩善應諸方所的示現，此理移諸海東佛國日本，
亦然可通。雖然萬法唯心，此心本自圓足，南海普陀
山亦只在一心之間，例如明極楚俊（1262－1336）曾
曰：「雲山朵朵白衣相，江樹森森紫竹林。即此圓通真
妙境，何須南海遠參尋。」[60]對一心至誠瞻禮觀音的信
眾而言，恐難無嗛於心。「人人自己方寸內，包容一
座寶陀岩」[61]，職是，普陀山的成立不僅是客觀的歷史
問題，更是苦難眾生呼求下的冀盼。伊利亞德（Mircea
Eliade，1907－1986）曾對宗教人與神聖空間的關係如
是言道：

　　宗教人想要活在神聖中的渴望，實際上就等於是

---

[60] 明極楚俊，〈果上人遊寶陀〉，《明極楚俊遺稿》，上村觀光編，《五
山文學全集》，第 3 卷，頁 1993。
[61] 天境靈致，〈千手千眼觀世音開光安座〉，《天境靈致集・無規矩
乾》，玉村竹二編，《五山文學新集》，第 3 卷，頁 66。

渴望將他的住所建立在真實的實體上，而不要使他
被純主觀經驗中從未終止的相對性所麻痺，宗教人
要活在一個真實而有效的世界中，而不是活在幻想
中。這樣的行為，在宗教人生存的各種層面上被記
載下來，而且尤其明顯的是，宗教人渴望只活動於
聖化了的世界中，亦即神聖空間中。這就是精心運
作各種定向方法的理由，或者更適切的說，這就是
各種建構神聖空間方法的理由。❷

伊利亞得這段從宗教心理學出發，對於神聖空間的描
述，頗似佛家「三界唯心」的說法。因此神聖空間不僅
彰顯神祇的神聖性，也是宗教人內心風景的外部投射。
既然大圓境智、一真法界、慈悲喜捨、神通遊戲、六根
互用，甚至愛欲解脫皆攝受於觀音與普陀山，斯地成為
佛法奧義最具體精妙的體現。眾所周知，觀音、文殊、
普賢、地藏四大菩薩同時代表了佛教思想境界中悲、
智、行、願四種不同的精神境界，然而從以上的論述來
看，與其他信仰不同的是，觀音法門涵括層面之多，面
貌之紛雜，幾乎可以說是佛國大地上一種繽紛而又繁盛

---

❷ 伊利亞德（Mircea Eliade）著、楊素娥譯、胡國楨校閱，《聖與俗——
宗教的本質》（*The Sacred and the Profane: The Nature of Religion*）（臺
北：桂冠出版社，2001 年），頁 78。

的景致。同時因病與藥──因應眾生機根與需求的不同，而有不同的救度方式，例如日本所獨有的三十三觀音靈場。蘭坡景莳（1417－1501）謂：

　　昔者養老年中，和州長谷寺，有僧得道上人者，無疾而逝矣。閻王施威，獄吏用法，如人間所丹青也。王以上人之其期未到，敕皈本土，且諗而謂：「汝土有光世音堂者凡三十三所，迺賜之三十三印，各有其名。」於是乎遂蘇矣，如寐而醒。自持其印，收於攝之中山寺，泉石為之生輝也。永觀之初，吾花山上皇，委政於嗣宮，推浮圖佛眼老人以為師。一日老人說至于此事，遂遣中使，謁中山訪之，寺僧呈以彼印文，乃命應其名，而安之於三十三所，上皇忝與佛眼偕詣之。蓋其地之勝也、如與山水謀焉。吁！天作而地秘之，似期其人也。然道路孔艱，飛簷架山，懸梁縋崖，殆乎不可企而攀焉。上皇不遠千里，親嘗其嶮，不亦尊哉。自爾以降，皈嚮者紛然，載於路，其不絕如帶。然戴白之叟，垂黃之嫗，欲往而詣，而有不能者，故創一宇，同安三十三尊，欲齊禮焉耳。❻

---

❻　蘭坡景莳，〈江州長野保建觀音堂・序〉，《雪樵獨唱集》，第3卷；

花山上皇與佛眼訪觀音三十三靈場的故事，亦見於翱之惠鳳（？－1465）《竹居清事》 ❻ 與天隱和尚（1422－1500）之語錄。蘭坡景茝時代稍晚，此處引述蘭坡景茝之語，在於見其流衍之跡。近代學者對西國三十三觀音靈場的起源有不同的看法，特別對於觀音三十三靈場是否起源於花山上皇一事多表懷疑。❻ 此事之真偽先姑且不論，個別三十三觀音靈場成立在先，後乃有收置一處以見其全之次序大體不失。因病入夢，因夢涉冥，夢醒悟非後幡然改過，此等敘事模式，從北魏《洛陽伽藍記》以來，在《靈驗記》一類與志怪小說中屢見不鮮（明清小說仍然多所襲用）。觀音三十三靈場的成立，一則調和觀音信仰與中世日本「儀式空間」的要求，一則因應諸方眾生不同的需求。三十三靈場悉皆靈驗昭著，信者至誠皈仰，乃至於發心巡禮，載籍具在，無需辭費，此處特別需要留意的是：觀音道場普陀山在日本獨特的信仰方式──「補落陀渡海」的文化意涵與宗教性格。

前已言之，補陀落（即普陀山，日本慣稱補陀落，

玉村竹二編，《五山文學新集》，第 5 卷，頁 199-200。

❻ 翱之惠鳳，〈博桑西州三十三所巡禮觀音堂圖記〉，《竹居清事》；上村觀光編，《五山文學全集》，第 3 卷，頁 2819-2820。

❻ 例如速水侑，參見其《觀音信仰》，頁 265。

由於「補陀落渡海」在日本已是學界慣常的用法，此部分暫以「補陀落」代替「普陀山」）在日本境內雖然無處無之（例如四國讚岐的補陀落山志度寺），然而熊野地方的神聖性始終不減，至今依然。例如「所謂往生補陀落世界（熊野），爲觀音眷屬昇菩薩位」❻、「然夫熊野山者，名稱聞於殊俗，靈驗勝於我朝，諸佛之所遊化也」❻、「熊野權現彌陀觀音垂跡，以天緣慈悲，利益法界眾生」❻、「大聖觀世音菩薩ハ（中略）南海ノ邊ニハ熊野ノ權限」❻云云，不勝枚舉。❼

所謂「補落陀渡海」，簡單的說，即是生者乘船出海，在船上舉行燒身儀式，希望臨命終時，冀盼往生觀音道場補陀落山的宗教儀式。確切的起源迄今尚無定說，但十二世紀院政時期已有相關的記錄。《台記》康治元年（1142）八月十八日下曰：

---

❻ 鎮源撰，《大日本國法華經持驗記》，下-128，《日本思想大系》（東京：岩波書店，1974 年），冊 7，頁 568。

❻ 〈鳥羽院參御熊野山願文〉，《本朝續文粹》，卷 12，轉引自速水侑，《観音信仰》，頁 282。

❻ 《平安遺文》，古文書編號 1250 號。轉引自速水侑，《観音信仰》，頁 282。

❻ 《寶物集》，轉引自速水侑，《観音信仰》，頁 283。

❼ 關於熊野地方的神聖性，參見五來重，《熊野詣》（東京：講談社，2008 年）；根井淨，《補陀洛渡海史》，頁 60-132。

　　招權僧正覺宗習《千手經》，僧正語曰：少年籠
那智之時，有獨僧云：「我現身祈參補陀落山，小
舟上造立千手觀音，奉令持檝，祈請已及三年，祈
北風七日不止也，如此經數日，得大北風，僧慶乘
舟，向南禮拜無止時，差南遙行，僧都以為希有。
登山見之，覺宗同見，七箇日之間，風不止，料
知，願成就矣。」余云：「何時哉？」答曰：「崛
川院御時也。」❼

　　《梁塵秘抄》亦載有相關的歌謠，其曰：

　　大峰聖を船に乘せ、粉河の聖を舳に立てて、正
きう聖に梶取らせ、や乘せて渡さん常住佛性や極
樂へ。❼

雖然補陀落渡海的習俗，早就受到民俗學者、佛教學者
的注意，相關的研究頗夥，但二十世紀中葉，著名的小
說家井上靖以補陀落山寺住持金光坊渡海之前的心理變

---

❼　藤原賴長，《台記》，卷 2，收入增補史料大成刊行会編，《增補史料
　　大成》（京都：臨川書店，1975 年），冊 23，頁 72。
❼　後白河法皇著，新間進一譯注，《梁塵秘抄》卷二，收入秋山虔等編，
　　《日本古典文學全集》（東京：小學館，1976 年），第 25 冊，頁 247。

化為題，寫成〈補陀落渡海記〉，再度吸引學界高度的關注。關於補陀落渡海的文獻記載與儀式，根井淨的研究極為詳盡。根井淨特別舉出現存「御茶の水圖書館」，享祿年間（十六世紀中葉）惠範所著《那珂湊補陀洛渡海記》此一重要文獻，此文詳細描述常陸國僧侶高海上人的補陀洛渡海行，文中並附漢詩一首，其曰：

高山神山生，深海龍王宿。
海岸孤絕峰，觀音接化道。
海公何因緣，廣大善根殖。
上補陀洛高，音樂遊戲場。
上下南西北，無倦勵行德。
水立又坐樹，來去更別無。
人勸安樂國，際度益為本。
波平舟行直，迎接海內外。
木為糧年越，生別菩薩眾。
鎮令唱佛名，勢佛亦無我。
食斷如飛之，死敢不怪人。
打杖一片補，至自他同一。
草衣修佛前，海公本所愛。
苦拔祈彌陀，隨願生任心。
衣破遊諸州，渡海觀音敬。

空不著京洛，後生淨剎中。
別離不悲旅，常無留無便。
岸崒又啼溪，彌碧海遠去。
火木先王宿，樂生初禪得。
下至十念色，陀佛阿彌此。
浴流二六常，我執自遠離。
風來溫體山，放逸者知不。
水斷回幾州，淨水見無欲。
樹葉遮雨色，光來去寒遠。
湯泉誰瑞吉，四時涌出常。
恆流阿鑁名，應知大祕密。
殿鄰大福田，德果庫藏在。
吟行景催觀，聲風樹妙嚴。
精進絕倫大，山助又河補。
妙因出濁世，即身得即佛。
進趣覺山坂，登觀音彌陀。
法音又樂音，現遊安樂國。❼❸

（「框線與網點為筆者所加」）

此詩各句首尾亦須豎而讀之，是以乃別成四言詩一

❼❸　根井淨，《補陀落渡海史》，頁 347-348；頁 761-762。

首，作：

> 高海上人，木食草衣。別水欲火，湯殿精進。
> 生緣北國，越之前州。旅宿常州，吉田大坂。
> 深廣無際，生死海渡。常樂我淨，四德山登。
> 宿殖德本，眾人愛敬。便得離欲，常在補陀。
> 海上水波，鎮打苦空，岸下風樹，恆吟妙法。
> 峰高樹直，名補陀落。溪色山色，名觀世音。
> 觀音來迎，勢至隨後。彌陀放光，應聲即現。
> 道場無外，我一心中，去此不遠，密嚴佛國。**❼**

　　常陸國是日本境內另一個著名的觀音道場（今茨城縣），詩中補陀洛不斷出現，其欽仰之情躍然紙上。登船泛海，厭離穢土，欣求淨土，末法意識不言可喻。橫渡之海乃是生死苦海，稱名念佛乃是苦海羅盤，朝向西方接引三聖慈愛無歇的光輝。熊野地方做為日本補陀落淨土的神聖性根源約有數端：（一）熊野本身的山岳信仰極為深厚，其為修驗道山林修行之士的神聖空間由來已久，而此也令人聯想起普陀山神聖性根源的五台山。（二）神聖海洋的信仰，其為南海道場，在地理上具有

---

❼　同前註，頁 348-349。

無可取代的正確性。（三）觀音信仰過程中諸種見佛苦行的具體傳承。另外，值得注意的是：雖然燃指、捨身、燒身往生等行為歷時久遠，但放船漂流與投崖捨身畢竟並不常見，盛熙明就此說道：

> 潮聲晝夜撞擊，遇風更聲若轟雷，吞吐倐忽，險怪萬狀，令觀者眩目震耳，悸破驚魂。宋元時叩求大士現身者，多在此洞，殆後多在梵音洞。亦或有投崖捨身者。有司以捨身有違我佛慈悲之旨，並於洞旁立石禁止之。❼

不論補落陀渡海或中土普陀山的投崖捨身，都反映出強烈的末法意識、對現世極度失望以及來生寄予強烈的企盼，期待在觀音溫柔燦爛的光芒照耀中得到滋養與慰藉。另一方面，海洋成為生命解脫的入口，未知的洋流指向美麗的淨土，在觀音懷抱中，竟連波濤凶險亦無足為懼。同時值得進一步思考的是：如果院政（十二世紀）時期日本已有補陀落渡海的行為，甚至早於盛熙明《舊傳》著成的年代（十四世紀），那麼，捨身投海，

---

❼ 王亨彥輯，《普陀洛迦新志》，收入白化文、劉永明、張智主編，《中國佛寺志叢刊》（揚州：江蘇廣陵古籍刻印社，1996 年），第 82 冊，頁 105。

亦恐非中土專有，東亞沿海地方的民間習俗竟有某種程
度的類似性。前已言之，中土普陀山傳說固然肇自唐代
的惠鍔與不肯去觀音，然其成爲四方諸國歸仰的聖地有
宋代海外貿易與航海經驗息息相關，補陀落渡海固然
是日本特殊的風習，是否也有可能某種程度的影響（或
悄然滲透）中國普陀山神聖性的建構與信眾的崇拜方
式，⓰這也再次說明了普陀山做爲東亞各國共同文化意
象與信仰森羅萬象的雜多性與互文性。

六、代結語

　　兼具山岳信仰與海洋信仰雙重特質的普陀山，如同
多姿多彩的觀音信仰，擁有豐富且鮮明的文化意象，多
重視角的觀看與詮釋於是成爲可能。普陀山的神聖性雖
然源出五台山，但在海洋貿易、使節交流，乃至於民俗
風習種種因素交織影響之下，發展出獨特的樣貌。雖然
東亞各國接受觀音信仰，主要透過中國漢譯經典，各種
宗派哲學思想投映其間，但卻仍然各自發展出不同的面
貌。以日本爲例，其觀音三十三靈場與補陀落渡海，既

⓰ 雖然燃指、造像、自殘在觀音信仰相關的文獻記載屢見不鮮，但投崖捨
身似乎並不常見，筆者遍閱觀音相關研究，除了于君方教授論大悲懺與
根井淨教授等人對補陀落渡海的相關研究之外，對於觀音崇拜儀式與行
爲的研究顯然值得進一步深入研析。

有獨特的文化情境，又有普遍共通的思想義蘊。

　　普陀山成為東亞各國發展觀音信仰的神聖空間，一方面因應宗教儀式的需要，另一方面也是人心思惟的外部投影。在建構南海觀音道場之際，華嚴學的教典與思想不論在理論或實踐的層面，都發揮了積極的作用。本文以五山禪僧漢詩中的普陀山意象為主要檢視的對象，省思日本中世漢文書寫當中觀音信仰可能蘊涵的佛法妙諦，從《華嚴》一真法界、《楞嚴》六根互換、禪門大仙密旨，極樂淨土無不一一具現於普陀山，特別是將《楞嚴》與《華嚴》融而為一，實乃宋代長水子璿之後華嚴學值得注意的思想特徵。

　　另一方面，觀音道場自身衍化成三十三靈場，開展一場獨特的日本行旅。補陀落淨土成為中世日本民眾與僧人心目當中的安樂國土，觀音溫柔慰藉眾生疲憊的心靈。普陀山既體現佛法崇高深密的奧義，也撫慰旅人無依漂流的孤寂與呼求。從種種神異變現到航渡彼岸，因生滅故爾不滅，生死流變是體契神聖密碼的唯一可能。

　　普陀山既是靈源皎潔的神聖空間，也是枝派流注的娑婆世界，不一不異。不變的是：人非孤島，心當寬廣似海。即令飄風驟雨終朝竟夕，縱然人世塵囂紛擾，大海永遠不宿死屍，二六時中終始澄澈晶瑩。生死固然流轉不歇，那入水不濡、在火不燒的一點靈明，在浪潮沖

湧之下如島般堅毅不移。曾經因種種世事葛藤牽絆或仁
義淪喪的心已成灰，或許在拉薩的布達拉宮，可能是在
紀伊半島的補陀落山，或許在寧波外海的普陀山，那渺
茫的願力星火，在生命轉彎的海底火山地脈，等候噴發
成為一座南方溫柔的島嶼，收容眾生仰望的目光，成就
一個溫暖美麗的新世界。

曹洞宗壽昌派在東亞的流衍傳布
—— 以東皋心越與石濂大汕爲中心

一、前言

　　明清之際漢傳佛教的海外弘傳，以隱元隆琦
（1592－1673）開拓的黃檗宗最爲人所熟知。但在此
同時，曹洞宗壽昌派也積極從事海外弘法。特別是明清
之際的鄭氏政權掌握了當時東南沿海的經濟大權。當時
的福建佛教界，以位居福州的黃檗山萬福寺與鼓山湧泉
寺的地位最爲崇隆，又因爲地處港埠，成爲當時中國佛
教弘揚海外的重要根據地。臨濟宗金粟派（密雲圓悟一
系）積極弘化的同時，曹洞宗壽昌派也向中國以外的地
區弘揚教法，例如東皋心越（1639－1696）在日本水
戶、石濂大汕（1662－1705）在越南順化，如是觀之，
曹洞宗禪法在海外也獲得新的生命。黃檗宗爲當時臨濟
宗密雲圓悟（1567－1642）一脈的骨兒孫，至於鼓山湧
泉寺，則自永覺元賢（1578－1657）之後，專尙壽昌

家風。黃檗宗相關研究已汗牛充棟，❶然而曹洞宗壽昌派的海外弘傳則尚多有餘蘊未發，故本文以明清曹洞宗壽昌派的海外弘傳，特別是在東亞地區，爲主要討論對象，用以補闕。明清之際的東亞佛教世界，曹洞宗形成一個獨特的網絡（network），歷來，曹洞宗壽昌派在東亞的弘傳向以東瀛的東皋心越與具有越南經驗的石濂大汕最爲人所熟知。除此之外，本文也就日本曹洞宗僧人獨庵玄光（1630－1698）與爲壽昌派鼓山系爲霖道霈（1615－1702）的往來加以分析疏理，從此出發，再以東皋心越與石濂大汕爲中心，重新檢視曹洞宗壽昌派在近世東亞傳布過程中的論述特徵與文化呈現。

二、「毫相放光來震旦」：獨庵玄光與爲霖道霈的異域知音

晚明的佛教復興風潮當中，曹洞宗壽昌派別樹一

---

❶ 黃檗宗相關研究，可參見木村得玄，《初期黃檗派の僧たち》（東京：春秋社，2007 年）、《隱元禪師と黃檗文化》（東京：春秋社，2011 年）；高橋竹迷，《隱元隆琦·木庵·即非》（東京：國書刊行會，初版 1906 年，1978 年重印）；平久保章，《隱元隆琦》（東京：吉川弘文館，1962 年）；能仁晃道編著，《隱元禪師年譜》（京都：禪文化研究所，1999 年）；Helen Baroni, *Obaku Zen: the Emergence of the Third Sect of Zen in Tokugawa, Japan*（Honolulu: University of Hawai'i Press, 2000）；柳田聖山，〈隱元の東渡と日本黃檗禪〉，收入源了圓、楊曾文編，《日中文化交流史叢書》（宗教）（東京：大修館書店，1996 年），第 4 冊，頁 277-295。

幟，開山祖師無明慧經（1548－1618），座下兩大神
足無異元來（1575－1630）❷和永覺元賢，分爲博山
（能仁寺）、鼓山（湧泉寺）二系。博山系無異元來傳
宗寶道獨（1600－1661）❸，道獨傳天然函昰（1608－
1685）❹、祖心函可（千山剩人，1612－1660）❺，前

❷ 無異元來，舒城人，俗姓沙。年十六矢志出家，至金陵瓦官寺聽雪浪和
　尚講《法華》，至建武禮五台靜菴通和尚，薙髮受業。五年後詣超華
　山，從洪法師受比丘律。謁壽昌無明慧經禪師，得付法。年二十七至鵞
　湖心和尚處受菩薩毘尼。歷住信州博山、建州董巖、建州仰山、福州鼓
　山、金陵天界等諸刹，並著有《無異元來禪師廣錄》、《博山無異大師
　語錄集要》、《博山參禪警語》等書。明崇禎庚午年九月十八日辭世，
　世壽五十六，僧臘四十一。

❸ 宗寶道獨，別號空隱。南海人，俗姓陸。年十四，辭母入寺，習定樹
　下，胸次忽如劈竹，衝口說偈，驚動其長老。年二十九，母歿，與其弟
　靈泌，腰包謁博山，山爲更名登具足戒，住九月而別。師掩關金輪，徙
　黃巖，一意住山，無出世念。粵中宰官，請住羅浮，開博山法門。閩人
　以雁湖延師，復請住西禪。著有《宗寶道獨禪師語錄》。清順治十八年
　七月二十二日端坐而逝，世壽六十二，坐夏三十三。

❹ 天然函昰，俗姓曾。年十三讀《易》，至「太極生兩儀」，不知大極著
　落，遂打翻前二次疑。然彼時尚未信向，至入庠序，因同學所指，始
　知有宗門事。每思出世，爲父母所阻。後入鄉薦都歸，舟抵吉州，患
　病中期，以愈日即斷世緣。次早忽起，即誓不茹葷酒，不入內寢，極
　力參究，日夕禪坐，衣不解帶。一日聞人誦《金剛經》至「應無所住
　而生其心」，豁然省入。後從孝廉張覲公，得長慶獨風旛頌，始徹證向
　上關捩，問道深相契合，獨以偈印之。乃於崇禎己卯，脫白於歸宗，
　越二載，隨獨赴華首，舉師立僧。壬午開法廣州訶林。自訶林，歷雷峰
　海幢、華首芥菴、廬山棲賢、韶州丹霞諸大刹。著有《廬山天然禪師語
　錄》、《楞伽經心印》、《楞嚴經直指》、《瞎堂詩集》等書。

❺ 祖心函可，別號剩人，惠州博羅人，俗姓韓。參獨老人於廣州東官，老
　人指示參趙州無字。兩踰歲，復聞舉勘破婆子話，更豁然識古人長處。
　老人曰：「子今得不疑也。」即隨入匡山剃落登具，是年二十九，時明

者是廣東曹洞宗最重要的奠基者，門庭極盛，號稱「中國歷史上最大的詩僧集團」，後者則因文字獄流放東北盛京（今瀋陽），而清初謫往盛京的江南文士多依止祖心函可，禪學史目之為「遼東禪學之祖」。另外有覺浪道盛（1593－1659）❻一支，其嗣法無明慧經弟子晦臺元鏡（1577－1630），亦曾親炙無異元來，門下最多頭角崢嶸之士，如無可弘智（俗名方以智，1611－1671）❼、笑峰大然（俗名倪嘉慶，1589－1660）❽、髡殘石谿（未嗣法，1612－1692）等人，安南弘法的

崇禎十二年六月十九日。自普濟歷廣慈、大寧、永安、慈航等大剎。清順治十六年己亥十一月二十七日端坐而逝，世壽四十有九，坐夏二十。著有《千山剩人禪師語錄》、《千山詩集》等。

❻ 覺浪道盛，別號杖人，闆浦人，俗姓張。嘗從博山和尚受具，問從上佛祖行履，不契，辭往壽昌，道經書林，見東苑和尚投機，遂折節過多。因一病瀕死，苑親調藥療之有間，苑究其生平參悟及五家堂奧之旨，大驚曰：「不期子深入此秘密法門，吾壽昌者枝慧命屬子流布去也。」因付壽昌源流并贈一偈。師拜受遂隨苑禮壽昌和尚，重重參證，昌頷之。自是荷擔大法，當仁不讓，曹能始諸公請師於興化開堂，師時年二十八。後住龍湖、壽昌、靈谷、天界、鳳林、徑山、攝山棲霞。師年老復持金陵，諸護法書請歸天界，故晚稱天界和尚。著有《天界覺浪盛禪師全錄》等書。清順治己亥九月初七示寂，世壽六十八，僧臘四十九。

❼ 無可弘智，別號藥地，桐城人，俗名方以智。明亡後出家為僧，得法於覺浪禪師。歷住金陵天界、新城壽昌、吉州青原等剎。著有《藥地炮莊》、《通雅》、《物理小識》、《愚者智禪師語錄》、《浮山後集》等。清康熙十年示寂，世壽六十一。

❽ 笑峰大然，鎮江丹徒人。天啟二年進士，為官戶兵二部正郎。因黨事下刑部七年，後棄官。清順治二年祖心和尚遂薙髮，禮其師空隱和尚為師。順治三年圓具於竹林顒愚和尚。參天界覺浪和尚於報恩寺，得付

石濂大汕與江戶琴學之祖東皋心越皆其法屬，以覺浪道盛曾住南京天界寺，故泛稱「天界系」。永覺元賢則以鼓山湧泉寺爲中心，積極向外弘法，臺灣佛教寺院亦多以鼓山湧泉寺爲祖庭，永覺元賢傳法爲霖道霈，續福建曹洞的法脈。由於博山、鼓山、天界三系在當時頗具聲勢，使曹洞宗壽昌家風在明末清初的南京、江西、福建、廣東等地生機蓬勃，和與密雲圓悟一系爲中心的臨濟禪犄角並峙。其中，鼓山湧泉寺歷史悠久，肪自唐代，號稱千年古刹，但幾度毀於兵火。明季福建、江西等地的學士大夫與叢林尊宿又聯手開創了鼓山湧泉寺的黃金時代。先是無明慧經高足無異元來應閩地曹學佺（1574－1646）等人之邀，駐錫鼓山湧泉寺，大闡宗風，從學之眾多達數千，乃壽昌禪法初開鼓山的權輿，不過無異元來居鼓山湧泉寺年餘即返回博山，繼主南京天界寺。易言之，無異元來雖然有開闢之功，但眞正奠定鼓山湧泉寺今日規模的根幹，在廣厚的基礎之上，經營鼓山湧泉寺成爲壽昌派根本道場，在東南各省，兼及海外，散發出難以匹敵的影響力，鼓山湧泉寺幾乎可以說壽昌禪法弘揚海外的發信地，使千年古刹重新散發燦

法。歷住天界、博山、壽昌、青原、景雲等諸刹。順治十七年四月十六日示寂，世壽七十二。

爛光芒的第一功臣，首推永覺元賢。鼓山湧泉寺原本已
有相當豐富的收藏，永覺元賢又爲其修葺殿宇、煥然一
新，刊刻寺志（即《鼓山志》）、大興佛事，士庶爭相
趨仰，鼓山湧泉寺成爲「閩中第一山」、「閩中叢林之
冠」，永覺元賢居功最偉。

　　永覺元賢，福建建陽人，俗姓蔡，爲宋代大儒蔡
元定（1135－1198）、蔡沈（1167－1230）一門之後
人。生於萬曆六年（1578），幼習儒，因聞人誦《法華
經》至「我爾時爲現清淨光明身」，忽悟周孔之外別有
道，後棄俗出家，依止無明慧經。然不及一年，無明慧
經遷化，往依無異元來三年，後又往謁聞谷廣印，一見
豁然，遂授菩薩大戒。後應張二水相國、呂天池侍郎之
邀，開法閩中，歷主泉州開元寺、福州鼓山湧泉寺、建
州興福寺等。著作宏富，其門弟子爲霖道霈編爲《鼓山
永覺和尚廣錄》。

　　在永覺元賢的銳意經營之下，鼓山湧泉寺的聲價
走高，永覺元賢亦騰譽諸方。特別是江戶初期的日本曹
洞學僧獨庵玄光。❾對獨庵玄光而言，在晚明清初的中

---

❾ 獨庵玄光，自謂「本出於貧賤，剃髮染衣逃饑寒於釋門而已。」三十九
歲至四十五歲，嘗居長崎皓台寺。平生與酒井忠直、酒井忠隆、酒井忠
國、鍋島直條、諏訪賴音等友善。著有《護法集》等。其生平考論，詳
參高橋博巳著，〈獨庵玄光小傳（一）〉，《金城學院大學論集・人文
科學編》第 5 卷第 2 號（2009 年），頁 337-346。

國僧人當中，最爲推崇雲棲袾宏（1535－1615）與永覺元賢二人，其曰：「獨雲棲之袾宏、鼓山之永覺，行古道於今世，不失於故步，實今世之所希有。所以二師之著述，句句誠語，語語不失宗，大異於海棗之談，眞末世之藥石。」❿「予看雲棲袾宏、鼓山永覺二師之著述，實今日之水火也。不可一日無也。矯正邪猾，擁護法門，微此二師，佛法悉皆沉於矯詐，所謂功不在禹下者，正謂斯也。」⓫

將雲棲袾宏與永覺元賢並列，筆者記憶所及，似乎僅見於獨庵玄光一家，永井政之教授謂此爲獨庵玄光個人生命情境的投影，洵乎有識。雲棲袾宏先且不論，獨庵玄光之所以著意於永覺元賢，除其識見卓絕，以其撐持宗門之功也。其曰：

　　曹洞禪或有迷陷默照邪禪於宋代者，徑山呆大呼顯呵回之乎黑山下鬼窟裏，而知者至今受其賜，不知者至今猶稱冤。臨濟禪或有洄汩鹵莽滅裂於明世者，鼓山賢提耳而誨之不屑而教之挽之乎髑髏情識之中，而知者以爲真慈痛悲，不知者以爲好辨。蓋

---

❿ 見獨庵玄光著、鏡島元隆監修，〈自警語七〉，《獨庵玄光護法集》（東京：至言社，1996 年），卷 3，頁 38。
⓫ 見獨庵玄光，〈自警語七〉，《獨庵玄光護法集》，卷 3，頁 39。

洞、濟兩派分形同氣，痛疾相救者，二師之本分
也。而論二師撐傾支顛之功則鈞，而論其勞逸則
鼓山之力倍之。何者？昔日默照邪禪之輩，沈空甘
寂，開口作聲，猶恐落今時而豈敢爭是非人我乎徑
山哉？今日鹵莽滅裂之輩則不也，媚如狐，猛如
虎，其兇惡往往出乎刺客摁任俠之所為，則其齒牙
誠不可觸，而鼓山以孤軍抗八面之勍敵，折其邪
鋒，障隄其狂瀾，全祖庭於一方，是所以鼓山之力
倍徑山也。⓬

這段話力讚永覺元賢力抗猛虎（密雲圓悟）的勇氣，較
大慧宗杲（1089－1163）猶有過之。這段話顯然是針
對晚明清初叢林洞、濟二宗鬥諍之風而發。文中所謂
狐、虎、刺客乃謂臨濟宗逼人太甚。有趣的是此處刻
意提出大慧宗杲，眾所周知，當時臨濟宗旗手密雲圓悟
儼然以當世妙喜自居，批評大慧宗杲多少亦寓對臨濟宗
徒不滿之意。永井政之教授曾經特別指出一個耐人尋味
的現象：久居長崎的獨庵玄光何以與黃檗一宗近乎沒交
涉？⓭但從上文不難看出其於臨濟一宗似乎頗有芥蒂。

⓬ 見獨庵玄光，〈獨庵獨語〉，《獨庵玄光護法集》，卷 1，頁 31。
⓭ 大谷哲夫，〈獨庵玄光師の特異性とその位置〉，收入鏡島元隆編，《獨
庵玄光と江戶思潮》（東京：ぺりかん社，1995 年），頁 116。

無論如何，對日本曹洞宗僧人獨庵玄光而言，永覺元賢與其駐錫的鼓山湧泉寺就是中國曹洞宗具體的象徵，如同茫茫大海當中的燈塔，指引著未來前進的方向。

因而，獨庵玄光透過往來福建長崎的商人，贈書乞序於鼓山湧泉寺住持永覺元賢坐下高足爲霖道霈（時永覺元賢已辭世），不意竟獲首肯，爲霖道霈在序中對獨庵玄光多所肯定，獨庵玄光終身感念不已，屢屢稱之不去口。爲霖道霈曰：

> 適有日本玄光禪師，乃新豐嫡裔。以所著《獨菴獨語》一編附商舶見寄且請正焉。余啟卷諷讀，反覆再四，見其宗眼圓明、教海淹博。其識正、其論確、其節操嚴、其眼目大。其心即古德之心，其志亦古德之志。因時救弊，護持正法，蓋欲存佛祖一綫之脉於末世。俾智者具擇法眼，知邪識正，揀魔辨異，不至盡驅入於魔羅陷穽，其荷法之功豈淺尟哉！語云：「禮失而求之野」，今日支那宗門掃地，不意于日國玄光禪師見之。詎非法門一大幸哉！夫名標以「獨菴獨語」者，蓋盡法界唯此一菴，菴外無菴。盡大地唯此一語，語外無語。學者能即是而求之，則知盡恒沙國土亦當如是流通發揚，不特日國而已矣。❶❹

　　爲霖道霈，俗姓丁，生於萬曆四十三年（1615），
卒於康熙四十二年（1702），福建建寧人。十四歲捨俗
出家，久經參學後，從永覺元賢印可證悟，續任鼓山湧
泉寺住持，康熙十年（1671）一度被迫離開鼓山湧泉
寺，康熙二十三年（1684）再任鼓山湧泉寺住持。著
作甚豐，包括《鼓山錄》、《餐香錄》、《還山錄》、
《旅泊庵稿》，纂述有《華嚴疏論纂要》、《護國仁王
般若經合古注》等。

　　在這段序文，讚許獨庵玄光禪教兩美、目光遠大
云云不過一般酬應，眞正值得注意的是其於「知邪識
正」、「揀魔辨異」等事念茲在茲，且謂當時中國「宗
風掃地」，反襯出曹洞宗人身處當時叢林鬪諍之風內心
深切的危機感。日本獨庵玄光的出現，一方面說明眞理
的普遍性，一方面說明曹洞宗風此道不孤，雖然爲霖道
霈與獨庵玄光素昧平生，從某個角度說，也深深鼓舞爲
霖道霈。爲霖道霈仍然對獨庵玄光的佛學修爲留下深刻
的印象。復就此成詩一首，詩云：

　　　　毫相放光來震旦，獨庵獨語偏叢林。

---

❹　見爲霖道霈著，侍者興燈、心亮等錄，《爲霖道霈禪師還山錄》，收
　　入《卍續藏經》（臺北：新文豐出版公司，1993 年），第 125 冊，No.
　　1440，頁 964。亦見於《獨庵玄光護法集》卷首。

荷擔大法施全力，宗說圓明貫古今。❶

此詩重點仍在「荷擔大法施全力」一句。對於擔負曹洞
宗法運，中日雙方同樣感到責無旁貸。從日本禪宗史的
角度看，江戶時代初期，曹洞宗也展現復興的契機，例
如獨庵玄光爲先驅、卍山道白（1636－1715）、梅峰竺
信（1633－1707）等人接手，推動宗統復古運動。❶爲
霖道霈對獨庵玄光青眼有加，頗出獨庵玄光意料之外。
感激之餘，獨庵玄光亦次韻二首，詩云：

豈期震旦有知音，獨語流傳賢聖休。
但以偈言周鼎重，予書不朽古來今。
獨語方思無聽者，聲飛震旦振禪林。
鼓山序載還山錄，商客寫來驗見今。❶

由於當時江戶實行鎖國政策，故獨庵玄光初未能親見爲
霖道霈的回信，獨庵玄光集中曾收有其與海商究責之書

---

❶ 見爲霖道霈，〈贈日國玄光禪師〉，《爲霖道霈禪師還山錄》，收入
《卍續藏經》，第 125 冊，No. 1440，頁 956。
❶ 日後不意卍山後人與獨庵後人亦有激烈交鋒，竟至分道揚鑣，可謂同志
操戈。
❶ 見獨庵玄光，〈奉謝震旦福州鼓山爲霖禪師還山錄中賜偈於卑僧謹次來
韻二首〉，《獨庵玄光護法集》，卷 9，〈稿二〉，頁 169-170。

札，對其前後經緯敘之極詳，第二首末尾所言即此事，能得當時鼓山湧泉寺住持爲霖道霈如此推重，獨庵玄光感懷在心，故詩中反覆申其知遇之情，獨庵玄光亦一再在日本刊刻永覺元賢與爲霖道霈的著作以爲回報，於壽昌家風頗有推波助瀾之功殆無疑義。然而爲霖道霈畢竟深居中土，固然曾爲獨庵玄光製序，然而江戶時代的日本，提及壽昌家風，東皋心越才是眞正的代表人物。不能忘記的是，獨庵玄光也曾與東皋心越有所往來。

三、「而今水乳喜同調」：東皋心越與日本曹洞宗的同志情誼

東皋心越，俗姓蔣，浙江浦江人。八歲於蘇州報恩寺削髮出家，二十歲往參曹洞宗尊宿覺浪道盛，覺浪道盛圓寂之後，往參覺浪道盛門人闊堂大文，隨獲印可，正式傳承曹洞宗壽昌派的衣缽。清康熙十年（1671），受邀出任杭州永福寺住持。康熙十五年（1676），日本長崎興福寺第四代住持澄一道亮（1608－1691）邀請東皋心越東渡日本，最後落腳水戶藩，創建水戶壽昌山祇園寺、高崎少林山達磨寺，被奉爲日本曹洞宗壽昌派（有別於以道元開創的日本曹洞宗）的開山祖師。❶⑧

---

❶⑧ 關於東皋心越的最新研究，可參見高田祥平，《東皋心越──德川光圀

　　從現存的文獻來看，東皋心越之所以選擇東渡日本，與明清鼎革之後個人的政治認同有關。覺浪道盛「以忠孝名天下」，門下本來就是明遺民聚集的大本營，❶東皋心越不喜滿清政權，並不令人意外，其臨命終時，尚自稱「大明東皋心越杜多傳老人」，可見一斑。東皋心越前往日本之際，黃檗宗已經在日本站穩腳跟，大行其道，東皋心越亦曾接受黃檗宗僧的協助，不過在聽聞希望東皋心越改宗黃檗衣缽的要求時，東皋心越悍然拒絕，羈留日本一事又生波折，被迫返回長崎軟禁，最後在水戶藩主德川光國（1628－1701）的協助之下，落腳水戶，在禪法之外，兼弘琴道（以及其他藝術）。在東皋心越之前，朱舜水（1600－1682）也在水戶藩安身立命，其與東皋心越同樣也是來自浙江。由於朱舜水與東皋心越的到來，水戶藩儼然成為江戶時代日本的文化重鎮，在思想、藝文等各個不同的領域獨領風騷，吸引日本全國的目光。日後，水戶學派成為明治維新時期重要的精神原型，東皋心越導其先路之功不容忘卻。

　が歸依した憂國の渡來僧》（東京：里文出版，2013 年）。
❶　關於這點，詳參拙著〈以忠孝作佛事──明末清初佛門節義觀論析〉，收入鍾彩鈞主編，《明清文學思想中的情、理、欲──學術思想篇》（臺北市：中央研究院中國文哲研究，2009 年 12 月），頁 199-244。

　　東皋心越童貞入道，深惹宗風，繼承晚明清初佛教叢林的文藝風氣，詩文書畫無不精通。在詩文書畫之外，尚有不能忘者，例如日本隨處可見的不倒翁（日文稱爲「達磨」），據說就是出自東皋心越，另外，東皋心越也將篆刻藝術帶入江戶時代的日本，與另一名黃檗宗僧人獨立性易（俗名戴笠，1596－1672），同時被尊爲日本篆刻藝術之父。最重要的是，東皋心越攜來數部古琴（據說至少有虞舜、素王、萬壑松等名琴），推展琴學，大音東流，江戶文人儒者皆樂從東皋心越習琴。雖然古琴過去也曾經有傳入日本的記載，但經過長久的戰亂之後，早已爲人所遺忘。但在中國，古琴一直是文人重要的文化修養，明清之際更是盛行一時，東皋心越將古琴與演奏方法帶入江戶時代的日本，不但喚醒日本知識階層的古琴記憶，東皋心越的古琴指法也在日本取得了典範性的地位，東皋心越的琴譜一再翻刻，故而東皋心越被奉爲江戶琴學之祖。

　　東皋心越精通琴道，其詩文中屢以「新豐曲」比喻曹洞禪。由於洞山良价（807－869）禪師曾於江西新豐建廣福寺，故禪籍常以「新豐」一詞做爲曹洞宗的代稱。新豐成曲，自是東皋心越擅場，不許他人分席。其曰：

慣愛西湖晴雨奇，肯望東渡作人師。

無端為業風吹去，沒底鐵船載月時。

漁家一曲連天地，聆者誰兮會者誰？

落魄巖阿愚且痴，那堪東渡作人師。

一輪荷玉分流去，便是轉功就位時。

新豐曲，舊生涯，得得還須獅子兒。❷⓪

「東渡作人師」顯然是東皋心越自我觀看的重點，前者言從熟悉的西湖來到陌生的日本，知音恐怕寥寥可數，後者則是顯示在落魄逆境中「轉功就位」的氣慨。前半以漁家曲言不與世俗偶諧的孤高胸次，後者則以新豐曲比喻自己堅貞的心志。對東皋心越而言，琴道與禪法無二無別，其詩曰：

乾闥婆王獻樂時，山河大地作琴聲。

須知設樂非同別，相繼靈山次第行。

欲識箇中原不二，堂堂獨露甚分明。

瑤天皎潔，玉宇冰清，總是夙薰得得成。❷①

---

❷⓪ 東皋心越著，浦江縣政協文史資料委員會編，〈自贊〉，《東皋心越全集》（杭州：浙江人民出版社，2006 年 12 月），卷 2，頁 88。

❷① 東皋心越，〈贈明源信士〉，《東皋心越全集》，卷 5，頁 245。

東皋心越此詩頗能道其琴人襟抱。開首二句引佛經說犍
闥婆王至佛所彈琴讚佛，三千大千世界無不震動，乃至
摩訶迦葉不安其坐。此是東皋心越以犍闥婆王自擬，儒
家以禮樂設教，言「聲音之道與政通」。聲明是佛家五
明之一，佛家以聲明證入三摩地，音樂之道豈可以小道
視之哉？琴道與禪法無二無別，精熟之後，一切圓滿自
足。在中國傳統中，則必從屬於作者高潔的胸次，藝術
是邁向超越眞理的不二法門，東皋心越當然也不例外，
此詩結尾言深造琴曲不在技藝的熟練操作，人品皎潔與
胸次清朗，是音樂藝術的起點，也是目的。

東皋心越來日以後，屢經波折，終於在水戶站穩腳
跟。前述與中國鼓山湧泉寺淵源深厚的獨庵玄光也曾親
切致意。其致書東皋心越曰：

打睡庵主玄光，奉書於心越禪師，侍者承禪師傳
曹洞之正宗來化此土矣，以未擁猊座親爐鞴為恨
耳，中間見往來之說，佛高魔高嬈固亦不少，某雖
未展良覿為法憂之，而又私自解謂禪師大力量應處
至逆受至順之適，泯大乘於大同之域，酸鹹苦辛味
之於一舌，外道魔軍充之於侍者，資養法身，開發
化端，頃因海雲住持入覲杜道於僻遠，來訪方審珠
玉之所潛，雖百仞之土不能埋其光，雖千仞之水不

能掩其輝。水戶侯遠嚮道風，遙擁護法幢。水戶侯者，此國之元侯，賢而好善，精儒而粹乎佛也。自是雖千妖百怪無能為，將觀千艸萬木隨風靡，可喜可喜。又承禪師不止續祖燈而已，雖琴碁書畫無所不能，富哉富哉。此是度生之方便，大菩薩之高蹤也。經云：菩薩為利益眾生故，世間技藝靡不該習。雖然古亦有以技蔽道，其道不振者。技者未也，道者本也。私祝禪師捨末提本，回此土洞水之脈於無何有之鄉，則雖病廢幽谷之杜陀，受賜多矣。此日漸熱，為法自愛，不悉。❷

對獨庵玄光來說，東皋心越代表「曹洞之正宗」，雖然獨庵玄光對東皋心越精於藝事不安於心，但也明白此是接引眾生之具，並未深究，當時中國江南叢林帶有濃厚的文藝傾向，獨庵玄光自無不知之理，然因護法之婆心太切，言下不免急切。獨庵玄光年長於東皋心越，語中多帶激勵亦理之必然，兩人曾於江戶城中水戶藩的宅邸中相見，兩人曾互相贈詩。獨庵玄光詩云：

---

❷ 見獨庵玄光，〈與心越禪師書〉，《獨庵玄光護法集》，卷 10，〈稿三〉，頁 173。

萍跡無期若有期，相逢劫外更堪奇。

道容似月離雲翳，心境如空豈覺疲。

古曲非音高白雪，新詩不彩赫朝曦。

雖然蠖屈茅庵內，應見鵬摶在此時。❷

東皋心越之詩則云：

疇昔無緣恨未期，今朝覿面始稱奇。

重扶祖印渾恩倦，再振宗風豈力疲。

德佈桑邦昭若日，明聞華國朗如曦。

剎竿豎起光三際，迥出威音那畔時。❷

「古曲非音高白雪」讚歎東皋心越琴藝高超，同時隱含
「新豐奏曲」（弘揚曹洞宗）之意。獨庵玄光希望透過
東皋心越弘揚曹洞宗風的期許其實亦廣見於當時眾多的
日本曹洞宗僧人，不獨獨庵玄光。觀東皋心越與卍山道
白、月坡道印等人唱和之作大抵可見一斑。例如「幾
經波浪如山穩，千古巍然第一宗」❷、「不是元公眞實

---

❷ 見獨庵玄光，〈五月三日謁越禪師於水戶侯第內之幽居，禪師辱以佳章
次韻〉，《獨庵玄光護法集》，卷8，〈獨庵稿第一〉，頁143。

❷ 見獨庵玄光，〈附心越禪師詩〉，《獨庵玄光護法集》，卷8，〈獨庵
稿第一〉，頁143。

❷ 東皋心越，〈唔別皓台〉，《東皋心越全集》，卷5，頁227。

漢，宗風安得至今傳」❷、「但祈一著隨緣去，到處新
豐任我揚」❷、「若問新豐曲，扶桑日午時」❷、「新
豐千古意猶存，未遇知音孰與言」❷云云，類似的說法
在東皋心越集中俯拾即是。綜觀以上諸例，東皋心越自
身亦頗以弘揚曹洞禪法為念，獨庵玄光多少有點杞人憂
天。不過東皋心越既然遠渡鯨波，對日本淵源有自的
曹洞宗學傳統，也展現高度的認同與尊敬。例如其曾
著詩一首，就其閱讀日本曹洞宗祖道元希玄（1200－
1253）❸的著作之後的心得。其詩云：

希公為法道元玄，證入寧宗嘉定間。
列座有因分次第，參隨不讓箇中禪。
尊宿機關曾逗漏，天童密意若符筌。

---

❷ 東皋心越，〈寶林夜泊〉，《東皋心越全集》，卷 5，頁 233。
❷ 東皋心越，〈因事述懷和後山禪師來韻〉，《東皋心越全集》，卷 5，
頁 241。
❷ 東皋心越，〈喜月坡禪師來晤〉，《東皋心越全集》，卷 6，頁 274。
❷ 東皋心越，〈復卍山禪師來韻〉，《東皋心越全集》，卷 6，頁 275。
❸ 道元希玄，內大臣久我通親之子。因三歲失怙，八歲失恃，十四歲於延
曆寺戒壇院受菩薩大戒。曾在比叡山及三井寺修道，後轉建仁寺師事榮
西修禪。1223 年入宋，承嗣浙江省天童寺長翁如淨之法，1227 年返日。
經暫寓建仁寺後，移至深草，致力於著述與啓導後進。1233 年於宇治開
創興聖寺。1244 年應波多野義重招聘，為越前大佛寺（後為永平寺）
開山。1247 年，赴鎌倉半載而後返回永平寺。1250 年，嵯峨天皇賜紫
衣。1253 年，赴京都養疾，不久病歿。著有《正法眼藏》、《普勸坐禪
儀》、《學道用心集》等書。

時驚雨雷波翻地，日恐歸槎浪拍天。
幸喜龍神重擁護，茲感大慈現乘蓮。
片帆頃刻如飛至，反棹本國筑之前。
初創法幢龍象集，始弘至教實開權。
雲興雲湧津梁廣，指示群迷至不遷。
慧日洞明互今古，慈風常扇德俱傳。
而今水乳喜同調，雖不成詩綴一篇。❸

此詩以道元資質穎異與求道至誠為起首，過程雖然充
滿艱辛，但卻有龍天護持，足見其創法弘教實為天命
所歸，其流風餘韻，迄今不衰。全詩眼目在「水乳喜
同調」一句，既是寫實，亦涵攝了對未來的期許。東皋
心越赴日之初，雖然屢經波折，與黃檗宗的關係時好時
壞，但日本曹洞宗人對於東皋心越始終十分歡迎，展現
了高度的同志情誼。日後，東皋心越在興聖寺供奉的道
元像前獻香時，感嘆「前身疑是扶桑客，今日重來話夙
緣。」❸

　　在東皋心越眾多傳世詩作當中，長詩〈東渡述志〉

❸ 東皋心越，〈延寶六年戊午仲秋閱永平象喜懷元祖配印還鄉標立宗
旨〉，《東皋心越全集》，卷5，頁223。
❸ 東皋心越，〈上興聖獻香永平祖前〉，《東皋心越全集》，卷5，頁
234。

由於牽涉到明清之際隱微的歷史情境，備受史家關注，
除了證成史事之外，〈東渡述志〉剖露心事甚爲詳明，
仍是認識東皋心越生平的重要依據。全詩太長，不能盡
錄，其中一段敘及其東渡日本心境的轉折頗堪玩味，
其詩云：

> 始知宇宙內，方壺別有天。風土殊非異，屋舍古
> 猶然。居民皆淳樸，日用自省便。松竹鬱蒼蒼，花
> 卉鮮艷艷。時稔多豐登，萬事無餘欠。泊舟有旬
> 日，正值梅花吐。笑把梅花嗅，陌路頻相顧。……❸

「笑把梅花嗅，陌路頻相顧」兩句即是指禪門中人雖素
昧平生，然而志趣相投，中土日東，曹洞宗風，一味不
二。此段末尾言自身命運雖然有類轉蓬，但一旦信道心
堅，則守志待時，復有何疑。特別值得注意的是：從這
段話中不難看出：對東皋心而言，日本的風景優美，民
風純樸，實爲海外極樂淨土，東皋心越東渡日本雖然未
必是一場精心策畫的航程，但登臨上岸之際，卻頗爲當
地的風土人情所吸引。

東皋心越的詩作，當然也有難忘的鄉愁，也有無

---

❸ 東皋心越，〈東渡述志〉，《東皋心越全集》，卷6，頁270。

人了解的孤獨，但同時也充滿東瀛景物，如果是從中國詩學的立場來看，其實充滿異國情調，可惜論者寥寥。溫泉（雖然中國亦不乏，例如戚繼光也曾題詠中國的溫泉，但與日本舉國若狂的光景仍有一間之隔）、櫻花、藤花、富士山種種，東皋心越視來，莫不興味盎然。以下這首絕句描寫日本春暖時節「花見」風習的情景十分鮮活，詩云：

> 暮春中浣花事繁，紅白紛紛放滿園。
> 好鳥枝頭啼不住，花間莫惜倒金尊。❸❹

此詩雖然只有短短四句，但十分親切，非親到日本不能言。日本春天花團景簇，花事頻仍。賞花品酒，唐詩最多。現今日本社會此風猶存，江戶時代想必更盛。東皋心越在這裡，用詩人敏銳的觀察力，留下了一個時代的見證。

　　值得一提的是：東皋心越集中也有數闋長短句。清初僧家詞人，自以今釋澹歸（俗名金堡，1615－1680）為白眉，❸❺無可弘智（俗名方以智）亦參與其中。無獨

---

❸❹ 東皋心越，〈執徐三月望日恭候相君大護法之次暨諸鴻儒坐櫻花下即事〉，《東皋心越全集》，卷7，頁302。
❸❺ 今釋澹歸的研究可參拙著〈今釋澹歸之文藝觀與詩詞創作析論〉，《武

有偶，今釋澹歸、無可弘智、東皋心越三人盡出曹洞宗
壽昌派。東皋心越於詞不多作，且形跡未化，雖難與今
釋澹歸比肩，亦自成一格。例如其寫梅花曰：

> 香馥馥，韻悠悠，撲鼻氤氳不自尤，聞齋可
> 卻愁。
> 添野趣，壯吟眸，況似湖山夢裡游，蕭然一比
> 丘。㊱

梅花是東皋心越最常摩寫的題材，此亦東亞禪林文學中
常見之主題。㊲此闋詞作既欠溫婉韻致，固然談不上高
明，借梅香喻人品（或禪境）亦是老生常談。不過，這
闋詞可以視為東皋心越的自明心志，同時也說明西湖在
他生命中的重要性。事實上，日本江戶時代的文人言及

漢大學學報》第 63 卷第 6 期（2010 年 11 月），頁 697-704。以及清水
茂，〈澹歸和尚と藥地和尚〉，收入《中國詩文論叢——平野顯照教授
退官紀念論文集》（京都：大谷大學出版會，1994 年），頁 220-234。
關於今釋澹歸在詞作上的成就，參見清水茂，〈論金堡的詞〉，收入清
水茂著，蔡毅譯，《清水茂漢學論集》（北京：中華書局，2003 年），
以及嚴迪昌，《清詞史》（南京：江蘇古籍出版社，1990 年），頁 91-
95。

㊱ 東皋心越，〈賜梅有感調長相思〉，《東皋心越全集》，卷 7，頁 309。
㊲ 程杰，《梅文化論叢》（北京：中華書局，2007 年 5 月）、《中華梅花
審美文化研究》（西安：陝西師範大學出版社，2008 年 8 月）。

東皋心越，往往將其與西湖疊合視之。❸此詞作大抵成
於東皋心越落腳江戶之時，易言之，屢經躓碚之後，他
終於在異國，重新發現心靈（或夢想中）的故鄉，身心
性命有所安頓，悠揚的古琴旋律，終於在扶桑島上漸
次傳唱。

四、「貨商絡繹之通衢」：從石濂大汕《海外紀事》一書看會安的東亞華商網絡

石濂大汕，少時出身寒微，後出家，從曹洞宗尊
宿覺浪道盛受法。鄭阮紛爭時期，應當時廣南阮氏政權
之邀，於乙亥年（1695）正月至丙子年（1696）六月
之間，前往順化、會安一帶弘法，後來將赴越期間的見
聞，著成《海外紀事》一書，於當時順化、會安一帶有
珍貴的第一手見聞資料，極受史家重視，此書雖然歷經
陳荊和、姜伯勤等前輩的研究，仍多有勝義未發。❸特
別是石濂大汕在廣南的見聞與當時東亞的政治、經濟情

---

❸ 關於這點，請參拙著，〈四海斯文自一家──江戶前期日本儒者詩文中
的世界圖像〉，收入張伯偉編，《域外漢籍研究集刊》（北京：中華書
局，2009 年 5 月），第 5 輯，頁 259-280。

❸ 關於石濂大汕的研究，雖然歷有年所，目前以姜伯勤，《石濂大汕與澳
門禪史──清初嶺南禪學史研究初編》（上海：學林出版社，1999 年）
一書最爲深入而全面。陳荊和則有重要的拓宇之功，參見陳荊和編，
《十七世紀廣南之新史料》（臺北：中華叢書委員會，1960 年）一書。

勢之間的互動關係。例如於其所見會安之情狀爲：

> 蓋會安各國客貨碼頭，沿河直街三四里，名大唐
> 街。夾道行肆，比櫛而居，悉閩人，仍先朝服飾，
> 婦人貿易。凡客此者，必娶一婦，以便交易。街之
> 盡爲日本橋，爲錦鋪，對河爲茶饒，洋艚所泊處
> 也。人民稠集，魚蝦蔬果，早晚趕趁絡繹矣。藥物
> 時鮮，順化不可構求者，於此得致矣。❹

這段話說明當時東亞、西洋諸國船舶來集於會安的盛
況。曾有西洋傳教士讚譽會安是當時東亞最美麗的港
市。會安同時也是著名的日本人町，特別是在日本豐
臣秀吉下令禁止基督教，以及江戶幕府嚴格取締之後，
會安也成爲日本人，特別是日本基督教徒海外聚集之
所。❹日本橋爲日本商人出資所建，廣南王阮福周曾賜

---

❹ 石濂大汕，《海外紀事》（北京：中華書局，2000 年），卷 4，頁 80。
❹ 關於會安的研究甚多，茲以耳目所及，略舉數端以爲參考。李慶新，
〈會安：17－18 世紀遠東新興的海洋貿易中心〉，《濱海之地——南海
貿易與中外關係史研究》（北京：中華書局，2010 年），頁 280-310；
岩生成一，《南洋日本町の研究》（東京：岩波書店，2007 年），第
3 章〈交趾本町の盛衰〉，頁 20-84；菊池誠一，〈ベトナムの港町——
「南洋日本町」考古學〉，《シリーズ港町の世界史（二）：港町のト
ポグラフィ》（東京：青木書店，2006 年），頁 193-218；Charles James
Wheeler, *Cross-cultural trade and trans-regional networks in the Port of Hoi
An: Maritime Vietnam in the early modern era (China),* Ph.D. Dissertation,

名「來遠橋」。石濂大汕爲澳門普濟禪院的開山祖師，在越期間，亦曾搭乘洋商船艦，❹在華商之外，又與日本、西洋有近距離的接觸。會安港的繁榮昌盛，一則由於廣南政權的銳意經營，一則由於會安地處東亞環中國海來往頻繁的貿易網絡。據說石濂大汕「私與洋舶通貿易，則粵之通商，石濂實啓之」，其利用與越南廣南阮氏政權交往的過程博取厚利，❸亦日後殺身取禍之階。

　　石濂大汕在廣州時，與尚藩交好，尚藩以廣州爲基地經營海外貿易，幾乎富可敵國，石濂大汕將主持的廣州長壽寺，稱之爲「十州三島沙門總碼頭」，又將澳門普濟寺做爲長壽寺的下院，遠渡安南私販，「致犀、象、珠玉、珊瑚、珍寶之屬，直且鉅萬，連舶以歸，地方官亦無誰何之者。」❹此一說法如果屬實，石濂大汕亦與商賈無異。關於會安港商業繁榮的景況，《大南一統志》也曾如是說道：

　　　　會安鋪，在延福縣，會安、明鄉二社，南濱大

Yale University, 2001.

❹　石濂大汕，《海外紀事》，卷4，頁82-83。
❸　關於這點，姜伯勤先生有詳細的討論，參見氏著，《石濂大汕與澳門禪史──清初嶺南禪學史研究初編》，頁594-605。
❹　王士禎，《分甘餘話》，卷4，《王士禎全集》（濟南：齊魯書社，2007年），第6冊，頁5029。

江，岸兩旁瓦屋蟬聯二里，許清人居住，有廣東、
福建、潮州、海南、嘉慶五幫，販賣北貨，中有市
亭會館，商旅湊集，其南茶饒潭為南北船艘停泊之
所，亦一大都會也。㊺

眾所周知，明鄉社的成立主要來自於明清鼎革
之後，義不仕清的明遺民移居順化、會安一帶有以致
之。㊻姜伯勤先生指出：石濂大汕赴越弘法一方面是廣
南阮氏政權的宗教需要，一方面也是因應會南地區華商
的現實需要，㊼洵乎有識。邀請石濂大汕赴越的使者，
例如華僧謝元韶、華商陳添官、吳資官等人，皆屬在越
華商。在這個意義上，石濂大汕與稍早赴日弘法的黃檗
宗開山祖師隱元隆琦兩者的社會基礎具有驚人的相似
性──同為東亞華商信眾，且其政治傾向皆偏向亡明故
國。而從石濂大汕赴越弘法一事，頻繁的出現於《華夷
變態》、《通航一覽》等日本相關史料一事不難得知：

㊺ 高春育、劉德稱、陳燦：〈市鋪〉，《大南一統志》（重慶：西南師範
大學出版社，2013 年），卷 5，頁 220。
㊻ 關於明鄉社的研究，首見陳荊和，近年李慶新先生著力頗深，參見李慶
新，〈17－19 世紀會安的華人、唐幫會館與華風〉、〈「海上明朝」：
鄭氏河仙政權（「港口國」的中華特色）〉，收入氏著，《濱海之
地──南海貿易與中外關係史研究》，頁 311-353。
㊼ 參見姜伯勤，《石濂大汕與澳門禪史──清初嶺南禪學史研究初編》，
頁 410。

日本方面對於此事亦十分關心，而經營「安南 —— 長崎」航線貿易而致富的華商亦頗有其人。❹

　　陳荊和曾經注意到《海外紀事》一書當中記錄了不少在越華商的生活情狀。但嚴格來說，石濂大汕所見實非奢華，近乎苦狀。例如石濂大汕曾就會安管理洋貨之職任用非人一事，修書勸諫廣南國主，其言曰：

　　　昧心之人，無權無勇，尚藉他人威勢，以逞暴肆惡，設法貪緣，瞞王硃筆點名，強壓借債，若一官到手，軍士為爪牙，愈得濟其狼毒之性。又有同類一班曖昧鬼蜮，為之主謀羽翼，必致枝節橫生，殘害商民，為地方蟊賊，兼借債為官，常分所入，不足以供每年子錢之費，母錢拖欠，無所從出，必在洋船商貨上百計誅求，甚至敲骨剝髓，船客歲遭其害，將視此邦為畏途而不敢來，既斷商賈，是貽害於國也。又且傳播四方，為王國待客人苛刻，其損德主聲名，不更甚乎！❹

上文中所述之人名劉清，曾歸依施琅部將藍理（「藍總

---

❹ 較著名者，至少有魏之琰、林于騰等人。
❹ 石濂大汕，《海外紀事》，卷5，頁117。

兵」）。此文雖然主要在批評劉清的人格，卻透露了幾
個值得注意的訊息：（一）海商雖然百般經營，但對
於官吏的貪腐顢頇，往往束手無策，只能任憑剝削。
（二）儘管如此，海洋貿易仍是各國政府的重要財源，
港口管理的良窳影響商舶來集的意願，就當時越南的情
況來看，會安最大的競爭對手或許就是當時鄭氏勢力管
理之下的東京（河內）港。

偶來貿易的商人行動仰人鼻息，客居異鄉的海商更
不在話下，埋骨異鄉實不在少數。石濂大汕曾為會安華
商的贊助下募修義塚，收掩孤骨，其言曰：

> 茲大越國會安府者，百粵千川，舟楫往來之古
> 驛，五湖八閩，貨商絡繹之通衢。間有財並陶朱，
> 豈無義同鮑叔。悲填溝壑，慘踏牛羊，如其祖居山
> 左，難返太行，設或產自河南，焉回衡嶽。經年浪
> 迹，惟餘兩眼含酸；一旦危亡，頓爾四肢落寞。值
> 眷絕親疏之日，況天遙海闊之方。❺⓿

前已言之，會安附近的華商，常有義不仕清的政治傾
向，而身處會安的日本人亦則多有為幕府所驅逐出國

---

❺⓿　石濂大汕，《海外紀事》，卷 4，頁 80-81。

的天主教徒，兩者同爲失去祖國庇蔭的「貿易離散族群」（trading diaspora）❺，同時在會安停泊、遭遇。不論在主觀意願或客觀情勢，謂之「失去祖國的人」皆可謂之名實相符。易言之，大航海時代的雜多性（hybridity）、流動性（fluidity）與漂流不定的政治認同態度造就了會安的繁盛。另一方面，追求貨利的華商（以及各國商人）在海外逐漸生根。除了收掩孤骨之外，石濂大汕也嘗試爲當地觸法華商向廣南王請託減輕刑罰，❺一方面說明華僧備受當地政權尊崇，但一方面也突顯在地華商的無奈與淒涼。

十七世紀的越南佛教在石濂大汕以外，如元韶禪師、拙公禪師皆同在日本大弘禪道的隱元隆琦一般，從中國移民而來，融入當地社會，進而對當地的政治、社會、文化、慈善救濟等各方面發揮巨大的影響力，佛教在明清之際東亞與離散書寫與國族政治之間所扮演的重要作用，既是佛教史，更是文化史的重大課題，仍有待進一步深入研究。

石濂大汕滯越期間，對於異國的草木風光以及食物

---

❺ 意指從事遠距離的貿易時，不爲國家政權所支持的離散社群。此概念 Philip D. Curtin 提出，參見 Philip D. Curtin, *Cross-Cultural Trade in World History* (Cambridge: Cambridge University Press, 1984) 一書。

❺ 石濂大汕，《海外紀事》，卷 2，頁 45-46。

另有體會，例如他一到順化，就注意到「樹多笋竹、波
羅、椰子、檳榔、山石榴，花則丁香、木蘭、番茉莉，
暖氣浮動，香透籬藜，獨不見桃、李、梅花耳」❸、
「歲春夏常苦旱，長夏停午，烈日如焚，赤地千里，草
木為焦」❹，不同的環境、不同的氣候，造就了不同的
自然風光。地處熱帶的順化，也造就了石濂大汕不同的
感官經驗。雖然抵達越南之初，曾經擔憂「隨杖食指
繁、無蔬菜為憂」❺，但越南數量眾多的美味蔬果旋即
令他釋懷，例如在品嚐了越南美味的芒果之後，從中
越兩國水果滋味的優劣引發他進一步思考人性相關的問
題，其言曰：

> 一日王以竹籯實檬果，差內監相遺，稱上品佳
> 果，特供老和上。心竊異之，細視覺差圓大，用利
> 刀薄去其皮，片削之，入口香美清甜，與他所遺自
> 別。更與粵東生則酸熟則爛者迥殊。乃知藏典所
> 載菴摩羅果，此為正本歟！今輿記稱菴羅果而逸摩
> 字，俗稱檬果，全改其名。雖名稱固有差訛，而物
> 亦自分優劣。然則因物而不遡其名者，既非；由名

---

❸ 石濂大汕，《海外紀事》，卷 1，頁 9。
❹ 石濂大汕，《海外紀事》，卷 1，頁 20。
❺ 石濂大汕，《海外紀事》，卷 1，頁 20。

而榘信其物者，亦非也。三日前，韶陽侯以錦盒饋
荔枝十數枚，厚皮大核，與粵之新出糖膊相似，已
是此中之絕少者，將欲上擬黑葉進奉，尚邈乎不可
得，安所望凝冰掛綠乎！以檬果與粵較，此為最；
以荔枝而與粵較，則瞠乎後矣！推此則人固不可一
長自矜，用人者所當節取也歟！❺

佛典中說「見閻浮提，如視掌中庵摩羅果」❺，菴
（庵）摩羅果，即芒果。石濂大汕以為越南的芒果遠勝
廣東的芒果，荔枝則以粵地出產者為佳。從而引申為人
之稟性不同，用武之處亦各自有異。南北雖然殊方，各
有質純味美之物，自有所長，取用之途不同。物既如
此，人亦何獨不然，是以石濂大汕復曰：

　　天地間何方無美才。如生長中華，聖賢佛祖，開
　道既久，而復處於通都大邑，賢士大夫為之楷模，
　高人碩彥，共相資長，見聞廣遠，日陶淑於詩書禮
　樂。維持世道，則有儒宗補化人心，更有佛教，其
　人志行正大甚易。至若生於山陬海隅，向為儒釋聖

---

❺ 石濂大汕，《海外紀事》，卷2，頁44。
❺ 般刺蜜帝譯，《大佛頂如來密因修證了義諸菩薩萬行首楞嚴經》，卷
2，《大正新修大藏經》，第19冊，No. 945，頁111中。

賢化所不及，既乏嘉言懿行以為儀型，耳目習熟，
皆匪僻作偽之事。❺

以聖人教化做為界定華彝（夷）的分界，可以說是中國
傳統文化主義的論式。但是界定文化的標準如果仍是
詩、書、禮、樂，則判斷的基準仍在中國。事實上，明
代以來，中國與四周國家（特別是朝鮮與越南）的使臣
往來，在競作詩賦的場合，亦往往敗下陣來。中國，雖
然仍是東亞天下秩序的領頭，但東亞諸國的文化成就亦
不容小覷。石濂大汕以為：在儒家文化的基礎上，佛教
亦發揮重要的作用，具有熔鑄倫理典型的積極功能。儒
學與佛教是沃養健全人格的養分、導正行為風俗的重要
指標。但以「通都大邑」做為文明進程的高峰，無異與
主張「晴耕雨讀」──以小農經濟為理想文化範式的傳
統儒家價值觀略有一間之隔。❺

　　儒家與佛教既是陶冶人格的知識範型，也是國家發
展進步的原動力，超越國家地域的限制，是以其曰：

　　　世界無所謂華彝，自聖人出而分之耳。草昧之

---

❺　石濂大汕，《海外紀事》，卷 3，頁 61。
❺　姜伯勤教授以為石濂大汕代表了一種南海商客精神，洵乎有識。參見氏
　　著，《石濂大汕與澳門禪史──清初嶺南禪學史研究初編》，頁 429。

初，茹毛飲血，不識不知，與禽獸無別。迨生聚日繁，奸頑者遂以權術相雄長，究竟非以道德服人也。於是天生聖人，不忍同類者相傾相軋，等於禽獸，為之兵刑以定暴亂，禮樂以化奸邪，政教漸興，城郭宮室，宗廟祭祀，尊卑貴賤，莫不蔚然有秩有序，遂成文治之世，是華亦自聖人而得名也。若夫山海間阻，聖王征討所不及，聲教難通，自為君長，久安於鄙陋樸僿之習，不復講求乎等威度數，雖成定分，然勢力相服，首不免於戰爭。獨士卒甲兵，眾人長技，至取威定霸，非設奇神變，何由自立於不可勝以制人之不勝乎？故國中多談武備，不尚文德。❻

文明的進程來自聖人的教化，中華文明的優越性來自於聖人智慧的潤澤。嚴格來說，這段話重文輕武的描述某種程度背離歷史事實，無意間流露出厭戰的心態。明清之際，嶺南、滇黔的叢林宗匠因應特殊的現實情勢，往往周旋於不同的政治勢力之間，石濂大汕亦然。不過這段話似乎更帶有濃厚的勸諫之風，原因是當時廣南政權高度軍事化集中管理，對於人民造成極大的痛苦。石濂

---

❻　石濂大汕，《海外紀事》，卷3，頁50。

大汕描述其於順化之見聞曰：

> 因循知國中百工皆軍人，每歲三四月時，軍人下
> 鄉，括民年十六以上體質強壯者充軍，械以竹枷，
> 如梯子稍狹。願從軍，令專學一藝。藝成，分撥戰
> 船中操演，有事即戎，無事役於官府。未六十，不
> 得還鄉與父母妻子相見。所親歲為衣物就視而已，
> 故餘民皆尫羸殘疾，少壯健者，父母恐拏軍，垂髫
> 即送為僧，庶可以免，所以緇流甚多，而佛法由斯
> 混濫。[61]

當時廣南國主阮福周一方面北與鄭氏僵持，一方面準備
南侵占城，是以全民備戰皆兵，然則此亦石濂大汕得以
赴順化不可忽略的社會基礎。對於生活在廣南政權的人
民而言，負擔未免過於嚴苛，石濂大汕重文輕武的說
法，或許也可以視為是對於廣南王施政方針的諷勸，石
濂大汕復言：「誠得聖君任賢分牧，閑其一往邪僻，教
以孝弟忠信禮義廉恥，使率循於大道，十年生聚，十年
教訓，安在蠻彝陋俗不轉成華風樂土耶！」[62]當時中土

---

[61] 石濂大汕，《海外紀事》，卷 1，頁 15。
[62] 石濂大汕，《海外紀事》，卷 1，頁 49-50。

歷經明清鼎革期的劇烈動亂，相對於越南，中土社會進入相對安定的時期，石濂大汕此處所謂「華風樂土」，是指在嚴格軍事管控之外，若能以儒術治國，則國家自能走向康莊大道。

在《海外紀事》一書當中，石濂大汕除了對於異國風土格外留意之外，也清楚認識到性別角色的差異，甫抵順化，他就注意到：「夾岸行人女多於男，衣尚紅綠。」[63]「市肆買賣皆婦女，無內外之嫌，風俗節義蕩然矣。」[64]順化街頭女之所以遠多於男至少有雙重因素：（一）前已言之，成年男子非兵即僧，是以主要的勞動生產力必須以婦女為主。（二）明清以來由於閨房倫理的嚴整，名門閨秀往往不能輕易走上街頭，遑論走入社會。事實上，當時中國士大夫一旦走出國門之際，往往為異國街頭婦女活躍的光景所震撼，越南如此、琉球亦復如此。[65]從這個意義上來說，中國知識階層的婦女（閨秀）反而顯得特殊。石濂大汕雖然對於越南婦女

---

[63] 石濂大汕，《海外紀事》，卷1，頁10。

[64] 石濂大汕，《海外紀事》，卷3，頁49。

[65] 例如一八〇〇年出使琉球的冊封副使李鼎元也曾注意到當時琉球婦女在市集活躍的光景，其言曰：「余每出，見道旁聚觀夷婦，衣服、勤作多有異，未悉其俗。昨歸自集中，以問長史；始知國中男逸、女勞，無肩擔、背負者。趁集、織紉及采薪運水，皆婦人主之。」見李鼎元，《使琉球記》，收入《清代琉球記錄集輯》，《臺灣文獻叢刊》（臺北：臺灣銀行經濟研究室，1971年），第292種，頁203-204。

在社會上的活躍不以爲然，但是他也認識到中國男女角
色作用形成過程中儒家教化的重要性，其言曰：

> 陰陽者，天地之正，夫婦人倫之始。顧《易》以
> 扶陽抑陰，《禮》夫婦婚姻，男先乎女。男治外，
> 女治內，夫爲妻綱，以順爲正者，妾婦之道，此不
> 獨陰陽尊卑定位，亦以嚴閨壼之防，使不致敗檢踰
> 閑而生中冓之嫌也。大越風俗反是，婦女任其所
> 之，往來貿易，父母夫子亦不以醜惡爲嫌。以故采
> 蘭贈芍，隨在俱有。慨此風之淫靡，不獲聖人興起
> 教化，以轉移之。❻

男外女內，扶陽抑陰，這樣的思惟方式仍是中國儒家士
大夫傳統的性別價值觀。石濂大汕認爲未經閨房倫理制
約的婦女穿梭街頭，是未開化的表徵，其實是一種啓蒙
式的暴力，因此，「聖人之化」意味著價值標準的移
植。在這個意義上，石濂大汕爲占城張節婦徵詩❼，相
當程度的自擬帶入新價值進入越南的「聖人」。石濂
大汕雖然認爲「天地間何方無美材」，但灌漑美材成

---

❻ 石濂大汕，《海外紀事》，卷3，頁57。
❼ 石濂大汕，《海外紀事》，卷3，頁57-58。

為棟樑的營養成分仍然來自中華。因此，石濂大汕雖然動輒喜言「今日之在貴國，與在中華立行，無有二心也」❻——表面上視中越為一體，但卻不自覺扼殺了女性（或不同文化體）的平等與價值，在不自覺之間採取一種潛在的俯瞰姿勢，而未能真正欣賞與了解不同的文化型態，或許才是石濂大汕真正的病根所在。

　　石濂大汕《海外紀事》一書也相當程度地反映了當時中國佛教的文化特徵，此書當中，對於真言（特別是〈穢跡金剛咒〉）、法術的重視、鉅細靡遺的傳戒儀式、「自性彌陀」一文所呈現的禪淨融合傾向，無一不與當時叢林風氣相互呼應。尤有甚者，《海外紀事》當中篇幅眾多的詩作以及長篇大論的詩法，更是晚明清初叢林尚詩風習的具體展現，❼更是本色藝僧石濂大汕的拿手好戲。前已言之，十七世紀越南佛教復興與中國晚明以來的叢林風尚多有同頻共震之處，其與弘法日本的東皐心越（還有不能忘記的黃檗宗）同樣奠基於當時東亞華商的經濟網路，如何立足於此一社會階層之上，進而深入認識當時東亞佛教的價值與特色，將是日後必須持續追索思考的重要課題。

---

❻　石濂大汕，《海外紀事》，卷 5，頁 116。
❼　明末清初叢林的尚詩風習，參見拙著，《中邊・詩禪・夢戲——明末清初佛教文化論述的呈現與開展》（臺北：允晨文化，2008 年）一書。

五、結語

　　學界言及明清佛教弘揚，每以日本黃檗宗爲代表，
但十七世紀越南佛教大有復興之勢，北部的拙公派、水
月派、蓮宗較爲風行，中南部則以元紹禪派、了觀派具
有較大的影響力，各個不同門派之間雖在學理上略有出
入，但皆與臨濟宗關係較爲密切。拙公和尚及其弟子明
行禪師在北越的佛教寺院廣受尊崇，其思想亦與明清以
來的佛教動向息息相關。重點是當時日本、越南同爲海
商網路之一部，就日本方面的檔案觀之，其於越南之政
商局勢有一定程度的掌握殆無可疑。十七世紀初，石濂
大汕應廣南阮氏的邀請，前往順化、會安一帶弘法，
傳戒弟子逾千人，開創了觀一派的實效了觀（1667－
1742）亦曾親從石濂大汕受法。石濂大汕的行事風格固
然備受爭議（特別是其與潘耒、屈大均之間的齟齬甚至
招致殺身之禍），但在十七世紀中越佛教交流史上具有
一定程度的重要性殆無疑義，更是觀察曹洞宗在東亞流
傳過程中不應忘卻的一頁。

　　壽昌派的出現，說明晚明清初曹洞宗的生氣蓬勃
與活力十足，由於其重要根據地的閩粵諸大道場地處沿
海，故與海外往還無間。本文以鼓山系的爲霖道霈，
以及天界系的東皋心越與石濂大汕等三個例子，檢視

曹洞宗壽昌派在東亞的流傳。東皋心越的音樂、石濂大汕的繪畫在中國佛教文化史都有一席之地，爲霖道霈更是著作等身。從佛教文化史的角度來看，石濂大汕在佛教思想史上固然並未有太多獨特的建樹，且自身之道德不無可議之處，但《海外紀事》一書畢竟記錄了十七世紀中越佛教與文化交流，無論對於認識當時的佛教或當時東亞著名的港町順化、會安，仍然具有不可取代的重要性。石濂大汕擅長繪事一事頗類覺浪道盛門下之髠殘石谿、而其與尚藩多所周旋一事又與今釋澹歸頗爲雷同，❼其傳法海外又與東皋心越何其神似。他們的著作一方面呈現出相當程度的異國情調，一方面也體現了晚明以來佛教禪、詩、藝融合一體的文化風尙。事實上，當時的思維樣式、經典註釋乃至於法事儀軌在東亞各地都有深遠的影響，而東皋心越與石濂大汕更是在東亞文化交流史上輝煌的一頁，散發出璀璨的光芒，迄今不衰。

---

❼ 關於這點，詳參拙著，〈金堡之節義觀與歷史評價探析〉，《中國文哲研究通訊》第 9 卷第 4 期（1999 年 12 月），頁 95-116。

百川倒流

——日本臨濟宗五山禪林海洋論述義蘊試詮

> 佛法大海，信為能入，智為能度。
>
> ——《大智度論》
>
> 大海若知足，百川應倒流。
>
> ——密菴咸傑

一、前言：問題的所在

　　自從曾任美國駐日大使的哈佛大學日本史權威賴世和教授譯註圓仁《入唐求法巡禮行記》❶以來，圓仁與遣唐僧一時成為學界廣泛注目研究的焦點。遣唐使停止派遣以後，日本前往中國的僧人一度略微沉寂，南宋以後，僧人又絡繹不絕地前往中國。另一方面，唐代赴日的鑑真和尚開創了日本佛教傳戒的根本規範以後，從宋

---

❶ Edwin O. Reischauer, *Ennin's Travel in T'ang China* (New York: Ronald press company, 1955).

元之際（無學祖元、一山一寧、蘭溪道隆）至明清之際
（以隱元隆琦爲首的黃檗僧團）的禪僧紛紛東渡，對於
傳布禪宗爲主的學術思想與文化生活居功厥偉。

　　入華日僧與渡日華僧共同編織一個文化生活的佛教
網路（monastic fellowship network）。其特徵是以佛教
（特別是禪法）爲信仰，以中華風物構築思想與生活的
共同脈絡，洋溢著濃厚的藝文情調。他們留下了大量的
詩文、遊記、日記、還有繪畫作品，既是當時生活的珍
貴史料，也具有高度的文藝價值。渡華日僧往往具有多
重身分，既是求法僧，同時也是外交使臣，更是雙方文
化交流過程中不容或忘的媒介人物。從相關的史料記錄
當中，我們也不難發現：旅行的經歷不但是個人難忘的
回憶，更是他們社會與知識生活中重要的資本。緣此，
他們的遊歷書寫不只是單純的旅遊見聞而已，而是一種
複式聲調的文化展演，等待多重角度的詮釋與重塑。

　　本文以五山禪林的海洋論述做爲主要討論對象，檢
視其相關的思想意涵與文化脈絡，並同時反思中日僧人
遊歷書寫中海洋意象透顯的價值觀念與世界圖像。

二、從「海有八德」到「海印三昧」：佛教海洋哲學的文化意蘊

　　儘管孔子「見大水必觀」❷，也有乘桴浮海的喟

嘆，但後世儒者並未就此加以闡發，直至明代中後期，
方有琉球冊封使郭汝霖（1501－1580）❸有「浮海四
徵」、蕭崇業（？－1588）有「知海則知聖人」❹的說
法，但影響畢竟有限。蓬萊三山也是道教神仙飛升的
洞天福地，更多的是逃離現實的浪漫想像。而佛教對
於海洋別有會心，開創種種層次多元、意涵豐富的海
洋論述。婆娑世界，如汪洋萬頃；悟道之人則「精進
行道，慈悲修慧，乘法身船，至涅槃岸。復還生死，
度脫眾生」❺。生死苦海，極樂彼岸，法船渡生，大海

---

❷ 「孔子觀於東流之水。子貢問於孔子曰：『君子之所以見大水必觀焉
　 者，是何？』孔子曰：『夫水大徧與諸生而無爲也，似德；其流也埤
　 下，裾拘必循其理，似義；其洸洸乎不淈盡，似道；若有決行之，其應
　 佚若聲響，其赴百仞之谷不懼，似勇；主量必平，似法；盈不求概，似
　 正；淖約微達，似察。以出以入以就鮮絜，似善化。其萬折也必東，似
　 志。是故見大水必觀焉。』」引文詳見荀子著，李滌生註，《荀子集
　 釋》（臺北：學生書局，1979 年），頁 646。

❸ 關於郭汝霖，其理學活動可以參見呂妙芬，《陽明學士人社群——歷
　 史、思想與實踐》（臺北：中央研究院近代史研究所，2003 年），頁
　 165-171；徐玉虎，〈明冊封使郭汝霖李際春著作遺存琉球考〉，收入
　 中國明代學會主編，《明人文集與明代研究》（臺北：中國明代研究學
　 會，2001 年），頁 359-375。

❹ 關於郭汝霖、蕭崇業的說法，詳參拙著，〈知海則知聖人：明代琉球冊
　 封使海洋書寫義蘊探詮〉，收入臺灣古典文學研究集刊編輯委員會，
　 《臺灣古典文學研究集刊・第二號》（臺北：里仁書局，2009 年），頁
　 1-35。

❺ 安世高譯，《佛說八大人覺經》，收入《大正新修大藏經》（臺北：新
　 文豐出版公司，1983 年），第 17 冊，No. 779，頁 715。（下文所引均
　 簡稱《大正藏》）。

意象在佛典中俯拾即是。《中阿含經》中已有大海「八未曾有」之說法，❻《佛說法海經》承此，重新歸納為「海有八德」的說法，對海洋的文化意涵有極精要的闡發。其云：

> 世尊告目連曰：「汝為一切，請求如來，慇懃乃至四五，吾今當為汝等說之。吾僧法，猶如大海，有八德，汝等聽之。大海之水，無滿不滿；吾法如之，無滿不滿，此第一之德。大海潮水，尋以時而來，不失常處；吾四部眾，受吾戒者，不犯禁戒違失常法，此第二之德。大海之水，唯有一味，無若干味，無不以鹹為味；吾法如是，禪定之味，志求寂定，致神通故，四諦之味，志求四道，解結縛故，大乘之味，志求大願，度人民故，此第三之德。大海既深而廣，無能限者；僧法如是，無不深妙，八方之大，莫大於僧法，僧法最為弘大，此第四之德。大海之中，金銀琉璃、水精珊瑚、車渠馬瑙、摩尼之妙，無不備有；吾僧法之中，三十七品道寶之妙，神足住壽，飛騰十方，靡所不適，瞬息

---

❻ 瞿曇僧伽提婆譯，《中阿含經》，收入《大正藏》，第 1 冊，No. 26，頁 475 下 -476 中。

之間，周旋無量佛界，到殊勝之刹，能以其道，化
導群生，淨己佛土，此第五之德。大海之中，神龍
所居，沙竭龍王，阿耨達、難頭、和羅摩那、私伊
羅末，如此諸龍，妙德難量，能造天宮，品物之
類，無不仰之；吾僧法亦復如是，四雙八輩之士，
十二賢者，菩薩大士，教化之功，彌茂彌美，此
第六之德。大海吞受百川萬流，江恒之水，無不受
之，終日終夜，無盈溢減盡之名；吾僧法之中亦如
是，梵釋之種，來入僧法，四姓族望，或釋或梵，
王者之種，捨世豪尊，來入正化，或工師小姓，亦
入正化，種族雖殊，至於服習大道，同為一味，無
非釋子，此第七之德。大海清淨，不受死屍，無諸
穢濁，唯海之類而受之耳；吾僧法清淨，亦如大
海，不受穢惡，犯戒違禁，非清淨梵行者，一不得
受，棄之遠之，猶海不受死屍，此第八之德。❼

　　這段話原是佛陀為說戒而發，故於戒律念茲在茲，
此先姑且不論，這段話論述海洋的文化性格實與佛法同
條共貫。此一說法，大約可以視為佛教海洋哲學的先

❼ 法炬譯，《法海經》，收入《大正藏》，第 1 冊，No. 34，頁 818 中 -
下。

聲。綜上所述，大約可以歸納爲：（一）無滿不滿，喻周遍含容。（二）不失常處，比喻法度謹嚴。（三）大法一味，比喻大乘佛法基本精神通貫全體。（四）佛法深廣，比喻大法析理精微與涵攝多方。（五）周旋無量，化導群生，比喻佛法利益眾生。（六）教化彌美，比喻涵養眾生。（七）無品類等級的差別，比喻眾生平等。（八）不宿死屍，比喻佛教的自我淨化。另外，《涅槃經》亦曾謂大海有八種不可思議，「一者漸漸轉深，二者深難得底，三者同一鹹味，四者潮不過限，五者有種種寶藏，六者大身眾生在中居住，七者不宿死尸，八者一切萬流大雨投之不增不減。」❽肝衡眾家說法，固然略有出入，但其基本精神大體相通，皆在強調佛法的深廣高大、含容萬有、眾生平等、法度謹嚴與轉染汙爲清淨等精神特質。不難看出：大海即同於一切作用根源的眞如本體，即是佛教萬法本源。《中阿含經》、《佛說法海經》、《涅槃經》等經典的說法早爲禪家所吸收，成爲禪門著名的公案。例如言及「大海不宿死屍」時，臨濟義玄、曹山本寂禪師都曾經有所發揮。❾

---

❽ 曇無讖譯，《大般涅槃經》，卷 32，收入《大正藏》，第 12 冊，No. 374，頁 558 下。

❾ 曹山元證大師因僧「問：『承教有言，大海不宿死屍，如何是海？』

　　大海是佛法本體的擬喻，華嚴宗匠於此發揮最深，法藏（643－712）就曾明白說：「海印者，眞如本覺也。」❿眾所周知，「海印三昧」（Sagaramundra-samadhi）是華嚴學核心命題之一。雖然大乘經典中不乏海印三昧的說法，例如《大般若經》⓫、《大寶積經》⓬、《大集經》⓭皆可見到「海印三昧」的說法，⓮但無論印度或西域似乎皆並未就「海印三昧」特別加以強調，但在中土華嚴學諸大師，不斷就此加以深化，內涵逐漸豐富，遂成爲華嚴學的核心課題。華嚴學關於海印三昧的討論極多，後世亦累有增飾，此處無法詳論，華嚴學集大成的賢首大師法藏就此有清晰的闡發，值得參考。其曰：

師曰：『包含萬有。』曰：『爲什麼不宿死屍？』師曰：『絕氣者不著。』曰：『既是包含萬有，爲什麼絕氣者不著？』師曰：『萬有非其功絕氣有其德。』」見道原纂，《景德傳燈錄》，卷17，收入《大正藏》，第51冊，No. 2076，頁336中。曹山元證，即曹山本寂，諡號元證大師。

❿ 法藏，《修華嚴奧旨妄盡還源觀》，《大正藏》，第45冊，No. 1876，頁637中。

⓫ 見《大般若經》，收入《大正藏》，No. 220，第5冊。

⓬ 見《大寶積經》，收入《大正藏》，No. 310，第11冊。

⓭ 見《大集經》，收入《大正藏》，No. 397，第13冊。

⓮ 關於「海印三昧」在大乘經典中的典據，鎌田茂雄有過簡要的歸納，參見鎌田茂雄，〈海印三昧について〉，《駒澤大學佛教學部研究紀要》第二十四號（1966年3月），頁35-46。

　　言海印者，真如本覺也。妄盡心澄，萬象齊現。猶如大海因風起浪，若風止息，海水澄清，無象不現。《起信論》云：「無量功德藏，法性真如海。」所以名為海印三昧也。《經》❺云：「森羅及萬象，一法之所印。」言一法者，所謂一心也。是心即攝一切世間、出世間法，即是一法界大總相法門體，唯依妄念而有差別。若離妄念，唯一真如，故言海印三昧也。《華嚴經》云：「或現童男童女形，天龍及以阿脩羅，乃至摩睺羅伽等，隨其所樂悉令見。眾生形相各不同，行業音聲亦無量，如是一切皆能現，海印三昧威神力。」依此義故，名海印三昧也。❻

　　這裡的海印三昧主旨亦不脫海有八德的說法，但更強調離卻妄動的根識，本體定、靜之後的觀映、涵養與創發萬物的神奇妙用。稍後的清涼澄觀（738－839）有一段形象優美的文字描寫海印三昧，其曰：

❺ 失譯人名，《佛說法句經》，收入《大正藏》，第 85 冊，No. 2901，頁 1435 上。
❻ 法藏述，《修華嚴奧旨妄盡還源觀》，收入《大正藏》，第 45 冊，No. 1876，頁 637 中 - 下。

今說此經依何三昧，即海印三昧。海印是喻，從喻受名。賢首品疏，當廣說之。今略示其相，謂香海澄渟，湛然不動，四天下中，色身形象，皆於其中，而有印文。如印印物，亦猶澄波萬頃，晴天無雲，列宿星月，炳然齊現。無來無去、非有非無、不一不異。如來智海，識浪不生。澄渟清淨、至明至靜。無心頓現，一切眾生，心念根欲。心念根欲，並在智中，如海含象。❼

以澄靜不動的大海映現星月萬物的不來不去，不一不異，以及包容萬有，如來智海寂然不動，涵攝森羅萬象。此外心念根欲亦從大海來，亦大海不爲所動。法藏與澄觀的思想概念或許稍有出入，但其所據以鬯論的都是澄波萬頃，風平浪靜的大海。事實上，大海固然有時風平浪靜，但浪吼滔天亦是大海本色。令人恐懼、戰慄。綜觀法藏、澄觀的生命歷程，似乎並未親渡洪濤，故而其以澄波巨壑言本體，實亦半出於懸空之想。對於親涉風波波濤的人而言，大海的表情不止一種。在湛然不動之外，還有那令人震懾無已的威力。

---

❼ 澄觀，《大方廣佛華嚴經隨疏演義鈔》，收入《大正藏》，第 36 冊，No. 1736，頁 4 中。

三、「彌漫無邊，不識東西」：大海的另一張臉孔

筆者目前耳目所及，西行求法的法顯（約 337－422），思歸東土之際遭遇黑風惡浪，似為中土海難漂流書寫開啓序幕，可謂大海無情的親身見證。整段文字不僅動人心魄，也為認識當時海洋文化提供一個絕佳的門徑。其言曰：

> 得好信風，東下二日，便值大風。船漏水入，商人欲趣小船。小船上人恐人來多，即斫綆斷。商人大怖，命在須臾。恐船水漏，即取麁財貨擲著水中，法顯亦以君墀及澡罐並餘物棄擲海中。但恐商人擲去經像，唯一心念觀世音及歸命漢地眾僧：「我遠行求法，願威神歸流，得到所止。」如是大風晝夜十三日，到一島邊。潮退之後，見船漏處，即補塞之，於是復前。海中多有抄賊，遇輒無全。大海彌漫無邊，不識東西，唯望日、月、星宿而進。若陰雨時，為逐風去，亦無准。當夜闇時，但見大浪相搏，晃然火色。黿、鼉水性，怪異之屬。商人荒遽，不知那向。海深無底，又無下石住處。至天晴已，乃知東西，還復望正而進。若值伏石，則無活路。如是九十日許，乃到一國，

名耶婆提。其國外道、婆羅門興盛，佛法不足言。停此國五月日，復隨他商人大船，上亦二百許人，賷五十日糧。以四月十六日發，法顯於船上安居。東北行，趣廣州。一月餘日，夜皷二時，遇黑風暴雨，商人、賈客皆悉惶怖，法顯爾時亦一心念觀世音及漢地眾僧。蒙威神佑，得至天曉。曉已，諸婆羅門議言：「坐載此沙門，使我不利，遭此大苦，當下比丘置海島邊，不可為一人令我等危險。」法顯本檀越言：「汝若下此比丘，亦並下我！不爾，便當殺我！汝其下此沙門。吾到漢地，當向國王言汝也。漢地王亦敬信佛法，重比丘僧。」諸商人躊躇，不敢便下。于時天多連陰，海師相望僻誤，遂經七十餘日。糧食、水漿欲盡。取海鹹水作食，分好水，人可得二升，遂便欲盡。商人議言：「常行時正可五十日便到廣州。爾今已過期多日，將無僻耶？即便西北行求岸。晝夜十二日，到長廣郡界牢山南岸，便得好水、菜。但經涉險難，憂懼積日。忽得至此岸，見藜藋依然，知是漢地。然不見人民及行跡，未知是何許。或言未至廣州，或言已過，莫知所定。即乘小船，入浦覓人，欲問其處。得兩獵人，即將歸，令法顯譯語問之。法顯先安慰之，徐問：「汝是何人？」答言：「我是佛弟子。」又

問：「汝入山何所求？」其便詭言：「明當七月十
五日，欲取桃臘佛。」又問：「此是何國？」答
言：「此青州長廣郡界，統屬晉家。」聞已，商人
歡喜，即乞其財物，遣人往長廣。太守李嶷敬信佛
法，聞有沙門持經像乘船汎海而至，即將人從至海
邊。迎接經像，歸至郡治。商人於是還向楊州，劉
沇青州請法顯一冬、一夏。夏坐訖，法顯遠離諸師
久，欲趣長安，但所營事重，遂便南下向都，就禪
師出經、律。⑱

劉苑如博士曾針對法顯傳記在朝聖行旅的書寫特色加以
著意⑲。《佛國記》在中國旅行文學具有里程碑的重要
意義，這段話如實地反映當時航海技術（如信風、觀
星、造船）與習俗（例如遠洋貿易、臨浪拋人入水）等
豐富的面向，對於認識早期航海史的具體情境，誠為難
能可貴，學界於此已有詳盡的討論。⑳

---

⑱ 法顯撰，章巽校注，《法顯傳校注》（北京：中華書局，2008 年），頁
142-148。

⑲ 劉苑如，〈涉遠與歸返——法顯求法的行旅與傳記敘述研究〉，收入黃
應貴、王瑷玲主編，《空間與文化場域——空間移動之文化詮釋》，頁
319-354。

⑳ 關於這點，王榮國有詳細的討論，參見氏著，〈海洋人文視野下的法
顯《佛國記》〉，收入楊曾文等主編，《東晉求法高僧法顯和《佛國
記》》（北京：宗教文化出版社，2010 年），頁 326-332。

　　從漂流紀事的角度來看，這段話有幾點特別值得注意：（一）觀世音菩薩的海難救助神格清晰可見。事實上，觀世音菩薩不僅是海上危難時刻的希望所繫，《法華經・普門品》更是虛構海難想像最重要的憑依。（二）船家在面對巨浪時，拋人拋物以求自保的風俗在當時似乎屢見不鮮。㉑但更令人印象深刻的是法顯護全經教的決心，與為求無上至道大無畏的勇氣。

　　附於商舶，橫涉巨滔，朝聖求法的高僧是早期的漂流記事書寫不可或缺的重要角色。㉒大海，是邁向眞理的道路。在法顯的年代，中土佛教徒仍然具有濃重的邊地意識，對佛教神聖根源的天竺西方懷有強烈的憧憬。㉓通過法顯、義淨等人的著作，當時僧人不畏險阻追尋眞理的堅定信念仍然令人動容。

　　除了追尋眞理之外，面對黑風巨浪，高僧亦展現捨己救人的高貴情懷。例如義淨記常愍法師事蹟，其云：

㉑　鑑眞在東渡日本也有遇到類似的情形，參眞人元開著、汪向榮校注，《唐大和上東征傳》（北京：中華書局，2000 年），頁 56。

㉒　關於晉唐高僧與海商的關係，參見何方耀，《晉唐時期南海求法高僧群體研究》（北京：宗教文化出版社，2008 年），頁 80-93。

㉓　見印順法師著，《初期大乘佛教之起源與開展》（臺北：正聞出版社，1994 年），第七章〈邊地佛教之發展〉，第一節第一項〈佛教中國與邊地〉，頁 397-403。

　　（常愍禪師）遂至海濱，附舶南征，往訶陵國。
從此附舶，往末羅瑜國，復從此國欲詣中天。然所
附商舶載物既重，解纜未遠，忽起滄波，不經半
日，遂便沈沒。當沒之時，商人爭上小舶，互相戰
鬥。其舶主既有信心，高聲唱言：「師來上舶。」
常愍曰：「可載餘人，我不去也！所以然者，若輕
生為物，順菩提心。亡己濟人，斯大士行。」於是
合掌西方，稱彌陀佛。念念之頃，舶沉身沒，聲盡
而終。春秋五十餘矣。有弟子一人，不知何許人
也，號咷悲泣，亦念西方，與之俱沒。❷

　　從法顯、常愍的紀事不難看出：對親身橫渡大洋的僧人
而言，長途航海航程絕非逍遙自在的樂園仙鄉，而是一
場殘酷的試煉。佛法，不只落痕在遙遠彼岸寺院收藏的
經卷，更在日常生活舉手投足的踐履中。眾所周知，佛
法傳入中土有海、陸二途，風濤險惡成為佛教傳入中國
的共同回憶之一。除了航海技術與歷史風俗的文獻記錄
之外，佛教的海難書寫往往具有幾重特色：
　　（一）海難成為見證信仰的契機，其間觀世音菩薩

---

❷　義淨著，王邦維校注，《大唐西域求法高僧傳校注》（北京：中華書局，1988 年），頁 51-52。

的聖號經常迴盪在相關的文獻當中。在觀音相關的《靈
驗記》當中，也有許多遭難獲救的靈驗故事，對於認識
中國的海洋信仰具有重要的意義。

（二）航海是求法問道的旅程，朝聖（或弘法）
之旅充滿試煉與磨難。中國僧人西行求法，日本僧人亦
航渡中土求法問道，空海、圓仁入唐時亦皆遭遇險惡風
濤，❷相對於此，鑑眞東渡日本則爲弘法利生，然其屢
遭惡風，海難成爲鑑眞赴日弘法最大的試煉場。漂海情
節一則見其求道與弘法之至誠，斷不爲橫逆所沮；一則
從中彰顯智慧，體契眞理妙諦，宋元之間的五山詩僧於
此義多所闡發（詳後）。

（三）與道教的神仙想像不同的是：朝聖行役僧人
身涉滄溟的目的在於追求大法眞諦，但對於新穎有趣的
風俗亦有相當程度的觀察，不過限於僧侶的身分限制，
主要仍以宗教風習民俗爲主。

海洋一直是佛教教法當中一個重要的擬喻
（metaphor），具有深層的哲學意涵，然而身涉洪濤的
親身體驗，又與臥遊遙賞天差地別。海洋既是通往眞理
的道路，也是層層魔考的修羅場。不論求道或弘法，海

---

❷ 參看圓仁，《入唐求法巡禮行記》（桂林：廣西師範大學出版社，2007
年），頁3-5。

難漂流的試煉可以見出心志與信仰的誠摯與堅貞。在波
濤洶湧的暗夜，對佛法堅定的信仰如同天際高懸的明
星，始終指引著生命應然的方向。

　　海難書寫中的惡海意象，其實也是佛教傳統，眾生
頭出頭沒的「生死海」的具體呈現。與海印三昧中廣大
靈澈的意象完全不同，惡海意象既是婆娑世界的寫照，
凝聚無邊無際的苦難。

　　綜上所述，海洋意象在佛教至少可以區分：（一）
理想的寂然本體，能興發種種化俗利生的神妙作用，同
時也意指生命理想歸趨的方向。（二）死生試煉的求道
歷程，充滿現實的苦難，可謂以大海風濤作佛事等兩重
不同的文化意涵。五山僧人的海洋詩作價值預設固然以
前者為基調，但亦不能免俗，偶爾穿插舛難的喟嘆，同
時經由經典詮釋與現實脈絡（例如其外交使節的身分）
的交互作用，呈現多元豐富動人的眾多面貌。

四、「滄海豈非一面寶鏡」：五山說海義蘊釐探

　　日本漢文學史上，五山禪僧是漢詩最重要的作者
群之一，事實上，五山叢林不僅是佛教，更是中華文化
的淵藪，包括朱子學在日本知識社群的傳播，都曾得力
五山叢林。由於具備豐富的文化素養，入華僧人往往也
嘗試與中國文人接觸。例如明初著名的文人宋濂的文集

中便有多篇爲日本僧人寫作的塔銘與行狀，其集中佚作
〈日東曲〉，卻在日本廣泛流傳，屢見徵引。這種方式
的接觸一方面提供了文人彼此觀看的機會，也觸發更多
的想像，反映在各自的文學創作之上。中世日本（鎌倉
幕府、室町幕府時期）主要的外交工作例由五山僧人擔
任，五山漢詩的研究自上村觀光、玉村竹二纂輯相關原
始文獻（雖尚多有可補，然已粲然大備）爲《五山文學
全集》與《五山文學新集》，大有功於斯學，自此之後
固然代不乏人，例如朝倉尚、蔭木英雄，多就其禪林書
寫特色著眼。近年日本青壯學者伊藤幸司❻、榎本涉從
中日文化交流史的角度對日本中世禪僧在文化交流的作
用與角色條分縷析，於斯境幾無餘蘊，令人印象深刻。
近年大陸學者也開始就元明時期的佛教與中日文化交流
進行深入考察，❼嚴格來說，與近年繁榮興盛的江戶漢
詩、平安漢詩研究相比，五山禪林文學雖仍偏於冷清寂
寥，但學界的關注則有與日俱增的趨勢。

　　五山禪僧主要出身於臨濟宗門，頻繁的往來中國
與日本叢林之間，當時日本室町幕府的外交文書工作，

---

❻ 伊藤幸司，《中世日本の外交と禪宗》（東京：吉川弘文館，2002
　年）。
❼ 關於這點，參見陳小法、江靜，《徑山文化與中日交流》（上海：上海
　辭書出版社，2009 年）一書。

例由五山禪僧擔綱，故日本五山禪僧對海之為物頗有會心，例如虎關師鍊（1278－1346）曾謂：

> 夫人之身接於物之者，六焉。曰眼、曰耳、曰鼻、曰舌、曰身、曰意。昧者只取眼之所接以為爾，以餘之所接不為爾也。殊不知理之所在，六者皆同。請試言之。且海之接於目也者，碧波白浪也；若以耳寓於海也，吼鳴也；寓於鼻也，腥臭也；寓於舌也，鹹苦也；寓於身也，濕沴也；寓於意也，渺茫也；然則寸瀆尺澤者，目之海也；雲雷風松者，耳之海也；鱗介臊臭者，鼻之海也；肴蔬鹹鹵者，舌之海也；雨露潤澤者，身之海也；靜然寬廓者，意之海也。㉘

這段話說明人與海洋相接時的感官特徵，透過感官作用體會到海洋的種種不同層面。重點是「理之所在，六根皆同」，種種不同的感官作用，能認識到海洋不同層面的特質。這段話以海洋為例，強調六根皆有不容忽視的積極作用。這段話中，海洋成為體會能所不二的場

㉘ 虎關師鍊，〈清言〉，《濟北集》，卷 12，收入上村觀光編，《五山文學全集》（京都：思文閣，1973 年），第 1 卷，總頁 242-243。

域。夢巖祖應（？－1374）對海洋的說法，則主要奠基在經論之上，其言曰：

> 我本師教中道，八識海常住，七識波浪轉，凡有血氣之類，必有此識種，若夫 然成佛作祖、披毛戴角皆由此而出，要視其所以乎。一念纔動，七種轉識，撩八識起，四魔八萬塵勞無而欻有，一昇一墜，如汲井輪。但能就已休復，則當體即是，何處更有如許事，譬之於海，則水性湛然，一碧千里，風忽撓之，鯨波魚浪，蹴天沃日，溰漯澎濞，頽滔迤颺，水立雷奔，舟蕩人溺，屑沒龍漁之穴，挂胥崟嶅之峰，惟狀奇態可駭可畏，雖然，詳而觀瀾，水波雖有，起復動靜，初無增減，海印頓現之旨不亦的乎。㉙

在這段話中，海爲湛然晶瑩本體的擬喻，對佛法稍有認識的人都不難看出：其思想源出於《大乘起信論》的「水／波」之喻與華嚴海印三昧的論旨。雖然如此，其於大海洶湧情狀極力刻畫，除了結合了上述浩瀚靈明

㉙ 夢巖祖應，〈識海說〉，《旱霖集》，收入上村觀光編，《五山文學全集》，第1卷，總頁851。

的本體與無邊苦海雙重意義之外，其修辭亦頗見藻飾華
詞之傾向。以海喻禪家說海，亦與教家無啻。橫川景三
（1429－1493）援引洞門「寶鏡三昧」的說法，將大海
擬諸圓滿自足的清淨覺性。其言曰：

> 洞上有最上乘禪，名曰寶鏡三昧。嗚乎，水天無
> 際，一波不起。滄海豈非一面寶鏡也耶？此亭豈非
> 一ケ（個）鏡臺也耶？海中所有色像，豈非胡來胡
> 現、漢來漢現也耶？師入此三昧，應機接物，遠取
> 曹山、洞水，近取永平、峨山，五位功勳，三種滲
> 漏，皆從鏡中流出，而蓋天蓋地，使四來學者弄此
> 光影，同證三昧，不亦大乎！❸

〈寶鏡三昧歌〉原為唐代曹洞宗祖洞山良价
（807－869）所撰，旨在闡析曹洞正偏回互之玄旨。永
平指永平道元（1200－1253），為日本曹洞山開山祖
師；峨山當指峨山韶碩（1275－1365），受法瑩山紹瑾
（1268－1325），住持總持寺，大振曹洞宗風。文中提
到的洞山君臣五位、曹山三種滲漏（見、情、語）皆屬

---

❸ 橫川景三，〈望海亭記〉，《補庵京華後集》，收入玉村竹二編，《五
山文學新集》（東京：東京大學出版會，1967－1981 年），第 1 卷，頁
395。

洞門禪法，本爲常識，此處無庸辭費。不過此處橫川景
三雖然借用「寶鏡三昧」一辭，卻與洞山說法無涉，重
點在以寶鏡爲喻，強調靈明鑒照的作用，其實亦與「海
印三昧」的說法無二。孫昌武先生曾經將悟境分爲「明
鏡」與「泉流」（「從自心流出」）兩種，❸橫川景三
的說法統括兩者，覺性如海，既能應機接物，更能生
養萬物。

　　五山禪林之所以對於大海別有會心，並非完全出於
哲學思維辯證的動機，最重要的還是大海航行的親身經
歷。海洋，不但是日本五山禪林邁向眞理本源的道路，
更是從日本面向大陸，以及世界的通道。

五、「南洲海上凝琉璃」：五山禪詩海洋意象試詮

　　五山禪林詠海之詩不計其數，筆者曾以普陀山意象
爲例，就五山漢詩中相關的思想淵源與文化脈絡加以分
析❸。關於五山禪僧與中國往來的研究，近年學界頗見
推展之功，透過具體史料的分析，學界對於中日叢林往
來的情境的認識大幅進展。在前賢的基礎之上，本處以

---

❸　參照孫昌武，〈明鏡與泉流──論南宗禪影響於詩的兩個側面〉，《詩
　　與禪》（臺北：東大圖書公司，1994 年），頁 109-162。
❸　參閱本書〈聖境與生死流轉──日本五山漢詩中普陀山文化意象的嬗
　　變〉一文。

五山禪詩爲例，以詠海篇什爲中心，就其中蘊含的文化心態與世界圖像（特別在元末明初之際）略加闡發。

五山禪僧於詩最稱作手，莫過於義堂周信與絕海中津二人。絕海中津與中國文士大夫多所交往，據說亦曾親謁明太祖。《絕海和尚語錄》載其經過曰：

> 永和二年丙辰，師四十一歲。大明洪武九年春正月，太祖高皇帝召見英武樓。問以法要，奏對稱旨。又召至板房，指日本圖，顧問海邦遺跡熊野古祠。勅賦詩，詩曰：「熊野峰前徐福祠，滿山藥草雨餘肥。只今海上波濤穩，萬里好風須早歸。」御製賜和曰：「熊野峰高血食祠，松根琥珀也應肥。當年徐福求仙藥，直到如今更不歸。」又賜以僧伽梨、鉢多羅、茶褐裰、榔栗杖，並寶鈔若干。[33]

絕海中津此詩往往做爲後世談論徐福事蹟的依據，甚爲膾炙人口。[34]然筆者觀之，絕海中津的應制詩與明太祖的和詩除了談論徐福傳說之外，也隱含了特殊的政

---

[33] 絕海中津，《絕海和尚語錄》，收入《大正藏》，第 80 冊，No. 2561，頁 759 上。

[34] 關於絕海中津，一個簡單的討論，可以參見陳小法、江靜，《徑山文化與中日交流》，頁 126-160。

治姿態，值得細細品味。徐福祠據說在熊野地方（今和歌山縣），滿山藥草，意指徐福求仙之所。熊野地方為日本補陀落聖境，絕海中津之詩謂熊野地方神靈顯應，滿山盡是藥草，徐福心嚮往之，故而訪之，意喻熊野（日本）的神光普孚；而太祖之詩則謂因徐福之聖，故而熊野靈應昭顯，在強調中華文物之盛。更重要的是：絕海中津「好風早歸」實以徐福的長期航海以自喻，藉以抒發歸鄉之情甚為急切。而太祖則從反面立言，謂：如同徐福求仙藥，一去未回，足下當求無上大法，其功尚未全竟，豈不當再多留片刻。二詩看似單純吟詠歷史典故人物，卻隱然訴說著針鋒相對的立場。

這兩首詩透露雖然彼此政治立場有別，卻有一個共通的修辭的語言系統，透過雙方對於海洋神話故實的不同詮釋，絕海中津與明太祖透過溫柔敦厚的詩旨，彼此巧妙的宣示了立場。因此或許可以說：佛法一味是其同，而政治姿態與發聲位置為其異。異同位置之間的光譜變化，成就五山禪林詠海之作的特殊韻味。

五山禪林歷時雖久，❸品流雖繁，❸然歸納其與中

---

❸ 五山禪林歷時綿長，前後發展面貌亦頗有差異，限於篇幅，個別人物之間亦頗有殊異，限於篇幅，此處不能細論，可以參見蔭木英雄，《中世禪林詩史》（東京：笠間書院，1994年）；陳小法、江靜，《徑山文化與中日交流》（上海：上海辭書出版社，2009年）等著作。

❸ 關於五山叢林的門流，傳統有二十四流、四十六流兩種說法，玉村竹二

國關係，不過三種類型：（一）曾經親履中土求道問法，例如圓爾弁圓、南浦紹明、絕海中津。（二）由中土赴日本傳法者，如一山一寧、明極楚俊等。（三）未能親赴中國，如夢窗疏石、義堂周信等人。第三類先置之弗論，以下分別就前二種類型的詠海篇什略加分疏。

　　日本禪宗從成立伊始，即以中國徑山（臨濟）、天童（曹洞）為祖庭。親涉鯨濤，行腳求法者史不絕書。其臨行之際，往往有詩贈答唱和。例如早期入宋求法的南浦紹明在中土求法八年，臨別回國之際，將四方贈詩集成《一帆風》一書，綜觀集中諸作，雖然不無應酬套語，然從他者之眼，寫其渡海求法之情亦多可觀。例如東嘉從逸曰：

> 扶桑國裡蓬萊客，萬里迢迢扣師席。
> 大唐原在腳頭邊，早是循人舊途跡。
> 當頭撞著老菸菟，遭他一口毒無藥。
> 含冤直上五峰顛，直要窮他起死著。
> 几前攘臂捋其鬚，未拈棒時先領略。
> 從來子不使爺錢，肯用東山省數百。

則主張有五十七流。見玉村竹二，《五山文學》（東京：至文堂，1985年），頁 19。

秋風吹起故鄉心，打扮行囊拂短策。

臨行無可壯行色，問龍借力飛大舶。❼

「子不使爺錢」，典出松源崇岳，原意亦謂禪者獨行別路，一空依傍的氣魄。此詩大意謂南浦紹明雖然循人舊跡求法問道，卻能另闢蹊徑。一般而言，從「入唐八家」開始，一直到明代中葉，倭寇構成政治問題之前，日本僧人在中國，具有好學溫雅的形象，爲「日本知識分子群體的主要構成之一」❽。更重要的是，日本僧人赴華的心情其實十分複雜，翺之惠鳳（？－1465）如實記錄天與老人嚮往華國文物的心情，其言曰：

玉府天與老人。身生瀛海，氣出中州，寔見東魯之書，而探西竺之秘者也。一日致余其所居之軒曰：「吾稟生乎海區，是雖生非生也，目弗沾文物之觀，耳弗飫道德之聽，顧與草萊俱，所不慨乎。今有入貢之船，是其羽翼我也，時哉欲翔。」予曰：「吾曾過駕秘監湖，渡餘姚水，登蓬萊而訪宣

---

❼ 南浦紹明編，〈東嘉從逸〉，《一帆風》，轉引自陳小法、江靜，《徑山文化與中日交流》，頁120。

❽ 關於當時一般中國知識社群對日本留華僧人的印象，參見張哲俊，《中國古代文學中的日本形象研究》（北京：北京大學出版社，2004年），頁98。

尼之廟，因眠內史王公之石刻，其他蕭山听雨，浙
江候潮，觀燈市於吳山，泛小艇乎西湖南北山諸
寺，心治而目蕩者，宛然不在言也。」天與如瑤林
璚樹，自然清人心目焉。一徃歷其間，其所得，何
啻倍蓰乎他人而已矣哉。[39]

翱之惠鳳入華的經歷成爲珍貴的生命經驗，因此禪法固
然是禪僧追求的眞理，但體會中華風物的韻致同樣也是
五山禪僧入華時重要的目的。從故鄉到異鄉追求眞理，
再從異鄉回故鄉接引眾生後學，成爲學問眞理的載體、
在文化、政治場域大展身手，大體爲五山入華僧人的生
命軌跡。橫川景三贈人入大明詩云：

春風遠送入明使，手縮柳條雙鬢斑。
万里相隨勞蝶夢，九重共喜拜龍顏。
樓臺多少南朝寺，天地渺茫東海山。
待見畫遊榮故國，扶桑日帶寵光還。[40]

---

[39] 翱之惠鳳，〈餞天與老人入大明國序〉，收入上村觀光編，《五山文學
全集》，第 1 卷，總頁 2807。
[40] 橫川景三，〈大明詩並序〉，《補庵京華別集》，收入玉村竹二編，
《五山文學新集》，第 1 卷，頁 515。

此詩春風得意之情躍然紙上，眷眷世榮名聞，毫無蔬筍
氣，不類傳統僧詩本色，然足見其受國主倚重之情，亦
實錄也。

　　至於赴日弘法的華僧，日本臨濟宗雖然以明庵榮
西為開山祖師，但宋元之際，蘭溪道隆、一山一寧、明
極楚俊、清拙正澄等禪門宗匠相繼東渡日本，開創五山
十刹，可謂日本臨濟禪的輝煌時代。渡日華僧的詠海詩
多數仍以法道自任，充滿無畏無懼的胸懷，從詠海詩的
源流來看，可謂接承蘇軾「快意雄風」一脈的的修辭傳
統。例如五十三歲東渡日本的清拙正澄，在登舟放洋之
際成詩一首，以暢其懷。其詩曰：

　　　南國山容盡，扶桑水面開。
　　　只同雙舶去，不見片帆來。
　　　照膽海色苦，向天人影回。
　　　遙觀大乘象，吾道正悠哉。❹

此詩雖然有為道自任的情懷，但仍有一絲孤寥之感，在
歷經實際的海上航行之後，胸次大開，放筆書寫長篇歌

---

❹　清拙正澄，〈六月二十二日放洋寓懷〉，轉引自上村觀光編，《五山詩
　　僧傳》（東京：民友社，1912 年），頁 36。

行，元氣淋漓，頗見豪情。詩云：

> 南洲海上凝琉璃，上映碧落清無玼。
> 譬如明鏡互鑑照，未易矚目分崇卑。
> 玉盂倒懸蓋水面，藍澱遠漲浮坤維。
> 金烏曉浴紅瑪瑙，銀蟾夜碾青玻瓈。
> 高深一體俱莫測，變化萬狀誠難知。
> 蛟龍睡穩宮闕廣，鯨鼇戲擲波浪隨。
> 呀吭忽成堆阜湧，飛雪半作霧雨吹。
> 接雲螺嶼光眩眼，張空火傘寒生肌。
> 丙寅六月歲泰定，吾道自此行東之。
> 平生胸次小瀛渤，長風巨艦共遨嬉。
> 耽羅高麗在吾左，扶桑日本至可期。
> 斯遊豈為山水樂，顧與祖室思安危。
> 人言觀水須到海，此意遠詣當語誰？
> 浮幢王刹渺何許，百億香水迷津涯。
> 普賢境界罔思察，一毛孔內纔毫釐，
> 修羅過腰尚嫌淺，鐵山匝匝圍須彌。❷

---

❷ 清拙正澄，〈東海游〉，《禪居集》，收入上村觀光編，《五山文學全集》，第 1 卷，總頁 474。

此詩固然多用傳統海洋意象，但寫景生動，如親歷境。
前半仍然援用寶鏡海印之旨，後半則歸入毛孔毫端的華
嚴義海。此行固然不爲山水之樂，但乘風破浪之際，眼
界胸次大開，於宇宙人生亦別有體悟。特別是大法東
渡，捨我其誰的豪情壯志。到海觀水，此意誰知，暗喻
「獨坐大雄峰」，深深海底行之後，自然高高山頂立。
此詩胸次灑落，寫景親切。氣吞日月，聲調條暢。無論
在禪林文學或詠海歌什，皆當分一席作手。

六、代結語

　　日本五山叢林的思想主要奠基於臨濟禪法，從而
吸收洞門、教家，乃至於儒家與詩人的精義，成就獨特
的。日本自從明庵榮西開創臨濟宗以來，一直與中土
（特別是江浙叢林）保持密切的關係。日本臨濟宗五山
禪僧於中土的臨濟禪法有繼承，亦有新創，傑出的詩僧
更是所在多有，與中土的宗門構成一個互動頻繁密切的
人際網絡（network）。本文主要討論五山僧人詠海篇
什中的世界觀與價值觀。從《阿含經》開始，佛教對大
海便深有會心，海印三昧（以華嚴學爲主）亦是佛教海
洋論述的一大里程碑。五山禪林詠海篇什固然根植於此
一論述源流，但由於政治、文化種種位置的差異，亦構
成了五山漢詩中種種特殊的姿態。更重要的是：透過五

山禪林詠海篇什,那探索未知的勇氣與承擔大法的氣魄,洗去胸間的塵埃。《人天眼目》曾經形容臨濟禪法「青天轟霹靂,陸地起波濤」——穿越滔天的巨浪,五山禪僧對臨濟禪法進行了絕佳的詮釋與衍化。

南浦文之與琉球王國

一、從冊封使對琉球佛教的觀察談起

佛教是歷代琉球冊封使觀看的重點之一，明代琉球冊封使對琉球佛教與僧人略有記述，陳侃、蕭崇業、夏子陽都曾述及琉球佛教時，陳侃所見的琉球天界寺、圓覺寺「寺山門殿宇，弘敞壯麗，亞於王宮」，然而「僧皆夷俗，不可與語，亦不敢見，然亦知烹茶之法」❶。夏子陽謂：「圓覺寺僧，視法司尤貴；大夫而下，見之，長跪稽顙，則亦尊師意云。」❷足見其社會地位之尊貴。雖然蕭崇業也曾引述琉球長史鄭迴❸的話說道：

---

❶ 陳侃，《使琉球錄》（萬曆四十五年陳于廷刻本），《國家圖書館藏琉球資料匯編》（北京：北京圖書館出版社，2000年），上冊，頁43-44。

❷ 夏子陽，《使琉球錄》（明夏氏活字本），下卷，收入《國家圖書館藏琉球資料匯編》，上冊，頁501。

❸ 鄭迴，又名謝名利山、謝名親方（15??-1611），能書家鄭週之長兄，一

「國有僧容安者，素諳文義，且能詩；曾與日本人彈射不相下。」容安不詳其人。入清以後，汪楫曾就其所親見的琉球佛寺與僧人如是說道：

> 首里有三大寺，一曰天界、一曰圓覺、一曰天王。天界寺去守禮坊不百步，王墓在焉，封而不樹，殿宇弘敞，亞於王宮。後殿皆祀先王，主殿之右盡撤戶扉，布席為客座，諸寺盡爾，亦尚右之意云。座外短松如蓋，是數百年物，寺僧石峰戴冠如艸角覆額前，以肅客云：「王賜也。」東行百餘步，折而北為天德山圓覺寺，較天界尤莊嚴。僧喝三則國師也，額為靈（「臨」）濟法嗣徑山和尚所書，三寺僧云皆嗣靈（當作「臨」）濟法，叩以禪宗，茫如也。❹

五六五年爲官生（官費留學生），前往明朝南京國子監留學七年。一五七九年十二月以長史的身分，與進貢使者馬良弼、以及鄭週、鄭迪、蔡常等明代最後的官生一同被派遣到中國。一六〇六年爲久米村（今那霸市久米）最高職務的三司官，一六〇九年島津氏進犯琉球王國，力抗敵軍並密函向明朝求援，一六一一年戰敗，被處斬首刑，爲琉球著名的政治家。參《繪で解る琉球王国——歷史と人物》（沖繩：JCC 出版部，2011 年），頁 78-81；池宮正治等編，《久米村——歷史と人物》（那霸：ひるぎ社，1993 年），頁 152-154。

❹ 汪楫，《使琉球雜錄》，收入《國家圖書館藏琉球資料匯編》，上冊，頁 753-754。

　　這段話主要在描述首里三大寺，並及三寺僧人。此處同時言及天界寺石峰和尚、圓覺寺喝三和尚、天王寺瘦梅和尚等人，雖然天界寺石峰和尚、圓覺寺喝三和尚皆爲琉球佛教史上有名之人物，絕非泛泛之輩，❺又汪楫形容「國僧皆游學日本，歸教其本國子弟」❻，意即琉球詩僧主要嗣法日本禪林源流，上里賢一先生稱琉球漢學淵源日本禪林，良有以也。❼

　　來自中國的冊封使特別著眼於琉球僧人是否能詩一事，其實是中國文人風氣的延伸。琉球佛教界既然與日本淵源深厚，熟習武藝與外交詞翰乃本分事，此實非中國文人所能夢見。一六〇九年薩摩入侵琉球，僧人居中斡旋聯繫，奔走協調一事，若東恩納寬惇、知名定寬等前賢皆已觸及，❽然而多集中於琉球王國僧人之記錄，薩摩藩方面也有相關記載，特別是薩南學派重鎮南浦文之，備受島津家崇禮歸依，敬虔篤信，其爲薩摩藩代言

❺　知名定寬，《琉球佛教史の研究》（宜野灣：榕樹書林，2008年），頁231。

❻　徐葆光，《中山傳信錄》，收入《國家圖書館藏琉球資料匯編》，中冊，頁550。

❼　上里賢一編，《中山詩文集》（福岡：九州大學出版會，1998年），頁3-9。

❽　東恩納寬惇，《南島風土記》，收入《東恩納寬惇全集》（東京：第一書房，1993年），第7卷，頁423。知名定寬，《琉球佛教史の研究》，頁172-183。

發聲不難想見，著作中涉及琉球之處（特別是一六〇九年琉球侵攻一事）不少，然論者尚寡，是以筆者不揣淺陋，特為拈出，以此就正方家。

二、薩南學派與南浦文之

東亞文化交流最重要的載體即為佛教。日本渡華僧人的著作目前幾乎已是文化交流史的經典著作，大部分收入《大日本佛教全書》的《遊方傳》部分。前中，圓仁《入唐求法巡禮記》一書備受推重，事實上，入唐八家皆有類似的記述。近年入宋僧成尋《參天台五台山記》一書逐漸吸引研究者的目光，當中關於杭州（臨安）的市民生活，與吳自牧《夢梁錄》頗有相互對照參看的價值。又，高麗入宋僧義天的著作近年也頗受注目。若言及東渡日本的華僧，唐代的鑑真大師東渡扶桑已經成為東亞文化交流史上的標竿，其事蹟屢經改編，相關的小說、動畫、電影不計其數，其為法忘軀的英雄形象已經深入人心。鑑真大師歷經千辛萬苦，終於成功抵達日本，在此之前，日本長屋王曾製作千件袈裟布施中土高僧，上繡曰：「山川異域，風月同天。寄諸佛子，共結來緣。」❾據說鑑真大師見此感動莫名，遂

❾ 沖本克己編，辛如意譯，《中國文化中的佛教》（臺北：法鼓文化，

種下東瀛弘法的善因緣。在東亞文化交流過程當中，單以日本為例，從「入唐八家」❿到鎌倉新佛教、之後在漢詩文大展身手的五山禪林，乃至於近世初期的黃檗宗，無一不對日本社會文化留下巨大的痕跡。至於韓國與越南，佛教的重要性亦不在話下。⓫明社既屋以後，東南半壁仍然負隅頑抗，烽火始終不斷，在此同時，福建福清市黃檗山萬福寺隱元隆琦應邀前往東渡日本，開創日本黃檗宗一派，同時也將當時中華文物大量攜入日本，在文化交流史上留下貢獻卓著的一頁傳奇。中韓之間亦然，在朝鮮崇儒抑佛政策大行其道以前，日佛教為兩國相互觀看交流最重要的平台殆無疑義。新羅金地藏、高麗大藏經相關故實已然膾炙人口。此外早期禪宗語錄《祖堂集》在韓國發現以來，幾乎成為早期白話語言研究的寶庫，語言學家對此書投以高度的關注，透過對《祖堂集》的研究，學界對中國早期白話的認識進入一個不同的境界，然而其不可或忘的前提是：在當日兩國之間的溝通交流過程中，禪宗必然扮演著不容忽視的

2015年），頁203。

❿ 所謂「入唐八家」，指日本平安時期入中國求法的八位天台宗與真言宗的僧人。其為：最澄、空海、常曉、圓行、圓仁、慧運、圓珍、宗叡等八人。

⓫ 概述性的研究成果見石井公成編集，《漢字文化圈への廣がり》（東京：佼成出版社，2010年），第10冊。

重要角色。當面臨近代化歷程時，中國佛教界與日本展開深度對話，日本佛教開始到中國布教，也因爲日本大量佛教文獻的再發現，促成中國佛教界重新思考「唯識法相」、「漢密東密」、「自力他力」等思想史重大命題，對於形塑近代以來的中國佛教樣貌，以及其在東亞的定位，其影響力不容小覷。漢詩文構成東亞知識階層與僧人共同的知識結構，成爲彼此交流最重要的媒介。例如日本「畫聖」雪舟等楊入華，滯華其間，遍覽山川，四處參學，歸國後，開日本水墨畫一代新局；日僧仲芳中正奉明成祖敕命，爲永樂通寶書寫新錢文，亦膾炙人口。日僧了庵桂悟、桂庵玄樹入華，對當時風靡天下的陽明學與朱子學別有所見，遂將當時流行的《四書集注》帶回日本，儒學在日本的奠基與通行，僧人的貢獻不容輕輕看過。⓬

　　一般視桂庵玄樹爲所謂薩南學派的開祖，而其四傳

⓬ 關於五山禪林在中世日本與中國的交流過程中的相關研究，近年頗有進境。日本方面參見木宮泰彥，《日華文化交流史》（東京：富山房，1972 年）；村井章介，《東アジア往還——漢詩と外交》（東京：朝日新聞社，1995 年）；伊藤幸司，《中世日本の外交と禪宗》（東京：吉川弘文館，2002 年）；榎本涉，《東アジア海域と日中交流——九～十四世紀》（東京：吉川弘文館，2007 年）、《僧侶と海商たちの東シナ海》（東京：講談社，2010 年）等等。華語世界的研究參見黃啓江，《參訪名師——南宋求法日僧與江浙佛教叢林》，載《佛學研究中心學報》第 10 期（2005 年 7 月），頁 185-234。

弟子南浦文之在薩摩侵攻琉球之際，留下許多珍貴的相
關記述。關於薩南學派，伊地知季安如是說道：

> 故桂庵亦雖僧，在明精究朱學，有功于世，如述
> 前篇。而吾藩（薩摩）世世相繼，受其學師，一時
> 者，月渚、一翁、文之、如竹等之徒，宋僧以來，
> 孔釋並傳者，凡三百餘年矣。由是本邦之稱儒者而
> 崇其學說者，後皆沿襲，陽禿其顱，擬軀於僧，陰
> 揭乘彝講道於儒，遂為故事，其本蓋起乎皆隱釋而
> 避博士家忌諱也。（中略）則國朝之弘宋學於世
> 者，多歸乎於桂庵亦足證也。況如吾藩民，到于今
> 皆受其賜，若微桂庵，孰揭彝倫，闡聖學於文明時
> 乎哉？⓭

桂庵玄樹是薩南學派的開創者，對於薩摩地方的文
教推廣貢獻卓著，曾經入華參學。門人遍布九州、四國
地區。這段話說明薩摩學派儒佛並重的學風，並且可以
感受到桂庵玄樹備受推重之狀。繼桂庵玄樹之後，薩南
學派最為知名的學人，當莫有過於南浦文之者也。⓮

⓭ 伊地知季安，《漢學紀源》，卷3，〈儒俗第三十〉，收入《新薩藩叢
書》（東京：歷史圖書社，1971年），第5冊，頁413-414。
⓮ 關於薩南學派，一個簡要的介紹，參見古賀勝次郎〈薩摩藩の儒學の傳

　　南浦文之（文之玄昌），一般視之爲薩南學派健
將，俗姓湯淺，生於弘治元年（1555 年），卒於元和
六年九月三十日（1620 年 10 月 25 日），生於日向國
飫肥南鄉外浦，其號南浦，所由之來。自幼穎異非凡，
有「文殊童」的稱號。十二歲，脫白出家，諱玄昌。
爲薩南學派開祖桂庵玄樹四傳弟子，從龍源寺一翁玄心
兼學儒、禪，又從渡來人黃友賢學《周易》與諸經，精
通章句訓詁。❺十五歲，上京，嗣法東福寺龍吟庵熙春
龍喜，又號雲興、懶雲、狂雲。相國寺仁如集堯畏其文
才，故書「文之」，遂以爲號。慶長七年（1602），島
津家久創建大龍寺，奉爲開山，八年（1603），依島
津氏之囑，進謁德川家康，又於建常寺秉拂上堂，又受
後水尾天皇之召，於宮中講《四書集注》。著有《鐵炮
記》、《南浦文集》、《南浦棹歌》、《戲言》等。於
元和六年（1620）九月三十日圓寂，享年六十六歲。葬
於鹿兒島縣姶良市太平山安國寺。《日本教育史資料》
收有〈僧文之小傳〉一文，可以參考，其曰：

統〉，古賀勝次郎代表早稻田大學日本地域文化研究所編《薩摩の歷史
と文化》（東京：行人社，2013 年），頁 71-112。
❺ 關於黃友賢，參照伊地知季安，《漢學紀源》，卷 3，〈黃友賢第三十
五〉，收入《新薩藩叢書》，第 5 冊，頁 430-440。

　　僧文之，和仁氏，名玄昌，號雲興軒，齊（齋）
名時習，又別有南浦或懶雲或狂雲等之號，俗姓無
考。父河內人，來寓日州，娶土人女，弘治元年丙
辰，生文之於南鄉外浦，因號南浦。永祿四年，文
之年六，父乃使文之託天澤於目井延命寺，而父皈
河內，無復顧之。十一年天澤奇其穎異，又使文之
學一翁於龍源寺，時年十三，天正九年二月，一翁
使文之領龍源寺，自老焉。時日州既屬于薩藩，貫
明公聞其有材學，召為隅州正興、安國兩主席，恆
備顧問，寵待日加。十四年正月，及鎌田政廣使于
京師，慶長四年，從松齡公上伏見邸，二月先是和
點《周易大全》。至是功成，乃為跋文。文之在
洛，日講《大學》於東福寺，多聚聽者，九年二月
侍講慈眼公於府城。十六年創大龍寺，使文之為開
山，由是府下翕然受業者多。元和六年庚申九月晦
日死，年六十五，葬扡城安國寺，法號文之和尚禪
師。❶

　　觀此得知：南浦文之自幼便入空門，且多方參學，

---

❶ 文部省編，〈僧文之小傳〉，《日本教育史資料》（東京：鳳文書館，
1988年）〔初版明治23年（1890）復刻〕，第5冊，卷12，頁443。

漢學修養十分深厚。據說，南浦文之曾對朱子《四書集注》施以訓點，大有功於朱子學的推展。戰國諸藩多以僧人掌外交文書，文之遂秉薩藩一方文衡。伊地知季安謂其「匪但三州鄰近緇素仰服其德，若夫中山王及其大臣，亦慕其德風，至致之書贈紫伽梨，凡藩公承霸府旨，每通簡牘，於西土外國，輒必使文之起草往復，諸有公於世，可謂偉且勤矣。」❼琉球國王曾經御賜紫衣一事真實性仍待考證，然其亦聞名琉球王國當非虛語。近代學者武藤長平如是形容南浦文之的重要性曰：「文之深受薩藩國主十六代島津義久（龍伯公）、十七代義弘（惟新公）、十八代家久信賴，文教之責一以任之。關於南浦文之的生平《漢學紀源》薩藩外交文書全賴文之，不論是對明國、呂宋、安南、南蠻（葡萄牙）的招商，或是自慶長十四年以來的，對成為附庸的南島的懷柔政策，皆相當程度的參與其中，《南浦文集》中留下許多重要的線索。」❽（原文為日文，中譯筆者自任）易言之：無論是考察薩摩或江戶初期的對外關係，《南浦文集》都具有不容忽視的重要價值，例如《鐵炮記》

❼ 伊地知季安，《漢學紀源》，卷 3，〈南浦第三十六〉，《新薩藩叢書》（東京：歷史圖書社，1971 年），第 5 冊，頁 457-458。

❽ 武藤長平，〈桂庵禪師と肥薩の奎運〉，《西南文運史論》（東京：岡書院，1926 年），頁 71-72。

一文，是研究兵器史重要的原始資料，備受史家重視。
限於篇幅與時間，本文只能先側重在《南浦文集》中涉
及琉球王國的部分加以闡述。❿

三、《南浦文集》中的琉球史料

　　《南浦文集》中的琉球史料，除了諸多文書，主題
明確，體製完整之作，首推〈討琉球詩〉，詩云：

> 琉球小島一彈丸，天與人歸討不難。
> 四海波平天水渡，諸軍大艦泰山安。
> 欲伐鬼方揚白旛，諸軍威武動乾坤。
> 樺山右將平田左，添得伊川伴衛門。
> 一灯將滅琉球運，為舉邪那紀綱紊。
> 諺語未知實耶虛，那霸本是河邊郡。（那霸，琉球國
> 都也）
> 琉球祇合覓和談，心若君民更不甘。

---

❿　關於南浦文之的先行研究不多。可參見伊藤慎吾，〈文之玄昌と聖蹟
圖〉，《國語國文》72 卷 7 期（2003 年 7 月），頁 17-31；村上雅孝，
〈文之玄昌と宋学──「周易伝義大全」の書き入れを通して見た〉，
《文化》（東北大學文學會編）57 卷 3 期（1993 年 4 月），頁 165-
182；武藤長平，〈桂庵禪師と肥薩の奎運〉，《西南文運史論》，頁
64-76；佐々木綱洋，《都城唐人町──海に開く南九州：16－17 世紀日
中交流の一断面》（宮崎：鉱脈社，2009 年），頁 71-92。

想是邪那瘦城主，一身逃死定降參。

我國武威誰敢侵，幾多健將智謀深。

報言蜂蠆有其毒，須學貓兒藏爪心。

報恩主席我知音，句欲聯珠旦暮吟。

緬想西來一庵主，無心雲亦駁其心。

典墳誓莫作秦坑，字字元如金滿籯。

景叔春蘆昔遊日，先師書籍帶之行。

奇術誑人巫女流，巧言令色為身謀。

蚖虵若識義兵至，端的尋聲自縮頭。

愚而偏詐世無雙，未敢翻心築受降。

又似螳螂恃長臂，人言小黠大癡邦。

自古球陽屬薩陽，不隨號令忽云亡。

他時棄父棄妻後，必棹扁舟赴大唐。❷⓪

　　此詩純是耀武揚威，自炫軍容之盛，本來無甚可說，其狀薩摩武士驕慢之情亦頗傳神，特別值得注意的是：第四首仍然強調文教的重要性，不欲作焚書罪人。景叔、春蘆二人為南浦文之同學，入琉弘化，學界往往以為薩南學派傳入琉球的功臣。序文中，南浦文之如是

---

❷⓪　南浦文之，〈討琉球詩並序〉，《南浦文集》（慶安四年刊本），卷下，頁 59 中 -62 上。

說明各章之用意云：「首章先述天與人歸之義，兼祝大
洋波平而兵舫之安如泰山矣。次章仰諸將威武，動搖乾
坤。其次三章述欲富我，國舉一邪那，好行小慧，降我
義兵之不早也。且欲我諸將亦整齊部伍，有其戒心也。
其次二章訪知己之在彼國者，且復我先師之徒有景叔、
春蘆之二翁，昔帶先師典籍若干部寄跡於彼國終焉，此
時恐典籍之若失卻兵火而賦之。其次誹巫覡謂神祇之托
言於我，惑世誣民，為身謀者矣。末二章彼國風俗愚而
多詐，不乞降於我，後必患有不得致忠孝於我君父。且
復兄弟妻子離散，赴遐遠之邦而言之。」文中所言「邪
那」，指當時琉球三司官謝名親方鄭迵，㉑鄭迵不欲屈
從薩摩而死，為琉球王國史上著名的忠臣義士，南浦文
之此文正可見薩藩對於鄭迵刻意阻撓深惡痛絕之情。序
文中言之更詳，其曰：

　　薩隅之南二百餘里有一島名曰琉球，使小島之在
　　四方者并吞為一而為之酋長矣。予聞之黃耇曰：
　　「昔者日本人主五十六代清和天主之孫其名曰六孫
　　王，本朝源家之曩祖也。八世孫義朝公令弟為朝公
　　為鎮西將軍之日，掛千鈞強弩於扶桑，而其威武偓

塞垣草木，是故遠航於海，征伐島峙。於斯時也，舟隨潮流，求一島於海中，以故始名流求矣。為朝見巢居穴處於島上者頗雖似人之形，而戴一角於右鬢上，所謂鬼怪者乎！為朝征伐之後有其孫子世為島之主君，固築石壘，家於其上，固效鬼怪之容貌，結髻於右鬢上，至今風俗不異。中改流求二字，字從玉而為琉球矣。」黃耇之言，未知是否。酋長之祖，不知阿誰，昔朝於大明皇帝，皇帝賜之衣冠且錫爵位，爾來世稱中山主，王稱亦至今不絕矣。數十世之先，為我薩、隅、日三州太守島津氏附庸之國，歲輸貢獻於我州，比來不隨我號令者有年於茲矣，是歲戊申有太守家久公之命，遣二使於彼國。國素有三司官，國之公卿世守其職，時有一聚斂臣名邪那者，補一官闕，以污公卿之衣冠。邪那見我二使之來也，以色可否，以頤指揮，二使亦不知所云，空手而歸矣。於是不得已而使數千兵行以討之。❷

這段話前半所敘，乃著名的「為朝渡琉譚」，特

---

❷ 同註❷。

❸ 渡邊匡一，〈為朝渡琉譚のゆくえ──齟齬する歷史認識と國家、地域、そして人〉，《日本文學》50 卷 1 期（2001 年 1 月），頁 19-27。

別是在五山僧人之間流傳極廣。❷謂琉球王國爲島津附
庸，例稱「嘉吉附庸說」，類似的主張屢屢見之薩藩，
本非信史，然可見其揮戈之前構築種種合理性主張之過
程，其刻意醜化詆毀謝名親方鄭迴之用心又歷歷可見。

　　南浦文之似乎並未隨軍親赴琉球，仍在薩藩坐
鎮。關於薩摩侵攻琉球一事，尚有〈已酉五月十八聞
官軍唱凱歌，賦村詩嘲島囊心有表裡云〉、〈征伐琉
球〉、〈送球邦兩使之行〉等詩，可以做爲證史之用。
其詩曰：

> 是歲何年球國頹，人民離散命乎哉，
> 島囊表裏潤多少，容我數千軍衆來。
> 想像遠民昏十方，中山王運盡茫茫，
> 天之所與無人測，飽入資財括島囊。❷

　　雖然關於琉球侵攻的研究，已經汗牛充棟，南浦文
之代表的是薩藩立場，文集中所收諸作，可與史書相互
發明，例如：「島夷方命事皆虛，特險僞心猶未除。動
眾興師何歲月，維時已酉暮春初。」❷一詩寫的是發兵

❷　南浦文之，〈已酉五月十八聞官軍唱凱歌，賦村詩嘲島囊心有表裡
　　云〉，《南浦文集》，卷下，頁39中-40上。
❷　南浦文之，〈征伐琉球〉，《南浦戲言》（日本國會圖書館數據資料庫

前夕的決心，其自信萬端之面貌躍然紙上。又如「春波
穩處片舟輕，通好參謀欲止兵。臨別贈言君莫忘，薰風
來日報昇平」❻一詩乃寫戰前諸方折衝協調之狀，其間
暗潮洶湧，已然十分詭譎。❼

　　在薩藩侵攻琉球前夕，琉球冊封正使夏子陽、副
使王士禎到達琉球，原本要求琉球國王遣使至日本，詢
問過去赴琉使節鳥原宗安關於通商要求的細節。尚寧王
派遣崇元寺長宜謨里主前往薩摩，並轉告明朝方面的意
向。薩摩藩主島津家久遣鳥原宗安赴琉，並攜帶二封書
信，一致明朝使節，一致琉球國王。兩者俱收入《南浦
文集》，當皆出自文之手筆。前者恭謹，後者倨傲。其
致琉球國王之書簡如是云：

　　　貴國之去我薩州者，二百餘里，其西嶋東嶼之相
　　近也者，僅不過三十餘里，以故時時有聘問聘禮，
　　以修其鄰好者。其例舊矣。就中我宗子之嗣而立則
　　畫青雀黃龍於其舟，以使紫其衣者黃其巾者二人。

藏鹿兒島大學玉里文庫）寫本，無頁數。
❻　南浦文之，〈送球邦兩使之行〉，《南浦戲言》，寫本，無頁數。
❼　關於薩摩侵攻琉球一事，參見紙屋敦之，《幕藩制國家の琉球支配》
　　（東京：校倉書房，1990 年）；上原兼善，《島津氏の琉球侵略──も
　　う一つの慶長の役》（宜野灣：榕樹書林，2009 年）；上原兼善，《幕
　　藩制形成期の琉球支配》（東京：吉川弘文館，2001 年）等著作。

為其遣使篚厥玄黃來而結髻於右髦之上者，奏眾樂於庭際，蓋致嗣子之賀儀也。今也遣崇元寺長宜謨里主，載其方物來以賀我家久之嗣而立，又攀舊例也。我今寄言於國君，勿以我之言厭之，日本六十餘州有源氏一將軍以不猛之威發其號令，尺土無不獻其方物者，一民無不歸其幕下者，是故東西諸侯真不有朝覲之禮。我今雖去麾府之任，每歲使親族之在左右者，行以致其聘禮，況家又為國之宗主，豈不述年年之職乎。貴國亦致聘禮於我將軍者，豈復在人之後哉。先是我以此事告於三司官者數矣。未聞有其聘禮。是亦非三司官懈於內者乎。今歲不聘，明年亦懈者，欲不危而可得乎哉。且復貴國之地鄰於中華，中華與日本不通商舶者三十餘年于今矣。我將軍憂之之餘，欲使家又與貴國相談，而年年來商舶於貴國，而大明與日本商賈通貨財之有無。若然，則匪翄富於吾邦。貴國亦人人其富潤屋而民亦歌於市、抃於野。豈復非太平之象哉。我將軍之志在茲矣。是故家又使小官二人告之於三司官，三司官不可。將軍若有問之，則家又可如之何哉。是我夙夜念茲，而不揞者也。古者善計國計家者，雖大事小者，有隨時之宜而為之者，況復小之事大者，豈為之背於其理哉，其存焉與其亡焉，共

在國君之舉而已，伏乞圖之。❷

薩摩侵攻琉球用意之一在於促成日本中國通商貿易，至少希望多多推進中琉貿易，此封書信中明白將諸事不順的所有責任歸於三司官鄭迵一身，是以其於謝那親方構怨久矣，非僅止於頑抗而已，此處語氣甚為不遜，與致大明天使書迥然有別，其致明朝使節書曰：

大明國天使兩老大人鈞座下，伏以 天使奉 詔命。不憚萬里鯨波，遠至於琉球小嶋，我雖未接光霽，望盛德於千里之外矣。先是華人茅國科在朝鮮與日本者，三四年矣，我恭敬 皇朝之餘，遣舡并差喜右衛門尉送還於中華之地，未審國科勇健否，迄今令人起此思矣。今幸官舡招喜右衛門尉，忻甚忻甚想是，兩地不通商舶者，三十餘年，頗以為慊矣，恭惟 天使兩老大人，感我恭順之誠，自今以往，年年使 中華商舶來於我薩摩州，阜通財賄（？），何幸如之，然則皇恩德澤，當永矢而弗諼矣。謹此拜獻金屏二雙、小篋三重二箇，伏乞各各笑納，臨楮不勝瞻戀仰祈 尊照不宣。❷

---

❷ 南浦文之，〈呈琉球國王書〉，《南浦文集》，卷中，頁 18 中 -19 上。

　　時任琉球冊封正使爲夏子陽，此書想必曾入其眼。
筆者多年前處理明代冊封使與日本之關係時，❸曾經眼
此一文獻，但彼時無學，不知此書簡實出南浦文之手
筆。夏子陽對於此書的反應不得而知，倒是在《使琉球
錄》中，留下薩摩武士蠻勇之姿令人印象深刻。其曰：

　　九月間，忽夷屬有報倭將來寇者，地方甚自危；
　　余輩召法司等官問計，惟云「恃險與神」而已。予
　　等乃諭之曰：「若國雖小弱，豈可無備禦計！幸吾
　　等在此，當爲爾畫策共守」。因命其選兵礪器，據
　　守要害；更飭吾衆兼爲增械設防。夷國君臣乃令王
　　舅毛繼祖率夷衆千餘守于國北之地──曰米牙磯
　　仁；蓋倭船所經過處也。無何，倭數舶至，則賀
　　國王及來貿易者也。予恐我衆潛通市易或致生端召
　　釁，乃下令嚴禁，絕勿與通；吾衆凜凜奉法。倭聞
　　先聲，且知吾有備，亦惴惴斂戢，不敢動。及聞余
　　輩將返，請願一見爲榮。時左右皆曰：「倭佩刀，
　　性如犬羊；請勿與見」！予曰：「倭素猖獗，不知

---

❷　南浦文之，〈呈大明天使書〉，《南浦文集》，卷中，頁 11 上 -11 中。
❸　廖肇亨，〈知海則知聖人──明代琉球冊封使海洋書寫義蘊探詮〉。
　　《臺灣古典文學研究集刊》（成大中文系）第 2 期（2009 年 12 月），
　　頁 1-33。

禮。今以吾天朝之威求見，若拒之，是示怯也；如堂堂之體何」！令陳兵衛，開門坐見之。彼一見氣奪，伏地稽顙，再拜而出；語琉球人曰：「吾見吾國王，未嘗懼；今見天使，吾膽落矣」！後二日，余輩出；望見前驅，即遠避伏覩，不復如曩日之逼視恣睢矣。❸

　　從後設的史家之眼觀之，夏子陽赴琉在一六○六年，離琉球侵攻尚有三年之久，但從夏子陽的記述看來，薩摩武士在琉球已如入無人之境。❸尚寧王曾與冊封使商議聯合抵抗薩摩一事，僅見於夏子陽此處。但從書信的恭謹語氣來看，薩摩此際主要意圖仍在希冀通商，似乎尚無意挑釁生事。日後夏子陽就此段回憶說道：

　　琉球距日本咫尺爾，朝鮮失，則琉球亦難獨存；我東南之地，且與夷逼，前所訛言將亦可為隱慮！賴國家赫聲濯靈，倭奴遁跡，平壤救寧。以故中山

❸ 夏子陽，《使琉球錄》（明夏氏活字本），下卷，收入《國家圖書館藏琉球資料匯編》，上冊，頁 427-428。
❸ 關於夏子陽的生平與冊封琉球的經過，夫馬進，〈夏子陽撰《使琉球錄》解題〉，收入夫馬進，《使琉球錄解題及び研究》，頁 51-59。

一彈丸區，戴天所覆，世世奉冠帶，稱為東海波臣；即余承乏兵垣，亦憑藉寵靈，萬里作使，不以武餂而以文綏，大異疇昔馳驅倥傯狀。遭際明盛，何幸如之！頃余駐中山時，倭舶卒至；余為約束從役，謹持天朝大體。倭卒斂戢不敢肆，至有避道竊觀，嘖嘖漢官威儀；已復從使館願謁稽首而去，予甚異焉！夫琉球，不大於朝鮮也；中山世子，未變於曩日也。嗣位之初，倭為擾；受封之會，倭為豔。此其故，不在倭、不在琉球，而在我國家耳。夫惟天子恩威並暢、制馭得宜，即犬羊猶然帖服。安知海外殊域漸被聲教而嚮慕文明，不以中山為前茅。㉝

　　明朝政府確實掌握薩摩侵攻琉球一事，然當時明代政府已無法有所作為，夫馬先生敘之已詳。盱衡明清鼎革後，東亞諸國的反應，夏子陽對「漢官威儀」的嘆服並非無由。但就當日情勢觀之，雙方仍然處在有意克制的階段。不過日文方面史料，對於琉球侵攻三年以前的現實情勢往往有所闕如，夏子陽還是留下重要的歷

㉝　夏子陽，《使琉球錄》（明夏氏活字本），下卷，收入《國家圖書館藏琉球資料匯編》，上冊，總頁309-310。

史見證。

從事前折衝協調到發兵作戰，南浦文之都有相關的文字記述，目前學界所重視的諸多史料，細究其實，原都出自南浦文之手筆。做爲薩摩藩執掌外交文書的重要人物，南浦文之與江戶幕府初期的金地院以心崇傳或許不無類似之處。且其身處霽府，與琉球王國有更多距離的觀察與接觸。軍事以外，南浦文之對琉球王國的宗教文化也有第一手接觸的經驗與觀察，亦曾與琉球文化史上重要的人物有所交遊，在《南浦文集》中也留下部分身影。

四、從南浦文之到泊如竹：另一種儒學源流

比起軍事外交，南浦文之更爲人熟知的是在文化事業的貢獻，特別是對《四書集注》的訓點，其弟子泊如竹推廣有功。做爲一個僧人，南浦文之對琉球佛教特加留意，亦爲理所當然。例如其對琉球佛教史上傳奇僧人日秀上人崇敬有加，其曰：

> 上人日秀者，水雲之僧，而密宗之徒也，好修善因，不慕榮利，自少有游觀廣覽之知，至老無因仍苟且之怠，是故，扶桑六十餘州，古佛之巍巍者，靈神之昭昭者或山之佳也，或境之勝也，蓋莫不行

而觀焉，天下佳勝，悉在上人杖履之中矣，加焉，
遠至中山之國，新創淨剎，偶入一乘之院，嚴建佛
塔，且復有離婁之明，公輸子之巧，能彫刻諸天諸
佛之尊容，容顏甚奇妙也，其眾色交映，莊嚴光飾
者，不知其幾多矣，漸迫耆年，在 隅州八燔正宮
傍，剏一二之梵盧，於是乎，弟子彌眾矣，先是，
天正乙玄佛成道之日，世緣未盡，深入禪定，其意
在戒世人之欲其生，而不解其惑者，而已其苟難之
行，非人之所得而跂及者也，是歲丁未九月初八。❸

由日本漂流而至琉球的眞言宗僧日秀上人（1503－
1577）❸，在琉球佛教史上占有一席之地，在薩摩、琉
球等地創建多所寺院。❸琉球王國之外，也在薲府諸處
大量興建佛寺，鹿兒島至今尚有日秀神社在焉。值得
一提的是：日秀也在琉球創建觀音道場，可以視爲普
陀山的傳神移寫。琉球僧人賴仁（生卒年不詳）敘其

---

❸ 南浦文之，〈呈日秀上人三十三回忌法筵詩〉，《南浦文集》，卷中，
 頁 47 上 -47 中。
❸ 日秀，眞言宗僧人，行補陀落渡海，至琉球，建立護國寺等多處寺院。
 日秀上人與琉球佛教的關係，詳參知名定寬，《琉球佛教史の研究》
 （宜野灣：榕樹書林，2008 年），頁 159-163。不過知名定寬特別指
 出：關於日秀上人的史料往往舛錯互見，眞實性有待進一步查證。
❸ 參見知名定寬，《琉球佛教史の研究》，頁 159-163。

緣起曰：

> 嘉靖年中，日域比丘日秀上人，修行三密，終，
> 而欲趣補陀落山，隨五點般若，無前期，到彼郡中
> 富花津。上人自安心，歎曰：「誠知為補陀落山，
> 又行何所求之耶？」留錫安住。幸哉！此地靈也。
> 向比方者，似蓬萊，有富登嶽。眾峰羅立，似兒
> 孫。前有大湖，名池原。日洗塵垢，浮般若船。松
> 樹竹塢，月照三轉四德圍。實相實有，春花開幽
> 窗；自性本有，造化無不現。峒窟無窮。按，天有
> 一門，不所及人力，靈跡不可舉數。靈現舉，不可
> 說。大悲呼有應。此洞者，龍宮千萬里，誰知根源
> 哉！上人爰刻彼三尊，建宮，奉崇權現正體也。❸

就此觀之，琉球的普陀山信仰，或可謂移自日本，
日秀上人於琉球王國的拓宇之功不當或忘。知名定寬引
述伊藤聰的說法，認為日秀上人並未充分獲得琉球王國
的支持，而是由薩藩刻意支持建構日秀上人與琉球王國
的關係，南浦文之此處說法或又可為一佐證。相對於夐

---

❸ 賴仁，〈金峰山補陀落院觀音寺緣起〉，向祐等編，《琉球國由來
記》，卷 11，伊波普猷等編，《琉球史料叢書》（東京：井上書房，
1962 年），冊 1，頁 243-244。

遠的日秀上人傳說，現實生活中，南浦文之與琉球王國
大僧錄司天叟之間的交往更值得重視。南浦文之曾與天
叟禪師有所唱和，詩曰：

> 故國無心赴海涯，海涯千里自閑邪，
> 為翁湏襲畫遊錦，十月霜楓二月花。
> 避得風流時世妝，閑談有味豈應忘，
> 公詩今合軒轅律，字字不愆由舊章。[38]

天叟此番赴覽，乃與尚寧王同行。可惜天叟原詩今
無緣獲見，從南浦文之的說法來看，至少可以肯定天叟
精於為詩之道。此詩序文甚長，其曰：

> 是歲壬子七月既望，偶解后於天叟和尚於麑府，
> 聞昔和尚視篆於球陽大僧錄司圓覺精廬者十餘年
> 矣。己酉之春，球陽有騷屑之事，國主亦有出亡之
> 憂。於是公卿士庶，亦無一而不失其所矣。庚戌之
> 夏。和尚亦遠航於日域，任攝州大坂城城主秀賴尊
> 君聞和尚之為人，而有接遇之禮者，匪翅一日，當
> 其告歸也，尊君餽之兼金，餽之新衣，蓋行者必以

---

[38] 南浦文之，〈和天叟禪翁詩〉，《南浦文集》，卷中，頁52上。

贐之義也，和尚何為不受乎？其交也，以道；其餽
也，以道。晝錦之榮，何以加焉？今也和尚在薩州
麑府，待一帆之風者，一兩月矣，維時三秋，秋風
自西，風之自北者，在三冬之時。想是和尚之錦
旋，在十月霜葉之時乎，一日，見少年之奏樂者，
賦二篇詩又贈焉，且復。自寫此詩以示予，其意在
督拙和，予素不學詩，雖然，於少之時也，與眾人
唱和者有矣，今也老懶衰惛，炭冰於風雅者，不知
幾多歲矣，和尚之命，豈可逃乎，因搜枯腸，借其
芳韻，以預奉賀錦旋之榮云。❸❾

知名定寬謂隨尙寧王前往江戶為西來院菊隱與報恩
寺恩叔，天叟在薩府往謁尙寧王。然觀此處，得知：天
叟曾與豐臣秀賴在大阪會面，且蒙其寵渥優遇。觀此，
天叟與文之雖然是敵對的政治立場，但二人仍然心意相
通，且唱和不斷。

由於薩琉之間的密切往來，文之的師友前往琉球亦
不在少數。琉球侵攻之後，薩摩僧人前往琉球亦夥，然
文之法侶渡琉尙在此之前，觀其「我先師之徒有景叔、
春蘆之二翁，昔帶先師典籍若干部寄跡於彼國終焉」此

---

❸❾ 南浦文之，〈和天叟禪翁詩〉，《南浦文集》，卷中，頁 51 上 -51 中。

一說法，可知薩南學派已於琉球王國刻意經營有時。
又，薩琉關係緊張之際，僧人彼此斡旋往還極其頻繁。
例如大慈龍雲，曾受麑府之命，奉使琉球，斡旋明日貿
易之事，文之曾致書提及此事，其曰：

　　前年以麑府之貴命，遠奉使於琉球，千里之滄
　　海，洪波之險路。法斾無恙，歸於我朝。匪翅道貌
　　大幸，國家之大幸也。❹

　　知名定寬曾就此事有所記述，❹薩琉外交關係亦
多成於僧人之手，南浦文之、大慈龍雲等人皆屬此
一流亞。
　　南浦文之承襲薩南儒佛並重的學風，致力於收集朱
子《四書集注》全本，進而施以訓點，是儒學史上知名
例證。在南浦文之師友當中，其門人泊如竹與琉球王國
關係密切，至今仍被屋久島居民推崇爲「屋久聖人」，
如竹曾經擔任薩摩藩、琉球王國的顧問，曾與明代的琉
球冊封使有所往來，將文之點傳入琉球王國，特別值
得關注。

---

❹　南浦文之，〈呈太慈龍雲和尙書〉，《南浦文集》，卷中，頁 26 上。
❹　同註❸。

　　如竹，日本大隅馭摩郡屋久島安房村人，俗姓泊
氏，名日章，號如竹散人。自幼入安房村本佛寺出家爲
僧，屬日蓮宗。及長，適京師，就學於本能寺。時藤原
惺窩講《四書新註》訓點於都下，從遊者甚眾，聞其得
力於薩藩南浦文之之訓點，遂西歸，就學文之，時年三
十七。文之甚爲敬重，稱「如竹翁」。以其一己之力
刊行桂庵家法和點、文之點《四書新註》、《周易傳
義》、《南浦文集》等著作，日本《四書新註》、《周
易傳義》之版行於世，淵源自此。寬永九年，渡琉爲國
師，居三年後，歸本邑，備受薩藩推重。明曆元年卒，
年八十五（一說八十六）。今日屋久島猶奉之爲「屋
久聖人」。傳見《漢學紀源》、《三國名勝圖會》等
著作。❷

　　如竹在薩藩侵攻琉球之後，曾入琉球王國，爲王
者師。如竹渡琉，某種程度視之爲薩摩藩意識型態的建
構灌輸，當自不無此種可能性，然文獻無徵，只能暫
且姑存此說俟考。伊地知季安曾如是形容如竹在琉球
的經歷：

---

❷　泊如竹的研究，參見伊地知季安，《漢學紀源》，卷 4，收入《新薩
　　藩叢書》，第 5 冊，頁 474-492；松井孝純，《屋久島如竹法華僧考》
　　《印度學佛教學研究》24 卷 1 號（1975 年），頁 418-421。

寬永九年，年六十矣，聞明人秀才來于中山，浮海適琉球國，乃師秀才講究《四書》、《詩》、《書》，理學精熟，國王師事之。先是，夷俗未知禮義，及如竹至，教以人倫，時西土人梁澤民流寓中山，甚敬如竹。名其居曰：顧天庵云。然後其俗稍稍嚮正。❸

「教以人倫」、「嚮正風俗」之類的說法往往是儒家式啓蒙的另一種說法，儒家倫理的深入人心，和訓似乎起到重要的推動之功。《三國名勝圖會》亦有類似的說法，然與《漢學紀源》之說略有出入，其曰：

（寬永）九年，適琉球國，翌年，明主朱由檢廟號思宗年號崇禎，遣其臣杜三策冊封中山王尚豐時，值明人梁澤民，屢討論經義，澤民以秀才著稱，敬重如竹，題其居所為「顧天庵」，中山王師事之。此時琉球文教未布，士民不知禮義，及翁教以人倫，上下愛戴，歸德仰化，先是琉球讀經書，皆用漢音，未知和讀。翁授以文之點《四書》，是琉球

始知和讀，至今琉球國中十分之八皆用文之點《四書》。❹

又云：

天保十三年壬寅，中山王尚育，遣慶賀使至江都，琉球人於大坂，購文之點《四書》至數十百部以歸。當時文之點四書版小，屢刻屢買，是以琉球之尊文之點可知也，也見識到文之點流傳之廣，亦加以和漢音讀法，久米村學校兼習漢音和讀，雖然如此，國中久米村外，首里及諸方學和讀之訓點皆本於此。❹

觀此得知：最初將四書文之點流布琉球王國的功臣即爲如竹。杜三策渡琉在崇禎六年（1633），❹如竹得見薩摩侵攻之後的首位冊封使杜三策，梁澤民不知是從客或流寓中山國之人，如竹習學《四書》的過程中，

---

❹ 五代秀堯、橋口兼柄編纂，《三國名勝圖會》（鹿兒島：南日本出版協會，1966）〔明治 38 年（1906）刊本複製〕，卷 50，頁 34-39。

❹ 同前註。

❹ 關於這次冊封使的記錄，主要是胡靖〈使琉球記〉，參見松浦章〈胡靖撰《琉球記》（《杜天使冊封琉球眞記奇觀》）解題〉，收錄於夫馬進《使琉球錄解題及び研究》，頁 61-69。

曾經得力於明人，甚至是琉球冊封使，前賢似乎未及措意。眾所周知，文之從渡來人黃友賢學，而如竹一如其師，亦從華客梁澤民受學。汪楫等人所見琉球僧人從學於日本，琉球王國的儒學恐亦有日本的深刻投影，其於背後也有冊封使相關人等的思想淵源在焉，惜乎後世已多習而不察。

　　如竹是推動文之訓點的重要功臣，對琉球、日本都有深遠的影響，是以南浦文之對其敬重有加，經常作詩贈答。二人交誼深厚，由此可見一斑。《漢學紀聞》收錄數首文之所贈之詩，亦多有未見收於今本《南浦文集》者，可稱彌足珍貴。

　　〈和如竹翁試筆詩〉
　　卷舒詩語帶霞新，不覺景光垂暮春。
　　任官嗟吾污塵垢，恰君物外潔其身。
　　有客來尋自遠程，新來同賞慰吾情。
　　風棲修造屬君手，羨見文章不日成。

　　〈慶長十四年己酉正月廿一日也，一雨沛然，喜叢林受潤，捃摭法華玅文，綴野詩二章一以呈如竹翁〉
　　霽靆敷空撥不披，春來十日密雲彌。

叢林卉木皆鮮澤，一雨何因能化之。
數日陰雲今已開，令眾悦豫暖風催。
雨之所潤無人測，暢茂一切枯槁來。

〈和如竹翁之芳韻以求菟裘之地云〉
夕陽江上曬魚蓑，蘆葦灣邊點不波。
早晚隨鷗我歸去，扁舟日日飲無何。

〈送如竹翁歸枌寺〉
把卷多年吹杖黎，一朝何計告離騷。
不唯僮僕歡仰去，足識庭松立指西。

〈和如竹翁詩〉
講罷殘經詩格濃，文章自有一家風。
使人景慕是何事，盡是十年辛苦功。
慶長十七年壬子也

〈和如竹試筆詩〉
破衲製麻巾製紗，寒風於我更難遮。
法華會上無塵事，一炷兜樓遠辟邪。

〈和如竹翁試筆詩〉

自他迎歲末傳觴，先喜誦詩滋味長。

為會純圓甚奇妙，不頃刮垢又磨光。❹

　　其中數首〈和如竹翁試筆詩〉見收於今本《南浦文集》之中，從「新來同賞慰吾情」的說法不難感受到兩人親密的師生之情。從「文章自有一家風」、「羨見文章不日成」的說法也充分傳達了文之對如竹的青眼器重。琉球王國，同時也是薩南學派與冊封使交流共振的重要場域。另一方面，明代琉球王國雖然已有官生在國子監求學，但似乎並未將儒學有系統地帶回中國，清代以後，程順則等儒者經由建造孔廟，做為儒學傳衍的表徵，但在此之前，從琉球王國大量購入文之相關著作一事看來，經由如竹傳入琉球的四書文之點不僅暢銷，而且已取得官方正統教學的權威地位。如竹入琉雖然只有短短三年，但也留下若干傳說，也是薩琉關係重整後，與冊封使初次接觸的重要思想家，在東亞文化思想史留下深刻的印記。同時，透過如竹，南浦文之的漢學思想

---

❹　伊地知季安，《漢學紀源》，卷4，《新薩藩叢書》，第5冊，頁488-491。（《新薩藩叢書》版《漢學紀原》一書自〈正龍第三十七〉後略為雜亂，雖有目次，但內容尚未完整列屬，此處當屬〈如竹〉的部分，但內容並未標明，故此處無法列出明確篇目）

影響力也獲得進一步的開展與流傳。

五、代結語

　　十六、七世紀的東亞風雲變幻、詭譎莫測。薩摩與琉球之間又有種種牽纏。做為薩南學派的健將，南浦文之優異的漢文，執掌外交文書多年，近年吾人賴以解明當日史事之跡的重要文書幾乎盡出其手，不僅擔負起重要的外交任務，也是觀看當日東亞複雜情勢的重要窗口。南浦文之代表的是薩摩藩的聲音，有驕悍，也有懷柔。雖然薩摩侵攻琉球後，薩摩僧人大舉渡琉，但在此之前，南浦文之之師友已攜典籍帶入琉球。而薩摩軍隊渡琉之際，文之念茲在茲的仍是先此渡海的典籍。

　　從南浦文之身上也透露出東亞學術思想氣運悄悄變化轉移的軌跡，雖然五山僧人早已將朱子學典籍帶入日本，但卻不若文之細施訓點，同時經由其徒如竹的流傳，文之訓點也傳入琉球王國，流風久久不歇。文之雖然仍是本色僧徒，但如竹已深染儒風。從江戶儒學史來看，藤原惺窩、林羅山亦皆出身緇流，卻都改易儒服。另一個值得深思的課題是：滿人入清，最重要的事情之一即是迅速恢復科舉，江戶德川家定鼎天下，速速推行儒學於天下，薩摩侵攻琉球後，如竹代表官方正統意識型態的代表，即渡琉三年，此種儒學大興的兆候，亦與

東亞諸國無以異也，儒學與東亞政體之間的複雜關係，未來仍有許多值得深思的課題。

在江戶儒學初興的階段，渡來人扮演了隱而不顯的重要角色，❹黃友賢之於文之，梁澤民之於如竹。南浦文之之徒如竹在薩摩侵攻之後，首度見到了來自中國的冊封使杜三策一行，意義非凡。從南浦文之與如竹的例子不難了解：琉球王國也是日本方面接觸渡來人的管道之一。文之、如竹一系的儒學思想廣布琉球國內，而其在久米村人的影響與接受，也是另外一個值得探究的課題。

就目前現存南浦文之相關文獻看來，文之似乎沒有正式渡琉，但其在薩摩侵攻琉球時，扮演了重要的角色。在《南浦文集》當中，留下許多重要的線索，卻往往爲學者所忽略。透過南浦文之，我們也認識到薩摩藩與幕府的外交策略之間的細微差別，也了解到琉球王國在面對薩摩此一強大他者的種種艱難與努力。《南浦文集》不僅是薩琉戰爭的絕佳見證，也體現了當時東亞複雜的政經情勢。而僧人在近世東亞國運的推移過程中所扮演的角色，也需要重新仔細思考。

---

❹ 關於渡來人的研究極多，若集中於薩摩藩，可以參見增田勝機，《薩摩にいた明國人》（鹿兒島：高城書房，1999 年）一書。不過此書沒有處理黃友賢的部分。

第二篇

文化話語中
的佛教

脫軌・錯位・歸返

── 《醒世姻緣傳》中的懺罪書寫與
河川文化的相互投影

彌天的罪過，當不得一個改字。

──洪應明《菜根譚》

一、前言

來自山東濟南府繡江縣明水鎮的成都府經歷狄希陳，在著名的小說《醒世姻緣傳》❶一書中不獨懼內，且「兼怕小老婆」（九十一回，冊5，頁2502），成為中國文學史上赫赫有名的主角人物。狄希陳雖然懼內，但本性良善，兼有「善待庶母，存養庶弟，篤愛胞妹之德」（一○○回，冊5，頁2755），終得以在高僧胡無翳的搭救之下，逃脫泰山聖母座下聽差的轉世仙狐的復

---

❶ 本文使用的《醒世姻緣傳》版本，爲西周生原著，《醒世姻緣傳》，收入《古本小說集成》（上海：上海古籍出版社，1990年）。爲清耳目，引用書中原文時不另作註，而於引文下改用括號註明回數、冊數與頁碼。

仇，善終天年。狄希陳前世爲無惡不作的山東武城縣晁
源，其之所以不失人身的緣故，高僧胡無翳識之甚稔，
其如是說道：

> 他三世前是個極賢極善的女子，所以叫他轉世為
> 男，福祿俱全，且享高壽。不料他迷了前生的眞
> 性，得了男身，不聽父母教訓，不受師友好言，殺
> 生害命，利己損人，棄妻寵妾，姦淫詐僞，奉勢趨
> 時，欺貧抱富，誣良謗善，搬挑是非，忘恩負義，
> 無所不為，所以減了他的福祿，折了他的壽算。若
> 依了起初的註定，享用豈止如此？幸得今生受了冤
> 家的制縛，不甚鑿喪了良心，轉世還有人身可做；
> 不然也就幾乎往畜生一道去了。（一〇〇回，冊5，
> 頁 2743-2744）

也就是說：狄希陳的前世晁源固然在紅塵名利場中迷失
眞如本性，累結冤罪，此生幸得冤家薛素姐的制縛，方
能不喪良知、重歸正途。世間一場惡姻緣對狄希陳來
說，不僅是宿業、同時也是試煉。薛素姐固然是狄希陳
內在情慾本色的投射，❷卻也同時是攝善禁惡的根本戒

---

❷　黃衛總教授於此義發揮頗深，值得參看。參見 Martin W. Huang（黃衛

律。東嶺學道人在序言中說：「原書本名《惡姻緣》，蓋謂人前世既已造業，後世必有果報；既生惡心，便成惡境，生生世世，業報相因，無非從一念中流出。若無解釋，將何底止，其實可悲可憫。能於一念之惡禁之於其初，便是聖賢作用，英雄手段，此正要人豁然醒悟。」❸這段話說明《醒世姻緣傳》一書是心、境、業、報之間交蘆錯會的人間曼陀羅。因果報應當然是《醒世姻緣傳》顯而易見的價值前提與敘事結構，但這絕不同時意謂個人主觀意志的斷滅。《醒世姻緣傳》的世情描寫與結構章法固然多襲自《金瓶梅》，❹但與西門慶不同的是：狄希陳少年時浮誇不定心性，前世脫軌的習氣薰染固然不時作用現前，但在遙遠的異鄉，良師益友（如童奶奶、駱校尉、郭威、周景楊）的大力襄助，畢竟終能夠逐漸導回正軌。因此，狄希陳雖是懼內冠冕，但其於妻妾的態度仍有一間之隔，更精確的說：

總），"Karmic Retribution and the Didactic Dilemma in the Xingshi yin-yuan Zhuan"，《漢學研究》第 15 卷第 1 期（1997 年 6 月），頁 397-440。

❸ 東嶺學道人，〈序言〉，西周生，《醒世姻緣傳》，《古本小說集成》，冊 1，頁 1。

❹ 關於這點可以參見胡衍南，〈《醒世姻緣傳》中的各種家庭問題〉、〈《醒世姻緣傳》社會相〉、〈《醒世姻緣傳》的寫作藝術〉，收入氏著，《從金瓶梅到紅樓夢》（臺北：里仁書局，2007 年），頁 156-166。特別是《醒世姻緣傳》一書起始晁源的平生作為，的確堪稱西門慶的翻版。

其妻薛素姐是狄希陳前世種下的冤罪，而計氏轉世的其
妾童寄姐才是狄希陳前世忘卻迷失、尚未圓滿的本來正
道。❺對於前世造作的惡業與罪愆，今世必須經由不斷
的追尋與懺悔，才能離苦得樂，從前世到今生，從晁源
到狄希陳，這一路走來的生命經歷，可以說是從「棄本
逐末，流浪諸有，多報怨憎，違害無限」❻到「千劫萬
劫，極重業，即自消滅」❼的懺罪旅程。就此觀之，此
乃《醒世姻緣傳》有別於《金瓶梅》的特異之處，不宜
徒以敘事模式之雷同，便將二者等而觀之。因此，《醒
世姻緣傳》一書當中大量的禮俗（喪祭、朝聖、夢卜
等）與傳聞軼事，既是風土人情的絕佳記錄，更是「晁
源──狄希陳」的懺罪改過歷程中不可或缺的對照（或
影射），無論在修辭藝術或道德主旨都絕非無意義的枝
葉旁出。

　　本文以《醒世姻緣傳》的懺罪文化書寫為起點，就
其書中相關的象徵、情節、修辭等加以梳理，特別著意
河川在此一擬喻在《醒世姻緣傳》一書當中的種種可能
意涵。同時省思明清懺悔書寫中宗教、文化、經濟等不

---

❺　從這個角度看，對薛素姐何以對寄姐敬畏有加此一現象才能夠有圓滿的
　　解釋。

❻　《楞伽師資記》，《大正新修大藏經》（臺北：新文豐出版公司，1985
　　年），第 85 冊，No. 2837，頁 1285 上。

❼　同前註，頁 1288 下。

同元素交互作用的特徵，特別側重在文化層面的省察，
重新就《醒世姻緣傳》的閱讀提供一個觀察面向，並就
河川文化在宗教與中國文化書寫的相互關係當中的重要
性加以探析。

二、逐出樂園之後❽

　　《醒世姻緣傳》的主角狄希陳出生在山東省繡江縣
明水鎮，❾作者如是描寫繡江縣境內的會仙山景致曰：

　　　　這會仙山上有無數的流泉，或彙為瀑布，或彙為

---

❽　本節標題雖與蒲安迪教授論文題名雷同，但其所述內容完全不同。蒲安迪
　　教授對《醒世姻緣傳》的評價是「不是一部深奧的文學作品，也許，我們
　　最有把握的是它提供了某些方向的出色暗示」。嚴格來說，蒲安迪教授對
　　於《醒世姻緣傳》的看法與傳統側重婚姻關係、因果報應的討論並無太
　　大出入，唯其條分縷析，自成一家之言，不過蒲安迪教授大作對於本文所
　　特別著重的滅罪淨行、運河文明以及戲曲扮演，全未觸及。詳參 Andrew
　　H. Plaks "After the Fall: Hsing-shih yin-yüan chuan and the Seventeenth-
　　Century Chinese Novel", *HJAS* 45, no. 2(1985), pp543-580。中譯本參見蒲安
　　迪著，馬曉冬譯，〈逐出樂園之後──《醒世姻緣傳》與十七世紀中國小
　　說〉，收入樂黛雲、陳玨編選，《北美中國古典文學研究名家十年文選》
　　（南京：江蘇人民出版社，1996 年），頁 311-347。

❾　雖然關於《醒世姻緣傳》的作者爭論不休，但書中花費大量篇幅描寫明
　　水的山水與民風，作者是否為章丘文士不得而知，但與章丘頗有淵源當
　　無疑義。參見劉洪強，〈《醒世姻緣傳》的作者為章丘文士考〉，《江
　　漢大學學報（人文科學版）》2010 年第 3 期，頁 47-48；陳先運主編，
　　《章丘歷史與文化》（濟南：齊魯書社，2006 年），頁 230-232。雖然
　　如此，筆者仍然以為《醒世姻緣傳》一書當中「明水」此地名稱具有重
　　要的象徵意涵，未必全是實寫。

水簾，灌瀉成一片白雲湖。遇著天旱的時節，這湖裡的水不見有甚消涸；遇著天潦的時節，這湖裡的水不見有甚麼汎溢。離這繡江縣四十里，一個明水鎮，有座龍王廟。這廟基底下發源出來滔滔滾滾極清極美的甘泉，也灌在白雲湖內。（二十三回，冊2，頁 628）

明水鎮的風光則是「家家富足，男有餘糧；戶戶豐饒，女多餘布。即如住在那華胥城裏一般」（二十四回，冊2，頁 654），時序則是「風雨調和，天氣下降，地氣上升，山光映水，水色連山，一片都是絪絪縕縕的色象。日月俱有光華，星辰絕無愆伏」（同上），在這片樂土上，人物敦厚，風俗純樸。作者如是說道：

大家小戶都不曉得甚麼是念佛喫素，叫佛燒香。四時八節止知道祭了祖宗，便是孝順父母。雖也沒有像大舜、曾、閔的這樣奇行，若說那忤逆二字，這耳內是絕不聞見的。自己的伯叔兄長，這是不必說的；即便是父輩的朋友，鄉黨中有那不認得的高年老者，那少年們遇著的，大有遜讓，不敢輕薄侮慢。人家有一碗飯吃的，必定騰出那半碗來供給先生。差不多的人家，三四個五六個合了夥，就便延

一個師長;至不濟的,纔送到鄉學社學裡去讀幾年。摸量著讀得書的,便教他習舉業;讀不得的,或是務農,或是習甚麼手藝,再沒有一個游手好閒的人;也再沒有人是一字不識的。就是那挑蔥賣菜的,他也會演過之乎者也。從來要個偷雞盜狗的,也是沒有。監裡從來沒有死罪犯人。憑你甚麼小人家的婦女,從不曾有出頭露面遊街串市的。懼內怕老婆,這倒是古今來的常事;惟獨這繡江,夫是夫,婦是婦,那樣陰陽倒置,剛柔失宜,雌雞報曉的事絕少。百姓們春耕夏耘,秋收冬藏完畢,必定先納了糧,剩下的方纔食用。里長只是分散由帖的時節到人家門上,其外並不曉得甚麼叫是追呼,甚麼叫是比較。這里長只是送這由帖到人家,殺雞做飯,可也吃個不了。秀才們抱了幾本書,就如繡女一般;除了學裡見見縣官,多有整世不進縣門去的。這個明水離了縣裡四十里路,越發成了個避世的桃源一般。(二十三回,冊2,頁628-630)

這是作者心目中的桃花源、極樂世界(二十四回,冊2,頁653),也可以視為作者的精神懷鄉症候群。這段話所描繪的社會秩序與價值圖像,例如孝順父母、敬老尊賢、安分守己、按時交稅、詞清訟簡、夫婦綱常等

無一不與《醒世姻緣傳》所描寫的現實環境背道而馳，
同時也暗示本書的主要節目，預伏全書的情節發展與相
關脈絡，其中特別標舉懼內風氣的演變，當爲此書最大
的特徵。細審此二回描述的樂園，固然名爲會仙山，但
卻幾乎沒有任何宗教涵義，反而帶有強烈的社會倫理取
向，故《醒世姻緣傳》第二十三回可以說是《禮記·禮
運大同篇》、二十四回側重在繡江縣之風俗與時序的動
人，可說是承襲《詩經》中的〈豳風·七月〉的基本精
神，此二回合並而觀之，直等同於一篇〈桃花源記〉與
《禮記·禮運大同篇》的鋪陳敷衍。從全書敘事結構來
看，不免略嫌突兀。故此二回雖與故事情節發展無涉，
卻可視爲作者的「託古改制」，既是價值根源的直接呈
現，同時也是理想社會秩序的直接寫照。既是作者的精
神原鄉，也是無盡追尋的夢想。從修辭結構來看，這兩
回的文字雖然不似《紅樓夢》中第五回太虛幻境一般，
預言書中主角未來的命運，但也暗示了全書主角原初人
格的圓滿。作者在描述明水鎮的山水佳趣與敦厚民風之
後說道：

> 天下的風俗，也只曉得是一定的厚薄，誰知要隨
> 時變壞。那薄惡的去處，這是再沒有復轉淳厖。且
> 是那極敦厚之鄉，也就如那淋醋的一般，一淋薄如

一淋。這明水鎮的地方，若依了數十年前，或者不敢比得唐虞，斷亦不亞西周的風景。不料那前輩的老成漸漸的死去，那些忠厚遺風漸漸的澆漓，那些浮薄輕儇的子弟漸漸生將出來，那些刻薄沒良心的事體漸漸行將開去，習染成風，慣行成性，那還似舊日的半分明水？（二十六回，冊2，頁699-700）

這段話彷彿描述樂園淨土（雖然帶有強烈的倫理色彩）墮落的經過，如果二十三、二十四兩回的文字重在刻畫樂園的美景。二十六至二十八三回則側重在樂園分崩解離的過程，而樂園崩解的根本原因還是在於人性的澆薄，易言之，由於人心轉趨貪婪、刻薄、輕狂、縱欲、種種不善之行，致使樂園神聖完美堅實的結構出現縫隙，漸次解離，終於導致毀天滅地的重大災難。或者反過來說，極樂世界之所以存在，關鍵在於人心的淳厚。在此數回當中，麻從吾、嚴列星、嚴列宿、祁伯常等人的惡行劣跡看似與本書儸內主題無關，然而筆者管見以為：這些軼事傳聞斷非無端蔓衍的枝節，而是用以說明讓「玉皇大帝也幾乎坐不穩九霄凌虛寶殿」（二十八回，頁369）的妖魔鬼怪傷敗彝倫有以致之。此數回不僅意在呈現絲毫不爽的果報天理，更是樂園子民敗德壞俗，獲罪於天，議罰流謫的判案公牘。從某種意義來

說，《醒世姻緣傳》的情節固然複雜，遠非傳統的因果錄其儔可比。但書中眾多的因果報應實錄，無疑正是因果錄或感應錄此種文類的基礎之上進行賡續、複衍，與裒集等種種藝術加工。易言之，若言《醒世姻緣傳》與因果感應錄具有某種的共通的精神基礎當不爲過矣。

繡江縣明水鎮此一「仙鄉樂土」（二十五回，冊2，頁678）的崩解主要來自人心集體的墮落，細審書中所言，外來的誘惑或脅迫並不明顯。作者在本書一再強調「人生在世，原來不止於一飲一啄都有前定；就是燒一根柴，使一碗水，也都有一定的分數」（二十八回，冊2，頁763）。於錢財、服色、飲食男女希冀非分，種種算計經營，無非罪苗禍根，明水居民干犯玉帝天威，致使種種時令不調、摧山拔木、下霜震雷，天災饑荒接連不斷。然此一方面是住民集體墮落的懲罰，一方面也是天道善運的預警。作者說道：

> 若這些孽種曉得是獲罪於天，大家改過祈禱，那天心仁愛，自然也便赦罪消災。他卻挺了個項頸，大家與玉皇大帝相傲，卻再不尋思你這點點子濁骨凡胎，怎能傲得天過？天要處置你，只當是人去處置那螻蟻的一般，有甚難處？誰知那天老爺還不肯就下毒手，還要屢屢的儆醒眾生。（二十七回，冊

2，頁 724-725）

就這段話來看，《醒世姻緣傳》當中芸芸眾生種種行徑，多為咎由自取，率皆可以視為不能「改過祈禱」，致遭天譴的歷程。因此，因果循環之說固然是《醒世姻緣傳》的價值前提與敘事結構，但筆者管見以為，更精確的說：《醒世姻緣傳》是在因果不昧的基礎之上，經由種種誘惑與劫難（特別是在不完美婚姻當中）的試煉，❿在懺罪與朝聖的旅程當中，嘗試追尋、探索、發現自我真如本性的過程，種種因果應報的記錄既是見聞，更是警示借鑑。明水鎮的眾人造孽行惡，起心動念，莫不是罪。在種種天下皆同的惡行之外，又獨造作「作賤泉水」此一罪愆，罪行彌天，波浪撼地，辛亥七

---

❿ 黃衛總教授特別指出狄希陳取禍之由並非完全來自前世註定的因果，而常肇因於意志薄弱，放縱慾望、無法抗拒誘惑所致。參黃衛總前揭文。此外，西周生亦曾明言：「但凡人做好事的，就如那苦行修行的一般。那修行的人修到那將次得道的時候，千姿百態，不知有多少魔頭出來瑣碎。你只是要明心見性，任他甚麼蛇蟲毒蟒，惡鬼豺狼，刀兵水火，認得都是幻景，只堅忍了不要理他，這就是得道的根器。那唱《曇花記》的木清泰，被賓頭盧祖師山玄卿仙伯哄到一座古廟獨自一人過夜，群魔歷試他，憑他怎的，只是一個不理，這才成了佛祖。若到其間，略有個怯懦的心腸，卻不把棄家修道幾年苦行的工夫可惜丟掉了？這人要幹件好事，也就有無數的妖魔鬼怪出來打攪。你若把事體見得明白，心性耐得堅牢，憑他甚麼撓亂，這一件好事，我決要做成，這事便沒有不成之理。」（三十二回，冊 2，頁 870-871）

月初十的洪水使明水鎮成爲水鄉澤國，這場洪水既是來自上天的懲罰，更是滌淨染汙的神聖啓示。

明水樂園原初的價值理想可以說是男耕女織的農業社會，財富、聲名、聲色犬馬的追求導致純樸風氣蕩然無存。陰陽不諧，意味儒家正統倫理價值的錯位，禮崩樂壞，神州陸沉。大水既是生命應然發展方向的指引（以許眞君與天兵神將爲代表），更滋潤了天地毀滅後偏移的魂靈，賜與重新整裝出發的巨大能量。

三、《醒世姻緣傳》洪水神話寓意探析

雖然在中國傳統小說，洪澇情節俯拾即是，但多數旨在強調禍福無常，如《醒世姻緣傳》一般充滿滅罪悔過等豐富意涵的洪水情節也並不多見。關於此番洪水的緣由，作者如是說道：

> 且是大家小戶都把水引到家內，也不顧觸犯了龍王，也不顧污濁了水伯，也不顧這水人家還要做飯烹茶，也不顧這水人家還要取支敬天供佛。你任意濫用罷了，甚至於男子女人有那極不該在這河渠裡邊洗的東西，無所不洗。致得那龍王時時奏報，河伯日日聲冤。水官大帝極是個解厄赦罪的神靈，也替這些作禍的男女彌縫不去，天符行來查勘，也只

得直奏了天廷。所以這明水的地方，居民諸惡，同於天下，獨又偏背了這一件作踐泉水的罪愆。於是勘校院普光大聖，會集了二十天曹，公議確報的罪案。

那二十曹官裡面，多有說這明水的居民敢於奢縱淫佚，是恃了那富強的豪勢；那富強卻是藉了這一股水利：別處夏旱，他這地方有水澆田；別處憂潦，他這地方有湖受水。蒙了水的如此大利，大家不知報功，反倒與水作起仇來。況且從古以來事體，受了他的利，再沒有不被他害的，循環反覆，適當其時。

卻是玉帝檄召江西南昌府鐵樹宮許旌陽真君放出神蛟，瀉那鄰郡南眶、澤漏、范陽、跑突諸泉，協濟白雲水吏，於辛亥七月初十日子時，決水淹那些惡人，回奏了玉帝。那玉帝允了所奏，頒敕許真君覆勘施行，但不得玉石俱焚，株連善類。（二十八回，冊2，頁768-770）

這段話表述明水瀝潦之由，與《聖經》中記載創世紀人類因行惡多端觸怒上帝導致洪水湮沒世界的神話，竟有異曲同工之趣。⓫雖然洪水神話是神話學上一個亙古而普遍的主題，⓬然而成於混融三教風潮之中的《醒世姻

緣傳》，明水瀝澇一節具有多重文化解讀的可能，遠遠
超過洪水神話情節的複製或歷歷不爽的因果報應。從先
秦開始，水在原始神話與自然崇拜當中已有豐富的投
影，❸先秦諸子的文化論述當中有深切的寓意，❹佛門
又別成一派。在儒、道、佛三教的思想傳統之外，法國
思哲學家巴什拉（Gaston Bachelard，1884－1963）在
《水與夢》一書當中，對水的文化意象的多層次解讀對
別具啓發。《醒世姻緣傳》中明水瀝澇的情節既是人欲
橫流氾濫的象徵，更指向價值基準的破壞與重建，值得
進一步細細思考。

艾梅蘭（Maram Epstein）教授曾特別舉出洪水在
明清小說中往往意味著正統秩序的缺失，並隱含了女

---

❶ 「大地已在天主面前敗壞，到處充滿了強暴。天主見大地已敗壞，因爲
凡有血肉的人，品行在地上全敗壞了，天主遂對諾厄說：『我已決定要
結果一切有血肉的人，因爲他們使大地充滿了強暴，我要將他們由大地
上消滅。』」參見《舊約聖經・創世紀》。

❷ 關於洪水神話簡要的介紹可以參見鹿憶鹿，《洪水神話──以中國南方
民族與台灣原住民爲中心》（臺北：里仁書局，2002 年），頁 1-26。張
亞輝從人類學的角度思考水文化的特質亦值得參看，參見張亞輝，《歷
史與神聖性──歷史人類學散論集》（北京：世界圖書出版公司，2010
年），頁 3-10。

❸ 參見向柏松，《中國水崇拜》（上海：上海三聯書店，1999 年）一書。

❹ 關於這點，楊儒賓教授有精彩的分析。參見楊儒賓，〈水與先秦諸子思
想〉，收錄於臺大中文系編印，《語文・情性・義理──中國文學的多
層面探討國際學術會議論文集》（臺北：臺大中文系，1996 年），頁
533-574。

性顛覆男性的支配權。❶其言固然大抵可從，但尚多有
未發之覆。眾所周知，佛教傳統當中，往往將愛欲與
河流並稱。例如「隨生死流，入大愛河」❶、「凡夫恩
愛河」❶。流注不斷的既是生死煩惱，也是感官知覺。
滾滾滔天的巨流，當然也是奔注不歇的情緣，水是美麗
的、泥中你我的黏合劑。❶晁源之所以誤入歧途，迷失
人生本然的方向，肇因於迷戀戲旦珍哥。也就是說：晁
源曾經在如洪水般猛烈的愛欲之河迷失方向，世事如戲
劇般流轉的幻象讓晁源忘卻清淨本然的天性。在洪波巨
濤之中，狄希陳一身寄於箱子以存，彼時若稍有不慎，
身命即付神蛟，不容個人意志的任何恣意揮灑。宛若狄
希陳不完美的婚姻，看似束縛狄希陳的如猿馬般難羈的
狂野心性，卻繫存良心不失於一線之間。

　　明水鎮民敗德造惡導致滔天洪波，反過來說，明
水瀝澇旨在洗淨明水居民的罪愆。滌淨汙穢是水重要的
功能，原始宗教於此即已拳拳致意。例如東漢應劭（約

---

❶ 艾梅蘭（Maram Epstein）著，羅琳譯，《競爭的話語——明清小說中
　的正統性、本真性及所生成之意義》（南京：江蘇人民出版社，2005
　年），頁115。

❶ 《大方廣佛華嚴經》，《大正藏》，第9冊，No. 278，頁549下。

❶ 龍樹著，鳩摩羅什譯，《大智度論》，卷2，《大正藏》，第25冊，
　No. 1509，頁67上。

❶ 巴什拉（Gaston Bachelard）著，顧嘉琛譯，《水與夢》（長沙：岳麓書
　社，2005年），頁104-126。

153－196）就三月三日上巳節祓褉之俗曰：

> 謹按《周禮》：「男巫掌望祀望衍，旁招以茅；
> 女巫掌歲時，以祓除釁浴」褉者，潔也。春者，
> 蠢也，蠢蠢搖動也。《尚書》：「以殷仲春，厥
> 民析」言人解析也。療生疾之時，故於水上釁潔之
> 也。巳者，祉也，邪疾已去，祈介祉也。❶

就此觀之，明水瀝潦即是狄希陳在內的鎮民集體被褉沐
浴的重要儀式。狄希陳前世晁源多行不義較明水居民有
過之而無不及。透過沐浴被褉的儀式，洗淨晁源種種孽
邪習氣。明水瀝潦雖是七月十日，但三月三日在《醒世
姻緣傳》與其他明清小說中具有特殊的意義。❷巴什拉
說道：「一滴純潔的水足以淨化一個海洋，一滴不純潔
的水也足以玷汙天地。一切由物質想像所選擇的行動的
道德意義所決定；如果物質想像夢想惡，它就會散布不
純潔，就會使邪惡的萌芽綻開；如果它夢想善，它就會
對純潔的實體有信心，就會使純潔的實體的做善的純

---

❶ 應劭撰，王利器校注，〈祀典〉，《風俗通義》（臺北：明文書局，
　1982 年），卷 8，頁 382。
❷ 三月三日同時也是西王母的生日，艾梅蘭也注意到這一點，參見氏著，
　羅琳譯，《競爭的話語──明清小說中的正統性、本真性及所生成之意
　義》，第 3 章，頁 104-105。

潔性發揚光大。」❷由於惡業積重如鐵圍之山，大水發時，狄希陳在「水裡沖蕩」，實爲洗滌前世惡業積累，重新淨身的神聖儀式。狄希陳賴以爲生的箱子，一方面爲母親溫暖子宮的隱喻，同時也意味著狄希陳手握著重大的符命。此場大水發生於深夜子時，暗示著生與死、惡與善，黑暗與光明的交界，對狄希陳而言，漂浮大水之上的箱子，無啻世紀初創的方舟，更是一身在人欲橫流的末法亂世中的依託，如同浮游江湖的大瓠。在解冤神咒的神聖音聲當中，通州香岩寺高僧胡無翳親自見證，狄希陳照見父母未生前的本來面目。而明水瀇瀁則可視爲狄希陳的淨身儀式，唯有滌去前生晁源的多行不義（但習氣難去），才能重新尋索認識眞正自我的起點。❷

　　儘管大地殘破，一切都必須重新開始。

　　先秦諸子中，老子講：「上善若水」，而儒家對於水的道德特質亦別有會心，孔子從流水領悟人生智慧頗爲世所樂道。荀子（313－238B.C.）曾就此事述道：

---

❷　巴什拉著，顧嘉琛譯，《水與夢》，第 6 章，頁 158-159。

❷　艾梅蘭注意到晁源爲小鴉兒弒殺之前，也有一場規模較小的洪水（十九回，頁 250），參見氏著，羅琳譯，《競爭的話語──明清小說中的正統性、本眞性及所生成之意義》，第 3 章，頁 114。

　　孔子觀於東流之水。子貢問於孔子曰：「君子之
所以見大水必觀焉者，是何？」孔子曰：「夫水大
徧與諸生而無為也，似德；其流也埠下，裾拘必循
其理，似義；其洸洸乎不淈盡，似道；若有決行
之，其應佚若聲響，其赴百仞之谷不懼，似勇；
主量必平，似法；盈不求概，似正；淖約微達，似
察。以出以入以就鮮絜，似善化。其萬折也必東，
似志。是故見大水必觀焉。」㉓

楊儒賓教授曾歸納這段話言及水至少具有無為的創生
性、無窮盡的能量、無限自我轉化等特性，其種種特徵
之總和無非就是「仁」的隨處呈現。㉔然而細繹這段話
所言之水，可謂如理性般明亮清澈、如律法般清晰明
確、如處子般志節堅貞，而未言及水的猛烈、狂暴與不
可預測等特質。晁源在世之日作惡多端，又死於非命，
罪孽重重，遠非川流之水可以滌淨。事實上，在《醒世
姻緣傳》一書當中，晁源的祖父晁太公亦曾透過夢境或
疾厄等較為溫和的方式，提醒晁源到祠堂懺罪悔過（三
回，冊 1，頁 53-62），即近於儒家的懺悔法門。然而

㉓　荀子著，李滌生註，《荀子集釋》（臺北：學生書局，1979 年），頁
　　646。
㉔　參見楊儒賓前揭文。

晃源亦未眞心省悟，必須透過狄希陳更爲眞誠的悔過，才能回頭是岸。伊利亞德（M. Eliade）曾特別針對水同時兼具死亡與再生的雙重特性說道：「它象徵原初的本質，一切形式由此生出；一切形式也會因爲自身的衰凌或大災難，而回歸於它。」㉕就此觀之，明水瀝澇一節明白宣告儒家理想的正統社會倫理已爲種種貪欲破壞崩解。然而狄希陳必須於此一滾滾洪流之中完成淨身儀式，更是明水住民從腐爛、毀滅、分解、迎向新生的典禮。

　　從明水瀝澇一節豐富的宗教意涵重新檢視《醒世姻緣傳》，至少尚有：（一）罪業的懺悔與相關的宗教儀式、（二）河川信仰與相關的社會文化脈絡，這兩個可能相關的問題尚待釐清。以下循此二者，就《醒世姻緣傳》的文化意涵與宗教精神相互交涉進一步加以檢視。

四、懺悔儀式與戲劇

　　胡無翳領十二眾有戒行高僧，建七晝夜完經道場，於是狄希陳得以在夢中聆聽審判與眾人牽扯不清的因果葛藤，進而解冤度厄，善終此生。然而與眞修實參的胡

㉕　M. Eliade, *Patterns in Comparative Religion* (New York: Sheed & Ward, 1958), p.188.

無翳相遇之前，狄希陳也經歷過幾次不見效應的法術或儀式，例如術士鄧蒲風的回背法與白姑子爲素姐開壇建醮。回背法指求異性回心轉意的法術，《金瓶梅》中亦曾登場，《醒世姻緣傳》一書於此術細節描寫入微，實爲一珍貴難得之民俗史料（六十一回，冊4，頁1656-1662）。鄧蒲風不過一懸著江右高人旗號招搖撞騙之江湖術士，㉖自然不見效驗。在薛如卞設計的神鷹急腳陷阱之後，素姐亦曾經歷一場盛大的懺罪儀式。白姑子雖然不似胡無翳般梵行圓滿，至少尚行禮如儀，結合了十名女僧，七晝夜誦藥師經一萬卷，得錢一百兩，亦非尋常人家所能負擔。㉗特別值得注意的是：這場拜懺醮事圓滿之際，素姐扮演犯人做爲佛事圓滿的結局：

> 到第七日道場圓滿，設了一個監牢，把素姐洗去了濃妝，脫了豔服，妝了一個囚犯坐在牢中。白姑子穿了五彩袈裟，戴了毘盧九蓮僧帽，執了意旨疏

㉖ 劉勇強教授曾對小說中的江西術士有過詳細的分疏，值得參考，詳見劉勇強，〈一僧一道一術士——明清小說超情節人物的敘事學意義〉，《文學遺產》2009年第2期，頁104-116。

㉗ 佛事的費用，政府其實皆有明文規定，小說於此不免誇大其辭，當然不可引以爲據。然法會經懺佛事爲出家眾重要的經濟來源可見一般，陳玉女教授對明代經懺佛事的相關問題有過詳細的研究，值得參看。參見陳玉女，〈明代瑜珈教僧的專職化及其經懺活動〉，《新世紀宗教研究》第3卷第1期（1994年9月），頁38-88。

文，在佛前伏章上表。疏曰：「南贍部洲大明國山東布政使司濟南府繡江縣明水鎮蓮花庵奉佛秉教沙門，伏以乾坤肇位，分劑健順之儀；夫婦宜家，允著剛柔之匹。惟茲婦德無愆，方見夫綱莫斁。今為狄門薛氏，本以儒宗之女，儐為胄監之妻。河洲原是好逑，鶯占有素；葡架本非惡趣，獅吼無聲。持嬌挾寵，未嘗乏衾枕之緣；怙惡逞凶，詎真有刀俎之毒。縱干婦人反目之條，寧犯神明殺身之律？不謂六庚妄報，兼之三屍謬陳，觸天廷之峻怒，醜鬼奉符；扞扞冥室之嚴威，神鷹受勒。追悔何從？願茹灰而湔胃。省愆曷既？徒飲泣以椎心。切思苦海茫茫，殊難挽救；仰仗慈航泛泛，猶易援拯。敢用敬求佛力，於焉普度人天，牒文到日，如敕奉行。」

白姑子伏俯在地，過了半日，故妝醒了轉來，望著素姐問信，說道：「施主萬千大喜！適間章奏天廷，俯候許久，不見天旨頒行；又過了一時，只見值日功曹，押著重大的一槓，兩個黃巾力士還扛抬那槓不動，取開看時，俱是下界諸神報你那忤逆公婆，監打丈夫的過惡，疊成文卷，滿滿的積有一箱；註該十八重地獄重重遊遍，滿日托生豬，狗，騾，驢輪迴。然已今奉佛旨救度，已准暫徹神鷹，聽從

省改；如再不悛，仍行擒捉。」眾尼僧都穿了法衣，拿了法器，從獄中將素姐迎將出來，從新打扮得濃妝豔抹，錦襖繡裙，眾尼作樂稱賀，名為「報喜」。（六十四回，冊4，頁1748-1751）

此疏文便是「懺悔文」一類，素姐扮作因犯，由尼僧從獄中將素姐解救出來，其實接近道教的「扮犯」儀式，這段解冤懺罪的宗教儀式，似乎帶有濃厚的道教（或接近民間宗教）色彩，㉘與本書末尾由胡無翳領眾結壇的佛教那經懺嚴肅端潔的情景，正好形成強烈的對比，素姐的醮事主誦《藥師經》，重在消災延壽，而胡無翳則主誦《金剛經》，側重於明心見性。也就是說：狄希陳與薛素姐兩人都必須同時經歷宗教儀式的淨化。這場白姑子為素姐張羅的盛大佛事，並沒有根本解決兩人的冤結，主因仍是二人並未「真心懺悔」。因此，這段扮犯情景的生動描寫與其說是宗教儀式，毋寧說是更近於一場精心設計的演出。從現代劇場體系分工而言，狄、薛兩家提供必要的資金，類似製片或贊助商；白姑子負責

㉘ 關於扮犯的宗教心理，李豐楙老師有詳細的分疏。參見李豐楙，〈從塗炭齋到扮犯——道教與民俗在解罪的表演〉，發表於「沉淪、懺悔與救度——中國文化的懺悔書寫」國際學術研討會（臺北：中研院文哲所，2008年12月4-6日）。

技術、演出、聯絡法會所有相關工作人員，儼然導演。
女主角是素姐，男主角是狄希陳。而導演擁有豐富的舞
台經驗，在劇中也有吃重的演出。相對於胡無翳的高超
道行，白姑子與薛素姐的懺悔佛事可謂依樣畫葫蘆的一
場大戲。

　　《醒世姻緣傳》這段文字不免令人聯想到現代戲劇
人類學者「儀式即表演，表演即儀式」的說法。❷戲劇
起源於宗教，而後世宗教儀式與戲劇演出的相互關係，
學者已多有討論，《醒世姻緣傳》一書當中蘊藏豐富的

---

❷ 關於宗教與戲劇相互關係的研究成果，可以參見龍彼得（Piet van der
　Loon）著，王秋桂、蘇友貞譯，〈中國戲劇源於宗教儀典考〉，《中外
　文學》第 7 卷第 12 期（1979 年 12 月），頁 158-181。戲劇人類學家謝
　喜納（Richard Schechner）對儀式與戲劇的研究頗具啓發，簡單的說，
　其以爲在宗教儀式中的戲劇演出與宗教儀式兩者其實並非截然劃分，
　而是相互融攝的過程。見 Richard Schechner, "From Ritual to Theatre and
　Back" in *Ritual, Play and Performance: Reading in the Social / Theatre*, ed.
　Richard Schechner and Mady Schuman (New York: The Seabury Press, 1976),
　pp.196-222。其雖未必以中國戲曲爲主要討論對象，但其觀察的心得，
　於中國亦應適用。日本學者田仲一成先生結合文本研究與田野調查，就
　中國戲曲中的宗教特質此一重要課題進行一系列詳盡而有系統的研究，
　其經典地位早經建立。見氏著，《中國祭祀演劇研究》（東京：東京大
　學出版會，1981 年）、《中國巫系演劇研究》（東京：東京大學出版
　會，1993 年）、《中國の宗族と演劇》（東京：東京大學出版會，1985
　年）、《中國鄉村祭祀研究——地方劇の環境》（東京：東京大學出版
　會，1989 年）等著作。另外容世誠，《戲曲人類學初探》（臺北：麥田
　出版公司，1997 年）、倪彩霞，《道教儀式與戲劇表演形態研究》（廣
　州：廣東高等教育出版社，2005 年）對此一課題亦多有涉及，值得參
　看。

戲曲史料已經引起學者的關注，❸同時，戲曲在《醒世
姻緣傳》一書當中不僅止於收錄演出的劇目繁多，更具
有重大的象徵意涵，與全書宗旨息息相關，值得進一步
追索。首先，就本書人物出身來看，高僧胡無翳、晁梁
前世梁片雲在出家前即爲優伶，而狄希陳前世晁源墮落
之由的小珍哥亦是戲中正旦出身，胡無翳、梁片雲（後
轉世爲晁梁），兩人原本「都是地藏王菩薩面前的兩個
司香童子，因人間有還戲願的，這兩個童子貪看地戲，
誤了司香，所以罰在閻浮世界做了戲子，一個扮生，一
個扮旦」（一○○回，冊 5，頁 2740），後來皆出家
證道，精持佛戒，修成正果，成爲狄希陳在不完美世界
中救贖的希望所繫；相形之下，小珍哥（後轉世爲小珍
珠）在娑婆世界翻騰流轉，備嘗冷暖，兩世皆不得善
終，二者形成強烈的對比。胡無翳與小珍哥雖然不是本
書主要人物，卻在全書有著舉足輕重的關鍵地位。胡無
翳、梁片雲的入道機緣固然並非出於自願，卻能體會
世事無常幻滅，意味著個體生命體道契悟的大光明境

---

❸ 王平，《中國古代小說文化研究》（濟南：山東教育出版社，1998
年），頁 366-384；王衍軍，〈明清之間白話文字詞學考察──以《醒
世姻緣傳》爲例〉，《社會科學家》2009 年第 5 期，頁 147-149、〈論
《醒世姻緣傳》中的諧音民俗〉，《齊魯學刊》2009 年第 4 期，頁 115-
117；楊萍，〈《醒世姻緣傳》中的民俗文化〉，《吉林省教育學院學
報》2009 年第 10 期，頁 34-35。

界。❸相形之下，小珍哥對衣食、權勢乃至於肉身的執著、迷戀、陷溺，就是輪迴根本，其生命歷程更是充滿戲劇張力。易言之，戲劇等同於人生，提昇或沉淪，端在一念之間。

雖然「人生如戲」的論述淵遠流長，但明清時期佛門以戲說禪，不論在深度與廣度都遠過於在此之前的種種類似的說法，視宇宙大地爲一劇場，而釋迦牟尼佛爲一絕佳演員，於舞台縱橫無礙。❸而明清之際著名的曹洞宗尊宿覺浪道盛（1592－1659）以「臺上戲子」、「臺下戲子」之說法來區分人生的悟迷升沉，其言曰：

> 臺上戲子，以有爲無，故能如佛聖之解悟；臺下戲子，以無爲有，故同眾生之執迷。世人全身是戲，大地是臺，而不能如戲子之解悟者，豈非以妄想執著自迷倒哉？使人皆能參透「以有爲無」之解悟、「以無爲有」之執迷，則臺上臺下，皆相忘於大化之鄉，豈不爲世、出世間之眞奇特乎？❸

---

❸ 嚴格來說，兩人的命運也有不同的寓意，胡無翳精持佛戒，擬諸眞如本體（體），而梁片雲跳入輪迴，成爲一名孝子，則擬諸現象流轉（用）。兩人合而觀之，即象徵體用不一不異。

❸ 關於這點，詳參拙著，〈淫辭艷曲與佛教──從《西廂記》相關文本論明末清初的佛教詮釋〉，《中邊‧詩禪‧夢戲──明清之際佛教文化論述的呈現與開展》（臺北：允晨文化，2007 年），頁 391-434。

「以有爲無」——實相無相，世間種種並無實相可得，洞察世事無常，此爲「臺上戲子」，也就是「悟」。而「以無爲有」——淹沒在起伏洶湧的現象世界之中，錯認種種感官、知覺爲眞實，同時陷溺於富貴權勢的追求，以爲此係亙久常存的幸福，此爲「臺下戲子」，即「迷」也。人生如戲，演員更應該從繁華過眼的戲劇中，體悟到萬事無常的生命實相。從這個角度看，胡無翳、晃梁可謂「臺上戲子」，超脫三界。小珍哥則是覺浪道盛所謂的「臺下戲子」，在短暫的錦衣玉食之後，卻是無窮盡的苦海漂流。

不過胡無翳、小珍哥雖然都是伶人出身，但在《醒世姻緣傳》一書當中眞正粉墨登場的篇幅不多。反倒是素姐，有意無意之間，吸引了眾人的目光。例如素姐在河神金龍四大王面前曾有一番驚人的演出。素姐與僕人呂祥來到淮安府，親自到金龍四大王廟拈香祭拜。

（金龍四大王）大凡官府致祭也還都用豬羊，若是民間祭祀，大者用羊，小者用白毛雄雞。澆奠都用燒酒，每祭都要用戲。

---

❸ 覺浪道盛，〈參同說〉，《天界覺浪禪師嘉禾語錄》，卷 25，《嘉興藏》（臺北：新文豐出版公司，1987 年），第 34 冊，頁 740。

　　正在唱戲中間，這三位尊神之內，或是金龍大王，或是柳將軍，或是楊將軍，或是柳將軍與楊將軍兩位，或是連金龍大王，都在隊裡附在那或是看戲的人，或是戲子，或是本廟的住持，或是還願的祭主身上，拿了根槵子，沿場舞弄，不歇口用白碗呷那燒酒。問他甚麼休咎，隨口答應，都也不爽。直至戲罷送神，那被附的人倒在地上，出一通身冷汗，昏去許久，方才省轉。問他所以，他一些也不能省說。

　　這日正唱到包龍圖審問蟹精的時節，素姐就象著了風一般，騰身一躍，跳上戲台，手握了一根大棍，左旋右轉，口裡呷著燒酒。人有問甚麼事體，隨口就應。自己說是柳將軍，數說素姐平生的過惡，人人切齒。說金龍四大王與楊將軍都替他說分上，央柳將軍別與婦人一般見識。柳將軍說他設心太毒，咒罵親夫，不肯輕恕。這話都從素姐口中說出。（中略）素姐在那台上吃燒酒，舞木棍，口裡胡說白道。只等唱完了《魚籃》整戲，又找了一齣《十面埋伏》、《千里獨行》、《五關斬將》，然後燒紙送神。素姐方才退神歇手。幸喜女人禁得擺弄，昏了不多一會，也便就省了轉來。一個眼東看西看，走下台來，南尋北尋，那得還有呂祥的蹤影。旁人對他說那神

附的光景，與他自己口內說的那從來的過惡，素姐
一些不曾記得。（八十六回，冊 5，頁 2350-2353）

金龍四大王是運河與黃河河神，❸一般認爲此乃宋末元
初的謝緒死後成神，❸《醒世姻緣傳》曰其爲金家兀尤
四太子，與一般的說法不同。金龍四大王信仰的普及，
與山東濟寧商幫在大運河沿岸的發展密切相關，❸此先
姑且置之弗論。❸從這段話不難看出：金龍四大王及其
副將對於戲劇超乎尋常的熱愛，舊日中國戲台本多臨水

---

❸ 王平也注意到《醒世姻緣傳》中的金龍四大王信仰，參氏著，《中國古
代小說文化研究》，頁 371。

❸ 關於金龍四大王之由來，朱國禎曾經寫道：「金龍大王，姓謝，名緒。
晉太傅安裔，金兵方熾，神以戚畹，憤不樂仕，隱金龍山椒，築望雲亭
自娛。咸淳中，浙大饑，損家貲，飯餒人，所全活甚眾。元兵入臨安，
擄太后、少主去。義不臣虜，赴江死。屍僵不壞，鄉人義而瘞之祖廟
側，大明兵起，神示夢，當佑聖主，時傅友德與元左丞李二戰徐州呂梁
洪，士卒見空中有披甲者來助戰，虜大潰，遂著靈應。永樂間，鑿會通
渠，舟楫過洪，禱亡不應，於是建祠洪上。」見朱國禎，〈河神〉，
《湧幢小品》（北京：文化藝術出版社，1998 年），冊下，卷 19，頁
447。，另收入王國平主編，《西湖文獻集成》（杭州：杭州出版社，
2004 年），頁 940。

❸ 金龍四大王與濟寧商幫的關係，參見向福貞，〈濟寧商幫與金龍四大王
崇拜〉，《聊城大學學報》2007 年第 2 期，頁 80-82。

❸ 關於金龍四大王信仰的研究可以參見王云，〈明清時期山東運河區域
的金龍四大王崇拜〉，《民俗研究》2005 年第 2 期，頁 126-141；王元
林，〈國家祭祀視野下的金龍四大王信仰〉，《暨南學報》2009 年第 2
期，頁 209-214；申浩，〈近世金龍四大王考──官民互動中的民間信
仰現象〉，《社會科學》2008 年第 4 期，頁 161-167。

而築，❸而黃河一帶河神點戲的習俗迄今不衰，❸《醒世姻緣傳》確乎是珍貴民俗史料的無盡藏寶庫又由此可見一斑。

　　河神於戲曲搬演的過程當中附身顯靈，足見其於戲確實情有獨鍾。這種顯靈的過程極爲奇特，但至少有幾重特質值得探究：（一）每次演出時，神靈必定降身於「看戲的人，或是戲子，或是本廟的住持，或是還願的祭主」，亦非任意爲之。也就是說：通過神靈的降附，人與神彼此相互溝通交流，從演員到觀眾，構成一個完足而難以分割的整體。（二）在搬演過程中顯靈的河神，其效果與演員實無二致，其必爲全體參加者共同注意的焦點，可以想見：在神祇降靈的過程當中，必然牽動觀眾的情緒，驚奇、讚嘆、或者同情、悲憫，種種複雜交織的情感隨之起伏波動。在這個意義之下，顯靈的神祇就是一個超級演員，再次說明儀式與戲劇之間不一不異的關聯性。

---

❸　關於中國古代劇場的相關研究，可以參見廖奔，《中國古代劇場史》（鄭州：中州古籍出版社，1997 年）一書。

❸　王孝廉教授曾記述河神點戲的風俗曰：「接大王的方法是一面唱著祝辭把蛇放在一個盤子中，然後放進轎子裏抬入廟中供奉，每年祭祀河神的時候，都必須演戲酬神，因爲大王和將軍是喜歡看戲的，廟祝拿著戲單放在蛇前，蛇首點到哪個戲名，演員就唱那個戲，這就是『河神點戲』。」王孝廉，《水與水神》（臺北：漢忠文化，1998 年），頁 80。

　　前已言之，素姐既是人類動物性本能化身，**④**也是因果律法無可逃脫的無上命令。素姐的行爲當然不合乎儒家的社會倫理軌範，潑辣凶惡，然其帶天符命，閻王亦莫可奈何，於此種種，河神豈有不知之理。此時素姐已非清秀佳人，而是「沒鼻子少眼睛的鬼怪」一般的羅刹，眾人避之唯恐不及。若非透過神靈附身，恐未必吸引眾人的目光，而素姐的行徑與儒家社會軌範大不相侔，眾人當引爲借鑑，反省自身的種種作爲是否合乎禮法規範。就此觀之，素姐於金龍四大王廟的劇場爲神靈所附一事，其意義非止於神靈懲治素姐的劣行而已。更精確的說：透過河神的降靈，素姐本人與其歧出常軌的行爲（與素姐異於常人的面容有異曲同工之妙）重新成爲眾人注目的焦點，觀眾須藉此檢點身心。這個過程本身就是一場戲，即使沒有美麗動人的面龐，素姐依然是個絕頂高明的演員，與河神搭配無間，從扮犯、附靈、朝山到進香，可以看出素姐此一演員於儀式戲劇一類最爲擅場，不愧是前世泰山聖母座下聽差仙狐轉世。

　　不過，這雖然是一場鑼鼓喧天的大戲，但演員不合常格（從面容到演技）、演出方式亦非正統。可以想

---

④ 艾梅蘭著，羅琳譯，《競爭的話語——明清小說中的正統性、本眞性及所生成之意義》，第 3 章，頁 100。

見：在遭逢洪災以前的倫理樂園明水鎮不會出現如此動人心魄，奇崛橫錯的戲碼。對河神而言，等於是借素姐的身體與語言，運用極端強烈的藝術形式（戲曲），化導脫軌錯位的風俗回到一切應有的軌道。❹

在《醒世姻緣傳》一書當中，爲神鬼附身的例子不知凡幾，但本書中另一個同樣發生在淮安的故事是個有趣的對比。明水出身的劣秀才麻從吾出貢，選淮安府管糧通判，麻從吾雖受豆腐店主人丁利國的恩情，卻恩將仇報，拒絕丁利國的投靠。丁利國死後化爲厲鬼，在麻府作亂。麻從吾從揚州瓊花觀請來法師鎮禳，雖然一時見效，在乘船返鄉途中，道經邳州三十里，爲丁氏夫婦索命而去（二十七回）。這則故事中，河神雖然沒有直接現身，但麻從吾在淮安府爲非作歹，無人不知，且丁氏夫婦奉了天符索命於其舟中，河神雖然沒有親自粉墨登場，但想必了然於胸。不獨麻從吾，晁源亦曾在河舟中見證因果不爽。在安頓好小珍哥之後，晁源與娼婦小斑鳩由水路歸家之際，見到：

❹ 艾梅蘭注意到《醒世姻緣傳》素姐一部分遭遇（特別是三月三日玉皇廟前遭群少戲弄一節），意味著儒家正統對素姐不循禮法軌範的懲罰。艾梅蘭著，羅琳譯，《競爭的話語——明清小說中的正統性、本眞性及所生成之意義》，第 3 章，頁 105。

　　又行了三四里，岸上一座華麗的廟宇，廟前站著
兩個少婦，一個穿天藍大袖衫子，一個上下俱是素
妝。望見晁大舍的船到，兩個把了手，慢慢的迎上
前來，朝著艙門口說道：「我姊妹兩人不往前邊送
人了，改日等你回來與你接風罷。」晁大舍仔細一
看，卻原來不是別人，那個穿天藍大袖的就是計
氏！那個穿白的就是昔年雍山下打獵遇見的那個狐
精！晁大舍唬得頭髮根根上豎，雞皮疊粒粒光明。
（十四回，冊1，頁390）

作者並未說明岸上這座華麗的廟宇主祀何神？但觀其廟
宇座落於河岸之上，河神的可能性極高（是否爲金龍四
大王廟則不得而知）。晁源此際雖然作惡多端，不過尚
未惡貫滿盈，前妻計氏與狐精已在河岸相候多時。另
外，曾住持北京隆福寺的惡僧寶光在「建在運河岸上，
往來的布施，養活有百十多僧」（三十回，冊2，頁
826）的眞空寺，爲計氏登壇放食時，爲過去迫害的惠
達附身亡命，而在此之前，寶光已先在黃河翻船落水，
又於龍王（即金龍四大王）廟中夢及其師姚廣孝一番諄
諄教誨（三十回）。河神雖然並非幽冥教主，但卻清晰
見證人心的起伏，如同河面粼粼閃動的波光，罪、業、
福報都無所遁逃於天地之間，明白昭顯。上述這些幽魂

的出現，一方面說明河岸是生死幽明交界之所，一方面也彰顯河神（以金龍四大王為主）是非分明的威靈赫赫，更說明：河流在當時人們日常生活中舉足輕重的角色機能，但不能忽略的是：河流與福咎何以如此休戚相關，關於當時的社會生活，《醒世姻緣傳》一書透露出什麼值得注意的訊息？

五、從《醒世姻緣傳》看明清運河城市的文化書寫：以通州為例

金龍四大王固然是最為人所熟知的河神信仰，但明代以來，伴隨著漕運的發達，種種相關的宗教信仰亦應運而生。❷有清一代統治基礎的安固，與水利工程建設的完善密切關聯，前輩於此闡發已多，無須贅言。❸亦有學者著意《醒世姻緣傳》中的長途移動多有趁水路之便。❹《醒世姻緣傳》一書當中，河流（包括船）相關

---

❷ 濱島教授曾經以江南農村社會的總管信仰為例，闡明相關的宗教信仰與漕運的關係，參見濱島敦俊著，朱海濱譯，《明清農村社會與民間信仰》（廈門：廈門大學出版社，2008 年），頁 95-102。民間性質濃厚的總管信仰與國家祀典的金龍四大王不能相提並論，但可以說明漕運相關信仰的多元與深入民間。

❸ 關於清代內陸的水利整治，可以參見 Peter Perdue, *Exhaust the Earth: State and Peasant in Hunan, 1500-1850* (Cambridge, MA: Harvard University Asia Center, 1987)；松浦章著，董科譯，《清代內河水運史研究》（南京：江蘇人民出版社，2010 年）等書。

意象首見於晁源隨父親赴華亭（今上海）上任半年之後
歸鄉之際：

> 晁大舍一發無聊。在華亭衙內住了半年光景，捲
> 了萬金，往蘇州買了些不在行玩器，做了些犯名分
> 的衣裳，置了許多不合款的盆景，另僱了一隻民座
> 船，僱了一班鼓手，同了計氏回家。（一回，冊1，
> 頁12）

河、船未出現於晁源之父晁思孝於華亭上任之際，而首
見於晁源歸鄉，其中亦寓深意。船上所載之物為「不在
行玩器」、「犯名分的衣裳」、「不合款的盆景」，晁
源墮落致罪皆興端乎此。而此等玩器、衣裳、盆景皆購
於華亭、蘇州等地，又經由運河❹載回山東武城。這段
文字暗示：蘇州、華亭等江南城市供應著各色蕩惑人心
的商品，沿著河道進入山東武城等北方城鎮，斲喪了原
本善良純樸的風氣。易言之，城市商品經濟發達潛藏著

---

❹ 趙維平，《明清小說與運河城市》（上海：上海三聯書店，2007年），
　頁126。

❺ 書中雖然沒有明言晁源是走大運河返鄉，但在當時，沿大運河北上是最
　通行的一條航路。關於明清的漕運可以參見黃仁宇，《明代的漕運》
　（北京：新星出版社，2005年）、彭雲鶴，《明清漕運史》（北京：首
　都師範大學出版社，1995年）。

傷風敗德，甚至獲罪根由。這樣的說法固然是老生常談，但《醒世姻緣傳》提供一個立體圖像，有助於重新認識明清時期內陸水運都市的重要性與文化特質。

　　綜觀《醒世姻緣傳》一書的背景舞台，除了主角故鄉所在的山東武城、山東繡江縣明水鎮兩處以外，犖犖大者尚有華亭（晁思孝初選之地）、通州（晁思孝調任、宦途以終）、北京（都城、寄姐故鄉）、濟南（府學所在）、成都（四川省會，狄希陳任職之地）、淮安（素姐遊歷）、揚州（呂祥羈囚）等地。包括通州在內，俱為天下知名的通都大邑，細審《醒世姻緣傳》當中，前半晁思孝藉梁生、胡旦之助，從華亭轉調通州、故晁夫人得以在通州大行仁惠；後半狄希陳在通州經營當鋪維生、高僧胡無翳在通州香岩寺出家，乃有兩人相遇，進而解脫狄希陳夙世冤孽之事。特別是末尾結局一段，通州香岩寺可說是通篇眼目所在，在《醒世姻緣傳》一書當中的重要性遠非他處所能望其項背，值得仔細吟味。

　　眾所周知，通州本為北京近郊的倉廠之地，明成祖遷都北京之後，漕運量急遽增加「上以淮安、河南漕運皆至通州，特命增設左衛建倉庾，以貯所漕運之粟」❻、清代的通州「千檣萬艘，輻輳雲集，商賈行旅梯山航海而至者，車轂織絡，相望於道。蓋倉庾之都

會，而水陸之衝達也」。[47] 這樣的盛況，率皆由於運河水運發達，人貨雜沓交織所致。通州為大運河的尾閭，通惠河整治成功之後，從通州水路可以直通北京，於通州工商業繁榮發展更有推波助瀾之效。[48]《醒世姻緣傳》曾經就通州的地理位置說道：「離北京只四十里，離俺山東通著河路」（五回，冊1，頁115）、「漷縣通州都是河路馬[49]頭，離京不遠，盡有生意可做，可以活變的錢。」距離京城最近的河路碼頭，順利便暢的錢流與物流，且有水路直通山東，可說是山東商人進入京畿的門戶。各地貨物進入京畿，往往必先經過通州。關於京畿物產麕集的盛況，《醒世姻緣傳》在描寫寄姐懷孕之際充滿食慾的一段時極力鋪陳：

> （寄姐）又想吃甜酸的果品。狄希陳尋到刑部街上，買了蜜梅奉敬。聽見人說四川出的蜜唧、福建的蝌蚪湯、平陰的全蠍、湖廣的蘄蛇、霍山的竹

[46] 黃彰健等校，《明實錄》（京都：中文出版社，1984年），太宗實錄，卷73，頁1227。

[47] 清世宗，〈朝陽門至通州石道碑文〉，《清世宗御製文集》，《景印文淵閣四庫全書》（臺北：臺灣商務印書館，1983年），集部別集類，冊1300，卷15，頁120上。

[48] 關於通州與運河經濟的關係，可以參閱傅崇蘭，《中國運河城市發展史》（成都：四川人民出版社，1985年），頁73-80。

[49] 與「碼」字通。

狸、蘇州的河豚、大同的黃鼠、固始的鵝、萊陽的
雞、天津的螃蟹、高郵的鴨蛋、雲南的象鼻子、交
趾的獅子腿、寶雞縣的鳳肉、登州的孩兒魚，無般
不想著吃。（七十九回，冊4，頁2166）

此文中提到的「刑部街」，是北京城內熱鬧市集所在。
凌濛初言道：「京師有個風俗：每遇初一、十五、二十
五日，謂之廟市，凡百般貨物，俱趕在城隍廟前，直擺
到刑部街上來賣，挨擠不開，人山人海的做生意。」❺
《醒世姻緣傳》畢竟是小說者言，這段描寫各地物產的
文字不免略有誇張之嫌，此時狄希陳已「常在兵部窪當
鋪裡邊料理生意」（七十七回，冊4，頁2093）——
也是說：狄希陳雖是奉旨行文入京坐監（七十五回，冊
4，頁2033），但在京日久，已同時兼具商人身分，更
具體的說：狄希陳為具有生員身分的在京魯商。通州，
等於是京畿都會繁華與運河文化（以及遠方純樸農村）
的交差點。陳康祺謂「士大夫往來京師，多假道通潞，
故其地張家灣、河西務諸名，最熟人口」❺易言之，通

---

❺ 凌濛初，〈權學士權認遠鄉姑〉，《二刻拍案驚奇》（北京：時代文藝
出版社，2000年），卷3，頁41。

❺ 陳康祺，〈通州為潞縣舊治〉，《郎潛紀聞》（北京：中華書局，2008
年），〈三筆〉，卷5，頁730。

州是京畿外衛，也就是京畿對外來勢力進行汰取選擇的
交界之處。

　　明清小說所反映的運河文化，學界已多所著意，❺
特別是《金瓶梅》一書與北方運河最重要的碼頭商埠臨
清之間的相互關係。❺《醒世姻緣傳》不但敘事模式經
常沿襲《金瓶梅》，由於鄰近明水之故，於臨清一地亦
再三稱及（十二、十三、十八、十九、二十五、三十
六、四十四、五十一、六十七、七十五、八十四、八十
五、八十七、九十等回）。臨清是北方河港大埠，極盡
繁華，各式各樣的人與物幾無不備，如綢緞布疋（二十
五回、四十四回）、戲班良醫、乾菜、紙張、磁器、衫
篙、孝布、果品（十八回）可謂應有盡有。

　　繁華的反面是墮落，《醒世姻緣傳》雖然對臨清商
品經濟屢致稱羨之意，但也對臨清城市生活的負面作用

---

❺　參見趙維平，《明清小說與運河城市》（上海：上海三聯書店，2007
　　年），頁 126；葛永海，《古代小說與城市文化研究》（上海：復旦大
　　學出版社，2004 年）等相關著作。

❺　相關的研究，可以參見陳東有，〈再論運河經濟文化與《金瓶梅》〉，
　　《江西大學學報》1991 年第 2 期，頁 46-51；田秉鍔，〈《金瓶梅與運
　　河文化》〉，《徐州師範學院學報》1990 年第 4 期，頁 11-16；馬征，
　　〈從《金瓶梅》看大運河文化的特色與局限〉，《社會科學輯刊》1992
　　年第 1 期，頁 133-139；杜明德，〈《金瓶梅》與臨清〉，黃霖、杜明
　　德主編，《《金瓶梅》與臨清──第六屆國際《金瓶梅》學術討論會論
　　文集》（濟南：齊魯書社，2008 年），頁 170-184；葛永海，《古代小
　　說與城市文化研究》，頁 190-204。

深懷戒心。❹「因臨清是碼頭所在，有那班油光水滑的
光棍，眞是天高皇帝遠，曉得怕些甚麼？奸盜豪橫，無
日無天。兼那勢宦強梁，欺暴孤弱，那善良也甚是難過
得狠。」（十二回，冊 1，頁 310）、「臨清這樣繁華
所在，又有人供了賭錢，白日裡賭錢散悶；又有人供了
嫖錢，夜晚間嫖妓忘憂；有甚難爲處，一央一個肯，那
怕你住上一年。」（十三回，冊 1，頁 354）城市間的
暴力、情色種種誘惑，總是發達的商品經濟不曾須臾離
之的親密夥伴。從清代士人「原來大凡吳、楚之地作官
的，都在臨清、張家灣❺雇船，從水路而行，或逕赴任
所，或從家鄉而轉，但從其便。那一路都是下水，又快
又穩」❻的說法來看，由於水路相連，兩者連稱並觀也
並不意外。同爲運河城市經濟最爲發達的港埠，臨清與
通州具有高度的同質性，甚至有可能系出同源。

　　精美繁華的商品，挑動耳目肉體種種感官知覺，逾
越身分禮法的界限，甚至聚攏群眾，破壞社會原本寧靜

---

❺　關於臨清與運河經濟的關係，可以參見許檀，《明清時期山東商品經濟
的發展》（北京：中國社會科學出版社，1998 年），頁 158-170；傅崇
蘭，《中國運河城市發展史》，頁 83-85；頁 183-192。相關研究資料承
中研院近史所巫仁恕博士賜告，特此致謝。

❺　張家灣爲通州運河碼頭名。

❻　馮夢龍編撰、廖吉郎校訂、繆天華校閱，〈蔡瑞虹忍辱報仇〉，《醒世
恆言》（臺北：三民書局，1989 年），卷 36，頁 738。

平和運行的秩序。從這樣的角度重新反思明水鎮民的致
罪根由或許也有不同的認識。

> 這樣的衣服，這樣的房子，也不管該穿不該穿，
> 該住不該住，若有幾個村錢，那庶民百姓穿了廠
> 衣，戴了五六十兩的帽套，把尚書侍郎的府第都買
> 了住起，寵得那四條街上的娼婦都戴了金線梁冠，
> 騎了大馬，街中心撞了人竟走。一日間，四五個樂
> 工身上穿了絕齊整的色衣，跟了從人，往東走去。
> 過了一歇，只見前邊鼓樂喧天，抬了幾個彩樓，裡
> 面許多軸帳果酒手盒。那四五個樂工都換了簇新雙
> 絲的屯絹圓領，藍絹襯擺，頭上戴了沒翼翅的外郎
> 頭巾，腳上穿了官長舉人一樣的皂靴，腰裡繫了舉
> 貢生員一樣的儒縧，巾上簪了黃爍爍的銀花，肩上
> 披了血紅的花段；後邊跟了許多舉人相公，叫是迎
> 賀色長。迎到院裡邊演樂，廳上擺酒作賀，把些七
> 八十歲的老人家，怪異得呼天叫地，都說不惟眼裡
> 不曾看見，就是兩隻耳朵裡也從來不曾聽見有這等
> 奇事！（二十六回，冊2，頁706-708）

這段話眼目全在「有幾個村錢」一句，安靜的小鎮那美
好的生活步調、無欲無求的純樸風氣，全被莫名湧入的

財富所破壞。種種標新立意的服飾、居室、飲食男女、樂唱遊藝，喧囂了耳目、析解了服色的身分界限。就服色而言，《醒世姻緣傳》這段文字亦與明清社會經濟發展的歷程若合符節，「成化以前，平民不論貧富，皆遵國制，頂平定巾，衣青直身，穿衣靴鞋，極儉素」[57]。但明代中葉後，服飾風尚崇尚奢靡，追求新奇華麗之流行風尚，亦多出於商賈，大運河旁另一港埠揚州的服飾風尚即發軔於商人群體。張寧就此說道：

> 蓋以四方商賈陳肆其間，易抄十一起富；富者輒飾宮室、蓄姬媵、盛僕御，飲食配服與王者埒。又輸納為美官，結納當塗，出入輿馬都盛。婦人無事，居恆修治容，鬥巧粧，鏤金玉為首飾，雜以明珠翠羽，被服綺繡，袒衣皆純采。其侈麗極矣，此皆什九商賈之家，閭右輕薄子弟率起效之。[58]

揚州位處長江與大運河的會合處，明代以來揚州的興盛與漕運的發展互為因果，[59]這段話雖然描述揚州社會風

---

[57] 陳威、顧清纂修，正德《松江府志》，收入《四庫全書存目叢書》（臺南：莊嚴文化，1996年），冊181，卷4，〈風俗〉，頁11中-12上。

[58] 張寧修，陸君弼纂，萬曆《江都縣志》，收入《稀見中國地方志匯刊》（北京：中國書店，1992年〔據萬曆刊本影印〕），第12冊，卷7，〈提封志‧謠俗〉，頁28中-29上。

氣的轉移始作俑者往往爲富商巨賈，但移諸山東臨清等
地當亦適用。關於明清服飾風尙變遷的討論，多集中在
江南地區，《醒世姻緣傳》則提供了認識北方運河沿岸
港埠城鎭生活風尙變遷的一個難得佐證。

　　從晁源到狄希陳，暗示著士人流落到商人階層，
但商人階層的子弟又往往經由科舉功名，保障家族事業
經營的例子（薛如卞、相于廷）。不僅狄希陳本人爲商
人子弟，後於北京兵部窪與通州經營當鋪維生，其元配
薛素姐爲布商之女，其妾童寄姐之父童七經營銀鋪（七
十回）。寄姐與監生狄希陳結姻之後，亦在京城重新開
設當鋪，說明科舉功名爲家族企業的社會資產。與士人
家族的精神象徵晁夫人仁義精神相互輝映的是銀商之婦
童奶奶的圓熟智巧（七十、七十一、七十五回），童奶
奶「甚是有些見識，爲人謀事極肯盡心」——暗示著士
商兩者身分的不同，對於理想人格亦有不同的要求。西
周生曾經就財富與良知之間的關係說了一段發人深省的
話，其曰：

---

❺ 揚州與運河經濟的關係，參見傅崇蘭，《中國運河城市發展史》，頁
335-346。清初揚州相關的文化書寫可以參見，梅爾清（Tobie Meyer-
Fong）著，朱修春譯，《清初揚州文化》（上海：復旦大學出版社，
2004 年）一書；明清小說中的揚州意象可以參見葛永海，《古代小說與
城市文化研究》，頁 297-327。

　　那求仙學佛的人，雖說下苦修行，要緊處先在戒那「酒」、「色」、「財」、「氣」。這四件之內，莫把那「財」字看做第三，切戒處還當看做第一！我見世上的人為那「酒」、「色」間還有勉強忍得住的，一犯著個「財」字，把那「孝」、「弟」、「忠」、「信」、「禮」、「義」、「廉」、「恥」八個字，且都丟掉一邊。人生最要緊的是那性命，往往人為了這「財」，便就不顧了性命，且莫說管那遺臭萬年，人人咒罵。若是這「財」，喪了良心，塗抹了面孔，如果求得他來，便也只圖目下的快活，不管那人品節概的高低，倒也罷了。誰知這件「財」字的東西，忒煞作怪！冥漠之中，差了一個財神掌管，你那命限八字之中該有幾千幾萬，你就要推卻一分，也推卻不去。你那命裡邊不是你應得之物，你就要強求分釐毫忽，他也不肯叫你招來。你就勉強求了他來，他不是挑撥那病鬼來纏他，乘機逃在那醫人家去，或是勾引孽神瑣碎，他好投充勢力之家；叫你分文不剩，空落一身狼狽。（三十四回，冊2，頁917-918）

這段話的價值觀雖然陳腐，但不難看出作者的目的顯然並不僅止於提供觀察當時社會風氣變遷的模擬寫照而

已，而是與因果報應相結合，重新思考財富重分配後的價值版圖，特別是宗教倫理與經濟生活的關係，可以說是《醒世姻緣傳》一個隱藏性的基礎結構。

特別值得注意的是：《醒世姻緣傳》一書對於運河港埠的經濟生活與宗教信仰著意尤深。從這個角度出發，可以發現士商之間漸趨流動的社會結構並未從根本消除彼此內心當中的矛盾與糾葛，罪疚感的根源之一其實來自於社會結構轉變當中價值軌範的偏離與錯位。另一方面，經濟的發展帶動物質享受的慾望，透過財富的追求或壟斷，嘗試時尚與奢華的消費，而這往往就是通往刑獄或罪惡的捷徑。因此，通州不僅是外地商品進入京畿的門戶，同時也是禍福分流的轉捩點。

六、代結語

對書中主角狄希陳而言，與薛素姐的婚姻既是惡姻緣，更是活地獄。《醒世姻緣傳》一書當中特殊的兩性關係與語言風格，吸引大多數相關領域研究者的目光。但對於書中的因果報應，往往概以陳腐或俗套視之。然而管見以為：《醒世姻緣傳》眾多的司法刑獄與因果實錄既反映了人口身分職業結構與社會類型變遷的痕跡，也呈現現實人生與道德理想之間的衝突。從《醒世姻緣傳》一書可以看出：劇烈的社會變動，鬆動儒家傳統價

值軌範的約束力，佛教、道教的宗教倫理（甚至較儒家禮法更爲嚴酷的戒律）對於庶民與商人也具有一定程度的影響力。

《醒世姻緣傳》一書在三世因果（善女人 ── 晁源 ── 狄希陳）的架構中，藉著不完美婚姻的試煉，探索強烈消費傾向的物質社會當中宗教倫理與理想人格圖像的交互投影。繡江縣明水鎮的純樸民風與無所欲求的仙鄉樂土是過往的神話，更是社會結構悄然變遷的過程當中，農村出身士人精神懷鄉症的依託想像。工商業的發展刺激了物質與肉體的慾望，不正當的機巧智辯，逾越身分與禮教的界限，往往便是致罪根苗。晁思孝、晁源父子經由華亭與通州數年的任官，積累出可觀的財富，然而未能守法循禮，致使晁源死於非命。對晁源轉世的狄希陳而言，其婚姻（包括薛素姐與童寄姐二者）雖然並不完美，卻是約束狂野心性的韁繩。尤其是童寄姐的出現，其家人一方面保護狄希陳免受薛素姐的迫害，另一方面也在狄希陳的宦途加以協助，更重要的是：與狄希陳共同經營當鋪事業（雖然在《醒世姻緣傳》一書當中並不特別顯眼），而這也成爲狄希陳救贖前世罪愆的重要契機。

《醒世姻緣傳》一書刻意就運河港埠的繁榮多所著墨，運河經濟的發達固然是此書不能忽視的重要背

景，《醒世姻緣傳》當中不斷出現精美絕倫的手工藝精
品（例如六十三回的南京顧繡）、來自四方的山珍海味
（五十四回、八十八回），甚至打造假銀兩的方法竟也
連刻畫入微（七十回），成書背景相當程度根植於明代
中葉以後運河沿岸城市經濟的發展殆無疑義。但嚴格來
說，《醒世姻緣傳》並非刻意反映商人生活，亦非專以
商人生活做為主要題材，⑩更未一味謳歌商人的生活方
式與價值觀念。管見以為：書中大量的刑獄與因果實錄
正好隱然透露出商人（特別是原屬生員或帶有科舉功名
的群體）動輒得咎的焦慮與不安。

　　運河經濟的發達，也帶動文化生活的多樣化。在
《醒世姻緣傳》一書，優伶吃重的角色令人印象深刻。
運河之神金龍四大王戲癮竟然超乎尋常的狂熱，沿岸港
埠的龍王廟想必成為周圍居民戲劇生活的重心。一個完
整的戲劇演出，不論演員訓練、舞台配置，莫不需要精
密的人為訓練或安排。同樣，運河工程本身、歷朝複雜
萬端的漕政、其周遭的商品經濟無一不極盡人為工巧之
能事。同時透過強烈戲劇性的宗教儀式，從商品經濟到

---

⑩ 關於晚明商賈與小說的關係研究至夥，參見陳大康，《明代商賈與世
風》（上海：上海文藝出版社，1996 年）；邱紹雄，《中國商賈小說
史》（北京：北京大學出版社，2005 年）；黃仁宇，〈從《三言》看
晚明商人〉，《放寬歷史的視界》（臺北：允晨文化，1988 年），頁
1-32。

宴樂遊藝，從交通運輸到懲奸鋤惡，河神莫不與居民的日常生活息息相關。

　　另一方面，本文特別著意《醒世姻緣傳》當中河水此一擬喻與全書懺罪書寫的相互關係。先秦諸子開始，皆曾觀水有得，佛教於河流亦別有所得。當然還有上古的創世洪水神話，意味著價值規範的飄移與毀滅。《醒世姻緣傳》中的明水瀦澇一節具有豐富多層的意涵：既是狄希陳的淨身儀式，也是明水鎮民從毀滅到新生的典禮。同時也暗示未來陰陽顛倒，綱常失序的陽九天地。與《金瓶梅》一味沉淪氾濫的人間圖像不同的是：《醒世姻緣傳》的作者有極強的道德自覺，在神州陸沉之際，仍然不忘摸索嘗試建立道德仁義的典型楷模，儘管價值觀念也許不免仍然帶著些許陳舊迂腐的氣味。狄希陳本為晁源懺罪而來，但懺罪也須得良師益友之助，同時因應時代脈絡發展形式的需要。《醒世姻緣傳》一書當中毀滅世界的洪水，與其說是摧毀幸福無憂的樂園，毋寧更近於價值系統的顛覆與再生。河流不僅帶來財富、生命與源源不絕的活力，也是反躬自鑒的明鏡，更是天人交通的重要媒介。不論世界如何改變，不論身分可能有貧富貴賤的差異，生命可以嘗試錯誤，但都必須隨時鑒照自己在道德與行為上的缺失，如河流般堅毅不折，朝向真理的大海奔去。

欲識玄玄公案，黃粱未熟以前

——從《谷響集》看明季滇僧徹庸周理的
思想淵源與精神境界

一、前言：從徹庸周理初謁密雲圓悟談起

崇禎七年（1634），僧人徹庸周理（1591－1641）在同為雲南士人陶珽（生卒年不詳）、戈允禮（生卒年不詳）等人的資助之下，千里迢迢跋山涉水來到繁華江南，途中雲水參學，多方斡旋之後，終於得謁當時臨濟宗代表人物密雲圓悟（1567－1643），並親承印可。關於兩人見面經過，陶珽之弟陶珙記之甚詳，其曰：

> 時密雲和尚佩祖心印，說法於天童，公往謁。童一見便問：「萬里至此，費卻多少草鞋錢？」公曰：「某甲乘船而來。」又問：「來此作什麼？」曰：「有事借問得否？」童曰：「你在甚麼處？」曰：「和尚還見麼？」童擬取杖，公便喝。童打，公接住，送一送。童曰：「你作甚麼？」師曰：

「和尚要杖。」便送還。童大喜，遂許入室。❶

就此公案觀之，參謁密雲圓悟之前，徹庸周理似乎已然證悟，兩人的對話並未多有交集，從此一公案不難看出兩人見面幾乎類同儀式，與其說徹庸周理甘拜下風，無寧說是分庭抗禮，密雲圓悟原本不以爲意，初以爲徹庸周理不過尋常仰慕者而已，未料及徹庸周理以「乘舟而至」作答，此等答案不由得令人想起經典當中「乘法身船，至涅槃岸」❷以及「苦海常作渡人舟」等類似的說法，徹庸周理意謂其乃爲弘揚佛法而至，非徒以自身爲念而已。另一方面，密雲圓悟「多少草鞋錢」的問題暗喻行履幾何，偏於漸修；徹庸周理「乘船而至」的回答暗涵「一超直入如來地」，以頓悟自矜，故兩人居處之問答更是機鋒，徹庸周理「和尚還見麼」一問反詰密雲圓悟未有識人之明，密雲圓悟企圖舉棒震懾異邦之客，不意此客空手可以接刃，末尾徹庸周理先舉白旗，意謂願聽和尚吩咐，無怪乎密雲圓悟大喜過望。就本文觀之，與其謂之示弱，無寧更近於息事寧人，在此之後，

❶ 陶珽《谷響集》序文，收入《徹庸和尚谷響集》，《明版嘉興大藏經》，第 25 冊，No. 175，頁 304 上。後日釋圓鼎《滇釋紀》相關記事幾乎全襲自此處，唯獨字句小有出入。
❷ 《佛說八大人覺經》，《大正藏》，第 17 冊，No. 779，頁 715 中。

釋圓鼎就徹庸周理接受臨濟法嗣源流以後一事說道：

> 氣吞諸方，咸稱：「吾道南矣！」欲留之，不
> 可，遂歸。吾滇自古庭後二百餘年，祖燈再續，實
> 賴師焉。❸

「氣吞諸方」，意謂卓爾不群，當即「格格不入」之婉
言也。從陶珽到釋圓鼎等雲南人士的記載當中，一代禪
門宗匠密雲圓悟竟然完全落居下風，幾無招架還手之
力，孰能信之？記事不免夸言過實。顧名思義，釋圓鼎
《滇釋紀》一書旨在爲滇地佛教構築源流系譜，特意渲
染滇僧過人之處，原無足奇。事實上，在此之前，徹庸
周理原本對附驥尾於臨濟門下一事興趣不高，不過卻因
爲一個異夢改變了他的想法，其曰：

> 金陵友人，邀予遊天童。然余雖聞天童久矣，初
> 不願見。友人強以同行，一夕夢與天童老人并一童
> 子共舟，游於永深之池。舟疾如風，忽過一樓，瞬
> 夕百里。又夢授一錫瓶，插兩蓮花，光色耀人，下
> 有無數小花。及至天童，景色人物，宛如夢中無

---

❸ 釋圓鼎，《滇釋紀》（成都：四川民族出版社，2002 年），頁 493。

異。❹

原來決定二人師徒緣分的契機端在此夢。此夢強烈帶有
預知夢之性質，並不難解。蓮花本是佛教象徵，無數小
花（「普陀山」原義爲「小白華山」）當是正法弘傳
之兆。兩人泛舟浮水，或可謂之性海自在無礙，「一
樓」當即華嚴樓閣意象之呈現。徹庸周理「某甲乘船而
來」之答竟已先見於夢境。舟急如風，當言得其助力
甚厚也。

　　值得注意的是，徹庸周理明言，雖久聞密雲圓悟
之名，然最初卻刻意與之保持距離。事實上，除了相關
人士的證言之外，徹庸周理於他處幾乎終身不曾提及密
雲圓悟之名。因此，對徹庸周理而言，密雲圓悟的印可
與其說是驗證，無寧說是一種保障，讓徹庸周理得以在
雲南妙峰山一地，大闡宗風，保存自家一滴眞骨血。當
時密雲圓悟標舉臨濟正脈，天下景從，然搖首蹙眉不以
爲然者亦所在多有，綜觀徹庸周理在此之前的師承源
流，與密雲圓悟一脈可謂全無關涉，徹庸周理自知深
矣。然而此一夢境改變了徹庸周理的決定，也改變了禪
宗在雲南發展的樣態。但若欲認識徹庸周理內心掙扎之

---

❹　《曹溪一滴》，《嘉興藏》，第 25 冊，No. 164，頁 283 中。

由，似有必要重新審視思想結構，就其佛法傳承源流加
以檢視。

　　徹庸周理的人生因夢而改變，絕非僅此一端。在
徹庸周理的人生歷程與思想體系，夢之爲物，殆非他者
可比。前已言之，明代中葉以後，談夢論夢爲知識階層
一時風尚之所趨，佛教叢林於此深有建樹，❺徹庸周理
《雲山夢語》一書乃箇中翹楚，在佛教夢論的基礎上，
兼收儒道，勝義紛陳，謂之中國傳統夢學的顚峰之作，
當不爲過矣。關於徹庸周理的研究，雖然薄有積累，❻
然仍尙多餘蘊未發。

　　徹庸周理《雲山夢語》在中國夢學史上獨創新猷，
在徹庸周理著作當中，自以《雲山夢語》一書最爲重
要，在此之外，其尙著有詩文集《谷響集》一書，二者
俱收入於其所編著《曹溪一滴》當中。在《谷響集》一
書當中，徹庸周理仍然大量運用夢覺話語藉以闡明其佛
學主張與思想立場，視之爲《雲山夢語》表裡之作亦無

---

❺　詳參拙著〈僧人說夢──晚明叢林夢論試析〉，《中邊・詩禪・夢
　　戲──明末清初佛教文化論述的呈現與開展》（臺北：允晨文化，2008
　　年），頁 435-466。

❻　廖肇亨，〈僧人說夢──晚明叢林夢論試析〉，頁 450-463；徐聖心，
　　〈夢即佛法──徹庸周理《雲山夢語摘要》研究〉，《青天無處不同
　　霞──明末清初三教會通管窺》（臺北：臺灣大學出版中心，2010
　　年），頁 257-287。

不可。《谷響集》一書爲徹庸周理之侍者無住洪如就徹庸周理之法語與詩文編輯成書，從文學史的角度來看，《谷響集》一書之內容無涉乎抒情言志或個人懷抱，近於道學詩一路，幾乎全同偈頌。而其詩作乃其佛教思想一端之反映，不該與尋常詩人之詩一視同仁。此外《谷響集》一書反映了明季佛教思想在雲南地區流傳分布的樣態，亦是明季雲南禪僧徹庸周理思想軌跡的具體呈現，在佛教文化史別有另一種趣味與價值。

　　佛教夢論，前人論之已詳，早期佛典當中占夢、解夢的記載亦多。在論及夢的成因時，《善見律毘婆沙論》曾就夢的成因歸納爲四種，謂之「一者四大不和，二者先見，三者天人，四者想夢」，❼以爲健康問題、預知、神人交通、思慮爲夢的四種成因；此外，唯識學家以獨頭意識乃致夢之由，後世佛家言夢之理論架構往往出之於此。禪家言夢，多宗尙般若十喩❽與《金剛經》的六如偈❾，然自南宋大慧宗杲提出「夢覺一如」

---

❼　《善見律毘婆沙》，《大正藏》，第 24 冊，No. 1462，頁 760 上。

❽　《摩訶般若波羅蜜經・序品》曰：「解了諸法如幻、如焰、如水中月、如虛空、如響、如揵闥婆城、如夢、如影、如鏡中像、如化，得無閡無所畏。」《摩訶般若波羅蜜經》，《大正藏》，第 8 冊，No. 223，頁217 上。

❾　《金剛般若波羅蜜經》：「一切有爲法，如夢、幻、泡、影，如露亦如電，應作如是觀。」《大正藏》，第 8 冊，No. 235，頁 752 中。

的命題之後，對後世僧家言夢亦有深遠之影響，❿但若從理論完成的高度來看，自當首推徹庸周理《夢語摘要》一書。

關於徹庸周理及其《夢語摘要》在佛教夢學史上的獨創貢獻，筆者已有專文討論，茲不贅及。本文嘗試從明季佛教思想史的角度出發，以徹庸周理詩文集《谷響集》爲中心，就其詩文著作當中反映的思想淵源與精神境界加以檢視。此外，透過《谷響集》一書，可以認識徹庸周理思想體系的各種不同元素：華嚴、淨土、禪，以及雲南佛教傳承等不同側面切入，嘗試就徹庸周理其人其學加以掘發，並就其於明清佛教思想史脈絡中尋求一適當定位。

二、徹庸周理思想源流辨析

徹庸周理，俗姓杜，雲南榆城人。生於萬曆十九年（1591），捨報於崇禎十四年（1641），世壽五十一，僧臘三十九。徹庸周理九歲喪父，十一歲入雞足山大覺寺，禮徧周祝髮出家，初號徹融，紹承曹洞一脈，後往

---

❿ 太虛大師亦有專文論夢，詳參釋太虛，〈夢〉，《太虛大師全書》（北京：宗教文化出版社，2005 年）冊 23，頁 244-255。關於禪家論夢奧義，詳參拙著〈僧人說夢——晚明叢林夢論試析〉，頁 450-463。〈僧人說夢——晚明叢林夢論試析〉一文與本文可謂互爲表裡。

姚安青蓮寺禮密藏道開（生卒年不詳），大有省發，並
結識雲南宿儒陶珽，論及《華嚴》與《中庸》，遂易號
徹庸。天啓六年（1626）創妙峰山德雲寺，崇禎七年
（1634），偕徒洪如訪天童寺，嗣法密雲圓悟，著有
《雲山夢語》、編有《曹溪一滴》等，雲南妙峰山德雲
寺尊爲開山祖師。徹庸周理曹洞、臨濟兩燈並弘。釋圓
鼎嘗就徹庸周理在嗣法密雲圓悟之前出家與參學經過如
是說道：

> 九歲喪父，十一入雞足山大覺寺禮徧周爲師。於
> 是夕，周夢有大蓮花生於殿庭。覺而師至，周異
> 之，乃爲祝髮。……每作務時，便即入定，常爲執
> 事所呵。後往姚城參密藏大師，遂有省發。遇不退
> 陶公等於青蓮寺，談及《華嚴》與《中庸》義，爲
> 眾所欽，陶公乃易融爲庸。❶

此段文字可以看出徹庸周理在禮謁密雲圓悟之前，在可
稽考的文獻基礎上，至少有徧周可全、密藏道開、陶珽
等人對徹庸周理的思想形塑發揮積極的作用。徐聖心教
授雖曾注意到徹庸周理與當時尊宿往還之狀，但謂之

---

❶ 釋圓鼎，《滇釋紀》，頁 493。

曰：「在當時頗與耆宿往返，且甚得前輩屬望，當離事實不遠」⓬，未免過於含糊，於其思想源流詳加辨析之功似乎仍然有待深入發掘。釋圓鼎在這段話中特別標舉徹庸周理剃度師徧周可全、印可師密藏道開與宰官外護陶珽等三人，正好分別代表徹庸周理早年知識結構中不同側面。先說徧周可全，范承勳曾就二人之關係如是曰：

> 徧周，大覺寺僧也，鶴慶李氏子，年十六，入山依月輪。值妙峯、無心二師捧藏來山，議安華嚴寺，由是開閱藏制場百期，于眾中，選師披剃，侍無心老人。既妙峯復命，而無心老人居大覺，師隨侍數年，感雲邑楊公後成大覺法席，即隆門下百人，如徹庸輩咸其孫也。⓭

據此，徹庸周理先從徧周可全嗣法曹洞源流。徹庸周理嗣法徧周可全，徧周可全則嗣法無心本安。⓮管見以

⓬ 徐聖心，〈夢即佛法——徹庸周理《雲山夢語摘要》研究〉，《青天無處不同霞——明末清初三教會通管窺》，頁261。

⓭ 范承勳，《雞足山志》（揚州：江蘇廣陵古籍刻印社，1996年），頁403。

⓮ 黃夏年曾就這段話有詳細的考證，見黃夏年，〈徧周與月輪和無心二禪師考〉，收入釋印嚴主編，《妙峰山志》（昆明：雲南人民出版社，

為，此或為徹庸周理初不欲見密雲圓悟之關鍵所在。釋
圓鼎特別說明，在接觸徹庸周理以前，徧周可全亦曾得
瑞夢之徵，細繹其夢，似乎預告未來門人大興佛法之
兆。❺緣此，徹庸周理原先承紹曹洞法乳亦眾所周知。
是時，密雲圓悟大闡臨濟法門於江浙一帶，不過在此同
時，湛然圓澄（1561－1626）的曹洞宗雲門一系與之分
庭抗禮，密雲圓悟門下與之往還者亦不乏其人，例如破
山海明。陳垣曾經說明滇黔僧人蜀籍居於多數，尤其是
破山海明（1597－1666）開創的雙桂派，徹庸周理雖在
雲南嗣法曹洞法脈，但與當時江南曹洞宗聲勢最為健利
的雲門、壽昌兩系無所牽涉。徹庸周理嗣法密雲圓悟之
後，於破山海明系出同門，身價頓然走高，至少在師承
源流一事，遂堪與雙桂派抗衡。然其於思想卻對密雲圓
悟罕所稱揚，蓋徹庸周理思想源流源自多方，本非密雲
圓悟一系可以完全統括。例如在姚安對徹庸周理加以印
可的密藏道開，亦不容輕易看過。憨山德清在為紫柏眞
可所撰的塔銘中言及密藏道開，其曰：

2008 年），頁 294-303。

❺ 楊士宗有類似的說法，其曰：「妙峰徹庸理禪師，姓杜氏，雲南縣海稍
村人，生於萬曆十九年，十一歲，禮徧周上人□，預夢有青蓮花生于
殿庭，次日，師至，乃喜之，與剃染，為曹洞第十一世。」見楊士宗，
〈水目山諸祖緣起碑記〉，《妙峰山志》，頁 199。

　　有密藏道開者，南昌人，棄青衿出家，披剃於南
海，聞師風，往歸之。師知為法器，留為侍者。郡
城楞嚴寺，為長水疏經處，久廢，有力者侵為園
亭。師有詩弔之曰：「明月一輪簾外冷，夜深曾照
坐禪人。」志欲恢復，乃囑開公任恢復之事，而屬
太宰為護法。太宰公弟雲臺公，施建禪堂五楹。既
成，請師題其柱。師為聯語曰：「若不究心，坐禪
徒增業苦。如能護念，罵佛猶益真修。」遂引錐刺
刺臂，流血盈碗書之。自是接納往來，後二十餘
年，太守槐亭蔡公，始克修復。蓋師願力所持也。
師見象季法道陵遲，惟以弘法利生為家務，念大藏
卷帙重多，遐方僻陬，有終不聞佛法名字者，欲刻
方冊，易為流通，普使見聞作金剛種子，即有謗
者，罪當自代，遂與太宰公，及司成馮公夢禎、廷
尉曾公同亨、冏卿瞿公汝稷等定議，命開公董其
事。萬曆己丑，創刻於五臺。居四年，以氷雪苦
寒，復移於徑山寂照庵。工既行，開公以病隱去，
續藏其役者，弟子寒灰如奇，奇子幻予本及，最後
弟子澹居鎧也。❶

---

❶ 《憨山老人夢遊集》，《卍續藏經》，第 73 冊，No. 1456，頁 653 上 -
中。

關於徹庸周理與密藏道開二人在禪理上的體契，容後詳敘。此處特別值得注意的是，沈德符（1578－1642）將紫柏真可與李卓吾（1527－1602）並稱為當時兩大教主，[17]徹庸周理親承紫柏真可高足密藏道開印可，又得「龍湖高足」陶珽、陶珙昆仲青眼，二人護持徹庸周理不遺餘力。徹庸周理雖然未能親見「兩大教主」的英姿，無意間卻同時與其門下多所盤桓。其於江南叢林士林情實聞見，多有得之於二者殆無疑義。關於陶珽其人，甘雨在《姚州志》中說道：

> 陶珽，希慕子，字紫閬，號不退，有夙慧，因自稱天台居士，慕孔稺圭之為人，故又號稺圭。中萬曆辛卯科，舉會試，不第，歸，遂棄家，入雞足山，讀書於白井庵、大覺寺，臨摹書法於楞伽室。萬曆庚戌成進士，與傅忠壯公宗龍為同年友。……致仕歸，建開拓城池，議編郡乘、修學宮，用恤族黨。講學論文，四方來學者日眾。築雪閣，日言性理於其中。善書法，宗大米，與邢子愿齊名。東南萬里之乞書者絡至，片紙隻字，遺落人間，皆寶若

---

[17] 沈德符，〈二大教主〉，《萬曆野獲編》（北京：中華書局，1959年），卷27，頁691。

尺璧。未第時，又嘗讀書西湖，與陶石簣、袁中
郎、黃慎軒、董元宰、陳眉公諸名卿交。所為詩
文，海內稱絕。著有《闇園集》，錢牧齋序之，並
纂《說郛續》、（鍾）伯敬《史懷》諸書，甚淹
洽。其家所存議事條陳遺稿類，皆直言不阿。當明
季衰亂之時，能以剛正自矢，尤為難得。昆明雷少
詹躍龍目為名世，良不誣也。**⓲**

甘雨強調陶珽與當時江南文士往來無間，少年時且曾讀
書於大覺寺，此寺乃徹庸周理淵源所自，但甘雨於此卻
諱言陶珽與李贄之關係。對明季士人而言，陶珽為「龍
湖高足」的印象入人至深，例如錢謙益曾經如是說道：

> 公安袁小修曰：「卓吾之平生，惡浮華，喜平
> 實。士之矜虛名、衒小智、游光揚聲者，見則唾棄
> 之，不與接席而坐。觀其所與，則卓吾可知也。」
> 余聞小修言，復與二人者游，乃知為卓吾之徒。久
> 之，如見卓吾之聲音肖貌焉。同年生姚安陶珽，字
> 不退，少有志於問學。游卓吾之門而有得焉者也。

⓲ 甘雨，〈人物志・鄉賢〉，《姚州志》（臺北：中央研究院傅斯年圖書
館藏光緒十一年刊本），卷7，頁7-8。

> 不退之為人，恂恂已爾，穆穆已爾，與之語，泛濫
> 於物情吏事，刺刺不少休。未嘗以問學自表異，余
> 與不退游甚狎，始知卓吾之所與皆方、汪也如。❶

錢謙益文中言及二人，乃指新安方時化、汪本鈳二人，
皆李卓吾弟子。錢謙益筆下的龍湖弟子往往具有平實純
樸的人格特質，陶珽亦不例外，李卓吾已然作古，透過
其門人，約略可以想見形神，錢謙益、袁小修、陶珽為
萬曆四十四年進士，誼在同年。透過陶珽，徹庸周理得
以與當時第一流學者文人相接。至於陶珽之弟陶珙，鄧
顯鶴就陶珙之為人如是曰：

> 陶珙，字紫閻，姚安人。崇禎十年，知府事時，
> 天王寺賊寇境，珙簡閱壯丁得三千人，授推官李夢
> 日捕剿，而自率兵民為守城，計并分地禦防，剋期
> 寇平，遂補繕城垣，開濬池濠，并增置敵臺於四隅
> 要害處，以備守禦。其謹鄉團，清滯獄，振孤貧，
> 置義冢，遷建學宮，纂修郡志；諸政皆關治體。又
> 於愛蓮池側為祠，以祀宋周子，而以張無垢、陸子

---

❶ 錢謙益著，錢曾箋注，錢仲聯標校，〈陶不退闇園集序〉，《牧齋初學集》（上海：上海古籍出版社，1985年），卷31，頁918。

壽，及朱子祔祀為四先生祠。珙自為記。見禮書其
尊崇先賢，尤得政之大體。時岷府校尉橫恣日甚，
魚肉鄉民。珙一日杖而囚之。王大怒，被劾去官
歸。會流賊入滇南，珙時家居，率鄉勇禦之，不
勝，被執，強之降，不屈，大罵被害。其去寶慶
時，士民於郡城東郊外立祠以祀。珙有學行，矜尚
名義，風節凜然。先是郡人周良士為姚安同知，識
珙於眾人中，珙師事之，其來守寶慶良士卒二十年
矣。珙數詣其家，登堂謁墓，為之封樹立碑，其風
義如此。❷

觀此，陶珙風骨氣節有聲於當時，較其兄不遑多讓。其
雖仰慕宋儒，但不排佛。陶氏兄弟（特別是陶珽）對徹
庸周理有多重意義。一則示其儒釋相通之旨，一則成就
其江南雲水之旅。此外徹庸周理創建妙峰山德雲寺時，
得陶氏昆仲之力獨多。綜觀《雲山夢語》一書，於李贄
與時人著作稱引至詳，剖析入微，雖以佛語為主，但能
綜攝儒、道諸家，此或有得之於外護檀越陶氏昆仲。陶

---

❷ 黃宅中等修，《道光寶慶府志》，卷108，收入江蘇古籍出版社編選，
《中國地方志集成·湖南府縣志輯》（南京：江蘇古籍出版社，2002
年），冊53，頁224-225；陶珙之生平又見於釋印嚴編，《妙峰山
志》，頁67。

琪曾經就雙方交往的經緯說道：「歲丁巳，余兄弟延爲
先君轉經，即皈依恐後，不啻針芥投而水乳合也，天緣
哉。」㉑雙方往還無間歷有年所，彼此針芥相投，徹庸
周理能於魁碩並峙的明季叢林留下專屬的一席之地，陶
氏昆仲功不可沒，同時，若言徹庸周理思想結構中外學
部分相當程度帶有陶氏昆仲的投影，亦當不爲過矣。徹
庸周理在面謁密雲圓悟以前，思想幾乎已經定型，且從
其記錄觀之，其開悟證道亦與密雲圓悟無關，而觀其生
平，早年的思想結構主要來自徧周可全、密藏道開、陶
氏昆仲等人的形塑，而此又反映了晚明以來佛教思想發
展的趨勢。

三、「住一切住，起一切起」：徹庸周理思想中的 華嚴色彩

明季佛教復興風潮，發韌於義學，後衍及禪林蓮
社，許多消失已久的佛教文獻又紛紛問世，方冊大藏的
刊刻更有推波助瀾之力。徹庸周理雖然僻居滇西，然其
思想著作之中，亦頗見當時叢林風氣影響之形跡，例如
其推尊華嚴教法一端，可以略窺梗概。

徹庸周理開創妙峰山，以《華嚴經‧入法界品》

㉑ 陶珽，〈谷響集序〉，收入《徹庸和尚谷響集》，頁 303 上 - 中。

為典據，其於華嚴寄意深遠自不待言，其曾就此說道：
「善財童子從文殊師利所至妙峰山，見德雲比丘，最後
至普賢菩薩處，中間經歷一百一十城，五十三員善知
識，於諸善知識處所得法門各各不可思議，而於普賢法
門中，不啻如一滴水投於大海，盡將從前所得法門一一
忘卻，於普賢身毛孔中行一步過不可說佛剎。」❷言徹
庸周理「行在禪定，教歸賢首」，當不為過矣。

　　明末佛教義學中心在華嚴，華嚴教學也一直是滇
地漢傳佛教的中心，明代中葉出身雲南的高僧朗目本智
（1555－1606）有中興華嚴之目，約與徹庸周理相當的
詩僧冠冕，嗣法賢首宗南方系一雨通潤（1565－1624）
的蒼雪讀徹（1588－1656），亦出身雲南。徹庸周理於
華嚴情有獨鍾不足為奇，其〈讀華嚴〉一詩可以視作其
習學華嚴教法心得之作。其曰：

> 大哉至教，不可思議。此妙法門，曠劫難遇。
> 我今一見，精神超益。始終不離，因果同時。
> 剎海毛端，一念三世。不去不來，非他非自。
> 如大圓珠，方方皆是。渾絕上下，了無彼此。
> 如琉璃瓶，盛多芥子。粒粒分明，纖毫不隱。

---

❷　《徹庸和尚谷響集》，頁 305 上 - 中。

　　住一切住，起一切起。毘盧遮那，法界眾生。

　　肝膽相連，中間無倚。是故善財，悟入法界。

　　五十三人，互換皮袋。外道天魔，惡王淫女。

　　劍樹刀山，濩湯爐炭。無孔鐵鎚，嘉州大像。

　　去一就一，轉成戲謗。取正捨邪，覿面乖張。

　　不用親疏，不分內外。以少方便，得大自在。

　　不歷諸地，不論僧祇。道貴平常，大心凡夫。

　　一下頓證，十方輕快。了了圓明，永無罣礙。㉓

此詩起首強調「一即一切」、「自他不二」的華嚴教
旨，中則標舉〈入法界品〉中善財童子煙水南詢廣參實
修、周遍含容的精神，通貫全篇的是自他不二的基調，
末尾則歸乎禪門頓悟心法。此詩雖然卑之無甚高論，但
卻可以看出華嚴教法在徹庸周理思想體系中所占的重要
性。從佛教思想史的角度看，以華嚴圓融無礙之思想說
禪門頓悟宗旨，首推唐代的李通玄（645－740）《華嚴
合論》為代表，明季禪門宗匠頗寄心於此書，㉔徹庸周
理亦曾就此書與陶珽有過一番問答：

㉓　《徹庸和尚谷響集》，頁 306 上 - 中。
㉔　荒木見悟著，廖肇亨譯，〈李通玄在明代〉，《明末清初的思想與佛
　　教》（臺北：聯經出版社，2006 年），頁 111-139。

《合論》有無時無念，眾生無明即不動智佛，十方一如、古今一智、即凡即聖、無此無彼、識盡情忘、當下超越、不假修證、不貴神通、不勞轉變之句，似乎最切近，奈何讀者承當不下。於覺時夢時，逆順境緣交集時，未免打作兩橛。❷

此段話全從十方一如、自他不二、聖凡無隔之立場說頓悟心法，他將話鋒一轉，帶入夢覺話語的相關問題，徹庸周理接著說道：

老居士日用成片否？夢覺一如否？千萬劫性命大事，自家得失，如魚飲水。不能語人，十二時中毋輕易放過可也。和曰：
隨順世緣住大方，目前無法得真良。
婆須無厭憑淫怒，龍女善財作梯航。
時時相應天花墜，日日清聞寶藏將。
不忮不求無怨欲，衲僧何處不清涼！❷

既曰和詩，則陶珽必先有投贈之作，惜今已不得見矣。

---

❷ 《徹庸和尚谷響集》，頁311上。
❷ 《徹庸和尚谷響集》，頁311上-中。

此段話眼目在於借夢覺之喻說清涼無礙，立論基源在於
《華嚴合論》。在華嚴思想史上，夙有所謂《疏》（澄
觀《疏鈔》）、《論》（李通玄《合論》）之爭，一般
來說，教家往往以澄觀（738－839）為依歸，而禪家則
喜稱《合論》。❷除了《華嚴》經文本身以外，徹庸周
理的華嚴認識，主要奠基於《華嚴合論》，實為禪家本
色。在《夢語摘要》一書中的一段話中，可以看出徹庸
周理的夢論也曾援用華嚴教義。其云：

> 問：「夢是佛法不？」
>
> 答：「夢即佛法！」
>
> 問：「經中雖說夢，只將以喻法，使人明了。今言
> 即夢是法，全以虛幻不實之理，以為佛法可乎？」
>
> 答：「經云：『念念中，以夢自在法門開悟世界海
> 微塵數眾生。』豈不是夢即佛法乎？以執著目前境界
> 為實故，以夢為虛幻。殊不知，目前有為之物，全
> 體不實；而夢者，當體覺性也。豈可謂虛妄不實
> 乎？」❷

---

❷ 荒木見悟著，廖肇亨譯，〈李通玄在明代〉，《明末清初的思想與佛
教》，頁 111-139。

❷ 《徹庸和尚谷響集》，頁 281 中。

這段話在中國夢學史別具意義，筆者曾就此有所闡述，
於此茲不辭費。文中索引經云一段文字出自《華嚴
經》，李通玄亦曾著意於此。雖然徹庸周理對華嚴學的
認識不脫禪者本色，但對以澄觀為主的教家亦表敬意。
《谷響集》一書之中，亦收有其投贈一代華嚴大家顒愚
觀衡（1579－1649）之詩，其曰：

> 多年嘗慕周金剛，今踐金剛大道場。
> 進步燎空青龍鈔，回眸便是寶華王。
> 赤體只教捵白刃，通身那許更商量。
> 參罷吾與真面目，山茫茫又水茫茫。㉙

德山祖庭，乃以「德山棒」馳名天下的德山宣鑒
（782－865），德山祖庭當指乾明寺。徹庸周理與顒
愚觀衡相遇，當在崇禎七年前後。顒愚觀衡，俗姓趙，
河北霸州人。生於萬曆七年（1579），其母曾見白衣大
士攜童入抱，十二欲出家，父母不許，十四歲遂私遁出
家，十八投五台山月川鎮澄（1547－1617）研習經教，
《華嚴》、《法華》、《楞嚴》諸大部莫不了然。後南
詢，遍參善知識。初參雪浪洪恩（1545－1608），次

㉙ 《徹庸和尚谷響集》，頁306下。

謁雲棲袾宏（1535－1615）。某夜在廬山經行，忽然
大悟。後入廣東曹溪，禮六祖。又於端州，禮憨山德清
（1546－1623），一見相契，後辭去。三十三歲誤食草
烏，中毒瀕死，後調養數年。三十七，五台山空印（即
月川鎮澄）大師遣人來迎，推疾不往。三十八，開法邵
陵，顏曰：「五臺庵」，乙酉（1645）春，弘戒於南京
天界寺，宏經說戒，千指圍繞。丙戌（1646），於金
陵紫竹林圓寂，所著有《楞嚴金剛四依解》，及《紫竹
林全集》行世。僧臘五十四，享年六十有八。❸德山宣
鑒，俗姓周，習禪以前，有「周金剛」之稱，此處兼以
贈顓愚觀衡。此處用德山燒卻《青龍疏鈔》公案，稱揚
顓愚觀衡打通禪、教兩端。空手白刃，即「大死大生」
之意，此詩末尾寫顓愚觀衡思鄉之情，然佛子續佛慧
命，當下承當，雙足點地，莫不自在。

顓愚觀衡號稱憨山德清第一高足，又繼承月川鎮
澄北方華嚴學一脈，北方華嚴學寶通系推為二十六世祖
師。雖因養疾，久滯南方，而五台山方面卻從不曾或
忘，是以其同時接華嚴南北兩系法脈，於當時叢林頗

---

❸ 祖旺、心露，〈賢首第二十六世顓愚觀衡法師〉，《賢首傳燈錄》（臺
北：大乘精舍印經會，1996 年），卷上，頁 40-44。又其行狀及塔銘，
見《紫竹林顓愚觀衡和尚語錄》，《嘉興藏》，第 28 冊，No. 219，頁 770
中 -774 中。

稱異數。憨山德清圓寂之後，顓愚觀衡深負江南叢林一
時人望之所歸。見月讀體（1601－1679）、蕅益智旭
（1599－1655）參學過程中皆曾蒙其獎掖。雖然徹庸周
理與顓愚觀衡兩人似乎僅此一晤，但必然在徹庸周理心
上留下深刻的印象。萬曆三高僧，徹庸周理雖然不及親
見，但於其門人法子已見其二，至於弘揚淨土法門的雲
棲袾宏，徹庸周理卻是在夢中相見。❸

四、「萬里歸來家最近」：徹庸周理的禪修歷程

　　徹庸周理童貞入道，雖曾禮徧周可全，但恐其獨學
的成分居多。綜觀徹庸周理一生，除了崇禎七年前後因
陶氏昆仲之故，得以雲水江南之外，一生足跡幾乎不出
雲南。陶珽曾就其早年修學經歷如是說道：

　　　　十八歲見《頓悟要論》、《維摩經》，知所用心
　　處，又以空觀習定，大有得力處。及讀大慧、中峰
　　諸書，乃知用無所用、得無所得處，而未敢足也。
　　邂逅密藏和尚印證，四楞始覺帖地。❸

---

❸　詳參本書〈近世禪者淨土詩義蘊探析──從玉琳通琇的淨土詩談起〉一
　　文。
❸　陶珽，〈谷響集序〉，收入《徹庸和尚谷響集》，頁303下。

「四楞」，即「四稜」，禪籍中每以「四稜著地」謂之「立穩腳跟」。《頓悟要論》當指唐代大珠慧海（生卒年不詳）《頓悟入道要門論》，從《頓悟入道要門論》與《維摩經》入手，謂以大乘頓悟法門標正眼目，兼以深領「煩惱即菩提」等不二法門的淨名妙法。至於徹庸周理空觀習定的造境，陶珽敘之更詳，曰：「師已從空觀入定，又從定發慧，知見正而性光朗，疑情勃勃欲動而話頭時節逼拶上身矣，欲罷不能。」❸陶珽所謂「疑情勃勃欲動而話頭時節逼拶上身」與陶珙「大慧、中峰諸書」當爲同一事。大慧宗杲（1089－1163）在禪學思想史上，以「看話禪」獨樹一幟，亦屢屢援用華嚴教法；❸同時，力說夢覺一如的修行法門，大慧宗杲在夢學史上也有不可磨滅的重要性。大慧家風在晚明風行一時，徹庸周理時加稱引，亦是反映當時叢林風氣於一端。大慧宗杲、中峰明本的禪法與陽明後學心緒相承，在明代風行一時，荒木見悟先生論之已詳。❸由此，不難看出，徹庸周理對於晚明江南佛教的動態保持相當程

---

❸ 陶珽，〈妙峰山開山善知識徹庸禪師小傳〉，收入《徹庸和尚谷響集》，頁 303 上。

❸ 關於這點，可參見釋開濟，《華嚴禪 —— 大慧宗杲的思想特色》（臺北：文津出版社，1996 年）一書。

❸ 荒木見悟，〈陽明學と大慧禪〉，《陽明學の位相》（東京：研文出版，1992 年），頁 213-256。

度的關心，其思想亦頗有呼應之處。

　　綜上所述，徹庸周理早歲習學過程中，同時修習空觀、頓悟、看話禪等法門。另外亦對當時佛教思潮的走向保持相當程度的關心，惜未有明眼師友為之印證。因此，與密藏道開的邂逅，在徹庸周理個人的生命史具有重大的意義。戈允禮描述二人見面的經過曰：

　　　　當是時，盤龍既逸，古庭久湮，遍滇南無一知此事者，震旦大乘氣象，終將絕於西來大意。師曰：「卻向和尚無開口處」，再詰以鐵中耕地語。「這裡無牛亦無人」，藏雖頷之。余正恐坐在無字甲裡，若非「百尺竿頭，更進一步」，十方世界何以頓現全身？師果猛奮精彩，驀然觸著牆壁，有「轉身撞著屋牆頭，無根迸出一輪月」之句，方知溲涓皆為酥酪，伊蘭即是旃檀大地，精金受用，固不盡耳，野狐窟內一獅忽吼，百獸群中一麟突現，非英雄崛起第一乎？㊲

盤龍、古庭都是雲南禪宗史上的重要人物。徹庸周理的出現，賡續了滇地禪燈法脈，又開創了雲南禪宗的新

㊲　釋印嚴主編，〈妙峰開山徹庸和尚塔銘〉，《妙峰山志》，頁 197。

頁,可謂繼往開來。此處記事似有脫略,原文筆者未見,姑存疑且俟日後詳考。不過,綜上所述,徹庸周理之前雲南禪宗亦有傳承,絕非憑空出世,然戈氏之語絕非憑空杜撰,因此戈氏之言,應當理解爲徹庸周理參與當時禪宗主流法脈,無啻江浙叢林。另外,楊士宗對二人見面問答的記錄與戈允禮略有出入,不妨參看。楊士宗記曰:

> 　時密藏開公游雞足,師就請益。公示與「父母未生前,那個是你本來面目?」久久參究,忽爐中火爆,撕破疑團,詣開公請證。曰:「理至不疑之地。」公曰:「那個是你本來面目?」師便喝。公曰:「汝解學喝。」師曰:「於此無補,和尚學個喝看。」公示一掌。師曰:「敢不在侍者家內?」公曰:「以後雲南佛法,自子始耳。」❸

戈允禮與徹庸周理親交甚篤,其記事自較後者爲可信。後者前半問答頗爲常見,在楊士宗的記錄當中,密藏道開出示一掌,徹庸周理視之爲託付源流,遠不若前者親切可從。從戈氏的記錄中,密藏道開春風和煦,肯定徹

---

❸ 釋印嚴主編,〈水目山諸祖緣起碑記〉,《妙峰山志》,頁 199。

庸周理之前的修證，以此地無師友切磋，卻能深入此
境，誠爲不易，勉之以更進一步，徹庸周理遂破牢關，
法身獨露，契證圓滿。在佛教修辭傳統中，明月往往是
眞如本體的代稱，亦常藉屋宇以說人身四大。因此可以
說，密藏道開不僅印可了徹庸周理的修證境界，更是徹
庸周理體證佛法奧義的契機，當然也意謂著江南禪宗法
乳在雲南的流傳。

　　徹庸周理親承密藏道開印可之後，原本已經立穩腳
跟，不意密雲圓悟又崛起於浙東。崇禎七年，徹庸周理
在友人多方斡旋之下往謁密雲圓悟，兩人相見之細節，
前已言之，此處無須贅言，但其所見當時風靡天下的一
代臨濟巨擘密雲圓悟之形象亦饒富趣味，《谷響集》中
收有〈上天童密雲和尚報國院小參〉一組詩偈，值得略
加探究，其曰：

　　　當頭一棒破天荒，耀古騰今赤骨寒。
　　　海宇一吞雲外去，癡人猶在是非關。❸

這組詩偈旨在描寫密雲圓悟，或者說，代密雲圓悟立
言，未必代表徹庸周理自身的思想。此詩雖是徹庸周理

---

❸　《徹庸和尚谷響集》，頁 306 中。

所見，然詩中未就思想特徵加以描述。再次證明徹庸周理與密雲圓悟相見之後，思想並未有決定性的變化。不過密雲圓悟毒辣簡明的禪風，倒是讓徹庸周理留下深刻的印象。徹庸周理又寫道：

多年六國未寧，今日通身快樂。

明月拿在手，青天覓不著。

活活活，萬象森羅，都拂卻，誰解當中一點惡。❸

前兩句倒有可能是徹庸周理夫子自況，前已言之，徹庸周理在親謁密雲圓悟以前，內心本來衝突如兵，一旦親承印囑，自然「通身快樂」，未必與禪悟直接相關，前已言之， 第三句講徹見真如本體，第四句意味「超出三界外，不在五行中」，仍是讚歎密雲圓悟。萬象森羅拂卻，意味掃除一切，末句乃以反諷作結，佛教有所謂「入佛界易，入魔軍難」的說法，徹庸周理藉以讚歎密雲圓悟禪法高深莫測。

　　客觀來說，密雲圓悟與徹庸周理在思想與性格皆大相逕庭，密雲圓悟罵遍諸方，「滿肚無明火」的接引手法，倒是讓徹庸周理大開眼界。這首詩偈以徹庸周理自

---

❸ 《徹庸和尚谷響集》，頁 306 中。

身謁見密雲圓悟的經驗起首，歸之以密雲圓悟超格出宗的奇崛不群。透過密雲圓悟，徹庸周理得以近身觀察當時江浙叢林尊宿接引後生的方式。徹庸周理隨密雲圓悟在報國院小參，似乎別有會心，其記曰：

> 大用堂堂現前，不離聲色語言。
> 只要直心直行，自然處處方圓。
> 大用堂堂現前，落落乾坤兩邊。
> 拄杖直通上下，打盡此土西天。
> 大用堂堂現前，城中車馬駢闐。
> 都是穿衣吃飯，莫教念佛參禪。
> 大用堂堂現前，多年枉費鑽研。
> 今日當機劈面，擬著依然半天。
> 大用堂堂現前，丈夫志氣沖天。
> 遇佛當頭一棒，只教海宇平恬。❹

報國院地處繁華杭城都會，城中車馬喧囂，自非雲南可比，密雲圓悟門庭鼎盛，妙峰山寥廓清冷，然真參實證並無二致。此處皆用「大用堂堂現前」起首，自是化用禪家「大用現前，不存軌則」的說法。密雲圓悟既是現

---

❹ 《徹庸和尚谷響集》，頁 306 下。

前大用，更是臨濟軌則。「打盡此土西天」、「丈夫志氣沖天」、「遇佛當頭一棒」，皆是密雲圓悟的眞實寫照，「不離聲色語言」、「只是穿衣吃飯」，其意與《六祖壇經》「佛法在世間，不離世間覺」❹或《法華玄義》「一切世間治生產業，皆與實相不相違背」❷的說法如出一轍。

　　徹庸周理雖然對密雲圓悟鋪天蓋地的氣勢與直捷簡易的教法崇仰有加，卻對密雲圓悟的作法感到有所不安，故別作一偈，暗與密雲圓悟商量。其曰：

> 若人欲識天真佛，只向穿衣吃飯觀。
> 曠大劫來無面目，切忌當機喚作禪。
>
> 不須端坐與忘情，此事猶來者麼寧。
> 入水入山隨他去，到處拈土便成金。❸

這兩首詩偈明顯是與密雲圓悟商榷教法。前半講悟前，後半講悟後。後半自是理想境界，然若未有眞參實悟，逕自以爲一切現成，只有穿衣吃飯，則與曠古劫來，在

---

❹　《六祖大師法寶壇經》，《大正藏》，第 48 冊，No. 200，頁 351 下。
❷　《妙法蓮華經玄義》，《大正藏》，第 33 冊，No. 1716，頁 683 上。
❸　《徹庸和尚谷響集》，頁 306 下。

六道輪迴中頭出頭沒的眾生無異；開悟之後則無關坐與
不坐，隨緣任運自無不可。「切忌當機喚作禪」，不可
將應機說法等同於禪修，徹庸周理對禪修的見解與密雲
圓悟似有扞格。這組詩偈可以說是徹庸周理對於當時江
浙叢林的親身經歷見聞，有歡喜讚嘆，但也有某種程度
的不以為然（以隱晦的方式）。這組詩偈主要是他在江
南叢林（特別是密雲圓悟座下）的見聞，不能完整真正
代表徹庸周理的禪學思想，總體而言，密雲圓悟雖然籠
罩天下，但卻常被敵對陣營批評「一悟便了」，於保任
工夫似乎不足。❹這些詩作可以看作徹庸周理歸納密雲
圓悟教法的印象。

　　在《谷響集》一書所收詩文，以參禪為主題的作品
在數量上遙遙領先其他，以下這組〈工夫問答〉以行旅
說參禪，別寓深意，首尾一貫，次第井然，值得細細品
味。詩前有小序詳敘緣起。其曰：

　　　有禪客問：「參禪做工夫，如何是俗念起時莫與
　　作對？如何是墮無事甲？如何是舉起處承當？如何
　　是意根上卜度？如何是光影門頭領略？如何是以古

---

❹　關於這點，可以參見拙著，〈惠洪覺範在明代──宋代禪學在晚明的書
　　寫、衍異與反響〉，《中邊‧詩禪‧夢戲──明末清初佛教文化論述的
　　呈現與開展》，頁 105-149。

人公案作憑據？如何是落斷常？」答曰：「此事如人上長安，路上縱遇惡人，莫與作對，但走過便了，莫同惡伴侶行，休認省分郡邑為家，休因勞苦而生止息想，切忌把他人口說的京師光景當是而不親到，雖然如是，欲行千里，貴在初步。於此會得，不涉途程，其或未然。聽吾偈云：

脩行若問參話頭，須如失物去尋求。

疑而莫怨莫停息，得見原珍始可休。

參禪如人出遠路，舉頭常自望家邦。

歇處不停關隘透，不須百日到長安。

話頭初參不上時，多因雜念障所知。

札住兩頭中莫放，目前勿論見功遲。

疑來疑去轉疑難，畫夜相妨如泰山。

個中疑處輕磕碎，一味柔時便勝剛。

疑情不起急須提，如啣冤人皺兩眉。

幾番欲見冤仇面，得見冤家卻又迷。

話頭著緊無雜念，工夫纔放又涉緣。

十二時中無縫隙，直透威音那畔前。

悟心若在疑心先，佛氣不全魔氣堅。

學人不破此關捩，工夫歷劫總徒然。

參禪要勇又要謀，謀而不勇志氣柔。

多勇少謀必墮失，智勇兼到始收功。

工夫到底不虧人，鐵壁無方強入門。

縱饒劫火燒三界，當下清涼如片冰。

師家只說參話頭，其中消息難舉示。

雄哉丈夫須自強，莫討他人口裏是。

與君一會即忘緣，須似當初未識前。

相逢不用相回互，祇在輕輕不著間。

萬里歸來家最近，到底還如在客邊。

逢人休話程途事，說起途程甚可憐。❹

　　此組詩顧名思義，乃以修禪經驗為主旨。以行旅話語說禪修經驗，特別是「旅途／故鄉」的比喻，禪籍中不勝枚舉。例如著名的臨濟慧照禪師「有一人論劫，在途中不離家舍。有一人離家舍不在途中，那箇合受人天供養？」❹此一公案。徹庸周理此詩次序清晰，不該割裂。此組詩乃是徹庸周理因應禪客所問，故有此詩之作，亦應機說法之屬。徹庸周理在雲南標舉正法眼藏，謂參禪乃如日常茶飯。從此組詩不難看出徹庸周理禪修工夫綿綿密密，歷歷分明。此詩工夫側重在參話頭（「師家只說參話頭」），自是有得於大慧宗杲的看

---

❹　《徹庸和尚谷響集》，頁 311 下 -312 上。
❹　《鎮州臨濟慧照禪師語錄》，《大正藏》，第 47 冊，No. 1985，頁 497 上。

話禪。以發疑情爲先，先疑後悟，無一時放鬆，智勇兼到，眞參實證，如人飲水，冷暖自知，在開悟以前，不得雜用心。末尾言開悟者如萬里歸家，當下證得。結尾兩首在言「不異舊時人，但異舊時行履處」之意。

關於看話禪，大慧宗杲曾經說道：「但只看箇古人入道底話頭，移逐日許多作妄想底心來話頭上，則一切不行矣。『僧問趙州：狗子還有佛性也無？州云：無。』只這一字，便是斷生死路頭底刀子也。妄念起時，但舉個「無」字，舉來舉去，驀地絕消息，便是歸家穩坐處也！」❹徹庸周理〈工夫問答〉一詩與大慧宗杲的說法亦幾乎若合符節，說明徹庸周理工夫有本有據。這首詩固然旨在說明參話頭的歷程，但強調「一味柔時便勝剛」、「祇在輕輕不著間」，似乎亦略帶有曹洞宗風，非一味強調氣剛力強者可比。

綜上所述，徹庸周理雖然嗣法天童（密雲圓悟），但絕非金粟一派所能完全籠絡，其以立腳於禪，兼攝諸家的作法卻更近於萬曆時期三大師（紫柏眞可、憨山德清、雲棲袾宏）強調會通的學風，密藏道開當然是最重要的折射點，筆者管見以爲，其於徹庸周理思想的投影似乎較密雲圓悟一脈更爲巨大，值得有心人進一

---

❹ 《大慧普覺禪師語錄》，《大正藏》，第 47 冊，No. 1998，頁 903 下。

步追索。

　　另外需要特別說明的是：徹庸周理對於雲南禪宗傳統具有強烈的認同，編纂《曹溪一滴》系列叢書最重要的目的即在於「吾欲為吾滇從前大善知識出些子氣」❹，特別是古庭善堅（1414－1493）的著作，幾乎可以說一見傾心。「比得《古庭錄》，心師之，恍若付囑者。」不過即使如此，但徹庸周理卻從未直接針對古庭善堅的思想加以討論，因此古庭善堅對徹庸周理而言，或許同鄉前輩的情誼勝過思想上的啟發，代表了雲南地方僧家的鄉土認同，儘管目前所知，陶氏昆仲也曾致力於古庭禪師語錄的編纂，但若欲討論古庭善堅與徹庸周理兩者思想上的聯繫，似乎還需要更堅實的文獻證據，為免枝葉蔓衍，古庭善堅之思想及其與徹庸周理的聯繫只好暫時俟之來日。

六、結語

　　中國夢學史上，明季清初知識社群言夢之風最盛，湯顯祖有「玉茗堂四夢」等名作在文學史上無人不知，湯氏之外，以夢為主題之文藝作品不知凡幾，可謂臻於鼎盛，不同地域的知識階層莫不熱衷於記夢論夢，

---

❹　《曹溪一滴》，頁 267 上。

包括理學家、高僧、詩人、文人，留下許多相關的文字記錄。在此同時，夢論思想也有長足的進展，例如王廷相（1474－1544）、黃省曾（1490－1540）、董說（1620－1686）對夢之為物的成因、源流、現實指涉，都留下思考的痕跡。❹本來中國傳統夢論相關的著作，似以占夢、解夢書之類為多，其中固然不乏深刻的人生智慧，畢竟帶有強烈的占卜色彩，難以稱之為嚴密的思想體系。然而晚明哲人同時展現對夢的高度關注，紛紛從不同的角度切入，援用各自獨特的理論架構，嘗試探索夢境的奧祕，為中國夢論別開生面。在傳統的儒、釋、道三教之外，天主教陣營於此亦有所回應，❺足為一時風氣鼎盛之徵。此際諸家論夢固然勝義迭出，然筆者管見以為，此際中國夢論之所以遠邁前代根由之一，卻在於其與佛教思維深度結合，從而開創前人未到的高度與深度。徹庸周理《雲山夢語》一書正是夢論話語與佛教思維交錯融會的結晶，置諸世界夢學史上，亦不遑

---

❹ 參見王廷相著，王孝魚點校，《雅述》（北京：中華書局，1989 年），頁 861-862；黃省曾，〈夢覺篇〉，《五嶽山人集》，《四庫全書存目叢書・集部・別集類》（臺南：莊嚴文化，1997 年），冊 94，頁 778-780；董說，《昭陽夢史》，收入《豐草菴全書》（上海：上海圖書館藏康熙刻本）。

❺ 夏伯嘉，〈宗教信仰與夢文化 —— 明清之際天主教與佛教的比較探索〉，《中央研究院歷史語言研究所集刊》76 本 2 分（2005 年 6 月），頁 209-248。

多讓。自從日本心理學家河合隼雄大力闡揚日本華嚴學僧明惠上人的《夢記》一書之後，《夢記》一書遂成為世界夢學史上的重要經典。相形之下，《雲山夢語》知音者稀，仍然有待於學者關愛的眼神，而《谷響集》一書則是認識《雲山夢語》不可或缺的部分。

　　除了短暫的江南雲水之旅之外，徹庸周理多半居山不出，但卻機緣巧合，得與當世禪門宗匠與學士大夫往來盤桓，其著作帶有強烈的時代意義，亦不在意料之外。本文從華嚴、淨土、禪三重進路檢視徹庸周理《谷響集》中的思想淵源與精神境界，特別是著重其與明季叢林風氣的互動關係，希冀對深入認識徹庸周理與《雲山夢語》一書有所助益。《谷響集》以詩說禪多不可數，作者不失為本色道人，以下一詩看似書寫山林景物，亦不忘書寫禪者懷抱於毫端，絕非隱者遺世肥遯而已，其云：

　　　　一榻蒲團一篆煙，孤孤相對兩閒閒。
　　　　忽然覷破水中影，廓爾身如碧落天。
　　　　何處蟬聲鳴唧唧，隔鄰石咽冷涓涓。
　　　　明月不隨流水去，夢回高臥白雲間。㊿

㊿　《徹庸和尚谷響集》，頁 311 上。

這是一首典型的修行詩，前半寫修，後半寫悟。開筆強調自己修證之勤，孤煙之畔，蒲團之上，驀地前後際斷，法身獨露，可謂「法住法位」。五、六句則寫回望世間，或可言「世間相常住」。眾所周知，明月則爲清明本體之喻，結尾全句意謂不隨境轉。果能參透如夢三昧，娑婆世界即同常寂光淨土。這或許是看盡徹庸周理江南繁華景色以後，依舊返回高居白雲之間的雲南故鄉內心堅定志向的明確表白。從「世事如夢」到「至人無夢」，讓妙峰山恆久散發佛法的光輝，應該可以說是徹庸周理及其門人縈繞在心的夢想。

冷然萬籟作，中有太古音

—— 從《古今禪藻集》看明代僧詩的自然話語與感官論述

一、研究背景與目的

　　自從佛教傳入中國之後，不論是一般百姓與上層菁英的知識社群，皆深染尙佛之風，佛教成爲理解近世文化最重要的關鍵字之一，特別是在文藝創作方面。從大的方向說，「以禪喻詩」是近世中國詩學最重要的命題，不論贊成與否，都無法對「以禪喻詩」此一重要命題視而不見。中唐以後，中國文學史上一個特殊的文化現象爲詩僧的大量出現。自此，傑出的詩僧在中國文學史上代不乏人，明末清初時仍然達到極致頂峰。晚明清初的詩禪關係具有以下值得注意的特徵：（一）就普遍性而言，詩僧廣布是一個全國性的現象，從江南到京畿，乃至滇黔都有爲數甚眾的著名詩僧，同時，明末清初的詩僧往往也是叢林宗匠。例如憨山德清（1546－1623）、紫柏眞可（1544－1604）皆與文人往來無間，

同時期的雪浪洪恩（1545－1608）身繫賢首、唯識二宗法脈，晚明叢林尚詩之風半出其手；嶺南曹洞宗尊宿天然函昰（1608－1685）、祖心函可（1612－1660）能詩之名亦有稱於當世。清初學者潘耒（1646－1708）曾說：「前代多高僧，亦多詩僧。詩僧不必皆高，而高僧往往能詩。」❶在此之前，詩僧的佛學造詣經常是論敵批判的焦點，但從晚明以後，能文擅詩似乎成為不分宗派的高僧之共通特徵。（二）就理論架構的深度而言，叢林詩禪論述最重要的理論經典首推《石門文字禪》與《滄浪詩話》，明清的禪林與知識社群不但就此展開論爭，同時也將其層面推及戲曲、小說；論述的主題除了禪宗一向關心的語言問題以外，也觸及家國、性別等重要議題。（三）就與當時社群互動的情況來看，雖然傳統文人與僧人的來往屢見不鮮，然而就文學創作而言，傳統文人往往居於領導者的地位，例如惠洪覺範（1071－1128）與黃庭堅（1045－1105）之間的關係。然而在明末清初，詩僧經常居於理論指導者的地位，例如湯顯祖（1550－1616）與紫柏眞可、雪浪洪恩一脈與錢謙益（1582－1664）、覺浪道盛（1593－1659）與方

---

❶ 潘耒，〈閒若上人詩題辭〉，《遂初堂別集》，收入《四庫存目叢書·集部》（濟南：齊魯書社，1997 年），第 250 冊，卷 3，頁 20 上。

以智（1611－1671）。當然文人的理論體系未必全與其佛學相通，但從中獲得相當程度的啟發，且其於理論深度與廣度之擴展甚得其力殆無疑義。

然而晚明清初叢林尚詩之風並非一個孤立的現象，必須深入其歷史發展的脈絡當中，才能對此一脈絡有更深的認識。宋代開始，詩人與僧人往來十分頻繁。例如參寥道潛與蘇東坡（1036－1101）的友誼至今仍令人稱道不已。以《石門文字禪》一書聞名的詩僧惠洪覺範著作宏富，迄今仍然是了解認識蘇軾、黃庭堅、王安石（1022－1086）等宋代詩人的第一手文獻資料。南宋禪林資料過去不甚為學界重視，近來美國的黃啟江教授、南京大學的金程宇、卞東坡諸先生近年對南宋禪師的文獻（主要流傳到日本）頗多發掘之功。特別是北礀居簡（1164－1246）、物初大觀（1201－1268）、無文道燦（1213－1271）、淮海元肇（1189－？）等詩僧的作品與流傳，日本學界對此尚未加以著意，因此黃啟江教授的研究具有重要的拓宇之功。❷元代傑出詩僧亦精彩

---

❷ 黃教授的一系列著作，計有：《一味禪與江湖詩──南宋文學僧與禪文化的蛻變》（臺北：臺灣商務印書館，2010年）、《南宋六文學僧紀年錄》（臺北：臺灣學生書局，2014年）、《文學僧藏叟善珍與南宋末世的禪文化──《藏叟摘稿》之析論與點校》（臺北：新文豐出版公司，2010年）、《無文印的迷思與解讀──南宋僧無文道璨的文學禪》（臺北：臺灣商務印書館，2010年）、《靜倚晴窗笑此生──南宋僧淮海元

輩出，例如著名的「詩禪三隱」——覺隱本誠、天隱圓至、笑隱大訢。此外，石屋清珙（1272－1352）、中峰明本（1263－1323）等禪門宗匠亦有能詩善書之名，石屋清珙的〈山居詩〉、中峰明本的〈梅花詩〉不僅傳頌四方，其影響廣遠，甚至遠及日本，在東亞漢文創作史上，深具典範意義。

　　過去關於詩僧的研究，主要集中在六朝隋唐的中古時期，特別是皎然、齊己、貫休等人，其中一個極為特別的例子是寒山詩。但寒山詩已經超越詩僧的境界，成為禪門公案重要思想源頭之一，有必要另外單獨處理。綜上所述，不難看出：從宋元到明清，精彩的詩僧輩出，而其著作質量皆遠邁前賢，如同蘊藏豐富的大寶山，有待有心人進一步充分抉發。

　　本文希望從自然話語與感官論述兩方面切入，以晚明編就的僧詩選集——《古今禪藻集》一書為主要研究對象，冀能對認識明代詩僧的文化意涵有所裨益。從以上兩種不同的進度，就近世漢傳佛教的詩僧作品重新反省其文化意涵，特別是：（一）當中的自然觀、身體觀、語言文字觀、文藝觀、社會倫理觀及其與當時思潮之間的互動關係；（二）禪法思想的特徵；（三）與知

────────────────────

肇的詩禪世界》（臺北：臺灣商務印書館，2013 年）等等。

識社群的互動關係；（四）在不同的時代脈絡，其創作
風格與理論架構之間的異同；（五）理想的世界圖像或
生活方式等五個不同的思維向度，重新省思近世詩僧的
文化定位與社會脈絡，並以此爲基礎，重新觀照詩僧在
當時知識社群文化實踐版圖的座標定位。

二、詩僧歷來研究述評

　　自佛風東扇，詩僧固然無代無之，但不論在文學
史或佛教史似乎皆未受到充分的重視。二十世紀以來的
文學研究，以浪漫主義和國族主義爲中心，正好是傳統
詩僧避之唯恐不及的題材，故而傳統文學研究者的理論
工具多不適用於僧詩研究；另一方面，詩文往往被定位
爲「外學」，意味並非核心所在。雖然如此，詩僧研究
亦有不少積累。中國詩禪關係的研究，臺灣前輩學者如
巴壺天❸、杜松柏❹，大陸學者如孫昌武❺、陳允吉❻、
項楚❼，日本學者如入矢義高、阿部肇一、飯田利行諸

---

❸ 巴壺天，《禪骨詩心集》（臺北：東大圖書公司，1990 年）。
❹ 杜松柏，《中國禪詩析賞法》（臺北：金林文化，1984 年）、《禪學與
　唐宋詩學》（臺北：黎明文化，1976 年）。
❺ 孫昌武，《佛教與中國文學》（上海：上海人民出版社，1988 年）、
　《詩與禪》（臺北：東大圖書公司，1994 年）、《禪思與詩情》（北
　京：中華書局，1997 年）。
❻ 陳允吉，《佛教與中國文學論稿》（上海：上海古籍出版社，2010
　年）、《佛經文學研究論集》（上海：復旦大學出版社，2004 年）。

位先生都有重要的貢獻。其中特別值得注意的是入矢義
高，其從俗語言研究進路對禪宗語錄進行全新的詮釋，
廣泛註解《碧巖錄》、《臨濟錄》、《趙州錄》、《玄
沙廣錄》，將學界對於禪宗語錄的認識推進到一個新
的境地，[8]而南開大學中文系榮譽教授孫昌武近年傾注
畢生心血，獨立完成一套五冊《中國佛教文化史》[9]的
堂皇鉅著，亦前人所未到。然而即使於此，貢獻卓著的
入矢義高與孫昌武教授等人皆未著意於宋、元、明、清
等時代的文化表現，五冊《中國佛教文化史》中宋代
以後所占的篇幅竟然不及半冊，宋代以後的詩僧，獨立
章節討論的只有蒼雪讀徹（1588－1656）與擔當普荷
（1593－1673），尚多有補充的可能。筆者管見所及，
就中國詩僧發展歷程進行整體觀照的著作，僅有覃召文
《禪月詩魂》[10]一書，然而《禪月詩魂》一書並非完全
嚴格意義下的學術著作，並未就問題意識與理論觀照加

---

[7] 項楚，《敦煌文學叢考》（上海：上海古籍出版社，1991年）、《敦煌
詩歌導論》（成都：巴蜀書社，2001年）。

[8] 可參見入矢義高，《佛教文學集》（東京：平凡社，1975年）、《求
道と悅樂——中國の禪と詩》（東京：岩波書店，1983年）；圓悟克勤
著，入矢義高等譯註，《碧巖錄》（東京：岩波書店，1997年）；師備
著、唐代語錄研究社編、入矢義高監修，《玄沙廣錄》（京都：禪文化
研究所，1987年）等書。

[9] 孫昌武，《中國佛教文化史》（北京：中華書局，2010年）。

[10] 覃召文，《禪月詩魂》（北京：三聯書店，1994年）。

以深化。

　　影響深遠的忽滑谷快天《中國禪學思想史》一書，
直接將元代以後定位爲「禪道變衰」，這種退化論式的
觀點影響深遠，連帶影響學界研究的價值取向。近年學
界於此已經略有改觀，例如周裕鍇、張培鋒對於宋代詩
禪關係著力甚深。⓫周裕鍇對於惠洪覺範的生平、年譜
以及相關文獻的處理，讓我們對文字禪在宋代的文化意
涵有新的認識。⓬臺灣學者張高評⓭、蔡榮婷、蕭麗華⓮
、黃敬家教授皆對宋代的詩禪關係有所發明。黃啓江教
授兼通佛教、歷史、詩學，近年對南宋詩僧的文學與文
獻發掘之功居功厥偉。另外近年在宋代禪宗思想方面，
石井修道最受注目，其雖然主要是宋代禪宗思想（特別
是大慧宗杲），亦偶爾及於詩偈，小川隆、衣川賢次
堪稱旗手。後起之秀如土屋太祐、齋藤智寬皆有可觀。
筆者與日本學界上述諸人皆有過從，深知日本學界良窳

⓫　見周裕鍇，《文字禪與宋代詩學》（北京：高等教育出版社，1998
　　年）、《宋代詩學通論》（上海：上海古籍出版社，2007 年）；張培
　　鋒，《宋代士大夫佛學與文學》（北京：宗教文化，2007 年）、《宋詩
　　與禪》（北京：中華書局，2009 年）等等。

⓬　周裕鍇，《宋僧惠洪行履著述編年總案》（北京：高等教育出版社，
　　2010 年）。

⓭　張高評，〈禪思與詩思之會通——論蘇軾、黃庭堅以禪爲詩〉，《中文
　　學術前沿》第二輯（2011 年 11 月），頁 86-94。

⓮　蕭麗華，《唐代詩歌與禪學》（臺北：東大，1997 年）、《「文字禪」
　　詩學的發展軌跡》（臺北：新文豐出版公司，2012 年）。

所在。大體而言，其論學精細，又傳承有自，然罕能
論其詩，此實我臺灣學人利基所在。西方學界近年亦開
始注意宋代佛教的特殊性，Peter N. Gregory and Daniel
A. Getz, Jr. 集合各家，編成 *Buddhism in the Sung* ❶ 一
書，具有相當程度的代表性，說明宋代佛教逐漸受到美
國的重視，但除了臺灣中正大學中文系蔡榮婷教授曾就
牧牛詩與《祖堂集》的詩偈加以探析以外，❶皆罕及其
詩。遼、金、元、明、清的研究雖然亦迭有新作，但於
詩作往往輕輕看過。明代佛教在聖嚴法師、荒木見悟、
長谷部幽蹊等前輩的努力之下，成果略有可觀，然對於
成員眾多、資料宏富的明清詩僧的關心仍然不夠。拙著
《中邊·詩禪·夢戲——明清禪林文化論述的呈現與開
展》❶是少數專門處理明清詩禪關係的專著，然影響尚
淺。近年亦有劉達科《佛禪與金朝文學》❶一書用力稱
勤，亦有見識，可謂別開生面。晚清佛教與文學的相關

❶ Gregory, Peter N., and Daniel A. Getz, *Buddhism in the Sung* (Honolulu: University of Hawai'i Press, 1999).

❶ 見蔡榮婷，〈北宋牧牛詩析論〉，收入鄺健行主編，《中國詩歌與宗教》（香港：中華書局，1999 年），頁 291-336、〈北宋時期禪宗詩偈的風貌〉，《花大中文學報》第 1 期（2006 年 12 月），頁 205-226 等等。

❶ 廖肇亨，《中邊·詩禪·夢戲——明清禪林文化論述的呈現與開展》（臺北：允晨文化，2008 年）。

❶ 劉達科，《佛禪與金朝文學》（鎮江：江蘇大學出版社，2010 年）。

研究亦寡，當時詩名最盛的詩僧當推八指頭陀寄禪敬安
（1852－1912）與蘇曼殊（1884－1918），蘇曼殊實為
風流文人，不足與論。八指頭陀詩禪並高，一時人望所
歸。臺灣師範大學國文系黃敬家教授曾有專文論及，❶
王廣西《佛學與中國近代詩壇》❷一書仍是此一領域最
有參考價值的代表著作。

　　雖然如此，近年來近世佛教思想近年有愈來愈受重
視的傾向，然而除了宋代文學的研究者對於詩禪關係著
力較深外，歷來傑出詩僧其實代不乏人，即令並非以詩
僧名世的法門龍象，亦多有精彩動人的詩作（例如破山
海明、蕅益智旭）。詩僧是中國文學與漢傳佛教融合無
間的表徵，同時也是東亞諸國禪林共通的文化現象，兼
具普遍性與特殊性，蘊藏豐富的象徵意涵，有待進一步
的研究。

三、《古今禪藻集》成書過程論考

　　前賢每言明代佛教，輒舉憨山德清、雲棲袾宏

❶ 黃敬家，〈八指頭陀詩中的入世情懷與禪悟意境〉，《成大中文學報》
　第 29 期（2010 年），頁 83-113、〈空際無影，香中有情 —— 八指頭
　陀詠梅詩中的禪境〉，《法鼓佛學學報》第 7 期（2010 年），頁 107-
　147。
❷ 王廣西，《佛學與中國近代詩壇》（開封：河南大學出版社，1995
　年）。

（1535－1615）、紫柏眞可，謂之「萬曆三高僧」，然當日亦有合雪浪洪恩、月川鎮澄（1547－1617）二人，設「五大師」之目。㉑月川鎮澄且先不論，雪浪洪恩據南京大報恩寺，異軍崛起於東南。其於佛教史之意義至少有數端不容輕易看過：（一）利瑪竇在南京，雪浪洪恩（即三懷和尙）與之論辯，爲東西文化交流史上一樁著名的公案。（二）結合禪、華嚴、唯識不同面相，大體奠定晚明佛教學風的基本走向，特別是編輯《相宗八要》，可爲晚明唯識學復興的先聲，憨山德清曾說：「弟子可數。」（三）晚明叢林尙詩之風，始作俑者乃雪浪洪恩與憨山德清，憨山德清於此屢屢言及，詩禪交涉之風復熾然一時。雪浪洪恩門下，如雪山法杲、矑鶴寬悅、蘊璞如愚俱有能詩之名。除此之外，雪浪洪恩門人道可正勉、蘊輝性通編撰《古今禪藻集》一書，企圖將六朝以來的詩僧一網打盡，並且相當程度彰顯雪浪洪恩一門的文藝觀，在詩僧研究史上具有承先啓後的重要意義。

歷來雖然不乏僧詩選集，但收羅自古迄今的詩僧傑作，似當首推《古今禪藻集》，亦與雪浪一門特重詩

㉑ 現下更通行的說法，乃將萬曆三高僧與清初蕅益智旭合稱「晚明四大師」，此稱謂大抵起於清末民初，然蕅益智旭乃憨山德清再傳弟子，年輩不侔，且有清一代釋子罕有見稱者，故不取。

藝不無干係。雖然歷代僧詩著作浩若煙海，雪浪洪恩門
下華嚴學僧道可正勉、蘊輝性通二人合力編纂首部貫串
歷朝歷代的僧詩總集──《古今禪藻集》。此書初刊於
萬曆年間，雖收錄於《四庫全書》當中，不知何故，館
臣卻將作者小傳部分全數刪去，所幸萬曆本《古今禪藻
集》尚藏於上海圖書館，書前所附〈歷代詩僧履歷略
節〉一文對歷代詩僧生平傳略有所記述，收錄許多未
見他處的珍貴資料。就記錄賢首宗南方系一脈僧人生
平資料的史料價值而言，《古今禪藻集》一書前所附
〈歷代詩僧履歷略節〉一文幾乎可與《賢首宗乘》❷等
量齊觀。

　　《古今禪藻集》一書編者題有（理庵）普文、蘊輝
性通與道可正勉三人，筆者耳目所及，三人生平，目前
僅見《古今禪藻集》一書前所附〈歷代詩僧履歷略節〉
一文有所觸及。「普文」下曰：

　　字理庵，姓薛氏，嘉善阡西人。薙染於郡之天
　　寧寺。性嗜讀書，獨喜《名僧詩編》及《古德語
　　錄》。故其架上所積，唯古今詩書；案頭所題，唯

禪德姓名。不識果與禪德有緣耶？抑其天性而然耶？雖居精藍，良有山水之癖，卜一勝地於雙徑東坡池，未及棲息，頃有禪者，欲募居焉，即欣然施與，畧無留惜。當集是詩也，嘗托人募收詩集，則厚贈以行，至有負者，唯發一笑而已。偶得片言隻句，輒不顧寒暑錄之。丙午迄今，歷年十二，而苦辛則倍是，孟浪費者，亦倍是。公臨終時，無暇及後事，唯刻詩一事關心，顧謂法孫道盛曰：「汝祖生平無他好，好在僧詩，今值剞劂之初，我已欲去，殿後之功，須汝收之，亦不失為繼述者矣。」公嘗欲續《高僧傳》，萌志未發，後得天台幻為，遂與為盟。幻則遠搜遺逸，公則坐評殿最。功未半，公既下世，亡何，幻亦繼踵而逝，獨惜一段勝心，竟不獲酧耳。觀此數端，公可謂文矣。❷

這段話主要出自另一名編纂者道可正勉的手筆，觀此，不難得知：《古今禪藻集》之編纂始倡自理庵普文，曾致力於歷代詩僧著作之收集。《古今禪藻集》之刊刻至少歷時十二年以上，可謂備嘗艱辛。理庵普文雖然生前

---

❷ 見釋正勉、釋性通等輯，《古今禪藻集》（上海圖書館藏明萬曆47年刊本）一書前所附〈歷代詩僧履歷略節〉。以下皆同，不再另行出註。

不及親見《古今襌藻集》的出版，但《古今襌藻集》一
書的規模與格局當奠自理庵普文殆無疑義。理庵普文之
外，另一個重要編者為道可正勉，〈歷代詩僧履歷略
節〉「正勉」之下云：

> 字道可，一字水芝，俗出長水孫氏。幼入胥山之
> 先福寺習染衣教，一日有覺，即廢然長往。後乃卜
> 居于白苧村，清淨自活，別立家風焉。集有《蕉上
> 草》，岳石帆先生敘曰：「獨憾公眉宇森秀，少
> 嗜琴書，恂恂儒者氣象，假令昌黎接引，政恐閬
> 仙讓席，假令玄度往還，未必道林居左而寥寥寂
> 寂。於《蕉上》一編，番疑古宿，利養名聞，未必
> 如斯。」

岳石帆即岳元聲，其為當日東南佛教有力外護，其
詩集《蕉上草》，筆者尚無緣寓目，觀岳元聲之語，其
奉道入佛以前，乃一恂恂儒者。其自言「身為釋子，業
尚兼儒」[24]，可知其學兼儒釋，於詩文一道想亦會心，
與沉醉風雅的雪浪門風相接無礙。

---

[24] 釋正勉，〈葬親〉一詩小引，收入釋正勉、釋性通等輯，《古今襌藻
集》，第 4 冊，卷 19，頁 20。

尚有蘊輝性通其人，〈歷代詩僧履歷略節〉一文於
「性通」如是云：

> 字蘊輝，姓鄒氏，梁溪人，住金陵孔雀庵。人
> 峭直不尚飾，具烟霞氣骨，吐水月光華，雅有古
> 人風，不禁雕蟲技，下筆有神，構思有論，遂長
> 揖詞林，研窮大事，有不暇事爪髮者。集有《嗃
> 然草》。

蒼雪讀徹亦曾有詩贈蘊輝性通，❷而虞淳熙（1553－
1621）也就其為人如是說道：「蘊輝上人，雪浪恩公
之子，因明論師。愚公（蘊璞如愚）之弟也，詩、字獨
步，蓋藏真之伯仲，持大戒。以文殊為阿闍黎，學本賢
首宗，而不廢南衡、天台之法。」❷其莊學注疏《南華
發覆》，陳繼儒（1558－1639）舉之為「以莊解莊」❷

---

❷ 蒼雪讀徹之詩云：「尋師舊識清涼路，來到臺邊無限情。偃臥不離修竹
下，閉門剛著一書成。了知為累有鬚髮，久欲使人忘姓名。探徧寒梅留
我宿，坐殘山月夜三更。」見釋讀徹著，王培孫輯注，〈過蘊輝師兼探
吉祥寺古梅歸宿庵中，時師註南華解初成〉，《王氏輯注南來堂詩集》
（臺北：鼎文書局，1977 年），卷 3 上，頁 13-14。
❷ 虞淳熙，《虞德園先生集》，收入《四庫禁毀書叢刊·集部》（北京：
京華出版社，2001 年），第 43 冊，詩集卷之 5，頁 604。
❷ 陳繼儒，〈南華發覆序〉，收入釋性通，《南華發覆》，收入《續修四
庫全書·子部道家類》（上海：上海古籍出版社，1997 年），第 957

的代表之作，在明代莊學史上占有重要的一席之地。❷
從虞淳熙、陳繼儒的說法，不難想見蘊輝性通見重於當
時士林之情於一斑。

綜觀三人傳記相關記述，或略可得知《古今禪藻
集》編纂過程之梗概，此書編纂之議當發自理庵普文，
是以〈歷代詩僧履歷略節〉一文以理庵普文為殿軍，以
示推重之意，是書終成於道可正勉、蘊輝性通之手，蘊
輝性通出身賢首宗南方系，學行重一時，實際編務恐多
落於道可正勉之手。

書前有憨山德清、譚貞默、虞淳熙三人序，大抵闓
論詩禪不二之旨。除此之外，尚有〈禪藻集選例（凡十
舉）〉一則，明白揭示選詩去取之標準，其曰：

> 僧道行孤高，兼擅風雅，履歷可稱者，為第一
> 義，則居首選。
>
> 詩格高調古，思奇語玄，幽閒虛曠，颯颯可法者，
> 亦居上選。
>
> 詩有關忠孝節義，激揚名教者，縱詩稍平，則亦
> 不遺耳。

冊，頁3。

❷ 方勇，《莊子學史》（北京：人民出版社，2008年），第2冊，頁469-
482。

詩或匡維法門，與崇佛事，砥礪僧行，有補庸劣者，悉收之。

弔古悲廢慨，慨傷時事及風刺悠揚者，亦取之。

人行高望重，世代曠遠，全集湮滅，間得一篇兩篇，不忍輕棄，並收之，不在例內。

干謁逢迎，及宮詞豔體，有傷本色者，則擯而不取。

登臨送別，風月閒題，人人擅場者，亦不多取。

履歷莫詳，年臘無考，致有顛越僧次者，則耳受之訛也。

詩類雜見，卷帙不均，則集者托人之誤耳，幸大方無哂我為。

前六則言取，後四則言去。取詩大抵不外風雅可傳、弘揚聖教，砥礪名節，鉤沉輯佚等，去之者則以風月閒題或品格不端為主，值得注意的是：關於作品的真偽考證一事，《古今禪藻集》似乎頗為考據學者詬病。例如四庫館臣就對《古今禪藻集》一書如是說道：

以朝代編次，每代之中又自分諸體，中間如宋之惠休、唐之無本後皆冠巾仕宦，與宋之道潛老而遘禍，官勒歸俗者不同，一概收之，未免泛濫。又宋

倚松老人饒節後為僧，名如璧，陸游《老學庵筆
記》稱為南渡詩僧之冠，與葛天民卒返初服者亦不
同，乃遺而不載，亦為疏漏。至寶月〈行路難〉，
鍾嶸《詩品》明言非其所作，載構訟納賂事甚悉，
而仍作僧詩，皆未免失于考訂。他如卷一之末獨附
讚銘誄賦，蓋以六朝篇什無多，借盈卷帙，然以此
為例，則諸方偈頌，孰非有韻之文，正恐累牘連
篇，汗牛難載，於例亦為不純。特其上下千年，網
羅頗富，較李龏《唐僧弘秀集》惟取一朝之作者較
為完具，存之亦可，備採擇焉。❷

雖然四庫館臣批判此書考核失精不純，但亦肯定其蒐羅
之富，可備採擇。今人陳正宏教授則將《古今禪藻集》
與崇禎時毛晉所編《明僧弘秀集》比較之後，以為「從
編刊精當的程度論，《明僧弘秀集》比《古今禪藻集》
更有價值」，❸雖然兩者對《古今禪藻集》都不無微
詞，但《明僧弘秀集》較《古今禪藻集》晚出許多，且
僅為一代之作，相當程度是在《古今禪藻集》的基礎上

---

❷ 永瑢等撰，《四庫全書總目提要》（上海：商務印書館，1931 年），第
38 冊，頁 70-71。
❸ 陳正宏，《明代詩文研究史》（上海：上海文化出版社，2000 年），頁
139。

後出轉精，《古今禪藻集》在僧詩總集的拓宇之功仍然
不容忽視；另一方面，對於若干詩僧生平細節或作品眞
僞的考訂失眞固然難辭其咎，但仍然對認識晚明以前詩
僧作品的發展軌跡，提供一個大致可供辨認的輪廓，在
近世佛教文學史上仍然具有重要的意義。

　　做爲文學史上第一部具有歷時性意義的僧詩總集，
儘管在明代前期僧詩的收羅未若《明僧弘秀集》全備，
《古今禪藻集》對於表彰當代詩僧（特別是賢首宗南方
系一脈）或以詩存史的用心清晰可見，《古今禪藻集》
仍然不失爲一個認識明代僧詩的重要窗口。例如集中收
錄明初詩僧夢觀守仁之詩曰：

　　　　我讀太史書，遂知徐烈婦。
　　　　英英閨中柔，落落氣如虎。
　　　　為婦當徇夫，為子當徇父。
　　　　生托結髮情，死共一坏土。
　　　　寸鐵鏤誓詞，全身赴火聚。
　　　　觀其倉皇際，出處心獨苦。
　　　　使有健士力，執仇在掌股。
　　　　既無生夫術，一死真自許。
　　　　有生孰不死？爾獨得死所。
　　　　日落青楓雲，天黑巴陵雨。

　　長歌烈婦詩，悲風起林莽。㉛

此詩記述徐烈婦壯烈守貞的場面栩栩如生，甚至可謂驚心動魄。徐一夔曾就徐烈婦一事本末說道：「烈婦本潘氏女，年二十五歸里人徐允讓。至正十九年春有大兵徇地越上，烈婦從其夫走匿山谷中，游兵至，獲其舅與夫，殺之，且執烈婦。烈婦自度不免，謀死又不得，間乃紿之曰：『吾夫既死，吾從汝，必矣。獨念吾舅與夫暴屍原野，誠不忍其狼籍，苟為我曳屍納土窖中，聚雜木焚之，使化為燼，吾無他念，從汝決矣。』游兵信之，行拾遺骸，倉卒刻誓辭擲置草間，伺火燄稍熾即躍入窖中，并燒死。」㉜夢觀守仁曾從學楊維禎，或可謂之援儒入釋。㉝今觀此詩，敘事流利，風雷獵獵，特別是對完美人格的仰嘆，與傳統文學史印象中僧詩蔬筍氣重的山水清新之風略有一徑之隔，其藉詩傳史之意不難想見。徐烈婦事蹟在明代廣為流傳，甚至收入呂坤《閨範》㉞與黃尚文《女範篇》㉟當中，成為烈婦楷模。

㉛　守仁，〈山陰徐烈婦詩〉，《古今禪藻集》，第4冊，卷18，頁7-8。

㉜　徐一夔，〈跋徐烈婦書後〉，《始豐稿》，卷14，頁16，收入《景印文淵閣四庫全書》（臺北：臺灣商務印書館，1983年），第1229冊。

㉝　錢謙益，〈夢觀法師仁公〉，《列朝詩集》（上海：上海古籍出版社，1983年），閏集，頁677。

㉞　「潘氏，字妙圓，山陰人，適同邑徐允讓，甫三月，值元兵圍城，潘同

《古今襌藻集》中強烈的現實關懷令人印象深刻，例如永瑛「我儜願無儲，不願年饑荒。饑荒民薄斂，無粟充太倉」❸，寫當時飢荒人民的慘狀，德勝「東北一戌餘十年，年年士卒募臨邊。春征雲盡秋防汛，秋報言無春去船。又徵子弟朝鮮戌，別母收啼行不住」❸，則寫朝鮮之役戌邊徵兵的無奈，為底層人民發聲。朝鮮之役，來自南方的「南兵」遠較北兵更為出色活躍，背後的代價是無數家庭的分離破碎。諸如節婦、飢民、戌卒等題材固非僧詩所習見，卻莫不是時代下人民與社會現象的絕佳見證，同時也是拯飢救逆的菩薩道初心本懷。

除了大時代的見證之外，也有個人生命書寫的記錄。在史料、僧傳之外，詩也是記錄生命歷程的重要載體。雖然〈歷代詩僧履歷略節〉一文收有道可正勉之生

夫匿嶺西，賊得之，允讓死於刃，執潘，欲辱之。潘顏色自若，曰：『我一婦人，家破夫亡。既已見執，欲不從君，安往？願焚吾夫，得盡一慟。即事君百年，無憾矣。』兵從之，乃為坎燔柴，火正爇，潘躍入烈焰而死。」見呂坤，《閨範》，《呂坤全集》（北京：中華書局，2008 年），頁 1508。

❸ 「山陰徐允讓妻潘妙圓。讓從父安避兵山谷，兵執安欲殺之，讓大呼曰：『寧殺我。』兵舍安而殺讓。將辱潘，潘紿曰：『焚我夫屍，則從汝矣。』兵乃聚薪焚之，潘即投烈焰而死。」見黃尚文，《女範篇》（北京國家圖書館藏明萬曆刻本），卷 4。

❸ 永瑛，〈苦哉行用朱西村韻〉，《古今襌藻集》，第 4 冊，卷 18，頁24。

❸ 德勝，〈丁酉春徵兵戌邊至秋復徵〉，《古今襌藻集》，第 5 冊，卷21，頁 11-12。

平，但未若〈葬親〉一詩詳細，其詩云：

昔遭家不造，天步屬多圯，
骨肉既分崩，恒產蕩無紀。
束髮方外遊，一鉢為耒耜，
犖犖越故步，孤雲任生死，
弱喪十二年，耀靈急飛矢，
忽因回飆馳，轉蓬歸故里，
風塵拜雙柩，銜悲不能弭，
六子非令人，埋骨無寸址，
蓼莪化伊蒿，瓶罄罍為恥，
遂捐分寸畜，拮据營舊壘，
秪欲栖遊魂，不費圖龍耳，
緬懷鬻身賢，負土奔若駛，
厥冬卜葬日，執紼冰雪裏，
長恨抱終天，苦海悲無底，
光儀蔑見期，心戚如齧指，
愛水竭洟淚，白雲徒陟屺，
生當未成童，曷解羞甘旨，
死則為桑門，喪葬禮不庀，
蓋棺論富貴，臧否定沒齒，
一坏當佳城，萬事苟巳矣，

　　齎送无劍遺，紀年聊樹梓，

　　鶴歸乏華表，奠瘞虧壇壝，

　　薤歌擬白花，啼鳥述哀誄，

　　靈氣通硤山，孝思流長水，

　　余亦電露命，胡能守禋祀，

　　須憑清江神，年年薦芳芷。❸

這是一首帶有強烈自傳性質的敘事詩，就其孝思刻意摩
寫。此詩前有小序，就其創作緣起言之甚詳，其曰：

　　先父母生余兄弟六人伯仲，皆成立食貧，予最
幼，鍾二人愛會，已丑歲疾疫，我母弗祿，而父
亦相踵下世，明年四月，感念生死，出家胥山之古
剎，身為釋子，業尚兼儒，每誦〈蓼莪之什〉，潸
然泫涕，竊自謂：子於父母生養死葬，人子恒職，
今既失生養而雙柩暴露一隅，更獨何安？越辛丑
歲，星冉冉一周矣，乃以葬事謀諸伯仲，俱以貧，
力不堪襄，事又一載，為壬寅冬，余有方外遊，欲
速酬前願，然又未能卜地，亡何有，從兄者憫余孝
思，指祖塋昭次可權厝。予曰：「生寄死歸，何地

---

❸ 正勉，〈葬親〉，《古今禪藻集》，第 4 冊，卷 19，頁 20-21。

非權乎？」遂罄衣鉢之資，辦葬具。因思：禪衲不
欲立文字，破白業之戒，然此一段苦心，又不敢同
淪黃壤。況詩出性情之正，昔賢所不禁，于是僧而
詩借文字以紀事，縱有敗實之議，余心甘之矣。❸

編者自選自作固不足取，然此乃明人常見風習。就詩論
詩，此作固然未必高明，然亦因賴有此作，就認識道可
正勉其人一事，亦可補史料之闕漏。更為難得的是：此
詩將家中貧困的窘況、手足不諧（甚至近乎不孝），以
及雙親下葬的曲折經過如實寫出，罕所隱諱。道可正勉
此詩固不無自我標榜之嫌，卻同時也透顯出明代僧人與
世俗倫理（儒教價值觀）彼此交涉的樣態，有遠超一
己遭遇之上者。從眾生悲辛到個人境遇，明代詩僧對
人世現實的高度關注令人印象深刻。雖然如此，此類作
品遽難謂之僧詩本色當行，若慮及僧人生活背景與修
證實踐，自然話語與感官論述數量之多，亦當不在意料
之外耳。

三、自然話語

　　傳統詩學批評家喜用「蔬筍氣」的說法來概括傳

---

❸　正勉，〈葬親〉，《古今禪藻集》，第 4 冊，卷 19，頁 19-20。

統詩僧作品的特徵，「蔬筍氣」的內涵雖然眾說紛紜，但大抵指浪漫情感與豪勇血氣的付之闕如，沉溺於山林自然風味，具有強烈主張退讓不爭的消極傾向。嚴格來說，僧詩當另自有一套判準，不該以俗世間的文字繩墨。筆者曾以晚明高僧漢月法藏（1573－1635）的山居詩爲例，山居詩雖然淵遠流長，但高明的作者仍然可以從中表達其自然觀與歷史觀。❹例如梅花在嚴寒中綻放的道德想像，也是經由宋代以後的禪僧再三轉寫，故而深入人心。❹大體來說，山林風物等自然話語是佛教文學（特別是禪宗詩歌）最重要的擬喻。僧詩中的自然話語，是其自然哲學、空間觀、想理的世界圖像（例如淨土或桃花源）的精神特質匯聚一時的特殊修辭方式。

以山爲例，山在佛教文化脈絡中除了自然風味之外，往往又有神聖空間的涵義。例如佛教三名山（五台、普陀、峨眉）。詩僧的聖山書寫往往具有「聖／俗」、「靜／動」、「心／身」、「人／自然」相互對待、彼此互具的特質，遠超世俗雅興遊賞的單一特質。《古今禪藻集》當中寫山之作不知凡幾。例如明代僧人

---

❹ 廖肇亨，〈晚明僧人山居詩論析──以漢月法藏爲中心〉，《中邊·詩禪·夢戲──明清禪林文化論述的呈現與開展》，頁 273-300。

❹ 程杰，《梅文化論叢》（北京：中華書局，2007 年）、《中華梅花審美文化研究》（西安：陝西師範大學出版社，2008 年）。

本吳禪師擬謁五台之際，廣莫禪師贈詩云：

> 出門芳草路漫漫，驀直曾參婆子禪。
> 塞上風塵雙白足，杖頭蹤跡半青蓮。
> 重巖雪積僧初定，古寺春深花欲然。
> 若問曼殊行履處，寒山寂寂水漣漣。❷

趙州和尚與台山婆子是禪門著名公案。前半寫僧人行腳風塵與求道熱誠，乃悟前勤修，後半則寫修後悟。「古寺春深花欲然」，乃是內心風景的投射。末尾則是將求道者與文殊聖者的化身寒山和尚合而為一。是法住法位，世間相常住。

由於華嚴四祖清涼澄觀（738－839）在五台山大開洪爐，著作中又多以五台山（清涼山）做為華嚴教義的擬喻，是以後世華嚴學僧（例如憨山德清）莫不特意朝禮五台，賢首宗南方系學僧亦不例外，多有詩詠其事。❸晚明以來，僧人行腳朝山蔚然成風，例如明代僧人真一送人從五台禮普陀山之詩云：

---

❷ 廣莫，〈送本無禪師謁五臺〉，《古今禪藻集》，第 6 冊，卷 25，頁 27。

❸ 關於這點，詳參廖肇亨，〈從「清涼聖境」到「金陵懷古」──從尚詩風習側探晚明清初華嚴學南方系之精神圖景〉，《中央研究院中國文哲研究集刊》第 37 期（2010 年 9 月），頁 51-94。

道人今自五臺來，還同昔日五臺去。

若言去自昔時蹤，我心不得去時處。

若言今是來時路，我心飄飄渾無住。

翹足南望洛伽山，依舊洋洋娑竭海。

佇思六月清涼寺，塞風栗栗何曾改？

兩山情境俱不遷，道人去住亦何言？

但令心無去來想，此山可北彼可南。

君不見，昔有真人居南嶽，

一鉢翛然出行腳，偶然挂錫大慈山，

雙虎移泉童子洇。❹

真一無傳，不詳其人。五台山為佛教第一聖山，普陀為觀音道場。晚明時兩山南北相望，為兩個地位最為崇高的佛門道場。臧懋循（1550－1620）曾就兩山之異同說道：「顧南海補陀，一葦可達；而清涼遠在朔塞，非歲餘聚糧，無以即路，故我吳人禮補陀者常十九，而禮清涼者不能什之一。」❺對江南僧侶而言，普陀山近在耳目，遠謁五台山成為宗教熱誠的表徵。不過真心向

---

❹ 真一，〈昱光道兄禮五臺還南海贈之〉，《古今禪藻集》，第 5 冊，卷 21，頁 9-10。

❺ 臧懋循，〈清涼山顯通寺募緣疏〉，《負苞堂文選》，《續修四庫全書·集部》，第 1361 冊，卷 4，頁 49 中。

道者寡。憨山德清曾對就此風如是說道：「今出家者，空負行腳之名，今年五台、峨眉，明年普陀、伏牛，口口爲朝名山，隨喜道場，其實不知名山爲何物，道場爲何事，且不知何人爲善知識，只記山水之高深，叢林粥飯之精粗而已。」❹眞一此詩其實是對熱極一時朝山之風的反思批判。結尾乃用大慈山寰中和尙之典，❹謂其「但令心無去來想，此山可北彼可南」，暗諷行腳僧人徒然從事於四處行腳朝山，卻於勤修道業一事掉臂不顧。雲棲祩宏也曾對明末僧人熱中朝山之風一事說道：「或謂五台峨嵋普陀三山，劫壞不壞。遊者能免三災，此訛也。三災起時，大千俱壞，何有於三山？若必遊此免災，則瞽目跛足之徒，不能登歷者，縱修殊勝功德，終成墮落。而居近三山者，即愚夫皆成解脫耶？當知無貪乃不受水災、無瞋乃不受火災、無癡乃不受風災。三山之到否何與？願念念開文殊智、行普賢行、廓

---

❹ 憨山德清，〈示寂覺禪人禮普陀〉，《夢遊集》，《憨山大師全集》（趙縣：河北禪學研究所，2005 年），第 1 冊，卷 4，頁 98。

❹ 元敬、元復，《武林西湖高僧事略·唐大慈山寰中禪師》謂：「時學者甚眾，山素缺水，師擬飛錫。夜夢神人告曰：『勿他之，我移南嶽小童子泉就師取用。』詰旦見二虎以爪跑於地。泉自湧出。味甘如飴。有僧自南嶽至。乃曰小童子泉涸矣。故東坡題詩云：『亭亭石塔東峰上，此老初來百神仰。虎移泉眼趁行腳，龍作浪花供撫掌。至今遊人灌濯罷，臥聽空階環佩響。故知此老如此泉，莫作人間去來想。』」收入《卍續藏》（臺北：新文豐出版公司，1983 年），第 77 冊，頁 581 下。

觀音悲，則時時朝禮三山，親邇大士。不達此旨，而遠遊是務，就令登七金、渡香水，何益之有？」❹對於朝山信仰衍生可以消災解厄的說法，雲棲袾宏顯然大不以爲然。

當然，在佛教內部，不只是因爲聖山具有赫赫威神力，成爲民眾崇拜的對象，更重要的是：山是佛教一個特殊的隱喻，既是實際生活的自然環境，也是修行過程中自我轉化的憑依，可謂具有多重層次的自然話語。清初東渡日本的黃檗宗即非如一（1616－1671）禪師曾經就此如是說道：

> 五蘊，山也。人我，山也。涅槃，山也。一切聖凡，出生入死，未嘗不居於此山也。若能坐斷此山，全身是道，則無內無外，無彼無此，到恁麼田地，便是超生脫死的時節也。❹

從即非如一禪師的角度來看，「坐斷此山」即能「超生脫死」，幾乎同於「道成肉身」。山的文化意涵又能與傳統文人胸懷丘壑的自然意象相疊合，成爲僧詩中顯而

---

❹ 袾宏，〈三山不受三災〉，《雲棲法彙》卷 15，《明版嘉興大藏經》（臺北：新文豐出版公司，1983 年），第 33 冊，頁 76 下 -77 上。
❹ 即非如一，《即非禪師全錄》卷 4，《嘉興藏》，第 38 冊，頁 643。

易見的文化地景。

　　相對於聖山意象，另一個多層次的擬喻即是大海。早期佛教經典中有「海有八德」的說法，後來禪門中「大海不宿死屍」之公案即出於此。日本五山禪僧多有詠海之詩，成為五山禪林詩作中一個特殊的擬喻。❺⓪相對於聖山書寫的漪歟盛哉，中國詩作中詠海之作略顯不足。不過，如同海洋詩作發展的歷史進程，宋代以前的海洋意象主要是神仙想像，宋代以後的海洋詩作方有親身體驗的精彩可說。《古今禪藻集》中的海洋意象也呈現了與聖山意象不同的風味。例如德勝的〈補海汛詞〉，其云：

> 百萬人看青海月，兩三冠嘯白旗風，
> 洪濤怒激雪山立，落日夷歌別島中。
> 羽書南海報猖狂，守汛樓船黑水洋，
> 忽聽島夷螺哽咽，氣衰一夜鬢如霜。
> 萬艘斥候海天愁，慘慘陰風夜不收，
> 骸骨入關生死願，漢家無地盡封侯。❺①

---

❺⓪　參見本書〈百川倒流——日本臨濟宗五山禪林海洋論述義蘊試詮〉一文。

此作前有小序，曰：「定海關外楊周等山，守汛諸兵風境淒感，古今詞客多有出塞、涼州等作，而畧東南邊海之苦，余竊不滿。聊補古人之缺題。故云：〈補海汛〉。」❺此詩主要是描寫東海邊海之苦，特別是禦倭入侵的士兵的處境。德勝雖然是一介僧人，對東南士卒的生活倒是拳拳致意。特別是其注意到「古今詞客多有出塞、涼州等作，而畧東南邊海之苦」，雖是就邊塞詩而言，同樣也有文學史的意義。明清以後，各種不同的海洋經驗豐富海洋詩作的文化意涵。德勝另有〈答道可佛可八月十八日同諸友人海上看潮有懷之作〉一詩，寫與道可正勉等人一同觀潮的心情，其云：

滄溟八月大風高，此際還能念鬱陶；
避世真應慚爾輩，望洋空擬向吾曹。
五山徒步齊羣聖，幾錫聯飛駐六鰲；
何處得來龍頷物？開緘猶帶海門濤。❺

雖然此詩只是單純的懷人寫景之作，並未有太多深刻的

---

❺ 德勝，〈補海汛詞三首有引〉，《古今禪藻集》，第 6 冊，卷 28，頁12-13。
❺ 同前註。
❺ 德勝，〈答道可佛可八月十八日同諸友人海上看潮有懷之作〉，《古今禪藻集》，第 6 冊，卷 25，頁 12。

涵義，與傳統的「觀海」詩的創作方式幾無二致。但
綜觀德勝諸作，類似「春深滄海色，夢斷紫濤聲」❺、
「滄海迴風色，明河注水聲」❺的說法屢不一見，刻
意營構海洋意象的用心亦不難想見，從這個角度看，
《古今禪藻集》的詩僧作品，也充分具有文學史的重
要意義。

四、感官論述

　　山海之外，近年來，惠洪覺範強調感官互通的詩學
主張甚受學者注目。❺以味覺為例，佛教又對味覺論述
情有獨鍾，例如「佛法一味」、「味外味」、「譬如食
蜜，中邊皆甜」、禪宗更有「曹山酒」、「趙州酒」、
「不曾少鹽醬」、「露地白牛」等味覺公案。本文擬以
《古今禪藻集》中所收明代詩僧作品，就其相關的感官
論述略加審視，進而省思詩學與禪學的互動關係。

　　佛教雖然講身心解脫，但捨此肉身，亦無由成道，
四大不調，人所常有，僧人又何讀然，因病見身，理
所常有。明初著名的詩僧宗泐❺有詩記病，其云：

---

❺　德勝，〈初春對梅花憶友人渡海朝普陀山〉，《古今禪藻集》，第 5
　　冊，卷 23，頁 2。

❺　德勝，〈讀王元美集〉，《古今禪藻集》，第 5 冊，卷 23，頁 2。

❺　參見周裕鍇，〈「六根互用」與宋代文人的生活、審美及文學表現──
　　兼論其對「通感」的影響〉，《中國社會科學》2011 年第 6 期。

> 身老那堪病更纏，小齋攲枕祇高眠；
> 階前秋雨連三日，籬下黃花自一年。
> 摩詰不知除病法，嵇康空著養生篇；
> 尚方再賜千金藥，慚愧皇恩下九天。❺❽

摩詰示疾是常見故實，此詩一半寫病中高眠的時光，一半卻暗自矜誇天寵之貴，無甚深意。但另一名詩僧見心來復（1319－1391）❺❾於病中另有所見，其云：

> 嗒然枯坐竹方床，懶慢無心百慮忘；
> 雨後摘蔬萵苣綠，風前曬藥茯苓香。
> 飛蛾夕掩銅盤燭，餓鼠朝窺瓦缶糧；
> 幻世有生皆旅泊，歸休何地是吾鄉。❻❶

此詩首聯與前首無異，寫病中悠長時光。頸聯寫景如實切洽，點出詩題。有趣的頷聯中的飛蛾與餓鼠的比喻。

---

❺❼ 宗泐，字季潭，臨海周氏。八歲從大訢受業，十四薙髮，二十具戒。後參謁徑山元叟，掌記室。初主水西寺，遷中天竺、雙徑、天界諸寺。洪武十年求法於西域。後歸朝，任僧祿司右善世。著有《全室集》。

❺❽ 宗泐，〈病中作〉，《古今禪藻集》，第 5 冊，卷 24，頁 3。

❺❾ 來復，豫章豐城（位於江西）人。俗姓王，字見心，號蒲庵，世稱豫章來復。嗣法徑山之南楚師悅。元末因兵亂遷入會稽山，於定水院開始弘法。歷住鄞州天寧寺、杭州靈隱寺等。

❻❶ 來復，〈甲寅歲病中述懷〉，《古今禪藻集》，第 5 冊，卷 24，頁 10。

見心來復曾任僧官，因胡惟庸牽連入獄致死，飛蛾撲火或餓鼠窺糧似乎帶有政治隱喻，或恐其方爲致病之由。末尾意味深長，似乎由病悟生，暗示人生如寄，且世間形軀皆非實有。

對於四大五蘊，僧人別有所見，往往與俗世有別，例如俗名姚廣孝的詩僧道衍對於苦之爲味的讚揚，令人印象深刻，其云：

> 甘腴眾所歆，苦毒吾乃喜。
> 味之曾勿厭，八珍同其美。
> 簞瓢能久如，鍾鼎豈常爾。
> 昔賢有遺戒，刀蜜不可舐。
> 願言膏粱人，於斯當染指。❻

此詩勸世意味濃厚，甘味乃世間榮華富貴之喻，苦味則是貧淡平凡的生活情調，此詩勸人莫以世間富貴爲念，當以修道爲先。雖然卑之無甚高論，但取譬特殊，頗有未經前人道者。僧人論味，多尚言茶。茶與佛教之淵源久遠，前人論之已詳，無庸詞費。一如無處不在的山居詩，《古今禪藻集》言茶之作亦觸目皆是，在味覺的基

---

❻ 道衍，〈味苦詩爲一初賦〉，《古今禪藻集》，第4冊，卷18，頁14。

礎之上，營構不同層次的文化意涵。例如永瑛之詩云：

> 石洞松門帶夕陽，自攀青蔓采秋霜，
> 大官尚食知多少？不似山廚意味長。[62]

此詩結尾不免略傷溫柔敦厚之旨，或可歸入俗白僧詩一
路。茶不僅是養生之具，更是清高人格的表徵，也是僧
家生活的具體寫照，是以作者復云：

> 瓦竈松爐自一家，阿師炊飯我煎茶，
> 秖應心地無煩惱，好向山中度歲華。[63]

在禪門話語當中，洪爐與破竈都有特殊的隱喻，意味著
主客對立融化消解，故而茶香於此不只是一種生活方
式，更意味著完美的修行境界與人生智慧。僧家少欲無
爲，唯慧是業，餘韻裊裊的茶香往往意味著無法言說的
無上法悅。雖然如此，亦未可一以視之。八萬四千解
脫法門，琴居其一。明代詩僧古春於琴道別有會心，
其詩云：

---

❻ 永瑛，〈采山藥子煎茶〉，《古今禪藻集》，第 6 冊，卷 27，頁 23。
❻ 永瑛，〈戲贈阿師〉，《古今禪藻集》，第 6 冊，卷 27，頁 24。

> 碧香非所嗜，綠綺能醉心。
>
> 泠然萬籟作，中有太古音。
>
> 妙彈不須指，趣在山水深。
>
> 清風動寥廓，白月流中林。
>
> 子期如可遇，鑄以千黃金。❻

這首詩基本上是「無絃琴」的追摩擬想。萬籟喻森羅萬象，太古音喻眞常佛性。「碧香」即茶，此處成爲爛熟平庸的代稱，以習學古琴一事高自標置，又與傳統中知音難得的故實相結合。在《四十二章經》中，以調弦一事以喻調伏身心。❻又《大智度論》提及犍闥婆王至佛所彈琴讚佛，三千大千世界無不震動，乃至摩訶迦葉不安其坐。❻聽覺成爲契入佛法堂奧的絕佳手段，故觀音耳根圓通爲最上解脫法門。明清僧人精於琴道，故清初東渡日本的曹洞宗僧人東皋心越爲江戶琴學之祖，實有以致之。

　　五蘊六根充分運用與配合，《古今禪藻集》中不乏其例，明代詩僧斯學襲用習見樂府詩題〈四時子夜歌〉

---

❻ 古春，〈醉琴卷〉，《古今禪藻集》，第 4 冊，卷 18，頁 19。

❻ 迦葉摩騰、法蘭譯，《四十二章經》，《大正藏》，第 17 冊，No. 784，頁 723 下。

❻ 鳩摩羅什譯，《大智度論》，《大正藏》，第 25 冊，No. 1509，頁 135 下。

（或〈子夜四時歌〉）的體製，嘗試刻畫特殊的生活情境，其曰：

> 殘花落處香成雨，嬌鳥啼來日當午，
> 碧蜂采英若個甜，黃蘗生心為誰苦？
> 葵英如杯榴萼小，綠樹陰陰囀黃鳥，
> 晝長深院不開門，暗鑠愁眉事多少？
> 新涼已入深閨裏，林葉蕭蕭夕風起，
> 床頭蟋蟀急寒霜，池面芙蓉照秋水。
> 風霜慘淡歲云暮，葉聲吹盡江頭樹，
> 閨裏相思人未歸，寒衣欲寄愁長路。❻

斯學其人生平此組詩作按春夏秋冬的次序排列，目視草木，耳聽蟲鳥，有甜有苦，愁長蹙眉。此作雖曰僧詩，卻充滿閨怨情思，似乎有違《古今禪藻集》編者選詩的初衷。斯學其人英才早逝，編者或不無以詩存人之意。此外禪門亦本有豔詩悟道一路，借閨怨之思以表心思專一或冷暖自知，故似亦不應遽以為非。寫僧家理想的生活型態與精神境界，弘灝之作似乎更為傳神。其詩云：

---

❻ 斯學，〈四時子夜歌〉，《古今禪藻集》，第 5 冊，卷 21，頁 13-14。

絃斷猶堪續，草敗猶能綠，

每歎人不如，云亡難再復。

伊予感實深，無生念轉篤，

竄身巖石間，含真而抱樸。

止渴有清泉，療飢有黃獨，

雖乏旃檀香，埜華常馥郁。

所契良難忘，引領勞雙目，

疇念菰蘆人，足音響空谷。❽

　　第一段寫入道機緣，特別是探究一大事因由。第二
段則寫斷絕俗慮的修行之精。此詩眼目在第三段，說明
僧家不追求口腹之慾或感官刺激的滿足，當唯道業成就
是問。眼中所見只有那些潛心修道的前輩楷模。此詩雖
然不是徹悟人語，但就一個真誠求道人的理想狀態如實
描繪，除了基本的生理需求之外，全副身心都朝向理想
境界的追求。認識感官，才能超越感官，才是圓滿解脫
的不二法門。

---

❽ 弘灝，〈屏居山中寄南湖諸法友〉，《古今禪藻集》，第 4 冊，卷 19，
　頁 18-19。

五、代結語

近世漢傳佛教詩僧研究是佛教文化史的一大題目，此一問題牽涉甚廣，可謂環環相扣的文化綜合體。從感官論述與自然話語的角度，重新檢視《古今禪藻集》中明代僧詩，冀能對以下的課題有所裨益：

（一）感官論述是文學創作論極其重要的一環，對中國古典文學批評家而言，其認識個體心理層面活動，幾乎全由佛教入手，例如金聖歎。梁啓超曾言「佛教就是心理學」，本文以明代僧詩爲例，探討中國文學創作過程中，佛教（尤其是禪宗）在感官論述與自然話語中的特殊成就。

（二）自然話語牽涉到生態倫理、空間觀、自然觀，這是當前人文學界最重要的時代課題之一。田園山水詩一直是中國文學最重要的題材之一，但僧詩中的自然話語層次更爲豐富，包括聖與俗、自我書寫與如何認識客觀世界等課題，皆爲不可忽視的重要課題。解析僧詩著作當中的文化意涵，或有助於與當前人文學術思潮進行深度反思對話。

（三）詩禪關係是東亞地區漢傳佛教文化地區最重要共通的文化現象，從感官論述與自然話語出發，省思近世詩僧的表述方式與修辭策略，同樣也是認識東亞文

化不可或缺的門徑。例如東亞諸國繪畫史共通的題材之一——「瀟湘八景」，在流傳的過程中，禪僧之力莫大焉，透過近世詩僧的作品，對東亞共通的文化實踐與思維樣式可以有新的認識。

　　本文從自然話語與感官論述雙重進路，探究詩僧創作風格演變及其相關的歷史、文化、社會脈絡，同時就《古今禪藻集》的成書過程加以討論，就前人未及著意的文獻材料略加詮解，冀能為近世佛教文學研究開啟不同的問題視野與論述方式。

葉燮與佛教

一、前言：問題之所在

以《原詩》一書享譽中國文學批評史的葉燮，字星期，號已畦，康熙九年（1670）進士。晚年定居吳江橫山，世稱橫山先生。關於《原詩》一書的研究汗牛充棟，近年蔣寅先生更傾注多年心血，重新箋注《原詩》，爲後學指引迷津。不過對於《原詩》一書的崇高聲譽，其作者葉燮固非無名之輩，然研究者於其生平、交遊等細節，亦多在含糊朦朧之間。蔣寅先生《原詩箋注》一書後附葉燮簡譜，亦頗便於翻覽檢索。可惜在葉燮年譜部分，舉凡佛教相關部分，蔣先生多未注明。今觀葉燮文集，晚年心曲盡付空王，佛教似亦不容輕輕看過。是以不揣淺陋，撰就此文，就教海內外方家。

葉燮之父葉紹袁于明清鼎革之際，剃髮出家，葉燮亦隨其父寄居僧舍，❶晚年又留連山寺，其弟子沈

德潛（1673－1769）形容葉燮與佛教之宿緣時說道：
「四歲，虞部公授以《楚辭》，即成誦。稍長，通《楞
嚴》、《楞伽》，老尊宿莫能難」、「晚歲時，寓蕭寺
中，藜羹不糝，不識者幾目爲老僧。有治具蔬食，招往
論文者，輒往。而富家豪族，欲邀一至，不可得，曰：
『吾忍饑誦經，豈不知屠沽兒有酒食耶？』」❷沈德潛
之言固不無誇大之嫌，四歲兒頌《楚辭》尚可說，「通
《楞嚴》、《楞伽》，老尊宿莫能難」則顯爲夸飾之
詞。然曰葉燮晚年儼然老僧，則爲實錄。今考其文集，
晚年類如「如老僧之在退院」❸之說法屢不一見，當爲
實錄。葉燮自言其父「喜釋氏言，著《楞嚴彙解》、
《金剛經》、《參同契》」、「暮年薙髮爲浮屠於杭
之皋亭山」❹，葉燮雖然沒有佛典相關著作，但綜觀葉

❶ 葉紹袁出家的經過，具載錄於其日記《甲行日注》當中。葉紹袁道：
　　「（順治二年〔乙酉〕八月二十五日），甲辰，微雨。四更起櫛沐，
　　告家廟辭之。同子世佺（雲期）、世侗（開期）、世偁（星期）、世
　　倕（弓期），往圓通庵。」葉仲韶（紹袁），《甲行日注》，沈雲龍
　　選輯，《明清史料彙編》（臺北：文海出版社，1967-1969 年），第 3
　　集，第 6 冊，卷 1，頁 2925。葉世偁即葉燮。
❷ 沈德潛，〈葉先生傳〉，《歸愚文鈔》，卷 16，收入潘務正、李言點
　　校，《沈德潛先生詩文集》（北京：人民文學出版社，2011 年），第 3
　　冊，頁 1398、1399。
❸ 葉燮，〈好石說〉，《已畦文集》卷 3，收入《叢書集成續編》（臺
　　北：新文豐出版公司，1989 年），第 152 冊，頁 77。
❹ 葉燮，〈西華阡表〉，同前註，卷 14，頁 570-571。

燮《已畦文集》與《詩集》全書，其中訪寺贈僧篇什亦爲數不少。本文從其家世背景、友朋交遊，以及其詩文著作等不同角度，嘗試探索佛教在葉燮內心所扮演的作用，希冀對認識葉燮生平及其著作特質有所助益。

二、堅定佛教信仰的家庭背景

葉燮之父葉紹袁薙髮披緇入道機緣固然在於明清鼎革，不過其出家以前已能疏解內典，內學造詣自非等閒。尤有甚者，其一瓣馨香始終在萬曆三高僧之一，號稱惠洪覺範後身的紫柏真可身上。其自撰年譜訴說對於紫柏真可孺慕之情不知凡幾，紫柏真可屢屢入其夢中。其曰：「（十一月上浣），夢紫柏尊者過余，余趨迎入秦齋，師南面憑几坐，余拜几下。師爲書二語，遂寐，忘其上句，下句云：『日看孤松淡淡閑。』余家庭中，故有一松，先大夫手植也。徵繹語意，似不當爲小草之出。而山林趣況，或亦未死。未幾，爲四子世倜入郡學，從郡返至江干，適余初度日，諸友釀金壽，余不敢虛諸友意，受之，佐刻藏經。因過接待，招提寺主希白爲展師遺照，幸一瞻禮，恍如夢境。」❺「（崇禎十二

❺ 葉紹袁編，冀勤輯校，《午夢堂集》（北京：中華書局，1998 年），下冊，頁 858。

年己卯，五十一歲。）四月，夢內人如生存日，余對之
語曰：『我已薙髮，法名開山。』內人云：『此昔崑山
一禪衲名也。』余曰：『若爾，不應更襲前人。余曾夢
達觀大法師，法語指示，當字夢達以表之，仍俟紫柏
再來授名可耳。』寐心異之，自念夙因，幸或未泯。
然紫柏行藏出處，不甚了晰。塔銘是憨山所撰，試一尋
考，而銘載《徑山志》中，簡志，方啓卷目，則第一行
書云：『開山第一代國一祖師某』，恍然『開山』二字
在上。祖師，崑山人也。余鈍根拙性，六情紜擾。西方
大聖，慈航不倦。豈三生石上，固有舊因緣在哉！」❻

「（十三年庚辰，五十二歲）余丁未年，同袁若思寄居
蓮花峯下寺中，自秋徂冬，迨今三十四載。青山如昔，
故人已非，即余已成白首矣。愴然感傷，欲寫一二韻語
記之。是夜，舟中即夢作一絕，云：『相尋林壑過幽
樓，三十年前識舊題。證得無生真法忍，數聲啼鳥盡菩
提。』山寺故為紫柏煉魔場，當非偶也。」❼ 以上所述
夢境其實頗有可述，且俟來日。晚明文人於夢頗有會
心，觀葉紹袁自撰年譜，不難得知：夢對於加強葉紹袁
的佛教信仰，具有決定性的作用。透過夢境，葉紹袁認

❻ 葉紹袁編，冀勤輯校，《午夢堂集》，下冊，頁858。
❼ 葉紹袁編，冀勤輯校，《午夢堂集》，下冊，頁861。

定其與佛教實屬天授，其一意歸心紫柏眞可似亦出自於某種特殊心理故有以致之，並非如湯顯祖、董其昌親炙有得。

葉紹袁之妻爲著名的閨秀詩人沈宜修，其佛教信仰更爲虔誠。葉紹袁曾經就沈宜修虔敬佛教信仰歷程如是說道：

> 君由是益棄詩，究心內典，竺乾秘函，無不披覽，《楞伽》、《維摩》，朗晰大旨，雖未直印密義，固已不至河漢。戊午以後（1618），兒女累多，禪誦之功或偶輟也。家奉殺戒甚嚴，蜆螺諸類，未嘗入口，蟲蟻雖微，必護視之。湖蟹甚美，遂因絕蟹不食，他有血氣者又更無論。兒女扶床學語，即知以放生為樂。❽

沈宜修棄詩學佛固然與其家庭生活有關，特別是夫家對其學詩頗有微詞，佛教成為最重要的心靈慰藉。其雖於內學未必有深刻的造詣，但其家庭之中瀰漫著濃厚的佛教色彩殆無疑義。除此之外，葉燮之姊妹葉小鸞、

---

❽　葉紹袁，〈亡室沈安人傳〉，收入《午夢堂集》，上冊，《鸝吹集附集》，頁 226-227。

葉小紈皆為知名的閨秀詩人，可惜年壽不永，葉紹袁為此問乩扶鸞，《窈聞》與《續窈聞》書中載之甚詳。例如其記葉小紈之事云：

> 余又問亡女葉氏紈紈，往昔因緣，今時棲托。師云：「天下最有癡人癡事。此是發願為女者，向固文人茂才也。虔奉觀音大士，乃于大士前，日夕迴向，求為香閨麗質。又復能文，乃至允從其願，生來為愛，則固未注佳配也。少年修潔自好，搦管必以袖襯，衣必極淡而整。宴爾之後，不喜伉儷，恐其不潔也。每自矢心，獨為處子，嘻亦癡矣。今歸我無葉堂中，法名智轉，法字珠輪，恐亂其心曲，故今日不攜之歸來耳。」（按：無葉堂者，師于冥中建設，取法華無枝葉而純真實之義。凡女人生具靈慧，夙有根因，即度脫其魂于此，教修四儀密諦。）❾

葉紹袁長女葉小紈勤奉觀音大士，某種程度也是來自父母的薰陶。從《窈聞》與《續窈聞》等作品，不難探知：葉紹袁的家庭始終瀰漫著濃厚的佛教氛圍。雖然，葉燮自身的著作中幾乎無一言道及，但對於葉

---

❾ 見氏著，收入《午夢堂集》，上冊，頁519。

燮而言，佛教信仰始終就如空氣一般，無時不刻始終環
繞左右。

三、葉燮的釋門交遊

晚明清初雖然號稱佛教復興，不過客觀來說，葉燮
晚年之際明清佛教界的高峰已過，與國變前後叢林諸山
魁碩並峙的盛況不可同日而語。不過葉燮少時隨其父亦
嘗親炙叢林尊宿，例如時有「散聖」之目的雪嶠圓信。
其贈廬山開先寺住持顒庵一詩曰：

> 普夢廬山隔漢峯，此游覿面任從容。君家瀑布三
> 千丈，挂在藤床八尺苫。
> 昔年曾見雪公來余童時曾隨先大人至徑山，便踏凌霄
> 峯下苫雪公構精舍在峯下。一片孤雲親駐足，萬山拜舞
> 法王臺。雪公室中挂「孤雲駐此中，萬山拜其下」聯。
> 從來散聖別禪宗，巨擘唯推此一公指雪師。我到廬
> 山無別識，原來兩世有家風。❿

顒庵上人不詳誰人，然此詩側重於先人遺澤，今

---

❿ 葉燮，〈開先寺住持顒庵上人雪嶠大師嗣法孫留余止宿，余酤酒獨酌，與
顒庵談至夜分，漫拈以贈〉，《已畦詩集》卷4，頁700。

觀全詩詩意，與顯庵上人幾無交涉，而在緬懷先哲。
雪嶠圓信與密雲圓悟同時受法龍池幻有，詩書亦見重當
世，清世祖於雪嶠圓信頗致推重之情，爲叢林一時人望
之所歸。⓫少年時期隨同父親往謁禪林巨擘雪嶠圓信的
強烈衝擊，始終停留在葉燮心上。綜觀葉燮集中，敘及
諸山長老子孫處不少，例如嗣法曹洞宗壽昌派天界系覺
浪道盛⓬的石濂上人⓭（石濂大汕）⓮、臨濟宗金粟派
木陳道忞⓯法孫心壁上人⓰、臨濟宗三峰派下靈巖繼起

⓫ 關於雪嶠圓信其人及其思想，參見廖肇亨，〈第一等偷懶沙門──雪嶠
　圓信與明末清初的禪宗〉，《中邊·詩禪·夢戲──明末清初佛教文化
　論述的呈現與開展》，頁 239-272。另外陳垣也曾注意到順治帝對於雪
　嶠圓信情有獨鍾，詳參陳垣，《清初僧諍記》（北京：中華書局，1962
　年），頁 64-68。

⓬ 覺浪道盛，別號杖人，閩浦張氏人。生於明萬曆壬辰年，卒於順治己亥
　十六年，世壽六十八，僧臘四十九。幼習舉子業，年十五入贅，十九
　因大父坐亡，有疑，遂生出塵想。求慶源孤舟榕公出家不果，疑益切，
　偶於街次聞貓墮聲有省，落髮於棲邑，遍參諸方，東苑和尚因付壽昌源
　流。年方三十，與焦太史、周海門諸大居士提唱金陵。國變，因《原道
　論》事件入獄，門下逃禪文士甚眾，以方以智、倪嘉慶（1589-1660）、
　髡殘石谿（1612-1692）最爲人知，其生平詳見劉餘謨，〈洞上正宗二
　十八世攝山棲霞覺浪大禪師塔銘〉，《天界覺浪盛禪師全錄》，《嘉
　興藏》，冊 34，頁 685-686。覺浪道盛係明末清初傑出的曹洞宗僧人，
　目前關於覺浪道盛的研究，最有系統的研究應推荒木見悟著，《憂國
　烈火禪》（東京：研文出版，2000 年）一書。另外參見荒木見悟著，
　廖肇亨譯，〈覺浪道盛初探〉，收錄於《中央研究院文哲所通訊》第 9
　卷 4 期（1999 年 12 月），頁 95-116；謝明陽，《明遺民莊子學的定位
　論題》，《國立臺灣大學文史叢刊》（臺北：國立臺灣大學出版委員
　會，2001 年），冊 115，頁；楊儒賓，〈儒門別傳──明末清初《莊》

（1605－1672）❶一脈的三峰碩揆、具德弘禮❶法嗣可紹上人❶、律宗千華派下碧天淨律師、賢首宗子孫西懷了㥳（弘方德、海印弘）等淨侶。葉燮之所以對法脈源流拳拳致意，一方面是緬懷典型夙昔，另一方面也相當反映了當時江南一帶的叢林風氣。

筆者原擬就葉燮法門師友詳加考索，限於時間與篇

《易》同流的思想史意義〉，同註 ；拙著，〈明末清初叢林論詩風尚探析〉，《中央研究院文哲所集刊》，第 20 期（2002 年 3 月），頁 263-301。

❶ 關於石濂大汕的研究，雖然歷有年所，目前以姜伯勤，《石濂大汕與澳門禪史──清初嶺南禪學史研究初編》（上海：學林出版社，1999 年）一書最為深入而全面。陳荊和則有重要的拓宇之功，參見陳荊和編，《十七世紀廣南之新史料》（臺北：中華叢書委員會，1960 年）一書。

❶ 葉燮，〈贈石漣上人〉，《已畦詩集》卷 4，頁 898。

❶ 木陳道忞（1596-1674），號山翁，廣東潮州潮陽人。曾參雪嶠圓信，後嗣法密雲圓悟，歷主浙江的靈峰寺、雲門寺、廣潤寺、大能仁寺、萬壽寺、山東的法慶寺等，兩度主持天童寺。清順治十六年（1659），奉詔入京，與學士王熙等辯論佛儒優劣，順治帝賜號弘覺禪師。著有《北遊記》、《布水臺集》以及語錄等。

❶ 葉燮，〈大林寺心壁上人以山居詩相示次韻以贈〉，《已畦詩集》卷 4，頁 902。

❶ 繼起弘儲，俗姓李，揚州興化人。早歲出家，師事漢月法藏，為其嗣法弟子，其後十坐道場，以蘇州靈巖寺為最久。明清之際，遺民多往歸之，當時目之為「浮屠中之遺民」。生平詳見全祖望，〈南嶽和尚退翁第二碑〉，《鮚埼亭集》（臺北：華世出版社，1977 年），卷 14，頁 176-177。

❶ 具德弘禮，嗣法漢月法藏，久住杭州靈隱寺，號稱中興靈隱。

❶ 葉燮，〈始入廬山過萬杉寺晤可紹上人具德禪師嗣法孫〉，《已畦詩集》卷 4，頁 900。

幅，只能先就部分釋門人物加以敘述。

心壁上人

　　《廬山志·卷9·心壁》敘其生平曰：「字超淵，雲南人。臨濟下第三十三世天嶽晝嗣。康熙三十一年壬申秋主洪州憩雲菴，十月徇眾請主開先寺，重新殿宇，廣置贍田，立叢林共住規約十條：一敦本尚德、二安貧樂道、三省緣務本、四奉公守正、五柔和忍辱、六威儀整肅、七勤修善業、八直心處眾、九安分小心、十隨順規制。康熙四十二年癸未，天子南巡至杭州，江西巡撫張志棟趨覲行在，奉命躬賷御書《般若心經》一卷送寺供奉。四十六年丁亥秋，江西巡撫郎廷極恭送勅賜御書秀峯寺額并東宮書「灑松雪」三字扁額到山。淵精心禪悟，博學能詩，嘗自廬山隻身返滇，有〈萬里省親圖〉，時人題和甚多，與宋牧仲往來唱酬尤頻。郎廷極稱其格調在大歷、元和間。有《漱玉亭詩集》、《秀峯寺志》。」[20]

輪庵碩揆

　　輪庵碩揆為文震亨之子，自陳垣《明季滇黔佛教

---

[20] 吳宗慈，《廬山志》，《中國佛寺史志彙刊》（臺北：宗青圖書出版公司，1994 年），第 2 輯，第 16 冊，頁 943-944。

考》一書標舉以來，成為明清鼎革遺民逃禪的代表人物之一。《雲南通志》敘其生平曰：「輪菴和尚名同（同，一作超）揆，吳縣人。相國文文肅弟震亨之子也。少為諸生，名果，字園公。明亡祝髮為浮屠。善詩文筆札，工書畫山水，多寫平生遊歷之名山異境，故能獨開生面，不落時蹊。常住雲南大理府，著有《寒溪集》，紀明末軼事甚多，有〈鼎湖篇〉一首，淒悲雖不如梅村〈永和宮詞〉，而命意正大則較為過之。有序云：丁丑戊寅間，先公受知烈皇，遵旨改撰琴譜，宣定五音正聲，被諸郊廟大祀。上自製五皇建極百僚師師諸操令先公付尹紫芝內翰翻諧鉤剔。時司其事者內監琴張。張奉命出宮嬪褚貞娥等禮內翰為師，指授琴學，頒賜上方珍物，酒果縑葛之屬。又屢賞御書，極一時寵遇。迨闖賊肆逆，烈皇殉國，諸善琴嬪御相率投池死。內翰恐御製新譜失傳，忍死抱琴而逃，南歸謁先公於香草垞，言亡國事甚悉。從此三十九年不復聞音耗。癸亥秋余在寒溪，內翰忽來相見，如夢寐，意欲祝髮從余學佛，為賦此篇以贈。詩云：鼎湖龍去秋冥冥，驚風吹雨秋山青。白頭中翰淚凝霰，叫霜斷雁棲寒汀。烈皇御宇十七載，身在深宮心四海。一朝地老與天荒，城郭依稀人事改。當年刪定南薰曲，內殿填詞徵召促。琴張好學宜乾清，先公屢賜金蓮燭。雅樂推君獨擅場，望春樓下

拜君王。高山一奏天顏喜，奉敕新翻舊典章。昭儀傳諭
何諄切，予賫先頒女兒葛。上林避暑撫絲桐，溫語貞娥
道祕訣。流泉石上坐相邀，薇省風清玉佩搖。神武門前
親執戟，永和宮裏薄吹簫。如意初傷淚沾臆，那堪又報
河南失。鈿蟬零落葬田妃，池水蒼茫尚凝碧。寒食花飛
不見春，冬青冢樹斫為薪。煤山一片凄涼月，猶照疆場
血化燐。世間萬事須臾夢，老臣別有西台慟。四十年來
寄食艱，何人再聽高山弄。鑑湖南去雲門外，古寺松篁
景晻靄。維舟無意忽相逢，恍惚夢魂同晤對。夕陽影裏
話前朝，天壽諸陵王氣消。留得閒身師白足，滿頭霜髩
影蕭蕭。住大理時又著有《洱海叢談》等書。」**㉑**

原志碩揆

　　《三峰清涼禪寺志·卷2》敘其生平曰：「原志，
字碩揆，鹽城孫氏子。父陞任俠，為人所害，扠血報
仇，告祭父墓。順治三年，年二十三，祝髮海州佛佗
寺。壬子主三峯。辛酉主靈隱。丁卯和碩康親王命僧天
來賫衣缽到山請說戒。己巳聖祖南巡，幸靈隱，賜帑
金，明日詣行在謝恩，傳旨留候，至二鼓召對，敕賜御

㉑ 龍雲、盧漢修，周鍾嶽纂，《民國新纂雲南通志》（南京：鳳凰出版
社，2009年）（六），卷260，頁726。

書雲林寺額。住靈隱凡十二年。癸酉再主三峯。丁丑六月示微疾，書偈坐脫，年七十。康熙三十六年賜諡淨慧禪師。著《七會語錄》、雜著、尺牘、詩偈、《借巢詩集》。嗣法弟子練飛量、明巖照、青雷震等三十人。若庚辰進士沈近思亦自三峯□□而玉成者也。塔在虞山中峯。王澤宏、翁叔元並爲銘。錢陸燦爲行狀。舊志參府縣志。」❷

除此之外，另以賢首宗西懷了惪爲例，就葉燮之法門因緣略窺一端。蓋葉燮雖然與佛門中人往來無間，但觀其集中，題贈西懷了惪作品獨多，至少有〈山居雜興和永定弘公韻〉（詩集卷八）、〈信宿永定講寺漫賦五言近體四首贈海印弘公〉、〈再疊前韻〉、〈和海印弘公除夕韻〉（以上俱收入詩集卷十）等詩作，又應西懷了惪之請，作〈永定寺大悲殿記〉（文集卷七）、〈古永定講寺微密詮法師塔誌銘〉（文集卷十六）兩篇長文，就葉燮文集觀之，謂題贈西懷了惪之作品數估量遠過其他僧人當不爲過矣。是以葉燮言二人「訂方外交」❸、「與弘公訂交廿年」❹，兩人契若支、許洵

❷ 趙允懷、趙奎昌纂輯，《三峰清凉禪寺志》（揚州：江蘇廣陵古籍刻印社，1996 年），卷下，頁 86。

❸ 葉燮，〈古永定講寺微密詮法師塔誌銘〉，同前註，卷 16，頁 793。

❹ 葉燮，〈信宿永定講寺漫賦五言近體四首贈海印弘公〉第一首下自注，《已畦詩集》卷 10，頁 952。

非虛言。

西懷了意與葉燮訂交論契始於何時，觀兩人曾同從三峰碩揆、寂叟仁震參禪，葉燮年輩長於西懷了意，頗稱忘年之交，文獻無徵，不過從葉燮為永定寺大悲殿撰寫的碑記一文，不難看出葉燮對西懷了意其人的評價極高，其曰：

> 康熙二十八年，詮公之法孫宏方德法師，博貫教藏，妙行莊嚴，為諸方首。念其師未竟之緒，與里諸善信復營建大悲殿，仍閣址也，善士鄭櫛與其子煇倡率為眾姓先，有節婦顧氏捐貲首倡，康熙三十一年某月日殿落成，凡殿中所宜有者，咸次第具，於是修禮大悲懺法以告終事。[75]

宏方德，即西懷了意。葉燮對西懷了意「博貫教藏，妙行莊嚴」留下深刻的印象，或許透過西懷了意，對發心興復永定寺的微密真詮（1604－1654）之事蹟也有一定的認識。

在佛教史上，西懷了意最值得稱頌的成就在於編成明清華嚴宗最重要的傳承史料──《賢首宗乘》一書，

---

[75] 葉燮，〈永定寺大悲殿碑記〉，《已畦文集》卷 7，頁 510。

此書現存上海圖書館。成就《賢首宗乘》最重要的關鍵
人物是西懷了慧，其弟子轉淨上修曾編纂其生平，收入
《賢首宗乘》增補部分，其曰：

> 法師名了德，字弘方，別號西懷，吳郡人，朱
> 姓，父仲襄，廕襲指揮，母葉氏。師年十三，父
> 病，禱周孝子祠，刲臂肉羹以進，及父亡，遂懷出
> 世想，歸永定省已師薙染。時慧開法師主猊座，
> 見而器之，曰：「此子發上品孝心，出家必為好
> 僧。」命聽講，師默求智慧，禮拜甚勤，三年遂有
> 入處。年二十，受華山見月律師戒，參三峯碩揆和
> 尚，領狗子佛性語，目不交睫者三晝夜，聞香板
> 聲，耄然憬悟，呈所得，和尚深契之。遭三藩不
> 靖，歸吳門，值杯度際明法師啟常期講席，往聽
> 《楞嚴》、《起信》、《華嚴懸談》等經論，凡六
> 寒暑，晝聽夜習，祈寒暑雨不少輟，又聽慈氏德風
> 法師《楞伽》、慧大師《圓覺》。歲丙辰（1676）
> 秋，大師遷化，受記莂，講《法華》一期，將闡
> 《大疏》，謂《華嚴》宗旨圓融無礙，而行布一
> 門，必資《唯識》，因謁普德次大師，請講《唯
> 識》，三年貫穿疏論，胸次洞然，師曰：「未也，
> 能解而無行，何由證入？」將縛茆於西霞，以修禪

觀，會剃度師病促歸。先是，師有母養於兄，至是兄歿，師遂奉母入華頂，奉侍之餘，專修觀行。仁叟和尚贈有「鬻薪買米供慈母，揮塵談玄繼父風」之句。三載母歿，仍回寺，本師亦尋歸寂。時山門後殿創造未半，師徒手拮据，補故益新，丹堊金碧，從地湧出，成兩世未竟之業。啓講《華嚴》一期，即卸院事，掩關修淨土，日課彌陀三萬六千聲，增至六萬八萬乃至十萬八千，蓮池後一人也。師與人接，默然終日，如枯木之兀寒巖；叩而應，則滔滔汩汩，如眾流之注溟渤。尤矜細行，躬勞苦，食粗衣敝，仁心利物，蜎飛無損，病苦必周，真慈悲為室者也。善行草書，工詩，皆棄而不留，所著有《法華略疏》十卷、《賢首宗乘》七卷、《永定寺志》三卷。傳法三人：天鈞、復念、石卓。師生於順治庚寅（1650），寂於康熙丁酉（1717），世壽六十有八，僧臘四十有九。至壬寅（1722）冬，奉遺命荼毘啟龕，雙趺儼然，毛髮齒爪與殮時無異，時距入滅已六年矣。虞山錢秋水銘云：「化肉身為金剛，孰證明丙丁光。」且曰：「師之戒精學粹，為當世法幢，孰知其潛修密行，積厚堅固，能自證於身後者，有如是耶？」塔於鄧尉妙高峰祖塋之側。㉖

西懷了愍生平目前僅此一見，可謂彌足珍貴，以其為上
圖本《賢首宗乘》之編纂者，至關重要，是以全文照
錄。觀此得知：其為蘇州人，生於順治庚寅（1650），
寂於康熙丁酉（1717），世壽六十有八，僧臘四十有
九，其入道因緣在於禱免親疾，在永定寺薙染出家，
剃度師為省已法師，依止慧開空朗，為雪浪洪恩四傳弟
子。又從見月讀體受具足戒，隨三峰碩揆習禪，其晚年
專修淨土，亦一時風氣所趨。晚年以「教宗賢首，行在
淨土」一句括之，當無大過。綜觀此處敘及其生平從學
諸師，若慧開空朗、慈世德風、杯度際明，次哲成賢等
人，其傳記多收入《賢首宗乘》一書當中，其一瓣馨香
在賢首教觀自不難想見。文中敘及之仁叟，乃指仁叟寂
震，其塔銘即由葉變撰就，收入《已畦文集》卷十六，
葉變與西懷了愍兩人同時受教於仁叟寂震，關係之密切
又可見一般。觀轉淨上修此處引用虞山文人錢中樞❷所

---

❷ 釋上修編，《賢首宗乘續補》，收於西懷了愍、興宗祖旺、景林心露等
著，簡凱廷點校，廖肇亨校訂，《明清華嚴傳承史料兩種 ——《賢首
宗乘》與《賢首傳燈錄》》（臺北：中央研究院中國文哲研究所，2017
年），頁 287-289。

❷ 錢中樞，字秋水，常熟縣學生，與兄良擇字玉友，俱以能詩名，有「虞
山二錢」之目。無子，女適海寧查祥，遂依女以居。少精于禪，暮年嗜
尤篤，註《楞嚴經》八卷，皆手錄。所著詩曰：《未焚遊草》、《悟餘
草》、《存性草》。又《常熟續文獻》十卷，壯年所著也。年八十七卒
于寧，返葬常熟。見金鰲等纂修，《海寧縣志》（臺北：成文出版社，
1983 年），卷 9，頁 1357。

撰之塔銘，筆者尚無緣經眼全文。其知識結構在賢首教觀外，又結合禪、唯識、淨土，亦令人聯想到雪浪洪恩，可謂家風不墜。

西懷了惪著有《法華略疏》十卷、《賢首宗乘》七卷、《永定寺志》三卷。除《賢首宗乘》一書外，餘者今皆不知何往。《卍續藏》九十三冊雲棲系普德勗伊一脈之智一雪墩編《法華科決》一書後尚收有西懷了惪跋文一篇，文中對於賢首法統拳拳致意，其於本門家風致力精誠，不難想見。

葉燮又受西懷了惪之託，爲作其師微密眞詮塔銘。關於這點，葉燮如是說道：

> 順治初年，蘇郡李御史模、常熟錢宗伯謙益，首倡迎師刱復永定講席，起瓦礫荊榛為金繩帝網，鈴鐸風旛，無不燦炳，皆師以不思議功德開無量法門者矣。師開法始金陵，終蘇都，應道場十二處，登座說法二十餘處。世壽五十一，道臘三十。人但知師為永定中興之主，而實賢首中興繼序之文孫也。❷⁸

錢謙益爲永定寺募緣之文尚見收於《有學集》，且

---

❷⁸ 葉燮，〈古永定講寺微密詮法師塔誌銘〉，《已畦文集》卷 16，頁 593。

其文字與《賢首宗乘》多所雷同。微密眞詮受法碧空性湛（1563－1636），碧空性湛曾在南京天界寺，故微密眞詮得以與金陵士人交接，深獲賞識，得主金陵鷲峰寺，後又應吳地士人之請，興復永定寺，做爲弘揚華嚴教學的根據地。《賢首宗乘》的編者西懷了惪同時也編有《永定寺志》，惜今不傳，其於永定寺流傳故實熟若指掌。從《賢首宗乘》中，確實略可窺見永定寺蹕事增華的歷程於一斑。例如其謂慧開空朗（1623－1676）「是時永定初興，諸色未備，師每事不惜胼胝，同其甘苦，均其勞逸。主法十有四年，而永定規模遂底於成」❷、轉淨上修謂西懷了惪「時山門後殿創造未半，師徒手拮据，補故益新，丹堊金碧，從地湧出，成兩世未竟之業」❸。歷經三代銳意經營，永定寺成爲吳地壯麗伽藍。西懷了惪曾如是描述微密眞詮與永定講寺的關係曰：

> 法師名眞詮，號微密，湖廣孝感人也。少立志出家，父母強之娶，不可。投大觀山金臺寺虛中慶和

---

❷ 西懷了惪編，《賢首宗乘》卷7，《明清華嚴傳承史料兩種——《賢首宗乘》與《賢首傳燈錄》》，頁273。

❸ 釋上修編，《賢首宗乘續補》，《明清華嚴傳承史料兩種——《賢首宗乘》與《賢首傳燈錄》》，頁288。

尚披剃，受具足戒於金陵普提場天祐律師，五夏閱
大藏，遍參百城。於鳳山、石頭二大師門下，並得
其心要，後得法於天界寺碧空湛師。碧師為雪浪門
人，師親承之下，聞一悟十，機辯不窮，如洪鐘赴
響，無不快足。金陵宰官方拱乾、吳國琦等，請主
鷲峰法席，為教家叢席之冠。順治（1644－1662）
初年，吳郡檀護沈幾、宋學顯、吳滋等迎師，恢復
永定廢寺。寺建於蕭梁天監二年，吳郡太守顧彥先
捨宅為寺，名曰「永定」，遞陳、隋、唐、宋、
元、明，寺屢興廢不一，至順治初年，其寺之建已
千二百有餘歲。師貫花飛錫，插草倡緣。畫甋聚
沙，假形像而說法；冰床雪被，罄衣鉢以命工。誅
鋤草茅，糞除瓦礫。樹寶殿於棟折榱崩之後，如湧
靈山；煥金容於風饕雨虐之餘，似來兜率。辛勤畚
築，次第經營，永定法席，以仍為創，千餘年古
剎，一旦中興，皆師以不思議力開無量法門也。❸

　　葉燮晚年經常往來永定寺，與西懷了憨融洽無間。
葉燮曾經自述晚年心境曰：「余一身之外無毫髮足繫

---

❸ 西懷了憨編，《賢首宗乘》卷 6，《明清華嚴傳承史料兩種——《賢首
宗乘》與《賢首傳燈錄》》，頁 252-253。

戀，倘獲長逝於削成萬仞、雪嶺天半、丹崖翠壁、古
刹名藍之間便當埋」❸，心情似乎於俗世已無眷戀，
十分灑落。又曰：「我是逃禪行腳師，胸無一物可時
宜」❸、「浮蹤一榻借禪關，架上蓮花壁上山」❸、
「敬禮優波尊，希空諸所有」❸觀此，其暮年歸心空王
之傾向清晰可見。葉燮少年時曾一度寄食僧舍，晚年又
一意參禪禮佛，或許可以說：佛教既開啓了葉燮生命自
覺的視野，也是臨終歸去的方向。

四、葉燮佛教觀初探

如前所述，葉燮雖然沒有佛教經典相關的著書，
但佛教知識十分精確而豐富，與開口亂道之野狐禪不可
同日而語。其曾言：「昔日西江吸一口，至今不盡長波
瀏。」❸這雖然是禪林套語，但不難看出：葉燮雖然沒
有出家，也未列名《居士錄》當中，但佛教在葉燮心目
當中的分量與重要性斷非他者可比。

---

❸ 葉燮，〈將遠游奉別諸同仁〉，《已畦詩集》卷9，頁747。
❸ 葉燮，〈上巳後三日遇胡存仁方伯於虎阜精舍示贈鄒郎作和之〉，《已畦詩集》卷9，頁747。
❸ 葉燮，〈宿慧慶山房〉，《已畦詩集》卷9，頁747。
❸ 葉燮，〈宿積善律院次少陵贊公房韻四首之四〉，《已畦詩集》卷9，頁742。
❸ 葉燮，〈贈紹宗開士〉，《已畦詩集》卷4，頁692。

　　葉燮晚年一意參禪禮佛，不過客觀來說，葉燮之學
問主張仍以批評家爲本色當行。關於佛教與詩文之道的
關係，其曾言：

　　　世出世法，本無二法，法法皆然。即詩文一道亦
　　爾。然詩不能無大同而小異，世諦之詩不可有俗
　　氣、書生氣；出世諦之詩不可有禪和氣、山人氣。
　　論詩者於世、出世法似乎相反，然暢達胸臆，不襲
　　陳言，要歸於不染氣習，無二諦也。（中略）余乃
　　知世、出世法即詩見異中之同，豈非法爾如然乎？❸

　　此處，詩成爲貫通世、出世法的重要媒介，重點是
「不染氣習」，也就是一空依傍，挺立天地。這樣的說
法基本來自於禪宗論式，即使對佛教不甚熟稔的人也不
難一眼看穿。不過葉燮的法門師友，包括律、禪、教，
雖以禪門爲最大宗，但不拘一格，例如律宗千華派見月
讀體法嗣碧天淨、定庵基，賢首教家南方系子孫西懷了
憼，總體而言，葉燮雖然少年曾經親炙過某些叢林尊
宿，但並未留下太多影響的痕跡，從葉燮詩文中看出葉
燮主要修持禪觀。葉燮曾自敘其學佛歷程曰：

---

❸　葉燮，〈廬山大林寺心壁上人詩序〉，《已畦文集》卷 8，頁 528。

　　憶詩十五六，莊誦《首楞嚴》。妙奢三摩他，錯
向文字詮。浮沉四十載，七處紛糾纏。侈口析真
妄，殺活竿頭粘。近知黜耳目，八識根現前。不嬰
世網劇，安從解牢銜。世尊問圓通，灰心第一圓。 **❸**

　　十五、六歲曾誦《首楞嚴》，其時正是葉燮讀書
於圓通庵之年。故此詩之圓通亦有雙重涵義，一謂佛
法圓通，一謂開眼契機在於圓通庵。從詩中「浮沉四十
載」，此詩或作於「二棄草堂」落成伊始，回首前塵有
感而作。撇開葉燮個人生命發展史不談，全詩其實類似
於習禪心得。晚明以來，《首楞嚴經》頗為流行，禪門
以之為修行指南亦風行一時，葉燮此詩正是體現此等風
氣的絕佳例證。葉燮又就中峰明本的禪法說道：

　　中峰國師名幻住，自其行腳以至坐道場，其行止
皆不離幻，以為義。中峰為禪宗中興鼻祖，然深於
教典，如《般若》、《圓覺》、《楞嚴》，各有發
明，以授其弟子天如禪師。按《般若》六如，以幻
為首；《圓覺》世尊告普賢、普眼兩大菩薩，深發
明幻義；《楞嚴》則觀音大士圓通得如幻三昧，然

---

❸ 葉燮，〈山居雜詩〉，《已畦詩集》卷 1，頁 660。

則幻之時義，千佛正印無不於此發明。中峰國師以幻住而居幻又何疑乎？雖然，世尊云：「知幻即離，不作方便」，幻既離矣，可住幻而居幻耶？雖然，離幻亦幻也。即居而離，幻於何有？《圓覺》之遠，離亦復遠，離則居幻，離仍未嘗不離；幻也，何不可之有？㊥

　　這段相當拗口文字相當程度證明葉燮的佛學造詣，藉著對於中峰明本思想的掌握，葉燮也適時地披露他對佛典的造詣。禪法通透，又深於教義，雖是葉燮對中峰明本的讚譽，或許施之於葉燮亦無不妥，是以葉燮亦與賢首教家西懷了愷相視莫逆。深究這段話，其實並無深意，只是要說明參透如幻三昧，世、出世間兩端亦能通達無礙。

　　從佛教思想史的角度來看，中峰明本除了因教說禪之外，更廣為人知的是提倡淨土，在淨土思想史，中峰明本具有重要的一席之地，但葉燮對當時已頗為流行的淨土法門幾乎不曾一顧。對於念佛往生、極樂淨土之類的觀念，葉燮毫不以為意。而是側重於大乘菩薩的深心悲願與儒者用世施濟的情懷並無二致。其曰：

㊥ 葉燮，〈禾郡幻居庵碑記〉，《已畦文集》卷7，頁515。

　　昔我先師孔子之言曰：「夫仁者，己欲立而立人，己欲達而達人。」蓋盡天下之人共有一欲，而聖人在我，惟有一仁人之欲。以仁者之欲推之，則立人達人，包舉已盡。極之為，博施濟眾，堯舜猶或難之，然理終不誣也。佛之教，以度生為本願，其意欲使凡有生者，盡厭我欲，與其欲而後止。然既登佛果，則退而處乎寂滅。度生之事，自任之菩薩。而觀世音菩薩則至仁之人也。然在儒者則謂之仁，在菩薩則謂之悲。儒者以仁應天下之欲，極形容之，則曰其仁如天；菩薩以悲應有生之欲，無象可形容，而極其量，則曰大。❹

　　這樣的說法並不新鮮，儒家與佛教雖然理論的立足點有所不同，但對於世間眾生的關懷與救度並無異同。佛教的大悲心與儒者之仁都從正視世間苦難出發。葉燮雖然對於中峰明本推崇有加，但並未完全重複中峰明本的道路。葉燮基本的立場應該還是儒家，但是一點也不排斥佛教，特別是認為救世濟人即是貫串儒佛的重要關目，隨著年紀的增長，葉燮對於佛教愈發覺得親近。不過其信仰的基本涵義與以禪為中心的架構並未有太

---

❹　葉燮，〈永定寺大悲殿碑記〉，《已畦文集》卷7，頁509。

大變動。

五、結語

在中國文學批評史上，葉燮已因《原詩》一書留下不朽聲名。但學界對於葉燮生平的認識仍多有餘蘊未發，其與佛教之交涉即是一例。雖然葉燮也曾說過「余儒家，言不談福報」[41]，不過整體來說，佛教在葉燮的生命仍然占有重要的比重，尤其是晚年。葉燮曾經形容當時的佛教曰：「今天下佛法，亦少衰矣。非現大人相如優婆離尊者為如來綱紀以率之，恐將來稗販如來者不少。」[42]此固然是為了提振律宗而說，卻也與當時佛教大致趨勢若合符節。本文從葉燮的家族、法門交遊、佛教觀等面向出發，嘗試探究葉燮與佛教的關係。從明清佛教史的角度看，葉燮雖然在佛教史上沒有過於顯赫的資歷或著作，但或許正因如此，反而可以視之為一個尋常奉佛士人的信仰型態。葉燮的信仰型態其實主要淵源於晚明萬曆以來盛極一時的佛教風氣。綜觀晚明以來的佛教趨勢：教家以華嚴為中心，臨濟宗金粟派、三峰派的論爭、曹洞宗壽昌派也挺立其間，同時，為寶華山隆

---

[41] 葉燮，〈大覺菴募造水陸聖像引〉，《已畦文集》卷 21，頁 625。

[42] 葉燮，〈積善菴改建律院碑記〉《已畦文集》卷 7，頁 509。

昌寺的南山律宗千華派一系逐漸掌握東南地方佛教的權威性，在葉變的詩文集中都有具體而微的反映。本文主要在於探究葉變佛教信仰的淵源，發掘清代士人與佛教信仰之間的關係，或許對於認識葉變的內心世界不無裨益，至於葉變文學理論與佛教的關係，未來仍有待進一步的探索。

第三篇

禪林文化
　論述

慧業通來不礙塵

—— 從蒼雪讀徹《南來堂詩集》看晚明清初賢首宗南方系的發展歷程

> 說法中峰語句真，滄桑閱盡剩閒身。
> 宗風實處都成教，慧業通來不礙塵。
> 白社老應空世相，青山我自哭詩人。
> 縱教落得江南夢，萬樹梅花孰比鄰。
>
> —— 吳偉業〈哭蒼雪法師〉❶

一、前言

晚明清初的佛教界，不僅是擅長詩文藝術的詩僧畫僧人才輩出，而且是「前代多高僧，亦多詩僧。詩僧不必皆高，而高僧往往能詩」❷。尤有甚者，其能詩聲名太高，大家反而忘卻其僧人本色，蒼雪讀徹（1588－

---

❶ 吳偉業著，李學穎集評標校，〈哭蒼雪法師〉，《吳梅村全集》（上海：上海古籍出版社，1987年），頁425。

❷ 潘耒，〈聞若上人詩題辭〉，《遂初堂別集》，收入《四庫存目叢書・集部》（濟南：齊魯書社，1997年），第250冊，卷3，頁20上。

1656）就是個最出名的例子。蒼雪讀徹詩格之高，連當時詩壇領袖吳梅村（1609－1672）、王士禎（1634－1711）都稱羨不已。甚至說蒼雪讀徹不只是「僧中第一」，更是「詩中第一」。❸在中國文學史上，絕對是個異數，即使大名鼎鼎的詩僧，例如五代的禪月貫休（832－912）、宋代的道潛參寥（1043－1106？），笑隱大訢（1284－1344）等人，都不能與蒼雪讀徹在詩壇享有的崇高聲譽相提並論。

　　不過在巨大的詩名之外，絕對不能忘記的是，蒼雪讀徹是個「本分衲子」。蒼雪讀徹童貞入道、精持毘尼，終身講經不輟，就連圓寂，都是因為應當世大律師見月讀體（1601－1679）之請，在寶華山隆昌寺講《楞嚴》，過於勞累而往生。錢謙益（1582－1664）曾經形容蒼雪讀徹「大乘經論，如肉貫串，處處同其義味。自《大鈔》外，講《楞伽》一，講《楞嚴》、《唯識》二，講《法華》及《中》、《百》、《門》三論一，千燈一鏡，交互映徹。他宗別子，函矢紛如，靡不推為魯靈光也」。❹陳垣曾經感嘆：「人之知蒼雪者多以詩，

---

❸　吳偉業，《梅村詩話》，收入《續修四庫全書》（上海：上海古籍出版社，1995 年），第 1697 冊，頁 498。
❹　錢謙益著，錢曾箋注，錢仲聯標校，〈中峯蒼雪法師塔銘〉，《牧齋有學集》（上海：上海古籍出版社，1996 年），卷 36，頁 1264。

鮮知其為華嚴宗匠，詩特其餘事耳。」❺旨哉斯言。過
去關於蒼雪讀徹的研究，主要集中在其詩藝，本文將從
另一個角度出發，以蒼雪讀徹的著作為主要研究對象，
重新省思晚明賢首宗南方系發展歷程與文化屬性的特
色，進而希望對認識明末清初的佛教文化史走向有所
助益。❻

二、求道因緣：從茫無所解到冰釋無滯

　　蒼雪讀徹俗姓趙，雲南呈貢人。幼時隨父出家，
又至雞足山寂光寺依止水月儒全（1546－1609），弱
冠參晚明賢首宗南方系巨擘雪浪洪恩（1545－1608）❼

---

❺　陳垣，《明季滇黔佛教考》，《陳援菴先生全集》（臺北：新文豐出版
　　公司，1993年），第9冊，卷1，頁198。
❻　本文為筆者明清華嚴宗南方系系列研究之一，蒼雪讀徹是明清之際最重
　　要的詩僧，又是當時東南義虎，晚歲與法門昆仲汰如明河輪講《華嚴
　　疏鈔》，對弘揚華嚴學不惜身命。對於明清華嚴宗南方系，筆者已有一
　　系列相關論著。例如〈雪浪洪恩初探——兼題東京內閣文庫所藏《谷響
　　錄》〉一文處理明代華嚴學南方系開山祖師雪浪洪恩，〈從「清涼聖
　　境」到「金陵懷古」——從尚詩風習側探晚明清初華嚴學南方系之精神
　　圖景〉一文則從聖山信仰角度看華嚴學南方系的文化書寫。本文雖以此
　　系最傑出的詩僧為研究對象，不過不從文學創作的角度出發，而是以此
　　檢視明清佛教史發展的軌跡。本文為筆者關於明清華嚴學南方系的系列
　　研究之一，當與前列數文並觀，庶幾可窺全豹之一斑。
❼　關於雪浪洪恩生平及其思想，詳參廖肇亨，〈雪浪洪恩初探——兼題東
　　京內閣文庫所藏《谷響錄》〉，《中邊・詩禪・夢戲——明末清初佛教
　　文化論述的呈現與開展》（臺北：允晨文化，2008年），頁201-238。

於蘇州望亭。未一年，雪浪洪恩入滅，蒼雪讀徹從雪浪洪恩弟子巢松慧浸（1566－1621），聽講唯識，茫無頭緒。但除夕賦詩，以「一歲若教無此夜，百年那得暫閒人」❽之句震驚四座，能詩之名大噪江南叢林。後從一雨通潤（1565－1624）聽講，心開意解，自後一意追隨一雨通潤，講筵無所不至。後住持蘇州支硎山中峰寺，一意弘揚唐代清涼澄觀（738－839）之學，臨命終前，屢以未及終講《華嚴疏鈔》為念。從法脈傳承來看，華嚴學南方系一代宗師雪浪洪恩振起之後，融禪、華嚴、唯識為一體。雪浪洪恩之後，弟子巢松慧浸以說法見長、一雨通潤以註經鳴世，再傳弟子蒼雪讀徹、汰如明河（1588－1640）亦頭角崢嶸，一時四人並稱，有「巢、雨、蒼、汰」之目，東南義虎，一時盡出雪浪洪恩一門。此派僧人從雪浪洪恩開始，即以詩文自許，又與江南的士人往來無間，知名詩僧輩出。雪浪洪恩之後，最能體證此一精神趨向的，無疑首推蒼雪讀徹。

　　蒼雪讀徹雖然師事一雨通潤極為恭謹，門下講席無一不至，可謂盡得神髓，可惜佛學相關著述傳世不

---

❽　西懷了惪集，《賢首宗乘》，收於西懷了惪、興宗祖旺、景林心露等著，簡凱廷點校，廖肇亨校訂，《明清華嚴傳承史料兩種——《賢首宗乘》與《賢首傳燈錄》》（臺北：中央研究院中國文哲研究所，2017年），頁 248。

多，不過其講經說法備受眾家推崇，這點也與雪浪洪恩神似。蒼雪讀徹登壇講經說法不計其數，不過他始終念茲在茲的，還是清涼澄觀的《華嚴疏鈔》。蒼雪讀徹曾與汰如明河訂下分講《華嚴疏鈔》之約，汰如明河曾就其所以發心與蒼雪讀徹共講《疏鈔》的原由，說道：「白文經傳演雖盛，然昧旨者多，得旨者少，我二人若不扶《大鈔》之教觀，宗旨日久日衰，必至邪說亂行矣。」❾也就是說，當時華嚴學實有百家爭鳴之勢，雪浪洪恩一脈始終主張清涼澄觀的華嚴《疏鈔》具有無可取代的正統性。自雪浪洪恩以降，晚明賢首宗南方系一脈門庭極盛，錢謙益曾謂：「賢首一宗為得法弟、得繼席者以百計，秉法而轉教者以千計，南北法席之盛，近代所未有也。」❿蒼雪讀徹可為雪浪洪恩正宗再傳門人，其說法具有一定程度的代表性，就筆者耳目聞見所及，目前研究蒼雪讀徹較易入手的著作為《南來堂詩集》，因此本文以《南來堂詩集》為主，藉由蒼雪讀徹

❾ 西懷了惪集，《賢首宗乘》，收於西懷了惪、興宗祖旺、景林心露等著，簡凱廷點校，廖肇亨校訂，《明清華嚴傳承史料兩種——《賢首宗乘》與《賢首傳燈錄》》，頁 247。

❿ 錢謙益，《列朝詩集小傳》（臺北：明文書局，1991 年），頁 743。錢謙益的說法基本上承襲憨山德清，參見憨山德清，〈雪浪法師恩公中興法道傳〉，《憨山大師全集》，收入《明版嘉興大藏經》（臺北：新文豐出版公司，1983 年），第 22 冊，頁 552-553。

的詩作，重新檢討晚明清初華嚴學南方系的發展歷程。

　　蒼雪讀徹出身偏遠滇地，弱冠前後，行腳參方，最終落腳江南，其詩作中，回首前塵，感慨繫之，發乎吟詠篇什數量極多，不獨有「老僧說行腳」之趣，拓展見聞，兼可見其求法廣參之熱誠。《南來堂詩集》中，如「去國萬餘里，西行不記年」[11]、「自來飄泊慣，不覺寂寥身」[12]、「何事年將盡，猶然類轉蓬」[13]皆寫少年行腳。日後蒼雪讀徹將此段朝山巡禮的經驗寫成〈題十名山〉一組，敘其行腳見聞甚詳，就此觀之，蒼雪讀徹雖然遍歷名山，然從其詩題「武夷、峨眉游願未了」[14]觀之，其足跡雖半中國，但亦頗以未曾親踐峨眉、武夷斯地爲憾。其中〈雁宕山〉一首云：

　　　　秀甲峨眉奪九州，奇觀非獨讓龍湫。

　　　　峰高遮日來晴瀑，露落無聲喝斷流。

　　　　山鳥呼名飛不去，村花問姓冷于秋。

---

[11]　釋讀徹著，王培孫輯注，〈度黔中鐵橋〉，《王氏輯注南來堂詩集》（臺北：鼎文書局，1977 年），卷 2，頁 2 上。（下文所引《南來堂詩集》均據此本）

[12]　蒼雪讀徹著，王培孫輯注，〈壬戌山居除夕〉，《南來堂詩集》，卷 2，頁 17 上。

[13]　蒼雪讀徹著，王培孫輯注，〈秣陵關曉發〉，《南來堂詩集》，卷 2，頁 2 上

[14]　同前註，卷 3 上，頁 1 中。

　　老僧巖畔長年住，閱盡人間古今游。**⑮**

雁宕山，即今雁蕩山，不知何故，此山在晚明名盛一
時，與天台山並稱，雲棲袾宏（1535－1615）曾云：
「台、雁號兩浙名山，而雁蕩尤奇。」**⑯**蒼雪讀徹此詩
將雁蕩山獨立成篇，正可見一時風尚所趨。詩中二聯寫
山中奇景，末尾或許是見聞，但亦可能是蒼雪讀徹自
身寫照。老僧依巖，亦如枯巖，今古興廢起落不定，如
今風景看盡，世情脫去。相對少年時行腳參方，浪跡天
涯，晚年的蒼雪讀徹一意居山，不輕入市，亦是人間難
得風景。

　　蒼雪讀徹少年參方，當然不只是爲了尋幽訪勝
而已，重點還是在求法問道。如同《華嚴經·入法界
品》中，善財童子煙水南詢，最後樓閣畢現。關於蒼
雪讀徹求法問道的過程，《賢首宗乘》一書有詳細的說
明，其曰：

　　　　年十九，發志參方，屢出屢爲師所制。一日發

---

⑮　蒼雪讀徹著，王培孫輯注，〈題十名山雁宕山〉，《南來堂詩集》，卷3
　　上，頁1上-中。
⑯　雲棲袾宏，〈雁蕩山〉，《竹窗二筆》，收入《嘉興藏》，第33冊，
　　No. B277，頁41上。

憤，三日三夜奔至雲南省城，方乃得脫，自此孤瓢
隻影，悠悠萬里，得達金陵。時當古心和尚開戒于
靈谷，師乃進具毘尼焉。行至浙江會稽，習《楞
嚴》于耶溪法師，復至金陵，叩《法華》于石頭和
尚，皆無所得；聞雪浪大師晚棲梁溪望亭，師往參
焉。大師歿，巢師開講於吳之雲隱，師乃進謁聽演
《唯識》，茫無頭緒。……神宗庚戌，參雨師（一
雨通潤）於鳳山，乍聽《楞伽》，猶然故吾，十晝
夜對卷癡坐，雙目逼如赤桃，及聽〈三自性章〉，
恍如枷鏁墮地，種種憎愛怗怖，莫不帖然，自此經
論觸目，一皆冰釋無滯，行住坐臥，惟覺大快而
已。❶

這段話有幾點值得注意：（一）蒼雪讀徹萬里求道，最
後依止於雪浪洪恩一門，耶溪若（1555－1617）、蘊
璞愚（石頭和尚，生卒年不詳），實皆雪浪洪恩門下高
弟，故其參學過程中，已於賢首宗南方一系因緣深厚，
非一夕所致。（二）雪浪洪恩之前的江南高僧多受具
足戒於雲棲袾宏，而古心如馨（1541－1616）崛起之
後，以南京古林寺爲根本道場，歷住靈谷、棲霞、甘

---

❶ 西懷了惪編，《賢首宗乘》，卷6，頁248-249。

露、天寧、靈隱等諸大名刹，而蒼雪讀徹受戒之時，寂
光三昧、見月讀體為寶華山隆昌寺的戒壇尚未興起。古
心如馨在晚明叢林的崛起，亦與雪浪洪恩有關。❶雪浪
洪恩一門與律宗寶華山千華派有深厚因緣，於此又可
見一斑。（三）賢首宗南方系的特色之一是「賢首慈
恩，二燈並傳」，❶晚明唯識學復興的機緣之一在於雪
浪洪恩重新發掘整理唯識學的相關文獻，❷不過對於來
自偏遠滇地的蒼雪讀徹而言，委實難解。晚明時，法相
宗教學強調的六經十一論當中，《瑜珈師地論》全本似
乎不甚易見，《成唯識論》幾乎成為講究唯識學最重要
的經典依據。❷文人袁小修（1570－1623）亦言：「閱

---

❶ 關於晚明佛教戒律發展的歷程，可以參見釋果燈，《明末清初律宗千華
派之興起》（臺北：法鼓文化，2004 年）一書。

❶ 錢謙益著，錢曾箋注，錢仲聯標校，〈華山雪浪大師塔銘〉，《牧齋初
學集》（上海：上海古籍出版社，1985 年），卷 69，頁 1574。

❷ 關於這點，參見廖肇亨，〈雪浪洪恩初探 —— 兼題東京內閣文庫所藏
《谷響錄》〉，同註❻。

❷ 閔夢得曾總結明代唯識學發展各階段的特色曰：「高原《俗詮》之出最
先，不無異同之議。一（兩）〔雨〕之《集解》，王太史之《證義》，
精覈詳瞻，超《俗詮》而上，覽者自知，紹覺之《音義》，絕筆於第八
卷，手澤具存。……靈源惠師《自攷錄》之出最晚，而義最豐，而旨最
正，洵哉其盡善矣。」此文見於閔夢得〈成唯識論自攷錄序〉，收在釋
大惠錄，《成唯識論自攷》，《卍續藏經》（臺北：新文豐出版公司，
1995 年），第 82 冊，頁 90 下。由此可知：晚明知識社群對《成唯識
論》一書有相當程度的關切。關於明末唯識學者的分類，可參看釋聖
嚴，〈明末的唯識學者及其思想〉，《明末佛教研究》（臺北：東初出
版社，1987 年），頁 187-236。

《〔惟〕〔唯〕識論》，無論其中入理深談，牛毛繭絲，即其文字之沉邃奧雅，千古所無也。予最粗疏，然閱此殊有深解，豈前生於般若稍有氣分耶？」❷小修之言，自然不足爲憑，但從小修之言，《成唯識論》爲知識階層一時風潮是尙亦可略窺一二。只是對當時來自雲南的青年僧人蒼雪讀徹而言，唯識學仍然不免懸隔一層。

歷經了短暫的求法過程，蒼雪讀徹親謁晚明賢首宗南方系旗手雪浪洪恩，投入雪浪洪恩高足一雨通潤門下，講席無所不至，盡得其傳。蒼雪讀徹著作中，與雪浪洪恩一脈往來篇什最多，一則可見其法本一味之旨，一則可補史料之缺，更是蒼雪讀徹一生心光所在，至死不渝。

三、祖庭風光：雪浪洪恩、巢松慧浸與蘊輝性通

一部《南來堂詩集》當中，與賢首宗南方系諸師友往來篇什最多。對蒼雪讀徹而言，開創賢首宗南方系嶄新格局的一代宗師雪浪洪恩的意義格外不同，雪浪洪恩晚年因故被逐出大報恩寺，流寓吳中望亭。❷蒼雪讀

❷ 袁中道著，錢伯城點校，〈遊居柿錄〉，《珂雪齋集》（上海：上海古籍出版社，2007年），冊下，卷7，頁1260。

❷ 關於雪浪洪恩對於晚明清初賢首宗南方系的特殊意涵，詳參廖肇亨，

徹有幸於雪浪洪恩晚年出入其門庭一年，復出入雪浪洪恩高足巢松慧浸、一雨通潤之門，蒼雪讀徹亦曾是一時人望所歸。蒼雪讀徹曾經帶領門人瞻禮雪浪洪恩晚年居所，並賦詩一首，曰：

> 負笈曾經暫息肩，開堂難話舊因緣。
> 庵門破盡無人住，野岸重來一泊船。
> 秋晚登壇當此日，水流斷路是何年？
> 兒孫恐未知行腳，指點遺踪在目前。㉔

陳乃乾繫二人相晤於萬曆三十五年（1607），翌年，雪浪洪恩入寂。㉕雪浪洪恩晚年雖然離開大報恩寺，於望亭開接待院，但仍然廣受諸方景仰。蒼雪讀徹此詩開首即謂其與本門師祖的短暫因緣。三、四句是雪浪洪恩晚年實境，與早年的繁華璀璨相比，其晚年寂寥，㉖有

〈雪浪洪恩初探 —— 兼題東京內閣文庫所藏《谷響錄》一書〉，《中邊・詩禪・夢戲 —— 明末清初佛教文化論述的呈現與開展》，頁201-238；〈從「清涼聖境」到「金陵懷古」—— 從尚詩風習側探晚明清初華嚴學南方系之精神圖景〉，《中央研究院中國文哲研究集刊》，第37期（2010年9月），頁51-94。

㉔ 蒼雪讀徹著，王培孫輯注，〈過望亭雪浪師翁飯僧處〉，《南來堂詩集》，卷3上，頁18上-19中。

㉕ 陳乃乾，《蒼雪大師行年考略》，「二十歲下」，收錄於王培孫輯注，《南來堂詩集》，頁4中。

「樹葉凋落，體露金風」之境。五、六句寫雪浪洪恩斷一切世俗榮辱，於望亭坐化圓寂。❷末尾二句道明蒼雪讀徹的用心，經由實地踏查，讓本門子孫在煙水茫茫之中，認識本門的法脈宗尚，從而發心向道，薪火相傳之意盡在不言。

蒼雪讀徹依止雪浪洪恩門下未及一年，雪浪洪恩旋即入涅槃，故而投入雪浪洪恩高足巢松慧浸與一雨通潤門下，蒼雪讀徹甫參加巢松慧浸處聽講的感想是「坐對渾無事，農歌慰寂寥」❷——其實是「茫無頭緒」的委婉說法。不過蒼雪讀徹對巢松慧浸的尊敬與親近，終身不減，其親見巢松慧浸「註經朝起早，得句夜眠遲」。❷日後蒼雪讀徹行次巢松慧浸塔下時成詩云：

> 調養年來鶴馬成，幾株松下舊經行。
> 嶺雲忽化西歸影，澗水長流說偈聲。

---

❷ 錢謙益曾謂雪浪洪恩晚年：「丁未冬，訪師於望亭，結茅飯僧，補衣脫粟，蕭閒枯淡，了非舊觀。」見錢謙益著，錢曾箋注，錢仲聯標校，〈跋雪浪師書《黃庭》後〉，《牧齋初學集》，卷86，頁1800。

❷ 錢謙益曾記錄雪浪洪恩傳奇的圓寂過程甚詳，其曰：「（雪浪洪恩）居無何而示疾去矣。師臨行，弟子環繞念佛，師忽張目曰：『我不是這個家數，無煩爾爾。』」同前註。

❷ 蒼雪讀徹著，王培孫輯注，〈巢師雲隱講期水仙居對雨同社分韻〉，《南來堂詩集》，卷2，頁7上。

❷ 蒼雪讀徹著，王培孫輯注，〈春懷華山巢松師〉，《南來堂詩集》，卷2，頁14中。

跡順去來無不可，塔留今古尚如生。

淒涼最是拈花處，月冷孤猿叫五更。㉚

此詩純寫蒼雪讀徹的懷念之情，《賢首宗乘》本傳曾引蒼雪讀徹形容巢松慧浸其人曰：「方今登寶華座，踞曲彔木床，宇內不無其人已；求其無爲于事，無事不爲，來而隨應，去而不留，脫略無礙，如吾水田師（即巢松慧浸）者，吾未之多見。」㉛足見巢松慧浸灑脫無礙之爲人。

蒼雪讀徹《南來堂詩集》一書當中，贈答之作極多，頗能增補史料之缺。例如其集中亦收有贈《南華發覆》作者孔雀庵蘊輝上人（生卒年不詳）一詩。詩云：

尋師舊識清涼路，來到臺邊無限情。

傴臥不離修竹下，閉門剛著一書成。

了知爲累有鬚髮，久欲使人忘姓名。

探徧寒梅留我宿，坐殘山月夜三更。㉜

㉚ 蒼雪讀徹著，王培孫輯注，〈禮水田師塔〉，《南來堂詩集》，卷3上，頁22上。

㉛ 西懷了惪編，《賢首宗乘》，卷6，頁237。

㉜ 蒼雪讀徹著，王培孫輯注，〈過蘊輝師兼探吉祥寺古梅歸宿庵中，時師註《南華解》初成〉，《南來堂詩集》，卷3上，頁13上-14上。

蘊輝性通❸亦雪浪洪恩門下高弟，虞淳熙（1553－
1621）曾經如是形容其人曰：「蘊輝上人，雪浪恩公
之子，因明論師愚公之弟也。詩、字獨步，蓋藏眞之伯
仲。持大戒，以文殊爲阿闍黎。學本賢首宗，而不廢南
衡、天台之法。」❹其莊學注疏《南華發覆》，陳繼儒
（1558－1639）許爲「以莊解《莊》」❺的一時之作。
蒼雪讀徹此詩正好成於《南華發覆》著成之際，頗能道
盡一學問僧寂寞避世，專注著書的神情。

　　《南華發覆》成於雪浪洪恩高弟之手，然卻罕値
內學，說明對此宗學人而言，《莊子》自有獨立存在的

---

❸ 蘊輝性通，梁溪人，俗姓鄒，爲雪浪洪恩嗣法弟子，住金陵孔雀庵。
　《古今禪藻集》敘其生平曰：「人峭直，不禁雕蟲技，下筆有神，構
　思有論。後遂長揖詞林，研窮大事，有不暇事爪髮者。集有《嗎然
　草》。」《古今禪藻集》萬曆刊本現存上海圖書館，《四庫全書》本當
　是據此刪削而成。筆者於 2002 年 11 月訪上圖時，發現此書萬曆刊本前
　潘之恆等人之序與作者小傳部分皆遭《四庫》本刪去不錄，此段關於蘊
　輝性通的生平文字，僅見於上海圖書館藏萬曆刊本《古今禪藻集》，而
　未收於《四庫》本。

❹ 虞淳熙，〈蘊輝上人，雪浪恩公之子，因明論師愚公之弟也。詩、字獨
　步，蓋藏眞之伯仲。持大戒，以文殊爲阿闍黎。學本賢首宗，而不廢南
　衡、天台之法。居燕，燕人尊信之，且指秋林爲清涼境，問蒲衣童子，
　是我六根三業，不拗直作曲，覓路宰官，於是乎孛臺主說偈贈之〉，
　《虞德園先生集》，收入《四庫禁毀書叢刊·集部》（北京：北京出版
　社，2000 年），第 43 冊，詩集卷之 5，頁 604。

❺ 陳繼儒，〈南華發覆序〉，收入釋性通，《南華發覆》，《續修四庫全
　書·子部道家類》（上海：上海古籍出版社，1997 年），第 957 冊，頁
　3。

價值，不單爲佛法附庸而已。晚明以來，《莊》學頗有復興之勢，眾聲喧譁，一時並起。莊、佛並稱「達磨東來以前之禪」，佛門中尤喜引莊生之談爲資。文人談莊，亦喜援引佛理。㊱禪學之外，袁中郎（1568－1610）〈廣莊〉、袁小修〈導莊〉也援入華嚴教法，格外值得注意。㊲少年時與雪浪洪恩友于兄弟的憨山德清（1546－1623）謂：「至觀《華嚴疏》，每引《老》、《莊》語甚夥。」㊳又云：

　　廣大自在，除佛經，即諸子百氏；究天人之學者，唯《莊》一書而已。藉令中國无此人，萬世之下，不知有真人；中國无此書，萬世之下，不知有妙論。蓋吾佛法廣大微妙，譯者險辭曰濟之，理必沈隱，如《楞伽》是已。是故，什之所譯稱最者，目有四哲為之輔佐故耳。（澄）觀師有言「取其文

㊱ 晚明以來莊學的發展，可以參見謝明陽，《明遺民的莊子定位論題》（臺北：國立臺灣大學出版委員會，2001 年）；方勇，《莊子學史》（北京：人民出版社，2008 年）。

㊲ 關於袁氏兄弟的莊學著作，詳參徐聖心，〈貝葉前茅與三教會通〉，《青天無處不同霞 —— 明末清初三教會通管窺》（臺北：臺灣大學出版中心，2010 年 2 月），頁 221-251。附帶一提，袁小修與石頭和尚交好，即雪浪洪恩弟子蘊璞如愚，故其華嚴學理知識極有可能得之於蘊璞如愚。目前證據不足，姑存此說，且俟來日詳考。

㊳ 憨山德清，〈觀老莊影響論〉，《憨山大師全集》，收入《嘉興藏》，第 22 冊，頁 644 下。

不取其意」，斯言有由矣。設或此方有過老、莊之
言者，肇必捨此而不顧矣。由是觀之，肇之經論用
其文者，蓋肇宗《法華》。所謂善說法者，世諦、
語言、資生業等，皆順正法，乃深造實相者之所為
也。❸

憨山德清之言，頗能代表賢首宗南方系的莊學立場。此
宗推尊《莊子》，基本上大抵立足於兩點，一是清涼澄
觀的《華嚴大疏》常引《老》、《莊》之語為資，探求
語言的奧旨，有必要重審《莊子》的重要性，二是佛法
即世法，透過《莊子》，也可以對佛法有不同的認識。
然而萬曆三高僧之一的雲棲袾宏對佛門中人喜談《莊
子》之風卻極不以為然。其曰：

　　曰：「古尊宿疏經造論，有引《莊子》語者，何
　　也？」曰：「震旦之書，周、孔、《老》、《莊》
　　為最矣。佛經來自五天，欲借此間語而發明，不是
　　之引，而將誰引？然多用其言，不盡用其義，彷彿
　　而已矣。蓋稍似而非真是也。南人之北，北人不知
　　舟，指其車而曉之曰：『吾舟之載物而致遠，猶此

---

❸　同前註，〈觀老莊影響論〉，頁 644 下。

方之車也。」借車明舟，而非以車為舟也。」**❹**

雲棲袾宏《竹窗隨筆》一書批評當時叢林之弊，多有針對賢首宗南方系一脈而發者。**❹**雲棲袾宏雖多少刻意隱藏批判的對象，看似多所保留，然卻早已呼之欲出。雲棲袾宏「借車明舟」的說法固然持之有故，但舟車亦有相當的同質性，舟車一體於今日更屬平常。在明清的莊學史上，以佛解莊或莊佛會通成為一股醒目的潮流，賢首宗南方系具有不容或忘、開拓潮流的重要地位。蒼雪讀徹雖然沒有莊學的基本著作，但卻在不經意之間留下相關的重要信息。

四、師友因緣：一雨通潤與汰如明河

與其師一雨通潤的邂逅，是蒼雪讀徹生命歷程中，最為醒目的里程碑，如果蒼雪讀徹曾是煙水南詢的善財童子，那麼一雨通潤就如同彈指之間樓閣畢現的文殊菩

---

❹ 雲棲袾宏，〈莊子（三）〉，《竹窗隨筆》，《雲棲法彙》，頁 26 下。

❹ 在〈僧習〉（《竹窗隨筆》，頁 30 中）、〈僧務外學〉（《竹窗三筆》，頁 59 中）批評僧人習書、習詩、習尺牘、習外學，〈講宗〉（《竹窗三筆》，頁 58 上）批評講宗壞禪，更為露骨。此處講宗自非針對天台而發，唯賢首一門當之耳。曩日讀書，以為雲棲袾宏此處皆泛泛之談，余數年來致力於雪浪洪恩一門之思想與文藝，舊書重讀，乃悟蓮池此處皆刻意針對雪浪洪恩一門而發。

薩。《賢首宗乘》本傳形容蒼雪讀徹遭遇一雨通潤「自此經論觸目，一皆冰釋無滯，行住坐臥，惟覺大快而已」❷ ── 顯然，一雨通潤清楚的指引出蒼雪讀徹生命未來應然的發展方向。在追隨一雨通潤的過程中，蒼雪讀徹見證了其師爲法忘軀、弘法利生的精神。有詩云：

> 路頭忘卻到于今，此事知師亦素心。
>
> 不逐秋聲過別院，已分人影隔深林。
>
> 肯將耳目通聞見，自有湖山和法音。
>
> 莫遣行藏無覓處，江南弟子正相尋。❸

此詩作於一雨通潤鐵山閉關時期，此詩形容一雨通潤深藏行止，一意著述的神情。此詩前兩句說明一雨通潤馨香所繫，「言語道斷，心行滅處」，素心自鑒。五、六句是一雨通潤傳奇故事，相傳一雨通潤休夏於斷臂崖時，「睡覺聞遠寺鐘聲，如殷勤啓請」❹。末尾謂其師固然不欲出世，然道法所在，亦是江南法門氣運之精誠所在。蒼雪讀徹的同門法友汰如明河曾經如是形容一雨

---

❷ 同註❶，卷 6，頁 13 中。

❸ 蒼雪讀徹著，王培孫輯注，〈鐵山師閉關〉，《南來堂詩集》，卷 3 上，頁 8 中。

❹ 錢謙益著，錢曾箋注，錢仲聯標校，〈一雨法師塔銘〉，《牧齋初學集》，卷 69，頁 1575。

通潤在鐵山精勤刻苦的生活方式曰：

> 　師之住鐵山也，家風一味淡苦。執爨、挂扉、剔
> 釜皆躬之，故菴中無坐食人。一年除夕，師自舉一
> 大桑樹根，生火堂中、換香、水。師火前向佛坐。
> 河與蒼雪侍坐，向火燒芋食，雪大作，屋垂欲壓。
> 河、蒼雪各賦一詩上壽，坐以待旦，柴門十餘日不
> 啟，雪欲待人而殘，不可得也。❹⑤

這種清貧樂道的生活必然深深烙印在青年學僧蒼雪讀徹
的內心。在風雪中，一雨通潤、蒼雪讀徹、汰如明河三
人賦詩食芋的時光應該別有一番滋味。

　一雨通潤著作極為豐富，錢謙益曾對一雨通潤在佛
學上的造詣如是說道：

> 　本師唱演《華嚴》，實發因於《唯識》。龍藏具
> 在，教海方新，時節因緣，其在斯乎？先有此論標
> 義，藏弆篋衍，王翰林宇泰求之，靳而弗與。翰林
> 購得副本，箋為旁注，如西明圓測，隱形盜聽，以

---

❹⑤ 汰如明河，〈二楞大師無住蹟〉，原文筆者未見，轉引自陳乃乾，《蒼
雪大師行年考略》，頁 7 中。

敵窺基。其為法良苦矣。師乃復殫精搜緝，作為
《集解》，積十年而削藁。首披《宗鏡》，斬關抽
鑰，徧探《楞伽》、《深密》等經，《瑜伽》、
《顯揚》、《廣百》、《雜集》、《俱舍》、《因
明》等論，及大經《疏鈔》，與此論相應者，靡不
疏通證明。昔者《纂鈔》盛行，輩流首伏，以謂
基師正照太陽，忠也旁銜龍燭。求之今日，慈恩
中興，庶幾當之矣。師嗣雪浪，出世說法利生者
十有六年，講《法華》、《楞嚴》、《楞伽》、
《華嚴玄談》、《唯識》者十二座……註經二十餘
種，約法性則有《法華大窾》、《楞嚴、楞伽合
轍》、《圓覺近釋》、《維摩直疏》、《思益梵天
直疏》、《金剛經、心經解》、《梵網經初釋》、
《起信續疏》、《〈瑠璃品〉駁杜妄說辯謬》若干
卷，約法相則有《唯識集解》十卷、《所緣緣論論
釋發硎》、《因明集釋》、《三支比量釋》、《六
離合釋釋》若干卷。❹

一雨通潤是晚明這波「慈恩中興」的重要推手。如前所

---

❹ 錢謙益著，錢曾箋注，錢仲聯標校，〈一雨法師塔銘〉，《牧齋初學
集》，卷69，頁1575-1577。

述，華嚴、慈恩，兩燈並弘是賢首宗南方系的重要特徵。雪浪洪恩一脈之外，當以紫柏眞可（1543－1603）最爲積極，王宇泰（1549－1613），即王肯堂，皈依紫柏眞可，亦有《成唯識論》的相關著述，從諸方勢力競逐這點來看，這段話再次提醒我們《成唯識論》在晚明清初知識界流行的盛況。雪浪洪恩入寂之後，幾乎「遍註群經」的一雨通潤無可避免的成爲士林注目的焦點。一雨通潤圓寂之後，弘揚賢首宗南方系宗旨的重責大任自然落在汰如明河與蒼雪讀徹肩上。

汰如明河，號高松道者，揚之通州人，姓陳氏。受法一雨通潤。著有《華嚴十門眼》、《法華楞伽圓覺解》、《補續高僧傳》等，錢謙益言：「（一雨通潤）師沒後，河、徹二公繼師之席，弘法吳中。」❹汰如明河與蒼雪讀徹已成爲賢首宗南方系的代言人。不過在著作等身的法門宗匠一雨通潤之後如何別出心裁，繫本門聲勢於不墜，成爲汰如明河與蒼雪讀徹極大的挑戰。崇禎十年（1637），兩人訂下互爲賓主，分講《華嚴疏鈔》之約。蒼雪讀徹曰：

華嚴一宗，自我雪浪大師掃除注疏、單提本文已

---

❹ 同前註，頁1577。

來，沿習日久，後之主教者，惟尚穿鑿，多逞胸臆，古人所立教觀置而不問。若我兩人今不提唱，則大經教綱自此滅裂，不復整矣。❸

崇禎十三年（1640），汰如明河講《華嚴疏鈔》第一會於華山，群鶴繞空，眾以爲祥瑞，蒼雪讀徹曾有一詩記其盛事。❹不意講會之後，汰如明河竟然一病不起，蒼雪讀徹唱演，亦未能終卷，有待於汰如明河弟子含光法師以成有終之美，錢謙益曾記其經過曰：

　　河師首唱一期，順世而去。師遂獨力荷擔，講第二期于華山，講〈問明品〉于中峯，講第四期于慧慶，講第五期于昭慶，講第六期于錫山。甲午歲，至第三地，病篤輟座，人或勸其且止。師曰：「我與汰兄炷香發願，人天鑒知，敢背捨乎？」❺

---

❸　西懷了惪編，《賢首宗乘》，卷6，頁 249-250。
❹　詩云：「既遂凌雲志，非甘耳目供。何來三匝繞，共集一聲鐘。延頸醉相向，擎拳拜至恭。爭奇傳弟子，支老意從容」，見蒼雪讀徹，〈庚辰高松講大鈔于華山，感群鶴繞空，飛鳴欲下，一時播聞詩以記之〉，《南來堂詩集・補編》，卷2，頁9上。
❺　錢謙益著，錢曾箋注，錢仲聯標校，〈中峯蒼雪法師塔銘〉，《牧齋有學集》，卷36，頁 1264-1265。

對蒼雪讀徹而言，摯友汰如明河的棄世，其內心悲痛可
想而知，但更感人的是，蒼雪讀徹並未放棄宣揚聖教的
理想與熱情。綜觀蒼雪讀徹憶弔汰如明河諸作，有低
迴，有悵惘，兄弟情深的回憶，但內心的熱情，以及護
教的使命始終迴盪。例如某次講《華嚴大鈔·十回向》
之後，蒼雪讀徹感慨萬端，成詩一首曰：

> 位次終三向，空居近午天。
> 歲期重解制，月望兩回圓。
> 乘願應多劫，求人已暮年。
> 此心傳與我，我教向誰傳。❺

此詩語意明白，暮年來日無多，求人傳法用意愈發熱
切，賢首宗南方系往往不宗尚談論西方淨土，多喜標舉
來去無礙。但無論如何，由此不難看出：蒼雪讀徹即使
自知生命已入桑榆晚景，對於弘法宣教，仍然念茲在
茲。蒼雪讀徹最終圓寂，實乃肇因於應見月讀體之請，
於寶華山講《楞嚴》，過於勞累所致。臨命終前，亦
無一絲牽掛，甚且作詩自嘲。〈寶華山《楞嚴》講期未

---

❺ 蒼雪讀徹著，王培孫輯注，〈講《華嚴大鈔·十回向》解制〉，《南來
堂詩集》，卷2，頁32上。

竟，病中自解〉組詩是除了〈辭世偈〉之外，生前最後一組作品，亦帶有絕筆詩的味道。題下小序極爲感人，其曰：

歲在丙申暮春，華山見月老師弟以《楞嚴》講期見召，使命載至，余以老病辭，不獲免。勉起以應，至山中，賓主相見，寸步必假人扶，載拜爲難，堂頭私念能唱一經題下座，則吾願足矣。講至二卷末，惟餘一息奄奄而已，堂頭固請，命弟子輩代之。如釋重擔，一放下更不復振起。雖然，是役也，何必竟，亦何非竟？若語其竟，未及「如是我聞」，早已「信受奉行」，語其未竟，即塵說剎說、熾然無間，終無有竟。噫！斯言固自解，即已解嘲。❺❷

寶華山《楞嚴》講期是蒼雪讀徹入寂根由，如是觀之，蒼雪讀徹幾乎可謂「死在講台上的講經僧」，與「死在指揮台上的指揮家」同出一轍。對於眞誠信道，每以「魔外昌披，法眼漸滅」爲念的華嚴老學僧而言，❺❸

❺❷ 蒼雪讀徹著，王培孫輯注，〈寶華山《楞嚴》講期未竟，病中自解〉，《南來堂詩集》，卷 3 下，頁 25 中 -26 上。

❺❸ 錢謙益著，錢曾箋注，錢仲聯標校，〈中峯蒼雪法師塔銘〉，《牧齋有

亦可謂死得其所。其臨命終時，尚能作詩自嘲，定力
之深，實是願力所化。此組詩幾乎是蒼雪讀徹「禪機
詩學，總一參悟」❷的集大成，筆力深厚，試舉其中兩
首，以見所言不虛，詩云：

　　慶喜慣啼拋止葉，飲光解笑示拈花。
　　而今哭笑俱非是，何處宗乘辨正邪？
　　試問此椎曾白否？可憐雙眼果青耶？
　　剎竿倒卻門前久，大廈將傾賴木叉。

　　閉門莫復怪山僧，打睡繇來接上乘。
　　十日庵羹咽未下，千人講座病猶登。
　　鼓將橐籥風斯轉，散入塵毛氣不勝。
　　如是我聞曾未及，奉行信受許先膺。❸

錢謙益曾讚許蒼雪讀徹：「戒地堅，腳跟實，臨行正
定，如旅還家。視世之過頭沓舌，問影織空者，豈可同
日道哉？」❹確乎知音者言。雖是臨終之作，無論是對

　　學集》，卷36，頁1265。
❷　吳偉業，《梅村詩話》，頁498。
❸　同註❷，頁26中。
❹　錢謙益著，錢曾箋注，錢仲聯標校，〈中峯蒼雪法師塔銘〉，《牧齋有

人世的留戀或對西方淨土的憧憬嚮往，絲毫未見蹤跡，也沒有如同吳梅村臨終詞那般深刻的愧疚與懺悔。全詩更多的是對正法陵夷的憂慮，還有爲法忘軀的使命感，或許這就是所謂「終極關懷」吧。當然一個眞誠奉教的佛教徒的自信與願力歷歷可見。後者結尾兩句，更是深獲當時詩家頭領錢謙益的讚許。**㊿**

　　蒼雪讀徹的〈辭世偈〉亦至爲感人，其曰：「我不修福，不生天上；我不造罪，不墮地下。還來人間，生死不怕。有一寶珠，欲求善價。別開鋪面，娑婆世界。」**㊽**無修無證本來即是佛法最高境界，雪浪洪恩一脈往往不強調西方淨土，而主張生死海中自在無礙。寶珠爲佛性之喻，若能明心見性，則能入火不燃，入水不濕。娑婆世界雖然充滿缺陷，但若能依止大法，又何憂何懼。蒼雪讀徹從雲南到江南，如同善財童子求道南詢，最後在講期中圓寂辭世，即使此世惡濁，仍然去來無礙，預示乘願再來的悲心宏願。

　　學集》，卷 36，頁 1265。
㊿ 同前註。
㊽ 蒼雪讀徹著，王培孫輯注，〈辭世偈〉，《南來堂詩集》，卷 1，頁 21 上。

五、因緣不可思議：賢首畫像與《華嚴懺儀》

　　弘揚《華嚴》大法，固然是蒼雪讀徹一生的心事，但除了講經說法與作詩寫字之外，蒼雪讀徹在《華嚴》教義的開創與弘揚，雖然並未有太多建樹，但蒼雪讀徹持戒精嚴，感應道交，近乎神奇的事蹟亦多有流傳，王士禎就曾說：

　　　　南來蒼雪法師，名讀徹。居吳之中峰，常夜讀
　　　　《楞嚴》，月明如水，忽語侍者：「庭心有萬曆大
　　　　錢一枚，可往撿取。」視之果然。❺❾

這個故事在明清之際的筆記小說經常出現，一時膾炙人口，其事真偽與否，尚在其次，但由此不難看出：蒼雪讀徹在當時具有一定程度的傳奇性。《賢首宗乘》本傳部分所敘更為神奇，其曰：

　　　　（蒼雪讀徹）舉動之間事多冥會，師建大殿，采
　　　　石柱于山巖，匠氏徧探，無可運斤之地，師夜夢跨

---

❺❾　王士禎，〈南來詩〉，《池北偶談》（北京：中華書局，2006年），卷
　　13，頁308。

馬神人指其所，明晨尋至一同夢境，指匠采之，一
殿之柱，無欠無餘。濬一古井，建亭覆之，得兩石
碣，姓字與今施主全同。《華嚴》大經常慮無修證
大懺。師講《疏抄》於華山，時有滇南僧普潤，來
自沐府，齎唐朝一行禪師所造《華嚴懺法》四十
卷，送師校梓流通。恰當中興《大抄》而出賢首祖
像，江南寺院淹沒無聞，師應講於城東昭慶，有僧
從雙塔寺塵埃中搜一畫像獻之，細觀乃賢祖之真儀
也。如此應兆，指不勝屈，是亦不可思議之餘也。❻

古來祖師開山建寺，頗多傳奇神話，以爲大法隆興之
兆，是以此文中采石神話，可先置之弗論。文中所敘不
可思議約有二端，一是湮滅已久的《華嚴懺儀》重見天
日；另一是於昭慶寺講經期間，偶過雙塔寺，竟得賢首
法藏畫像一幅。此二事雖與《華嚴義海》沒有直接關
聯，卻是晚明清初華嚴學史上一重公案，仍有必要略加
詮次。先說賢首畫像，蒼雪讀徹有詩記其事，詩題即敘
其經緯，題作「乙酉春，演《鈔》期于吳門昭慶寺，偶
過雙塔寺山亭，于蟲蠹朽爛堆中得覿賢首祖像，頂禮
持歸，且所演《鈔》板乃藏之湖上昭慶寺，與今講席名

---

❻ 西懷了惠編，《賢首宗乘》，卷 6，頁 250-251。

同，三緣偶合，亦一奇事」。詩云：

> 圓顱方面竦儀形，雙目精光射杳冥。
> 慶幸真堪名稱寺，見聞恰值手科經。
> 康居何處尋家國，震旦居然拜祖庭。
> 絹素千年生氣在，應知呵護有神靈。[61]

雙塔禪寺，《百城煙水》謂：「在（蘇州）城東南隅，唐咸通中，州民盛楚建，名般若院。吳越錢氏改羅漢院，宋雍熙中，王文罕建兩磚塔對峙，遂名雙塔，重建殿宇。至道初，賜御書四十八卷，改壽寧萬歲禪院。紹熙中，常平茶鹽使者建祝聖道場。明永樂八年，僧本清重建。康熙十五年，里人唐堯仁重修天王殿、山門，恢復法堂。」[62] 昭慶律寺，根據《杭州府志》：「在錢塘門外」[63]，據詩題，此事有三重不可思議：（一）蒼雪讀徹講解《華嚴大鈔》的版本為杭州昭慶寺刊本，與蘇

---

[61] 蒼雪讀徹著，王培孫輯注，〈乙酉春，演《鈔》期于吳門昭慶寺，偶過雙塔寺山亭，于蟲蠹朽爛堆中得覿賢首祖像，頂禮持歸，且所演《鈔》板乃藏之湖上昭慶寺，與今講席名同，三緣偶合，亦一奇事，恭賦一首以紀其盛〉，《南來堂詩集·補編》，卷3上，頁22中。

[62] 徐崧、張大純纂輯，薛正興校點，《百城煙水》（南京：江蘇古籍出版社，1999年），頁220-221。

[63] 陳善纂，《（萬曆）杭州府志》（臺北：成文出版社，1983年），卷99，頁2上。

州昭慶寺同名；（二）於講《華嚴大鈔》時竟然可以在「蟲蠹朽爛堆中」發現賢首法藏的畫像；（三）其畫像千年之後依然生氣勃勃。

嚴格來說，昭慶寺同名談不上任何特殊因緣，真正神奇的還是竟然在雙塔寺中發現賢首法藏的畫像，但並非《華嚴大鈔》的作者清涼澄觀。當然賢首法藏在華嚴學史的重要性與神聖性不容懷疑，但在「蟲蠹朽爛堆中」中，卻「絹素千年生氣在」，不能不令人有所保留。不過，真偽先且不論，無論如何，對蒼雪讀徹而言，賢首法藏畫像的發現，似乎成為蒼雪讀徹弘法過程中一劑有效的強心針。

相對於賢首法藏的畫像，《華嚴懺儀》問世一事更為曲折。蒼雪讀徹集中亦有詩記其事，其詩題敘其經過曰：「辛巳春，華山講期中，滇南麗江木太守生白公，遣使以唐一行禪師所集《華嚴懺法》見委校讎刻行，江南識者咸謂：于兩年間，初得〈教義章〉，再得〈賢首傳〉，三得《華嚴懺》，次第出世，得非吾賢首宗之幾斷而復續，晦而復顯之明驗歟！」詩云：

峯高難度雁飛回，江急晴空響若雷。
負杙傳身逾嶺後，舉煙招伴過橋來。
六朝遺稿人何在，萬里緘書手自開。

行李瘴嵐封溼盡，翻經臺作曬經臺。❻❹

《華嚴懺儀》乃西夏僧人一行慧覺的《大方廣佛華嚴經
海印道場十重行願常徧禮懺儀》的簡稱，此書收錄於
《嘉興藏》第十五冊與《卍續藏》七十四冊。蒼雪讀徹
與汰如明河約定開講《大鈔》以來，兩年之內，竟得佚
書數部，不免過於神奇。此書之出，固然可能是大法將
興之兆。但眾所周知，晚明以來，僞書大行於世，此書
的問世，在當時亦引起相當的質疑。面對這些質疑的聲
浪，錢謙益挺身爲其辯護曰：

> 難者曰：「懺之爲言悔也。悔者，五十一心數中
> 之一法耳。《華嚴經》者，稱性而談，該心之變
> 而道之者也。有經可以無懺，有經而必有懺，則
> 何異儒家之以《五緯》配《五經》乎？一疑也；一
> 行之學，精於天官曆數，其所述作，載在《唐書》
> 甚詳，不聞其留意於教典也，設留意於教典，以彼
> 其精思神解，豈無奇文奧義可以垂世立教，而屑屑

---

❻❹ 蒼雪讀徹著，王培孫輯注，〈辛巳春，華山講期中，滇南麗江木太守生
白公，遣使以唐一行禪師所集《華嚴懺法》見委校讎刻行，江南識者咸
謂：于兩年間，初得〈教義章〉，再得〈賢首傳〉，三得《華嚴懺》，
次第出世，得非吾賢首宗之幾斷而復續、晦而復顯之明驗歟，恭賦一詩
紀之〉，《南來堂詩集·補編》，卷3上，頁13中-14上。

於稱名號，勤禮拜之為務乎？二疑也；古之藏書
名山者，皆慮讖切當時，危言賈禍，故俟易世之
後，方致宣傳，今製懺禮佛，何嫌何忌，而暫加韜
晦？……紙帛之力，不能千年，劫火滄桑，何以完
好如故？三疑也。」解之者曰：「子之所疑，皆
世間法耳，非所論於出世法也。《華嚴》之義，
帝網重重，須彌芥子，互相容納，安在經之可以該
懺？而懺之不可以該經乎？恒人之學，可以詳略精
麤論也。若一行者，天台祝流水西行，雒下讖聖人
復出，逆流現身，博綜象數，豈非《華嚴》十地中
人？其難以凡心測量明矣！豈其詳於星曆，而略於
宗教？從口所出，即為真詮，安在經論之精而懺文
之麤乎？佛法從因緣生，興廢顯晦，皆有時節。懺
之製於一行，而傳付於普瑞，成於唐而出於明，撰
於龍首而藏於雞足，閟於葉榆崇聖，而顯於木君，
皆有數存乎其間，無可疑者。此而可疑，則《華
嚴》之出於龍宮，傳於于闐，亦可疑矣。❻⑤

綜上所述，《華嚴懺法》令人起疑的地方有三：（一）

---

❻⑤ 錢謙益著，錢曾箋注，錢仲聯標校，〈華嚴懺法序〉，《牧齋初學
集》，卷28，頁864。此文亦收入《華嚴懺儀》之前。

刻意製作懺法，以合經文；（二）此書不合乎一行的歷史形象；（三）唐代時雲南與中國的關係並不密切，且歷經數百年，何以竟能完好如初。面對這些質疑的聲浪，錢謙益的回答竟然是「興廢顯晦，皆有時節」，易言之，錢謙益其實對此本《華嚴懺儀》的真偽也沒有絕對的把握，只能訴諸偶然與信仰等非理性因素。從錢謙益的說法來看，對此書真偽存疑者當不在少數。

不過錢謙益的辯護並未直搗黃龍，因為此書並非出於唐代一行國師之手，而是西夏僧人一行慧覺，蒼雪讀徹一仍錢氏之誤，一行慧覺在西夏有國師之目，但明清時期佛教叢林於其人多不甚了了，以致將二人混為一談。一行慧覺與《華嚴懺儀》之關係，學界論之已詳，於此不擬細究。❻❻此處特別強調的是：《華嚴懺儀》於晚明重新刊刻的過程中，蒼雪讀徹所扮演的角色頗堪玩味。關於這點，蒼雪讀徹曾言：「法潤師來吳，奉木檀越命，以《華嚴懺法》相委，多恐為謀不終。」❻❼錢謙

---

❻❻ 關於一行慧覺，周叔迦已經著意。西夏佛教研究者如史金波、聶紅音、鄧如萍、崔紅芬皆曾觸及。北京大學李燦以一行慧覺為研究主題，撰寫碩士論文，佛光大學索羅寧教授近年亦有專文討論一行慧覺及其《華嚴懺儀》一書，極具參考價值。相關文獻及討論，參見索羅寧，〈一行慧覺及其《大方廣佛華嚴經海印道場十重行願常徧禮懺儀》〉，《臺大佛學研究》第 23 期（2012 年 7 月），頁 1-76。

❻❼ 蒼雪讀徹著，王培孫輯注，〈寄徒三和書〉，《南來堂詩集》，附遺文，頁 2 上。

益曰：「木君世篤忠貞，保釐南服，濟世潤生，一本
《華嚴》行門。先刻是經《演疏鈔》，翻印《三藏》，
總持宣布，浩如煙海。今復流通懺文，與《疏鈔》、
《合論》並傳震旦。」⑱

　　從蒼雪讀徹、錢謙益的話不難看出：《華嚴懺法》
傳世的關鍵人物實爲木增（1587－1664）。木檀越、木
君，皆木增之謂也。

　　木增，《滇詩拾遺》曾略記其生平，謂：「木增，
字長卿，號華岳，又號生白，麗江人。土知府青子，萬
（曆）〔曆〕二十六年襲以助餉征蠻功，晉秩左布政，
著有《雲薖淡墨》六卷，國朝收入《四庫·子部·雜
家類》，又有《雲薖初集》、《次集》、《嘯月函詩
集》、《芝山集》、《光碧樓選草》，均經董思白、陳
眉公序之，蓋性耽風雅，博極群書，又能就正有道，故
在土職中可謂錚錚佼佼者矣。」⑲木增乃麗江知府木青
之子，後襲其爵。⑳

---

⑱　錢謙益著，錢曾箋注，錢仲聯標校，〈華嚴懺法序〉，《牧齋初學
　　集》，卷28，頁865。
⑲　陳榮昌輯，《滇詩拾遺》，《叢書集成續編》（臺北：新文豐出版公
　　司，1989年），冊118，卷6，頁180。
⑳　網路資料引用《木氏宦譜》，略述其生平當可從，近年中國大陸雲南
　　電視台拍攝《木府風雲》電視劇，木增是其中重要角色。參見 http://
　　zh.wikipedia.org/wiki/%E6%9C%A8%E5%A2%9E，檢索日期：2014 年 2
　　月 13 日。

　　木增在世時號稱麗江的全盛時期。其先祖阿得爲
最初歸附明朝的土司，《雲南通志》曾謂：「阿得，郡
人，元時麗江宣撫司副，洪武十五年兵下雲南，率衆歸
附，賜姓木」，木增乃「阿得八世孫，萬（歷）〔曆〕
間襲知府，值北勝州搆亂，增以兵擒首逆，高蘭三殿鼎
建，輸金助工，兼陳十事，下部議可，朝廷喜其忠誠，
特加參政秩。增又好讀書，博極群籍，家有萬卷樓，
與楊愼、張含唱和甚多。」❼❶木增之父爲木青。憨山德
清亦曾謂木青「天性澹薄，于世味一無所嗜好，忠孝慈
愛，唯以濟人利物爲懷，……喜接方外，法侶相與，禮
誦精修，頹然如糞埽頭陀，……公刻《華嚴大疏》於雞
足。」❼❷雲南木家與華嚴學關係匪淺，由此可見一斑。

　　今本《華嚴懺儀》篇末有一段文字，敍此書刊刻之
經過曰：

　　　欽褒忠義忠蓋四川左布政雲南麗陽佛弟子木增、
　　　同麗江府知府授參政男木懿、應襲孫木靖、暨諸子
　　　孫太學生木喬、木參、生員木宿、木櫟、木橰、

---

❼❶　靖道謨等編纂，《雲南通志》，收入《景印文淵閣四庫全書》（臺北：
　　臺灣商務印書館，1983 年），第 570 冊，頁 121。

❼❷　憨山德清，〈麗江木六公奉佛記〉，《憨山大師全集》，《嘉興藏》，
　　第 22 冊，頁 520 上 - 中。

木樅、木極、悟樂等，各捐淨捧，延僧命役，敬奉
《大方廣佛華嚴經三昧懺儀》一部，共四十二卷、
六十一冊，直達南直隸蘇州府常熟縣隱湖南村篤素
居士毛鳳苞汲古閣中。鳩良工雕造，起于崇禎庚辰
孟夏，終于辛巳莫春，凡一載功成。今實此版於浙
江嘉興府楞嚴寺藏經閣，祈流通諸四眾。歷劫熏
修，見聞此法，永持不捨，所願一乘頓教，徧布人
寰，三有羣生，俱明性海者耳。齋經僧係雞足山悉
檀禪寺比丘道源、玄契等。❼❸

綜上所述，《華嚴懺儀》為崇禎十三年（庚辰，1640）
雲南麗江守木增在雞足山發現，經由法潤道源、玄契，
委由蒼雪讀徹接洽在江南刊刻，蒼雪讀徹亦曾對此書進
行校對等相關工作，刊行者為毛晉汲古閣，歷時一年。
從僻在雲南的木氏一再刊刻《華嚴》相關注疏可以看
出：此波晚明華嚴學普及的過程中，雲南地方的出版文
化具有不容忽視的重要性與影響力。關於此書的刊刻過
程，毛晉也曾詳記其經緯，其曰：

---

❼❸ 一行慧覺依經錄，普瑞補註，木增訂正，《大方廣佛華嚴經海印道場十
重行願常徧禮懺儀》，收入《嘉興藏》，第 15 冊，書後附識，頁 553
中 - 下。

　　崇禎十三年四月八日，余因汰如明公講《華嚴》，解制入華山，蒼雪徹公偕坐蓮花洞，頯瞰法侶，瓢笠蟬聯，如雲出山。獨有一僧緣紺泉鳥道而上，前昇經一籚，狀貌綴飾，迥別吳裝，目覩而異焉。彈指間，直至座下，擎一錦函，長跪而請曰：「弟子從雲南悉檀寺而來，奉木生白大士命也。木大士位居方伯，從雞足山葉榆崇聖寺靚《大方廣佛華嚴經懺法》四十二响。相傳一行依經錄者，兵燹之餘，普瑞藏諸寺中，自唐迄今未入大藏，故特發願刊布，敬授把事，度嶺涉江，就正法眼。」言畢，隨出兼金、異香為供，作禮而退。蒼公合掌向余曰：「異哉！子向藏中峯禪師《華嚴》宋本，模勒既成，昨又鑴《賢首本傳》。汰兄方講清涼《大鈔》第一會。適有《三昧海印儀》不遠萬里而至，真雜華一會，光召影響也。壽梓以傳，非子而誰？」余遂欣然鳩工庀材，經始迺事。越歲辛巳，木公再馳一介，遙寄尺書，贈以琥珀、薰陸諸異品，諄切鄭重，雲山萬里，如接几席。殆工人告成，又逢如來脅生之誕，何時分之適符，不可思議耶！一時遠近緇素，詫為奇特，聞風隨喜者，陸不停輪，水不輟棹。至法潤師南旋之日，蓺香獻花者，綦布於隱湖之干，或繪無聲，或歌有韻，余亦

霑一味之澤，聊賡五際之言。庶幾他日泝岷源、登
雪山，訪白水道人，與法潤長老共披十萬之正文，
不為生客矣。❼

毛晉此文說明《華嚴懺儀》此一版本出自雲南葉榆寺，
居間聯絡者爲雲南悉檀寺的法潤道源（《賢首宗乘》誤
作「普潤」）其人。❼ 根據時賢的研究，《華嚴懺儀》
是毛晉與木增雙方接觸的起點，自此之後，毛晉又陸
續爲木增刊刻數種著作。❼ 而《華嚴懺儀》流通的過程
中，蒼雪讀徹做爲遊歷東南的雲南僧人，在聯絡溝通雙

---

❼ 毛晉，《野外詩》，收入丁祖蔭輯，《虞山叢刻》（臺北：中央研究院
傅斯年圖書館藏民國常熟丁氏刊本），乙集，第 8 冊，頁 12 上 - 中。

❼ 法潤道源，《妙峰山志》有傳，其曰：「道源禪師號法潤（1596-
1670），鶴慶人，俗姓杜，九歲在雞足山悉檀寺開山和尚本無大師座下
落髮爲僧。道源爲僧，敬重師長，勤於佛事，日讀夜參深奧《華嚴》，
且精於律部，禪律雙修，深儒學，重書法，爲一代高僧。曾奉命進京
『齎求經』，途中歷經磨難，爲法忘軀，在湖北滯留逾年，進京後又孤
守八載，終於感動朝廷，崇禎帝欣授紫衣，頒賜龍藏，敕授『護藏僧錄
司左覺義』，護藏歸滇，供奉於本山。壬申歲（1632），本師逝世，道
源服淡齋，廬墓百日，以謝師恩。至庚辰年（1640），又往南京印製經
書，並雲遊參學，廣求知識，在天童山謁密雲大師，以『海底泥牛吞夜
月，林間木馬笑春風』偈，得大師印可。曾造訪三泖，拜大書法家玄
宰，惠以筆法。」參見釋印嚴編，《妙峰山志》（昆明：雲南人民出版
社，2008 年），頁 58。

❼ 關於毛晉與木增雙方的往來，可以參見黃李初，〈明代出版家毛晉與雲
南麗江木增的交往〉，《江蘇圖書館學報》1999 年第 1 期，頁 45-46；
鄭偉章，〈毛晉代麗江木增刻書略述〉，《文獻》2009 年第 4 期，頁
115-119。

方的過程中發揮重要的作用。**⑰**

六、他宗往來：雪嶠圓信、見月讀體、靈巖繼起

一部《南來堂詩集》，幾乎等同於晚明清初佛教界的縮影。蒼雪讀徹以弘揚華嚴宗旨為己任的同時，必然也與其他學派的僧人有所接觸與交流，蒼雪讀徹在世之日，江南禪風最熾，其詩集當中，與禪宗、律宗（特別是寶華山千華派）以及諸方僧人交流的篇什所在多有。視《南來堂詩集》為當時佛教史料亦未嘗不可。例如崇禎九年（丙子，1636），蒼雪讀徹住持中峰講院，著名的詩僧雪嶠圓信（1571－1647）來訪，兩人分韻賦試，蒼雪讀徹賦詩以志其事。詩云：

> 笑倒雙峰白鼻騧，死貓頭賣與人家。
> 曾無足跡半天下，那有聲名四海涯。
> 鍊句補天能泣鬼，揮毫入草疾驚蛇。
> 一條血棒渾閒事，聽我虛空講墜花。**⑱**

---

⑰ 參見王啓元，〈蒼雪與木增交遊因緣考〉，《中國典籍與文化》2012 年第 2 期，頁 59-68。

⑱ 蒼雪讀徹著，王培孫輯注，〈徑山語風老人過訪，集南來堂，分韻得花字〉，《南來堂詩集》，卷 3 下，頁 2 中 -3 上。

明清之際，能詩擅畫的高僧輩出，但詩名最盛，莫有過於雪嶠圓信與蒼雪讀徹二人。崇禎九年，蒼雪讀徹的聲名尚未能與名滿四海的「散聖」雪嶠圓信比肩。故而此詩充滿了對此一傳奇前輩的欽羨景仰之情。

雪嶠圓信，俗姓朱，浙江寧波人，少時家貧。二十九歲出家，歷參當時尊宿大德，包括雲棲袾宏、憨山德清、笑巖德寶（1512－1581），後受法於當時臨濟尊宿龍池幻有（1549－1614）。對現在的佛教界而言，雪嶠圓信可能是個陌生的名字。但在明清之際，雪嶠圓信不僅是一代禪門泰斗，能詩擅書之名遠播京城。當時的批評家對雪嶠圓信之詩讚不絕口，例如劉獻廷（1648－1695）曾說：「近代尊宿之能詩者，無踰老人，恐無可、齊己不是過也。」❼著名的浙江詩人李鄴嗣（1622－1680）亦曰：「吾鄉雪嶠老人，高風絕塵，离离在雲氣之表，人與詩俱極似中峰。時稱其〈山居〉、〈題畫〉諸詩，空青遙碧，淡不可收，如氣之秋，如月之曙，即在詩人口中，亦是王維、常建極佳處。」❽順治皇帝（1638－1661）也一再表明孺慕之意，❾清初應順治皇帝之聘的木陳道忞（1596－1674）

---

❼ 劉獻廷，《廣陽雜記》（北京：中華書局，1997 年），卷 4，頁 202。
❽ 李鄴嗣選評，胡德邁訂，《甬上高僧詩》（上海：上海書店，1994 年，《叢書集成續編》第 148 冊，影印《四明叢書》本），頁 604。

北遊京畿之際，對順治帝喜尚雪嶠圓信一事印象深刻，曾說：「獨於雪嶠老人之高風逸韻，日理於口，殊切景仰之思。」⓷其聲名之盛不難想見。

雪嶠圓信此次來訪的動機不明，但其動機極有可能與當時禪門論爭有關，蒼雪讀徹雖非禪門中人，然以一介僧人看禪門論爭，憂心不已，賦詩志其事，詩云：

> 問年半百過明朝，百感交并在此宵。
> 話到石人猶下淚，毀來鐵骨也應銷。
> 香花覆殿傳爐後，燈火圍廊引磬遙。
> 兄弟天涯難聚首，流泉分付出茶寮。⓸

崇禎九年，臨濟宗密雲圓悟（1567－1642）與漢月法藏（1573－1635）兩派已經勢同水火，在明清佛教史上慣稱「密漢之爭」。當事人之一的漢月法藏已於崇禎八年（丙辰，1635）入滅，蒼雪讀徹此詩不詳所指，但可以

⓷ 關於雪嶠圓信其人及其思想，參見廖肇亨，〈第一等偷懶沙門──雪嶠圓信與明末清初的禪宗〉，《中邊·詩禪·夢戲──明末清初佛教文化論述的呈現與開展》，頁 239-272。另外陳垣也曾注意到順治帝對於雪嶠圓信情有獨鍾，詳參陳垣，《清初僧諍記》（北京：中華書局，1962年），頁 64-68。

⓷ 釋道忞，《布水臺集》，收入《嘉興藏》，第 26 冊，頁 405。

⓸ 蒼雪讀徹著，王培孫輯注，〈丙子期中除夕是年他宗鬮諍幾破和合眾〉，《南來堂詩集·補編》，卷 3 上，頁 6 中 -7 上。

肯定的是此詩乃蒼雪讀徹見證當時禪宗論爭，深不以爲然所致。

　　此外，明清佛教史上，見月讀體與蒼雪讀徹，同樣來自偏遠的雲南，同樣享有崇高的聲譽，並稱「二讀」。見月讀體雖然較蒼雪讀徹年輕，但蒼雪讀徹對這位雲南同鄉後進佩服不已。蒼雪讀徹有詩贈見月讀體，詩云：

> 金剎恢弘選律儀，先朝龍藏兩頒施。
> 從來不識江山改，問道何年國步移。
> 一念可知成淨土，剎那已自轉須彌。
> 誰人傑出千華社，四海聞名老範師。❽

明清之際時局動盪不堪，但見月讀體於此概不關心，只是一意以佛法眾生爲念，誠心所致，須彌可轉。從《一夢漫言》一書可以看出見月讀體面對滿清軍人不卑不畏，反而贏得清軍的尊敬與皈依，大有泰山崩於前而色不改的氣概。❽「從來不識江山改，問道何年國步移」兩句頗能道其精神。做爲律宗千華派的領袖，見月讀體

---

❽ 蒼雪讀徹著，王培孫輯注，〈贈華山見月和尚〉，《南來堂詩集》，卷3下，頁20中-21上。
❽ 見月讀體，《一夢漫言》（上海：世界書局，1937年），頁46-47。

對佛法堅定的信念讓蒼雪讀徹深爲感動。

　　晚明以來的戒律重整實爲佛教復興的一環，具有歷史發展的必然性，從古心如馨、三昧寂光（1580－1645）到見月讀體，以及眾多法門龍象的努力，許多戒律相關的文獻與儀禮方又重見天路。見月讀體爲律宗一代宗師，其意義不只在於興復南山律宗，而是以他的生命成就一條佛法眞正可行可久的道路。眾多的戒律學著作、寶華山隆昌寺的戒壇，還有膾炙人口的《一夢漫言》，見月讀體在佛教史上的巨大身影依然無處不在，成爲後世佛門弟子追仰學習的楷模。

　　見月讀體是明末清初律宗千華派的中心人物，一生的心事都是寄託在戒律的發揚與闡釋，綜觀其著作目錄便可一目瞭然，不需多言。❻在見月讀體的戮力經營之下，寶華山隆昌寺成爲律宗第一山、天下第一戒壇，時至今日，仍然具有舉足輕重的地位。在文獻不全的情況之下，見月讀體又重新確立了清代以降佛教戒律的基本準繩，儘管晚明以降，眾多法門龍象對於整理戒律付出許多眞誠的努力，但見月讀體重新確立了南山《四分律》的權威，並就結夏安居、布薩，將禪、教、律融合

---

❻ 見月讀體與明清戒律學發展的關係，參見釋果燈，《明末清初律宗千華派之興起》，頁 121-210。

無間，並就律學文獻加以整理出版。

　　見月讀體與蒼雪讀徹往來頻繁。兩人同時出身雲南，更有一份同鄉情誼，亦偶有應和之作。以下這首收錄於《寶華山志》的詩作，更顯難能可貴。詩云：

　　　　天地一微塵，茅廬共掃新。
　　　　若教無此夜，那識暫閒人。
　　　　白雪融時暮，紅梅早占春。
　　　　向來漂泊處，應是夢中身。❽

這首詩是在除夕之時次韻蒼雪讀徹原作。前兩句暗喻政權更迭。三、四句其實是蒼雪讀徹的成名句，在此處正好可以解作隨處自在作主，佛門喜以除夕比喻生死大事因緣，佛門中人自當「跳出三界外，不在五行中」。五、六句雖是寫景，亦以雪夜紅梅暗指心志堅貞，此處當指佛門氣運。末尾回顧人生，以夢作結，符合夢中說夢的空王大法，白首老僧看行腳，即是浮生幻夢，當然更是蒼雪讀徹與見月讀體二人行腳萬里，求法問道的真實寫照。

---

❽　見月讀體，〈除夜次蒼雪韻〉，《寶華山志》，收入杜潔祥編，《中國佛寺志彙刊》（臺北：明文書局，1980年），第1輯，第41冊，卷15，頁621-622。

　　不過，見月讀體對於明清一視同仁的態度，蒼雪讀徹未必能夠認同。蒼雪讀徹始終對滿清政權不懷好意。明清之際，佛教叢林之中，特別標舉「以忠孝作佛事」，也就是強調易代之交的節義情操與佛門同出一轍，靈巖繼起（1605－1672）、覺浪道盛（1593－1659）都是箇中知名人物。相對於見月讀體的冷岸不群，蒼雪讀徹顯然與靈巖繼起更加意氣相投。蒼雪讀徹集中為靈巖繼起而作之詩為數不少，以下此詩最能見二人莫逆之情。詩云：

　　　　淮叟滇翁原莫逆，法門兄弟舊親知。
　　　　入門不必輕彈指，一笑相看大破疑。
　　　　凜若眉梢寒掛劍，卓然身外立無錐。
　　　　生平小善何曾有，也愧逢人說項斯。❽

　「淮叟」，靈巖繼起之謂。「滇翁」，蒼雪讀徹夫子自道。看來兩人相識已久，此際又因政治認同的接近，兩人格外融洽。大慧宗杲（1089－1163）「眉間掛劍，血濺梵天」之典故不僅是形容禪法猛利，明清之際亦往往

---

❽　蒼雪讀徹著，王培孫輯注，〈次答靈巖繼公見過〉，《南來堂詩集》，卷3下，頁18中-19上。

成為強調佛門節義的隱喻。末尾兩句,形容靈巖繼起四
處宣說蒼雪讀徹對於故國的效忠與眷念。兩個心懷故國
的叢林長老針芥相投,盡在不言。吳偉業曾經形容蒼雪
讀徹「觀心難遣世興亡」,[89]最為傳神。

　　明亡以後,叢林尊宿亦頗有懷念故國者。魏禧
(1624-1681)曾說:「愚庵僧明盂,兩浙所稱三宜和
尚,與天界覺浪、靈巖繼起並以忠孝名天下。」[90]在當
時,「以忠孝名天下」的佛門尊宿,除了魏禧言及的覺
浪道盛、三宜明盂(1599-1665)、靈巖繼起之外,還
有福建的隱元隆琦(1592-1673)、廣東的宗寶道獨
(1600-1661)等人。[91]當然,蒼雪讀徹也是不該遺忘
的僧中遺民。[92]

　　事實上,蒼雪讀徹的中峰、靈巖繼起的三峰,見月
讀體的寶華山,三者正好處於一個特殊情境當中。潘耒

---

[89] 吳偉業著,李學穎集評標校,〈哭蒼雪法師〉,《吳梅村全集》,頁
425。

[90] 魏禧,〈高士汪渢傳〉,《魏叔子文集外篇》,收入《續修四庫全書·
集部》(上海:上海古籍出版社,2000年),第1409冊,卷17,頁
143。

[91] 關於明清易代之際的佛門節義觀,詳參廖肇亨,〈以忠孝作佛事——明
末清初佛門節義觀探析〉,收入鍾彩鈞、楊晉龍主編,《明清文學與思
想中之情、理、欲——學術思想篇》(臺北:中央研究院中國文哲研究
所,2009年),頁199-244。

[92] 孫昌武先生對此已有較多發揮,詳參孫昌武,〈詩僧蒼雪〉,《普門學
報》第20期(2004年3月),頁351-368。

（1646－1708）曾言：

　　當明萬曆、天啟間，雪浪法師倡教東南，巢、
雨、蒼、汰輩繼之。說法如雲如雨，講席大盛，
迄今而不絕如綫。蓋由衲子偷心不死，希棒喝之易
入，貪衣拂之易傳，趨宗門如鶩，而不知教家冷淡
中步步皆實地也。當此時而有能恪守師傳，恢弘先
業者，豈非法門之孤忠篤孝哉？中峰講寺，創自支
公，興廢不一。明季始還為梵宇，一雨法師肇開講
席，蒼雪法師繼之。雷轟雨霈，法化大行。吳中講
堂，惟中峰、華山二剎最盛，其後禪宗勃興，教家
寖以不競，華山遂為三峰家所有，中峰亦幾幾變
革。❾

汪琬（1624－1691）也曾就此說道：

　　支硎故有中峰講院，廢久矣！至一雨潤公居之，
始復興。當明崇禎中，徹公次補潤公講席，來住中
峰，其同門友汰如河公住華山，兩山對峙，鐘唄之

---

❾ 潘耒，〈中峯講院興造碑〉，《遂初堂別集》，收入《四庫存目叢書·
集部》（濟南：齊魯書社，1997年），第250冊，卷1，頁1上-中。

聲，交應相與，日夜弘法闡義，傾動四方，凡名公
貴人，降及閭閻士女，無不肩摩踵接，往來絡繹於
支硎天池間，惟二師之歸，故其道場最盛。自二師
繼歿，華山竟屬退翁，為靈巖子院，而中峰亦復漸
廢。❹

就潘耒、汪琬的說法來看，賢首宗南方系在蘇州的兩大
據點──華山與中峰，後來都漸次沒落，易幟為臨濟宗
三峰派的道場。退翁，即靈巖繼起。潘耒、汪琬對晚明
清初賢首宗南方系一脈的盛況尚耳熟能詳，卻也都同時
見證了賢首宗由盛轉衰的歷程，而此，似乎也預示雙方
宗派未來的發展命運。蒼雪讀徹之後，其門人弟子雖亦
不乏豪傑之士，大勢所至，亦難回天，明清佛教的歷史
發展，也走向另一個發展階段。

七、結語

雪浪洪恩既是兼弘賢首、慈恩的祖師，同時也是傑
出的詩僧，晚明江南叢林學詩之風濫觴自雪浪洪恩與憨
山德清。弟子臞鶴寬悅（生卒年不詳）、雪山法杲（生

---

❹ 汪琬，〈中峰曉庵了法師塔銘〉，《堯峰文鈔》（臺北：商務印書館，
1979 年《四部叢刊》本），卷 20，頁 194。

卒年不詳）等莫不工於詩賦，且兼與江南文士友善。過去詩禪論述主要的理論基礎主要在於嚴羽（生卒年不詳）《滄浪詩話》與宋代詩僧惠洪覺範（1071－1128）的《石門文字禪》，雪浪洪恩標舉《華嚴經》中五地聖人的說法，自是以後，《華嚴經》五地聖人之說成爲明清叢林詩禪論述的重要典據。雪浪洪恩門人蘊輝性通（生卒年不詳）與普可正勉（生卒年不詳）合編《古今禪藻集》，可謂中國文學史上第一部歷代僧詩總集，嘗試將起自六朝，至於晚明的詩僧網羅殆盡。雖然宋代李龏（1194－？）曾經編有《唐僧弘秀集》十卷，但僅止於一代。類似《古今禪藻集》這種通史般的巨大工程正是展現了詩僧的自我認同，「禪藻」一詞成爲僧人詩作的代名詞亦昉自此時，《古今禪藻集》之後，如《海雲禪藻集》、《三山禪藻集》之類著作紛紛出現。在學術思想之外，雪浪洪恩一門的文藝也是明清詩學不容忽視的成分，更是中國叢林文學光彩煥發的一頁。

雪浪洪恩雖然引入禪法，但其基本立場主要仍在弘揚義學，是以標舉《華嚴》五地聖人之說，編纂《相宗八要》，皆堅守義學立場之明證。過去叢林習詩主要以禪僧爲主，大規模的義學僧人習詩之風亦淵源自雪浪洪恩，雪浪洪恩門人一雨通潤、蘊輝性通也曾經箋注《莊子》，用叢林的說法來說，即「外學駁雜」。但這

種「外學駁雜」的特質，卻是「佛法在世間，不離世間覺」──佛門與世俗社會（特別是知識階層）相互交流的重要基礎。

晚明清初僧人尚詩之風首唱於雪浪洪恩，然其一門文藝成就的最高峰無疑即在蒼雪讀徹。蒼雪讀徹在詩文創作的成就，已有相當程度的討論，在中國文學史上幾乎可以確定已經占有重要的一席之地。蒼雪讀徹從雲南到江南，自從往參雪浪洪恩之後，一直堅守賢首宗南方系的門庭，而其詩作除了遭逢鼎革之際，感時憂世，繫乎筆端之外，一部《南來堂詩集》，幾乎就是晚明清初江南（特別是南京、蘇州地區）佛教圈具體而微的縮影。蒼雪讀徹詩作蒼勁沉著，筆力遒勁。在華嚴學的基礎上，通攝百家，博涉內外典，又與當時文人大夫（如錢謙益、吳梅村）聲息相通，藝文修養成為蒼雪讀徹求法弘教的重要資具，此乃晚明清初佛教界重要的發展趨勢，特別是賢首宗南方系更是深得箇中三昧。本文嘗試探究蒼雪讀徹詩作中潛藏的悲心弘願，並藉由蒼雪讀徹的詩作，以詩史互證的方式，重新檢視華嚴學南方系在明末清初的發展歷程，希望對認識晚明清初佛教的文化特質有所助益。

覺浪道盛〈原道七論〉義蘊試析
—— 從三教會同看近世佛教護國思想

> 兩袖依然是大縫，象環何用苦良工。
>
> 金聲出壁書誰讀，布袋攤錢世不窮。
>
> 曉日爍消千嶂雪，春禽啼醒一天風。
>
> 時哉今古曾無間，不必深山叩啞鐘。
>
> —— 覺浪道盛〈與薛更生談聖學有感〉

一、前言：佛教護國思想的近世轉向

　　佛教傳入中國之後，對中國傳統的價值軌範產生重大的衝擊，但也同時影響了佛教發展的樣貌。佛教的政治倫理觀就是其中一個值得注意的面向。佛陀住世之時，印度並未有強而有力的統一政體，但隨著印度政治情勢的發展變化，佛教的型態也必須隨之改變。另一方面，佛教在傳入中國的過程中，中亞、西亞，還有海路方面的東南亞、南亞的各種歷史、文化、風俗也隨之進入中國。❶其中，與現實政治息息相關的天王信仰、

佛王信仰在政治、軍事、社會等領域發揮極大的作用，
並且在詩歌、小說留下鮮明的印記。

　　佛教政治意識型態的形構，伊始於轉輪聖王傳說，
其關鍵人物則為阿育王（King Asoka），其以大乘佛教
做為統治意識型態的理論基礎。儘管關於阿育王、貴霜
王朝的歷史真實性爭議尚多，❷但在魏晉南北朝時期，
已頗有帝王結合佛教的天王信仰（例如姚興），做為鞏
固統治正當性的思想基礎。❸

　　從六朝到隋唐，佛教的天王信仰與護國思想相結
合，刻意強調國家與軍隊的鎮護功能，至唐代而到達
高峰，帝王與軍隊在戰前往往舉行護國法會，宋代以
後，天王信仰漸次衰落，但禪宗祖師大慧宗杲（1089－
1163）「菩提心即忠義心」的說法激勵了佛門中人關

---

❶ 關於這點，參見許里和（Erich Zurcher）的名著《佛教征服中國》（*The
Buddhist Conquest of China: The Spread and Adaptation of Buddhism in
Early Medieval China,* Leiden: E.J. Brill, 1959）一書的名稱來形容這一
波的思想運動。湯用彤，《漢魏兩晉南北朝佛教史》（北京：北京大
學出版社，1997 年）仍然是不能忘記的經典之作，另外鎌田茂雄那一
系列《中國佛教史》（東京：東京大學出版會，1982-1999 年）可謂鉅
細靡遺；另外，Kenneth K. Chen, *Buddhism in China: A Historical Survey*
（Princeton, N. J.: Princeton University Press, 1964）、荒牧典俊，《北朝
隋唐中國佛教思想史》（京都：法藏館，2000 年）等著作也值得參考。
❷ 阿育王的研究，參見古正美，《貴霜佛教政治傳統與大乘佛教》（臺
北：允晨文化，1993 年）一書。
❸ 參見古正美，《從天王傳統到佛王傳統──中國中世佛教治國意識形態
研究》（臺北：商周出版社，2003 年）一書。

心國家世運的前途，❹其理論依據的經典詮釋從護國
三經轉成了禪門公案。近代以後，圓瑛法師（1878－
1953）、太虛法師（1889－1947）（二人之間雖然有佛
教舊派、新派之爭，然其系出同門，而且對於國運的關
心並無二致）等人的提倡之下，佛教護國思想又與國族
主義結合，展現佛門關懷國運的襟抱，呈現出新的時代
樣貌。佛教護國思想相當程度的承襲了唐代的天王（特
別是毘沙門天王）信仰，❺但宋代大慧宗杲「菩提心即

---

❹ 關於大慧宗杲的研究甚多，此處只列舉與「忠義心」相關的部分，佐々
　木憲德，《佛教の忠義哲學》（京都：山崎寶文堂，1940 年）；杜寒
　風，〈禪僧大慧宗杲的「菩提心即忠義心」思想〉，《湖南科技學院學
　報》2008 年 3 期，頁 1-4；余秉頤，〈「菩提心」與「忠義心」——從
　九華山佛教看中國佛教的世俗化〉，《安徽史學》2002 年 1 期，頁 13-
　14、12；楊惠南，〈看話禪和南宋主戰派之間的交涉〉，《中華佛學學
　報》7 期（1994 年），頁 191-212；阿部肇一以「救國佛教」形容大慧
　宗杲，最爲傳神。參見阿部肇一，《中國禪宗史の研究——政治社會史
　的考察》（東京：研文出版，1986 年），頁 562-563。
❺ 關於毘沙門天王，可以參見柳存仁，《毘沙門天王法彙——毘沙門天王
　父子與中國小說之關係》（臺北：彌勒出版社，1989 年）；小師順子，
　〈毘沙門天靈驗譚の成立について：不空と毘沙門天の關係を中心に〉，
　《印度學佛教學研究》53 卷 1 期（2004 年），頁 208-210；徐梵澄，
　〈關於毘沙門天王等事〉，《世界宗教研究》1983 年 3 期，頁 62-70；
　黨燕妮，〈毘沙門天王信仰在敦煌的流傳〉，《敦煌研究》2005 年 3
　期，頁 99-104；田邊勝美，《毘沙門像の誕生》（東京：吉川弘文館，
　1999 年）。據說日本眞言宗寺院（例如高野山與東寺）保留了唐代護國
　佛教的規置與儀軌，四天王寺則是傳統天王信仰的集大成，四天王寺建
　立根由幾乎與唐代不空三藏祈求天兵退敵的故事如出一轍，只是主角從
　唐玄宗換成了聖德太子。日本至今崇祀毘沙門天王的寺院不計其數，亦
　入七福神之列，成爲日本民間日常親近的神祇。

忠義心」、明清之際「以忠孝作佛事」（靈巖繼起）、民初「僧伽護國」（震華法師），近世佛教護國思想前有所承，發展歷程復清晰可見，不但淵遠流長，而且牽涉繁複。中國以外，日本也可以看到佛教護國思想的發展軌跡，例如〈興禪護國論〉（榮西）、〈立正安國論〉（日蓮）等相關的論著。

佛教護國思想至少須就兩端言之：一是國家（或統治者）如何建構、運用佛教經典、儀軌、咒術等，做為鞏固政治秩序的意識型態工具。一是從個人的角度，省思個人與國家的關係，兩者大致可以唐宋之際為分界（但時有合流之勢）。先就前者觀之，從漢桓帝（132－167）開始，君主已經嘗試與佛教轉輪聖王的形象相結合，武則天（624－705）時代則達到巔峰，佛教的天王信仰與護國思想相結合，刻意強調國家與軍隊的鎮護功能，唐代皇帝與軍隊在戰前往往舉行護國法會，唐玄宗（685－762）詔請密教大師不空三藏（705－774）祈禱天兵退敵一事特為膾炙人口。唐代朝廷的命運與密教的儀軌緊密相連，近年出土的法門寺相關文物，即是絕佳的記錄。然而宋代以後護國佛教的論述，不論是「菩提心即忠義心」、「以忠孝作佛事」（靈巖繼起）、「大冶紅爐禪」（覺浪道盛），甚至於清末開始興起的「佛教護國論」則多從個人角度出發，強調在

動亂的大時代中個人心性精神的修養鍛鍊，與國家世運
的關聯。關於唐代以前的佛教與政治、軍事的關係，已
累積相當程度的研究成果，但近世佛教護國思想雖然前
有所承，然其具有獨特的面貌與論述方式，較少受到學
界的關注，尚多餘蘊未發。

在護國思想相關的經典教理方面，《仁王護國般
若波羅蜜多經》、《佛說妙法蓮華經》、《金光明最勝
王經》並稱「護國三經」，天台、華嚴、密教各派宗匠
於此等護國經典皆有相關注疏，此外，在《仁王護國般
若波羅蜜多經》、《金光明經最勝王經》譯出之前，
《華嚴經》亦是形塑佛王形象的重要典據。❻《仁王護
國經》與《金光明經》中特別強調天王信仰對國主的靈
驗庇佑，《仁王護國經》與《金光明經》之前雖然有鳩
摩羅什（344－413）與曇無讖（385－433）的舊譯，
但在護國信仰過程中，真正發揮影響作用的是不空三藏
與義淨（635－713）的新譯，義淨出譯《金光明經最勝
王經》與武則天藉助佛教意識型態鞏固政治秩序有關。
時代稍後的不空三藏是推動唐代護國佛教信仰的靈魂
人物，不但翻譯《仁王護國經》、《毘沙門天王經》、

---

❻ 古正美，《從天王傳統到佛王傳統 —— 中國中世佛教治國意識形態研
究》，頁 224-226。

《佛說摩利支天菩薩陀羅尼經》等天王系經典（亦多為護國軍神），相關儀軌亦多出其手。❼時至今日，日本眞言宗（東密）仍然年年舉辦種種護國法會相關的儀軌，賡續「護國佛教」的傳統於不墜。❽宋代以後，以密教為中心的天王信仰逐漸轉入民間，在文學作品與民間信仰留下鮮明的印記，但並未特意開拓護國三經在佛教護國思想的深度與廣度，以《金光明經》為例，經中的懺悔、療疾、三身佛性等課題仍然受到關注，但天王信仰與佛教護國思想卻未見理論上的持續發展。佛教護國思想的中心從密教轉為禪宗，從護國三經轉成禪門公案，說明佛教神異光暈的逐漸消散，禪門明心見性成為修練旨歸所趨。南北宋之交的禪宗祖師大慧宗杲「菩提心即忠義心」的說法成為禪林積極關心國事的理論依據，影響深遠。明清之際的僧人喜言「以忠孝作佛事」，其中臨濟宗三峰派的靈巖繼起（1605－1672）、

---

❼ 參見呂建福，《密教論考》（北京：宗教文化出版社，2008 年），頁
 248-313；夏廣興，《密教傳持與唐代社會》（上海：上海人民出版社，
 2008 年），頁 58-79；嚴耀中，《漢傳密教》（上海：學林出版社，
 1999 年），頁 27-28。

❽ 關於密教護國，參見栂尾祥雲，〈密教教典と護國思想〉，《密教研
 究》74 期（1940 年），頁 100-112；松長有慶，〈護國思想の起源〉，
 《印度學佛教學研究》15 卷 1 期（1966 年），頁 69-78；松長有慶，
 〈密教の國家観の変遷〉，《日本佛教學會年報》37 期（1971 年），頁
 53- 68；岩崎日出男，〈不空三藏の護國活動の展開について〉，《印度
 學佛教學研究》42 卷 1 期（1993 年），頁 249- 251。

曹洞宗的三宜明盂（1599－1665）、覺浪道盛（1593－
1659）等人「以忠孝名天下」；❾例如東渡日本的黃檗
宗開山祖師隱元隆琦（1592－1673）親自參與抗清活
動，門弟子多有殉國者；❿破戒止殺的西南禪燈──破
山海明（1597－1666），史稱其「宰官拜其座下，將
軍奉其教律」，於戰陣中與將軍兵士周旋，藉以全活百
姓，川中人民至今依然深深感念。⓫

　　佛教護國思想不只是思想概念，亦與軍事活動、
武藝鍛鍊有關，僧人從軍，謂之僧兵。僧兵其實由來
已久，少林十三棍僧救助李世民的故事盡人皆知。少
林寺護國相關的故實，除了十三棍僧之外，⓬身處戰亂
之際的萬松行秀（1166－1246）⓭、雪庭福裕（1203－

---

❾ 關於這點，詳參拙著，〈以忠孝作佛事──明末清初佛門節義觀論
析〉，收入鍾彩鈞編，《明清文學思想中的情、理、欲──學術思想
篇》（臺北：中央研究院中國文哲研究所，2009 年），頁 199-244。

❿ 關於黃檗宗的相關研究，詳參拙著，《中邊・詩禪・夢戲──明末清初
佛教文化論述的呈現與開展》（臺北：允晨文化，2008 年），第 8 章
〈木庵禪師詩歌的日本圖像──以富士山與僧侶像贊為中心〉，頁 301-
334。

⓫ 關於破山海明，詳參熊少華，《破山海明評傳》（北京：宗教文化出版
社，2003 年）；釋道堅，《破山禪學研究》（北京：宗教文化出版社，
2008 年）等研究。

⓬ 少林寺的研究甚多，參見 Meir Shahar, *The Shaolin Monastery: History,
Religion, and the Chinese Martial Arts* (Honolulu: University of Hawai'i
Press, 2008)。

⓭ 萬松行秀的研究，參見永井政之，〈萬松行秀考〉，《宗教研究》50

1275）護持祖庭的動人事蹟亦傳誦人口。在此之外，武藝絕倫、破敵如神、神通廣大，進而參與國家政事的僧人，實以輔弼元世祖的劉秉忠（法名子聰，1216－1274）與明成祖倚爲腹心的「黑衣宰相」姚廣孝（法名道衍，1335－1418）最爲知名，其作爲種種，皆可視爲唐代不空三藏精神系譜在後代的迴響與流衍。掛名明成祖（實爲道衍）編纂的《神僧傳》一書既是神異僧精神系譜的連屬，更是法運與國運交互交織的傳承源流。❹《神僧傳》一書記事固然多荒誕不經，對原始史料改竄甚多，似乎錯謬疊出，近代強調實證精神的佛教史家往往於此不加青眼，然而此書用意原非實證史學流亞，而是道衍（姚廣孝）等「黑衣宰相」一類人物的精神系譜，在一定程度上，當視爲中古護國佛教強調神異

卷 3 期（1976 年），頁 161- 162；木村清孝著，戴燕譯，〈萬松行秀的禪世界──萬松行秀與華嚴思想的關係〉，《宗教研究》6 期（1992年），頁 75-80；阿部肇一，《中國禪宗史の研究──政治社會史的考察》，第 19 章〈萬松行秀と《湛然居士集》〉，頁 542-661。；原田弘道，〈耶律楚材と萬松行秀〉，《駒澤大學佛教學部研究紀要》55 期（1997 年），頁 1-18。

❹ 關於姚廣孝的研究甚多，參見牧田諦亮，〈道衍傳小稿──姚廣孝の生涯〉，《東洋史研究》18 卷 2 期（1959 年）；上野忠昭，〈道衍（姚廣孝）の信仰〉，《佛教大學大學院研究紀要》通號 16（1988 年 3 月），頁 47-69；石橋成康，〈姚廣孝に見られる明初の儒佛關係〉，《佛教大學佛教文化研究所所報》通號 9（1991 年 3 月），頁 6-9；許淑惠，《梵琦、道衍的佛教思想及其著作研究》（臺北：輔仁大學中國文學研究所碩士論文，1994 年）等研究。

效驗此等書寫型式的變奏重現，而不只是單純的佛教史料而已。明清歷史演義小說與神魔小說當中的種種高僧奇士，當然具有高度的虛構性，但若比附歷史上現實人物原型，則大抵不脫佛圖澄（233－349）、不空三藏、道衍等類型，《禪真逸史》當中的澹然此一人物亦可視作此一流亞。❺面處變動時局僧人的非常作為或別樹一幟的政治態度成為文學家創作的靈感素材，其中虛構、想像、誤讀的部分亦不在少數，與史實多不相侔，然其反映出其特殊的文化想像與通俗的價值信念自有另一番趣味。

佛教護國思想從中古的天王信仰，轉入宋代的「忠義菩提」，繼之有金元之際的「孔門禪」、明清之際「以忠孝作佛事」、清末僧伽護國思想。清末以後姑且暫時置之不論，近世護國思想的相關論述集中在禪林一脈。此一精神譜系的發展特色一言以蔽之，謂之佛教叢林如何以佛教思想為中心，消化吸收儒家思想的過程當不為過矣。本文以明清之際佛教叢林最具理論特色的覺浪道盛為例，就其佛教護國思想之理論淵源與論述方式加以檢視，並以其〈大法重內外護說〉一文及其系列相

---

❺ 關於《禪真逸史》的研究，參見陳筱玲，《《禪真逸史》研究》（臺北：師範大學國文學系碩士論文，2009 年）。

關作品爲主要研究對象，從儒釋交融的視角切進檢視，
同時嘗試探究其與歷史文化脈絡的相互關係。

二、從叢林遺民覺浪道盛看近世佛教護國思想

　　從政治立場的角度來看，近世佛教護國思想大體
分流爲二，其一爲輔弼政權，特別在戰事上獲勝的神奇
力量；其一則是在政權交替之際挺身荷擔法運，無畏於
新朝的威逼力迫，二者看似對立，但亦可能隨時角色互
換，而其共通點主要在於積極入世的情懷。前者實爲傳
統護國佛教眞正的淵源所自，❻強調僧人的神異與在現
實政治脈絡的重要性，帶有相當程度的密教色彩，精神
原型則爲佛圖澄、不空三藏等，著名人物爲子聰（劉
秉忠）、道衍（姚廣孝）；後者強調僧人在亂世之間
的板蕩忠義特質，相關論述固然可以遠溯至東晉慧遠
（334－416）〈沙門不敬王者論〉，然大慧宗杲「菩
提心即忠義心」此一說法的影響更爲深遠，迨及明清之
際，叢林盛談「以忠孝作佛事」，可爲極致顛峰❼，縱

---

❻ 日本學界對於護國佛教有嚴格的定義，一般指天台宗與眞言宗，禪宗一
　般不在討論之列。然而護國思想成爲佛教思想史內部的問題，應當跨越
　宗派的藩籬自不待言。大陸學界於「佛教護國思想」一詞亦採取最寬鬆
　的定義，相關研究成果參見魏道儒主編，《佛教護國思想與實踐》（北
　京：社會科學文獻出版社，2012 年）一書。
❼ 關於明清之際叢林「以忠孝作佛事」，參見拙著，〈以忠孝作佛事——

使明清之際「以忠孝名天下」的叢林尊宿不乏其人，但
相關論述高度首推覺浪道盛，其持論超邁，爲佛教護國
思想另開新局。

　由於無可弘智（俗名方以智，1611－1671）於其門
下受具，覺浪道盛廣受今日學界注目。⓲然而覺浪道盛
繼承曹洞宗壽昌派法脈，爲一時人望之所歸，其思想內
涵博大精深，涵融萬有，無可弘智深受影響殆無疑義，
故非「父因子貴」一語所能道其彷彿。學界論及覺浪道
盛思想特徵，往往以「集大成」三字概括之。覺浪道盛

　　明末清初佛門節義觀論析〉，收入鍾彩鈞編，《明清文學思想中的情、
　　理、欲──學術思想篇》，頁 199-244。

⓲　關於覺浪道盛的相關研究，目前最稱完備，自當首推荒木見悟，《憂國
　　烈火禪──禪僧覺浪道盛のたたかい》（東京：研文出版，2000 年）一
　　書。此外，筆者曾在多篇文章提及覺浪道盛，例如〈明末清初叢林論詩
　　風尙探析〉，《中邊・詩禪・夢戲──明末清初佛教文化論述的呈現與
　　開展》，頁 52-60，討論過覺浪道盛的詩論與「怨」的禪法，〈盡大地
　　是一戲場──覺浪道盛的劇場禪探析〉，「中國古代文藝思想」國際學
　　術討論會（北京：淡江大學中文系與北京首都師範大學中文系合辦，
　　2005 年 8 月 18-20 日）一文言及覺浪道盛「盡大地是一劇場」的思想
　　特色；〈以忠孝作佛事──明末清初佛門節義觀論析〉一文則就覺浪道
　　盛的「大冶紅爐禪」加以探究。此外，亦請參見謝明陽，《明遺民的莊
　　子定位論題》（臺北：臺灣大學文學院編文史叢刊 115，2001 年）、徐
　　聖心，〈火・爐・土・均──覺浪道盛與無可弘智的統攝之學〉，《臺
　　大佛學研究》14 期（2007 年 12 月），頁 119-157、楊儒賓，〈儒門別
　　傳──明末清初《莊》《易》同流的思想史意義〉，收入鍾彩鈞、楊晉
　　龍編，《明清文學與思想中之主體意識與社會──學術思想篇》（臺
　　北：中央研究院中國文哲研究所，2004 年），頁 245-289，等相關著
　　作。

雖然以繼承壽昌法脈自命，然其於晚明以來禪林內部高漲的門戶之見深不以爲然，特別是密雲圓悟（1567－1642）一脈，往往以臨濟正宗高自標置，覺浪道盛於此屢致疑難。覺浪道盛不僅會通禪宗內部的五家七宗，也嘗試貫串禪、教（特別是華嚴），儒、道（以《莊子》爲主）、佛三教更是融通無礙。綜觀晚明清初的知識氛圍，「三教會通」或「參同儒釋」蔚然成風，例如蕅益智旭（1599－1655）註解《周易》與《四書》至今依然廣爲流傳，[19]四庫館臣於此深惡痛絕，擯之無所不用其極。就此視之，覺浪道盛固預此一流亞，似乎無甚特出，然其自述會通三教的目的在於「於刀兵水火中求大傷心人，窮盡一切，超而隨之，乃集大成」[20]——也就是在最艱難的時局中，匯聚一切知識傳統，再重新用佛門的悲心深願加以熔鑄改造，以便應付全新的世界，其

---

[19] 關於蕅益智旭的研究，參見釋聖嚴，《明末中國佛教の研究——特に智旭を中心として》（東京：山喜房書林，1975 年）；岩城英規，〈智旭《周易禪解》について〉，《印度學佛教學研究》40 卷 1 期（1991 年 1月），頁 121-125；陳進益，《蕅益智旭《易》佛會通研究》（臺北：東吳大學中國文學系博士論文，2004 年）；曾暐傑，〈論蕅益智旭對四書之詮釋及其道統之重建——以《四書蕅益解》中顏回與曾子形象爲核心〉，《思辨集》15 期（2012 年 3 月），頁 293-313，等相關著作。

[20] 覺浪道盛著，大成、大然校，《天界覺浪盛禪師全錄》，卷 1，《明版嘉興大藏經》（臺北：新文豐出版公司，1987 年），第 34 冊，頁 587上。

情懷寄託深沉歷歷分明，本非僅止爬梳知識而已，兼之其「大冶紅爐禪」、「怨怒以致中和」、「莊子託孤」等論述無不自出心裁，不論在禪學思想史或明清思想史，一席地固巍然當之無愧。

晚明號稱佛法復興，社會關懷成為此際佛門一個鮮明的標誌。憨山德清、紫柏真可深憫時局，甚至因此取禍，覺浪道盛置身於天崩地解的時節，險惡艱難更甚於前，然其從未有絲毫末法意識，其曰：

> 世界治亂，何嘗有定？惟知性命人處亂亦治，不知性命人處治亦亂，須知性命之機最神，全在人能斡[21]旋，則天地古今皆在我矣。今人動輒怨恨世界惡、人倫壞，世界之惡又有惡於三代者乎？人倫之壞又有壞於堯舜時乎？惟堯舜諸聖處之則治，惟堯舜治之，所以謂之堯舜。即如桀紂，處祖父見（同「現」）成好天下，不解享受，將好世界弄作壞世界，將好人倫弄作壞人倫，不是湯武之來，重為新命新民，則天下復成洪荒，人獸相食去也。[22]

---

[21] 原文作「幹」，逕改之。

[22] 覺浪道盛著，大成、大然校，〈天地無古今人心生治亂論〉，《天界覺浪盛禪師全錄》，卷19，《嘉興藏》，第34冊，頁700中。

這段話發於晚明時局動盪之際，當時滿清尚未入關，然明朝國勢日蹙。這段話基本上是佛教「三界唯心」與「心淨則國土淨」、「直心是道場」等思維樣式的反映，但卻拒絕承認世界的不完美無法改變，而人本來具有的「性命之機」則是世界藉以最重要的資具。本來佛教一般以此婆娑世界爲不完美世界，視之若夢幻泡影，多寄希望於西方極樂淨土，正視此生，從人倫著手，趨向理想的社會秩序，則有取於儒家。在此段話中，覺浪道盛呼籲善用「性命之機」，克服外界的艱難險阻，才能打造一個更完美的世界。劫難不是目的，而是試煉身心的契機，宗教的目的在於離苦得樂。然而此世間無處出離，無法逃脫，只能超越轉化。覺浪道盛說明，只有克服試煉，才能超越常流。在覺浪道盛看來，儒學成立的道統即是先聖先賢超越試煉的系譜。面對瀕臨殺身亡家，國破世亂的危機，運用智慧，衝破難關，不僅是個人境界的提昇，也成就千秋萬世的典範。覺浪道盛反覆宣說，只是此意。其曰：

> 古有堯生丹朱之子，囂訟傲慢，有共工之臣，象恭庸違。世有洪水之災，人民厄於饑溺；舜有頑親傲弟，日以見殺為事，國有三苗逆命，四凶之誅；禹有水土之役，過門不入，焦勞勤苦，鞠躬盡瘁。

湯武救生民於水火，不辭征誅之名，而受慚德之罪；文王有羑里之囚，而忍食子之痛；周公有管蔡之亂，流言之加；孔子汲汲遑遑，削跡伐木，厄陳畏匡，轍環天下，至於出妻如喪家之狗；孟子不得行其志，闢楊墨，禁邪說，豈好辯哉？不得已也。如上諸大聖賢遭此父子、兄弟、夫婦、人倫大變，賊寇猾夏、洪水滔天、邪說橫議、矯亂陷溺，今人有一於此則殺身亡家敗國亂世，無所不至矣。如何能成此熙皞治平而端拱無為哉？故謂堯不難以天下與舜，最難是使嚚訟之子與九男二女事舜而不敢作亂爭奪，使此不肖之子，能為人敬順之臣，是堯不謂之神堯可乎？舜不難於攝堯之政與作九男二女之主，而難於自處父子骨肉，能使瞽瞍底豫傲弟怗怌，是舜不謂之孝舜、智舜可乎？推之禹、湯、文、武、周、孔、顏、曾、思、孟無一不是行人難行、處人難處、化人難化、治人難治者也，故曰：「聖人，人倫之至也。」能使如此人倫以至不言而信、不動而變、無為而成、非以至誠盡己性命之道，能如是乎？❷

---

❷ 同前註，頁 700 上 - 中。

覺浪道盛連篇歷數堯、舜、禹、湯、文王、周公、孔、
孟諸人生命的難題與超越。漢儒對孔子陳蔡之厄的解
釋，頗有類於覺浪道盛。除此之外，大抵皆爲覺浪道盛
極富創造性的個人解釋。覺浪道盛此處的說法特別強調
「行人難行、處人難處、化人難化、治人難治」，不難
看出實爲禪門「難行能行」與「異類中行」等思維的變
奏，然此處所舉「父子、兄弟、夫婦、人倫大變，賊寇
猾夏、洪水滔天、邪說橫議、矯亂陷溺」等危難，除
洪水爲不可抗拒的自然災害之外，實皆傾向於「人倫大
變」，又帶有強烈的儒家色彩。覺浪道盛曾對「異類中
行」說道：「古之禪林號爲百怨門，要人於千不自繇、
萬不自在中，煆煉出千得自繇、萬得自在底三昧來。所
以始終有大受用，將來亦爲得人。若參禪人有一法不能
透，有一事不能爲，有一人不可與，有一處不可居，又
安得向異類行而變化其異類哉。」❷也就是說，傳統禪
宗象徵預流解脫「異類中行」的精神境界在覺浪道盛的
解釋中，也成爲超越試煉心智轉化的同義詞。儒家傳統
中，孟子的「動心忍性，曾益其所不能」❷的說法側重
在個人心靈境界的提昇，而覺浪道盛此處的說法則側重

---

❷ 同前註，〈叢林藥石法語〉，卷 10，頁 651 下。
❷ 孟軻，《孟子》（臺北：藝文印書館景印阮元校刻《十三經注疏本》，
  1955 年），卷 12，頁 223。

在調伏眾生。覺浪道盛打通儒釋之間的藩籬，相互資證補充，目的仍在探尋價值根源。是以覺浪道盛就其會通儒釋之道一事如是曰：

> 假如世法無孔子刪詩書、定禮樂、正《大易》、作《春秋》，使天下萬世三綱五常為聖帝明王傳授心法，則堯舜中道之正始與文武和道之正終皆不得致中和、成位育，為萬古天人一貫之道矣。大哉！天下萬世有不知孔子集大成之意，而能為天下身心性命之治者，未之有也。有不知孔子之治，而能知佛祖之道，亦未之有也。有不知佛祖之道，而能會同世法、出世法者，斷斷乎未之有也。❷⓺

天下身心性命之治，因孔子的「集大成」乃為可能，可以看出：覺浪道盛所謂的「集大成」絕不只是知識科際畛域的離合而已，而是意謂著規範與信念的明確化，以及人倫綱常以及歷史興亡（正始、正終）的理念。孔子為世法圭臬，佛祖則為出世法極則。會同世法、出世法，指價值終極根源。孔子代表向上追求理想世界與人文化成位育的信念，佛祖則意謂創造價值的主體。所謂

---

❷⓺　同註❷⓹，頁 700 中 - 下。

「最神之機」，其實是人人本具的「身心性命」，握之
即成佛祖聖賢，不隨境轉，即便人事壞變、世界陸沉，
亦能安身立命。其曰：

> 所謂最神之機者，即吾人身心性命也。世人不知
> 此機，而歸治亂於天運氣數。安知天運氣數皆生於
> 吾人之自心哉？此惟佛祖能握性命之機，使一切眾
> 生悟此安性命之法，不為生死聖凡之所升沉，聖賢
> 能握身命之機，使天下百姓知此安身命之道，不為
> 善惡是非之所迷亂，世界賴有佛聖出生，以治易
> 亂，能使人有安身立命之法，人與世雖有變壞，而
> 安身立命之法決不可一日不明於世也。❷

「身心性命」一語多少帶有理學家與道家風味，與傳統
佛教不盡相合（特別是對於「身」的認識），雖然佛教
亦多有言性命，然將之視其為神妙關鍵，似乎仍是覺浪
道盛特富創造性的獨特詮釋。然而覺浪道盛的解釋之
下，「性命之機」最佳詮釋者竟是佛祖，不免令人聯想
到《金剛經》中「佛說佛法，即非佛法」的說法。這段
話中，「身心性命」與真常佛性若有疊合，「不為生死

---

❷ 同前註，頁 700 上。

聖凡之所升沉」、「不爲善惡是非之所迷亂」的說法又
與眞常佛性論述襲自《莊子》「入火不燒，入水不濡」
的說法如出一轍。覺浪道盛曾經具體指出造命、立身、
處世三者做爲性命發揮作用的具體步驟，[28]此處拒絕天
運氣數的影響，而以一心造做爲最終的眞實，固然覺浪
道盛一再強調自心的能動靈利，反之亦表說明朝統治基
礎已然風雨飄搖，危在且夕，故而人心不安。覺浪道盛
雖然強調吾人自心的無所不至與無所不能，然並非無視
於現實環境，相反地，覺浪道盛繼承明末以來的佛教傳
統，對現實環境始終保持高度的關注。例如在明亡前一
年，朝廷已是風雨飄搖，危在且夕，是以覺浪道盛於金
陵靈谷寺上堂時說道：

> 山僧何幸遇金陵諸大護法及諸法侶，目擊時危，
> 心傷類慘，人人有忠孝之心，個個求佛祖之力。延
> 山僧登此大靈谷三百年虛席之座，舉揚直指人心、
> 見性成佛之旨，以銷此鋒鏑慘殺，還彼本來平正之
> 心，庶使赤符靈應，有臣有僧，能不負洪永建剎之
> 意，以佛法能陰翼王度之語，非虛誑也。即世間人

---

[28] 覺浪道盛著，大成、大然校，〈參同說〉，《天界覺浪盛禪師全錄》，
《嘉興藏》，第 34 冊，No. B311，頁 738 下 -743 上。

家庭有難，父母有災、為人子者不勝，泣血籲天，求醫割股，凡有可以解危救命，雖肝腦塗地，無不為也。今山僧身受君父之恩，深恨未全道力，不能如康僧會求舍利於空中，不能如寶誌公懸剪鏡於象外，不能如金碧峰現神變于國初，第此一念痛心，為法為國，深歷刀兵水火之中，不啻嘗（常啼）啼大士賣心肝以求般若於天下也。

常啼菩薩賣心肝故實見於《大般若經》與《大智度論》❷⁹，大體謂求法赤誠不惜身命。康僧會（？－280）、寶誌（418－515）、金碧峰（1306－1370）❸⁰都是神僧傳中的人物，其神通廣大正是護國佛教的代表，其政治立場基本上是政權的捍衛者。覺浪道盛此時已是南京佛教界的領袖人物，自慚道力未全，無法施展神變，只能以一念痛心為法為國，在艱難的時局中冀望人心正平，天下協和。此段話是覺浪道盛應朝廷司禮太

---

❷⁹ 參見鳩摩羅什譯，《摩訶般若波羅蜜經》，《大正新修大藏經》（臺北：新文豐出版公司，1983 年），第 8 冊，No. 223，頁 418 下 -420 上；（舊題）龍樹著，鳩摩羅什譯，《大智度論》，《大正藏》，第 25 冊，No. 1509，頁 738 上 -744 下。

❸⁰ （舊題）明成祖撰，《神僧傳》，《大正藏》，第 50 冊，No. 2064，頁 949 中 -950 中、969 下 -971 上；釋鎮澄，《清涼山志》，收入杜潔祥主編，《中國佛寺志彙刊》（臺北：明文書局，1980 年），第 2 輯，第 29 冊，頁 137-139。

監諸人之請設供而發，冀以挽狂瀾於既倒。其目的在於
「陰翼王度」、「舉揚護國」，雖未懸之以「護國法
會」之目，但言其宣揚佛教護國思想當不爲過矣。如前
所述，此際明祚尚存，故佛教護國亦往往有乞於神靈效
驗。未旋踵間，闖王部眾與女眞相繼入京，北京之後，
南京亦淪入滿人之手。如浪翻騰的政局下，覺浪道盛的
政治立場與新政權顯得格格不入，其佛教護國思想的立
場一轉，不再冀求既有社會政治秩序的調和與維持，而
側重如何在價值崩解的世界中將傷損散裂的知識與人格
重新彌合，進而成爲明遺民鍛鍊身心、安頓性命的理論
依據，國變之後，覺浪道盛門下龍象雲集，斷非僅止於
保身避禍而已。從思想史的角度看，佛教護國思想的禪
學轉向大抵昉自大慧宗杲，但在覺浪道盛手上，精彩迭
出，勝義紛陳，特別是參同儒釋的思維特徵，無論是
論述方式或思想境界，覺浪道盛都具有不容忽視的重
要地位。

三、覺浪道盛《原道七論》及其相關問題

　　滿清入關之後，覺浪道盛成爲叢林遺民的代表人
物，以忠孝名天下。滿清入關後，覺浪道盛於順治五
年，因《原道七論》文字觸及明太祖一事繫獄近一年。
後因陳名夏等人的搭救，於翌年秋天出獄。此次繫獄實

為覺浪道盛生命最嚴酷的試煉之一，其徒竺庵大成記其事經緯曰：

戊子冬，因江院王公屢慕師道化，求師語錄，因閱師《原道七論》，謂不應稱明太祖三字，遂坐師獄中，師不辯，後陳太宰聞，命一吏省師索偈。師援筆書云：「問予何事棲碧山，笑而不答心自閒。桃花流水杳然去，別有天地非人間。」太宰得偈，嘉歎不已。旻昭居士嘗問師安，師見惟談向上事，不及寒暄，故居獄一年，未嘗有一字干王公大人。日於獄中，著《金剛》、《心經》、《周易》衍義，以明內聖外王之道。成自匡山圓通禮師足，問云：「不因漁父引，爭得見波瀾？某甲到這裏，請問和上：『這是甚麼所在？』」師曰：「看腳下。」進云：「鑊湯無冷處。和尚憑何立命安身？」師曰：「還要別求麼？」進云：「曹山三墮，和尚即今居那一墮？」師曰：「此中無人到。」進云：「風前吹玉笛，那箇是知音？」師曰：「要他知作麼？」成禮退，師微笑。己丑秋，操江李公芃，過太平，入獄，詢其事，道府諸當事一時畢集，因索《原道七論》閱之。李公云：「此論道書也，明太祖豈可不許人稱耶？明亦稱元世祖

也。況其書刻在明崇禎時耶？」遂一笑而釋之，師
出，李公顧諸當事曰：「禁之無慍，釋之無喜，此
真道人也。」❸

事實上，覺浪道盛之外，當時叢林尊宿靈巖繼起、木陳
道忞（1596－1674）等人莫不皆嘗身繫囹圄，祖心函可
（1612－1660）且流放瀋陽，此清廷恩威並施之一端，
固無足奇。竺庵大成與覺浪道盛的禪問答在於強調覺浪
道盛無入而不自得的氣量與自我作主的豪情。覺浪道盛
固然「未嘗有一字干王公大人」，但於營救者（例如陳
名夏）的汲汲奔走應無不知之理。

　　此段記事於人名略有誤記，謝明陽教授已有考
證。❷但除此之外，此事疑點尚多，余莫之能解，惶仄
無勝，茲持此就教方家，尚盼有以教我。

　　（一）《原道七論》七篇文字以明太祖始，以明太
祖終，絕非偶然。內容亦多談中國異域之間，恐非只是
單純的論道文字而已。雖然實際內容並未觸及反清復明
一事，但已觸滿清逆鱗不難理解。就覺浪道盛現存文字

---

❸ 覺浪道盛著，大成、大然校，《天界覺浪盛禪師全錄》，《嘉興藏》，
第 34 冊，No. B311，頁 710 上。

❷ 謝明陽，〈覺浪道盛《莊子提正》寫作背景考辨〉，《清華學報》新 42
卷 1 期，頁 146-150。

來看，於他處從未言明亡以前著有《原道七論》一事，覺浪道盛所有言及《原道七論》皆於順治年間有感而發，即令清吏以此書成於崇禎年爲由，釋放覺浪道盛，其眞正的成書時間似乎仍有檢討的餘地。

（二）退一步說，即令此書最初成於明亡以前，但若於順治年間重新刊刻，其具有特殊的政治意涵亦不容否認，其思想內容仍有必要加以細加檢視。

（三）此段話中，竺庵大成與覺浪道盛的問答，其態度極其不遜，其恐受清廷委託，對其師加以詰問。《原道七論》末尾附上竺庵大成的跋語，恐有明示清人之意。此段文獻雖已前出，但此處爲便於讀者，就兩人的問答重新略加詮次。其問答如下云：

問云：「不因漁父引，爭得見波瀾？」
「某甲到這裏，請問和上這是甚麼所在？」
師曰：「看腳下。」
進云：「鑊湯無冷處，和尚憑何立命安身？」
師曰：「還要別求麼？」
進云：「曹山三墮，和尚即今居那一墮？」
師曰：「此中無人到。」
進云：「風前吹玉笛，那箇是知音？」
師曰：「要他知作麼？」

從這段問答來看，連《原道七論》都不是致禍之由，覺浪道盛繫獄恐非無由，雖然就此觀之，仍多雲霧，尚須就其他史料並而觀之始得。若此問答記錄完全屬實，做為法子的竺庵大成不免過於不遜，當然其藉此掩飾其與覺浪道盛真實的談話內容亦不無可能，詳情刻下不得而知。不過如果此一推測屬實，不難發現：覺浪道盛固然為叢林遺民冠冕，其門下亦恐多有不以為者，❸是以大傷心人無可弘智百不一選。在這次事件中，竺庵大成（乃至於其他及門弟子）扮演了什麼角色，是否曾有什麼特殊的作為？何以能成為清廷與遺民之間溝通的管通（就這點來看，多少類似今釋澹歸），未來仍有必要進一步加以檢討。

（四）收錄於《原道七論》中的〈三教會同〉論當中，覺浪道盛如下描繪理想的帝王圖像云：

> 三代之後，惟孔子、顏、曾、思、孟，能維持三才之道，後來君師不過循倣其郛廓而為學為治，或倣之未善，循之不精，未免流為雜霸異端。後來生心亂政，流毒日深，天下國家，幾化為賊盜禽獸，

---

❸ 例如其弟子石濂大汕就與尚藩往來無間，是覺浪道盛門下政治立場不一的明證。

洪荒垢穢之域矣。嗚呼！使佛聖不重出生而龍飛九五，現帝王身，總三教之統宗，則今日無復漢官威儀矣，安望重瞻三代之禮樂哉。且夫赤手開天，成此德業。復堯舜之世於已壞之時，言豈容易。是惟盉山聖人，乘夙願力，以慈悲喜捨四無量心，而憐愍濟度此蒼生赤子也。所謂能尊三教，正所以為三教之尊也。自生民以來，孰能握其樞紐，以君臨天下若是者哉。一為大成之孔子，一為時乘之聖帝。統宗既定，雖千聖復起，不能易也。㉞

這段話中，以「未免流為雜霸異端。後來生心亂政，流毒日深，天下國家，幾化為賊盜禽獸，洪荒垢穢之域矣」來形容當時國家的情勢，其修辭策略與鼎革滄桑之際的明遺民對滿人入關後的說法幾無二致，特別是期待重光「漢官威儀」一句，無怪乎觸動清廷官吏敏感的神經。退一步說，此文若真成於崇禎年間，何需重光「漢官威儀」？其書成於明亡之後殆無可疑。此文又說「使佛聖不重出生而龍飛九五，現帝王身，總三教之統宗，則今日無復漢官威儀矣，安望重瞻三代之禮樂哉」，明

㉞ 覺浪道盛著，大成、大然校，〈三教會同論〉，《天界覺浪盛禪師全錄》，《嘉興藏》，第 34 冊，No. B311，頁 709 上。

白說今日眞帝王乃佛聖重出，故漢官威儀得以重光，即將一統天下。就文意觀之，其「佛聖重出」眞正含意當謂眞帝王現在佛教叢林的庇佑之下，與儒生多所往來，未來即位之後，孔子之道亦將風行草偃。筆者耳目所及，崇禎三太子化名張振甫，接受日本黃檗宗隱元隆琦保護的說法甚囂塵上，❸覺浪道盛擁立之主是否與隱元隆琦是否爲同一人物尚不得而知。但覺浪道盛集中又收有〈送祖心法侄歸粵並致訊阿師宗寶兄〉一詩，詩中有「忽辭歸粵心何急？想見抵家禮師日。必敘南中事若何？開口杖人最親密」之句，❸案順治四年（1648），祖心函可在南京，在返回家鄉的途中，被清軍搜出身上許多對清軍語多不利的出版品，後經當時降清大臣，曾爲其父門生的洪承疇（1593－1665）多方奔走，幸而免死，獲判流放盛京（今瀋陽）。此詩正作於祖心函可罹禍之前，且曰與宗寶道獨（1600－1661）與祖心函可師徒最爲親切，自是指二者反清立場一致而言。由是觀之，鼎革之際的佛教叢林（特別是所謂「以忠孝名天下」的諸人）與反清勢力往來無間，《原道七論》的政

❸ 參見徐堯輝，《明太子、福王亡命在日本——化名張振甫、張壽山》（臺北：臺灣中華書局，1984 年）。

❸ 覺浪道盛著，大成、大然校，〈送祖心法侄歸粵並致訊阿師宗寶兄〉，《天界覺浪盛禪師全錄》，《嘉興藏》，第 34 冊，No. B311，頁 693 下。

治立場仍然極有可能針對明清而發，謂之成書於崇禎年間恐係託辭，其特殊的政治立場昭然若揭。

　　以上諸多疑點，筆者尚多有不能決者。無論如何，至少從表面上來看，《原道七論》是覺浪道盛縲絏繫之所在，覺浪道盛自謂「不使兩間道沒，故令七論聲騰」，[37]不過換個角度看，覺浪道盛特殊的遭遇反而推高了《原道七論》受人矚目的程度。前已言之，《原道七論》並不因其是否真成於崇禎年間而影響其現實意涵。以下將視角集中於《原道七論》的內容，重新思考佛教護國思想的思想內涵及其相關的社會文化脈絡。

四、《原道七論》義蘊試探

　　《原道七論》包括七篇文字，以〈各安生理〉起首，歸結於〈三教會宗〉。筆者耳目所及，前賢似乎尚未措意於此。此文一起首便是覺浪道盛致罪之由的明太祖，特別是看似簡單的「各安生理，毋作非為」一句，覺浪道盛對於何以必須各安生理一事說道：

　　　　後世人事多亂而不治者，亦以聖人務本之教戒未

---

❸ 覺浪道盛著，大成、大然校，〈自贊〉，《天界覺浪盛禪師全錄》，《嘉興藏》，第 34 冊，No. B311，頁 670 下。

嚴，遂有無救無歸之徒，❸作非為，以致世人之不得
安生理也，使聖人務本之教戒能嚴，則天下之人士
為儒者，皆能調制禮樂刑政，則世無不治矣；道者
皆能存養精神意氣，則身無不壽矣；釋者皆能明悟
生死性命，則心無不真矣；如三教之大綱既舉，則
九流之眾目自彰。❸

這段話說明覺浪道盛之所以標舉明太祖「各安生理」的
說法最重要的前提在於有鑑於紊亂的社會秩序，本來晚
明以來，社會秩序失調，「奴變」、「民變」一類事件
層出不窮，若能各安生理，則自無混亂之勢。❹此處與
其說提出對策，無寧乎更近乎心境的陳述。其開宗明義
揭示關懷國運時局的立場，可謂佛教護國思想的具體體
現，其曰：

---

❸ 疑脫「毋」或「胡」字。

❸ 覺浪道盛著，大成、大然校，〈各安生理〉，《天界覺浪盛禪師全
錄》，《嘉興藏》，第 34 冊，No. B311，頁 702 中。

❹ 關於晚明民變、奴變的研究，參見巫仁恕，《激變良民──傳統中國城
市群眾集體行動之分析》（北京：北京大學，2011 年）；岸本美緒，
《明清交替と江南社會──17 世紀中國の秩序問題》（東京：東京大學
出版會，1970 年）；濱島敦俊，《明代江南農村社會の研究》（東京：
東京大學出版會，1982 年）；濱島敦俊，《總管信仰──近世江南農村
社會と民間信仰》（東京：研文出版，2001 年）等相關著作。

　　則立天下之事，莫過於四民；治天下之道，莫過
於儒釋。範圍天地而不過，曲成萬物而不遺。教雖
名三，實以世、出世法回互內外而收攝之。聖祖
《御製文集》亦嘗以老莊之學為儒術第三教之名已
久，不可廢，故特以玄學養生，以成其教。至於推
重釋教，陰翼王度之不逮，密輔至治之無為，以罪
福因果而警醒，其諸術以生死性命而開悟其通儒，
其補於聖帝明王之道豈鮮哉。是則儒教能悟心性，
又足以統攝釋道之教，而儒類當倍於釋，釋類當倍
於道類，勢固然也。其道甚大，百物不廢而本末知
所先後，條理自有始終。盦山聖人首舉「各安生
理」一句正是徹生死、無始終而一貫者乎。❹

嚴格來說，明太祖的說法完全從統治者的角度立言，企
圖將三教同時收攝在輔弼統治的範疇之中。覺浪道盛
《原道七論》一開始之所以不斷召喚明太祖的回憶，一
方面反映了晚明知識界明太祖崇拜的情狀，❷另一方面
則顯示作者本人強烈的政治關懷，尤有甚者，則是表達

---

❹　同註❹，頁 702 下。
❷　關於晚明知識界與佛教叢林的明太祖崇拜，參見陳玉女，〈明太祖徵召
　　儒僧與統制僧人的歷史意義〉，《中國佛學》2 卷 1 期（1999 年），頁
　　39-68；徐一智，《明代觀音信仰之研究》（嘉義：中正大學歷史所博士
　　論文，2007 年），頁 319-330。

了身處紊亂失序時代呼喚渴盼安定的心情。從字面上看，「各安生理」的重點期待安定的社會秩序，實與徹生死無關，但在覺浪道盛特殊的解釋之下，成為秩序與規範的信條。三教並稱的目的亦嘗試籠絡世、出世間於一體，意即融貫內外身心，遍及一切。易言之，此文雖然具有強烈的政治關懷，但並不單純只集中於現實，而覺浪道盛更清楚知道：其社會、知識、宗教種種失調亂象，莫不相互牽纏，難以一刀切斷。

嚴格來說，社會混亂或政治失序，絕對不是單純的道德問題，亦絕非謹守本分、各安生理一語可以完全解決。針對時代種種亂象，覺浪道盛以為社會動盪的根苗在於「士」的墮落。其曰：

> 治賴於教，教神於化，故王者勸農來工通商而先教士，凡治教化之理，皆士主之，士之責蓋其重哉。（中略）若更坐使亂臣賊子竊士治之威福，敲天下之骨髓，害天下之性命，壞聖賢之治法，滅國家之本元。當此之際，不出真方而救危亡尚可自謂能為士哉？自生民以來，未聞有無功食力，而能自全於天地間也。士乎！士乎！真今日赤子之父母乎？真今日大旱之甘霖乎？真今日饑寒之衣食乎？真今日刀兵之放赦乎？真今日苦海之慈航乎？真今

> 日火宅之寶車乎？予上不能預出治之賢聖，下不能
> 預食力之農商，深愧乎不能為士也，敢以士自勉，
> 并勗同人，凡主世法出世法者，各當竭力盡忠輔
> 治，始不負食此國王之水土也。❸

若將「士」視同鄉紳階級，此處所言幾乎與當時社會發
展情形若合符節。眾所周知，鄉紳階層是明清時代最重
要的社會基礎。❹這段有感而發的話並不只是單純怒斥
鄉紳與知識階層的失職與無能而已，更重要的是認識到
知識階層在當時社會構造的特殊功能。傳統佛教護國思
想側重在輔翼君王，此處特別舉出「士」──即鄉紳與
知識階級，一方面反映出覺浪道盛對於時代文脈敏銳的
洞察力，另一方面，晚明佛教復興過程當中，士人投入
與關懷具有不容忽視的關鍵性作用，晚明居士數量之

---

❸ 覺浪道盛著，大成、大然校，〈士爲治本論〉，《天界覺浪盛禪師全
　錄》，《嘉興藏》，第 34 冊，No. B311，頁 703 上 - 中。

❹ 明代鄉紳的研究多不可數，參見岸本美緒，《明清交替と江南社會──
　17 世紀中國の秩序問題》（東京：東京大學出版會，1970 年）；奧崎
　裕司，《中國鄉紳地主の研究》（東京：汲古書院，1978 年）；徐泓，
　〈明代家庭的權力結構及其成員間的關係〉，《輔大歷史學報》5 期
　（1993 年 12 月），頁 167-202；徐泓，〈明代社會轉型之一──以江浙
　爲例〉，收入鄭培凱編，《明代政治與文化變遷》，（香港：香港城市
　大學出版社，2006 年），頁 79-123；常建華，《明代宗族研究》（上
　海：上海人民出版社，2005 年）；寺田隆信，《明代鄉紳の研究》（京
　都：京都大學學術出版會，2009 年）等。

多、成就之高實爲晚明佛教最顯著的特徵之一，奉佛士人在明清之際的節義風骨也是學者著意的焦點之一，覺浪道盛對「士」之所以青眼有加可謂其來有自。

從佛教護國思想的角度來看《原道七論》中的七篇文字當中，最直接相關的是〈聖主當興世、出世法論〉一文。此文主要以問答體的方式，難者基本立足於排佛論者的立場對佛教存在的合理性提出質疑，覺浪道盛則一一反駁，如瓶洩水，淋漓盡至。例如當問者就佛教保國提出詰難時，覺浪道盛挺身爲佛教辯護。其云：

或曰：「漢晉以來，如元魏孝文之修齋聽講、石勒之於佛圖澄、符堅之於沙門道安、姚興之於鳩摩羅什、梁武之奉佛餓臺城，而皆國祚不永，身家滅亡，何佛法之有靈哉？」

曰：「數君者，皆於篡弒之後，畏殺戮之罪而信佛。原未能盡信佛法之教化也。使早信佛，則自無暴虐篡弒之事，以取人之國為己有矣。若不由仁義行，而但以奉佛即保國祚，則佛亦為佞人矣。按三代之後，國祚之長。莫如漢唐宋，佛教初興於漢明帝，再盛於唐太宗，又盛於宋太宗，如數君奉佛最篤，何獨不歸功於佛，乃以亂世之君而責諸僧乎？」㊺

覺浪道盛駁斥排佛論者的以偏概全，刻意選擇魏晉南北朝國祚不永的國君為例，扭曲佛教與政治的關係。覺浪道盛以為儒教仍是國政運作的基本軌範，佛教只是從輔的角色。若不勵精圖治，徒然乞靈於神佛的神異效力，無異緣木求魚。真誠奉佛的盛世名主如唐太宗、宋太宗，先從個人的身心著手，其政治修明，佛教或亦不為無功。本來禪宗以為「運水搬柴即是神通妙用」，並不特別承認神通妙用，覺浪道盛亦復如是，其佛教護國論述對於超乎理性的神異作用幾乎全盤否定，覺浪道盛念茲在茲的還是秩序與軌則典型的樹立，佛教之所以翼贊王化，在於扶持綱紀。其云：

> 即吾佛戒律之嚴，罪責之重，亦所以弼教化也。
> 不然，賞善罰惡之教廢矣。天地有日月風雲，不
> 能無雷霆霜雪，又況於人乎。聖人作《春秋》之
> 大義，正以明賞罰，而行上天之正道也。今有聖天
> 子，以天下為一家，以萬民為一體，為當以三教治
> 化之綱宗，九流百技為治化之綱目。使三教聖人之
> 法相與攝授，九流百技之事，相與維持，即於佛道

---

❹ 覺浪道盛著，大成、大然校，〈聖主當興世出世法論〉，《天界覺浪盛禪師全錄》，《嘉興藏》，第 34 冊，No. B311，頁 707 上 - 中。

之教，正者崇之尚之，異者闢之除之。如朝廷之官
府有陞降黜陟之法，舉賢退不肖，則教化行、風俗
美矣。能使佛教亦如官府之敕命職掌，使有道德者
主其經、律、論、禪、淨土、止觀、功行等教以禁
制之，則不法者法，不軌者軌，又何有亂法亂僧以
壞王化哉。如有聖主賢臣，能相與主持佛教如主儒
教，並行於世，則互相為理，豈不大翼王化為至治
哉。㊻

前已言之，覺浪道盛的想法反映了價值崩解年代當中對
秩序軌範的企盼，覺浪道盛雖然肯定佛教存在的必要
性，但對佛教內部的「獅子蟲」則深惡痛絕。在覺浪道
盛看來，當時佛教界最大的弊病之一在於「世稱知識
者，孰不自謂傳佛心印，據法王位，圖彼名聞利養與賤
賣佛法，至於廁坑頭、屠沽舍，爭逞機鋒，鬥尚棒喝，
不惟鼠竊狗偷而為生計，抑且以魚目燕石為希有之珍，
而濫相傳授，故有一等未聞真法之人，為彼所眩，生輕
慢心，作苟且計，便去聚眾白椎，如梨園子弟之演戲，
如教坊娼妓之作歌，所謂打鼓弄琵琶，還他一會假也，
嗚呼！悲哉！夫如是還可謂之法王、法正法眼乎？」㊼

㊻　同前註，頁 707 下。

這段話明顯是針對臨濟宗尊宿密雲圓悟而發，覺浪道盛始終對此一法脈傳法浮濫深致不滿，此先姑且置之不論，覺浪道盛始終心懸禪林種種失序亂象，是以其對撥亂反正的渴望溢於言表，熱切期待一個一統天下、主持正義的聖主賢臣，在此同時能夠同時整飭僧綱。但覺浪道盛的說法忽視一個理論的盲點，即是非判準究竟何在？後來清廷的清世宗（1678－1735）對三峰派嚴加甄別，致使禪風一蹶不振，豈覺浪道盛所夢見。❹若如明太祖（1328－1398）所說以佛教陰翊王度，最大的問題在於失卻佛教的自主性，只以教化爲目的，是否能夠確保佛教獨特的價值。不過覺浪道盛並不以此爲憂，其以爲佛教實與儒家有相互補足的特性。其曰：

賴有聖人作之君師，教以節情率性之道、安身處世之方，禮樂刑政以爲勸懲平治，予於是有思齊聖賢之志焉，不意俄遭疾病生死之苦，雖亦知壽夭不二、安時委命之理，奈何驚擾吾人之靈心玅性，豈可冒昧於生死去來而不自知其主宰乎？再求於書，

---

❹ 覺浪道盛著，大成、大然校，〈人法必交相重說〉，《天界覺浪盛禪師全錄》，《嘉興藏》，第 34 冊，No. B311，頁 729 中。

❹ 三峰派與雍正帝佛教思想的相關研究，參見釋聖空，〈試析雍正在《揀魔辨異錄》中對漢月法藏的批判〉，《中華佛學研究》第 5 期（2001 年 3 月），頁 411-440。

而不得其旨趣；求之世儒，益不知其根緒，轉見痛切，如喪考妣，亡子無依，乃聞佛法，使人自參一念未生前，誰是我本來心性？自是日夕自參自疑，俄而有感悟焉？始知生死皆妄想顛倒所使，而常住真性，古今曾不昧滅，乃少自慰。然猶未達天地人物善惡凡聖之差別，遂入空門，誓死搉關，尋求佛祖教典及諸知識，反而參之，以至疑疑而參之，以至悟，始於凡聖根因洧訛，宗旨一一穿徹，乃有大安樂處。然又自念幸得人身，生此中國，初遇聖賢之教，又獲佛祖之緣，此君親佛祖之恩又將何以報焉？❹

也就是說，佛教教人解脫生死妄想之道。這段話說明儒者在追求自我理想實踐的過程中，心靈難免波折，佛教是安頓心靈最重要的憑藉。聖賢之功在人文化育，佛法則教人萬法皆空，解黏去縛，特別是因生死問題為引信，以最大的能量撞入真理絕對的堂奧。特別是「遭疾病生死之苦」之際，也就是說，佛教具有療癒人心的絕佳效果。特別是超出生死之道，必以佛教大覺為依歸。道教治身、佛教治心、儒教治世，然三者又有難截然判

---

❹ 同註❹，頁 705 中。

分之處，是以聖君賢相神道設教的目的在於萬物各得其
所，各正性命，並垂之軌則，力求長治久安。

五、代結語：未來的展望

佛教與世俗倫理的交涉，近年成爲學界關注的重要
課題，佛教護國思想是其政治哲學反映之一端，同時也
是生死觀、群己觀、節義觀、末世觀匯萃交鋒的場域，
更是許多文學作品的靈感源頭。

檢討近世以來國家危難之秋的時局之下，佛教政治
倫理觀的演變與社會發展型態的互動關係。未來數年盼
能以佛教護國思想爲中心，就以下幾個重要課題加以省
察。包括：

（一）近世（宋、元、明、清）佛教護國思想的
淵源（特別是其與唐代佛教護國天王信仰的關係）、成
因、流變、論述型態，以及其與社會、文化脈絡之間的
相互作用。包括宋代「忠義菩提」、「救國佛教」、明
清之際的「大冶紅爐禪」、「憂國烈火禪」、「以忠孝
作佛事」，乃至於近代的革命僧人（例如烏目山僧、蘇
曼殊，以及共產中國建立初期的巨贊法師）、「僧伽護
國」（震華法師、東初和尚）運動等重要的思想課題。

（二）前已言之，「黑衣宰相」一類的人物亦曾參
與護國思想系譜的建構過程。除了僧人之外，也有帝王

與宰官大臣受到佛教思想的熏陶，例如張九成（1092－
1159）與大慧宗杲、耶律楚材（1190－1244）與萬松行
秀、順治帝（1638－1661）與玉琳通琇（1614－1675）
等。關於隋唐以前的佛教話語如何進入政治脈絡當中，
前人累積相當程度的研究成果，但宋代以來的情形又是
如何，有哪些值得深入追索的論題？有什麼特別的論述
方式等等問題，尚待學界進一步的釐清。

　　（三）檢視近世佛教護國思想在經典詮釋與論述
話語的特質，例如對於「護國三經」不同時期思想詮釋
的異同，特別是《金光明最勝王經》與《仁王護國經》
的詮釋史。另外禪門公案中軍事話語的表述特徵（例
如曹洞宗的「君臣五位」之說、「宗門武庫」（大慧
宗杲）、「禪門鍛鍊說」（晦山戒顯））亦值得深入檢
討。而在佛教思想史備受重視的「由密入禪」（從密
教到禪宗的傳承）此一課題或許透過佛教護國思想的討
論，也能獲得某種程度的啟發。

　　（四）近世佛教護國思想不獨在中國，在東亞諸
國（特別是日本）也具有相當程度的代表性。其與中國
護國佛教思想的異同與相互影響，未來也是筆者的關
懷重點。

　　（五）文學作品當中，佛教與國運世事相互關係的
書寫特質亦是一有趣的課題，其中高超靈異的神僧，大

抵以佛圖澄、不空三藏、道衍（姚廣孝）爲人物原型，例如《禪眞逸史》。

以上述四個面向爲基礎，進而探問：（一）近世佛教與現實政治的關係型態與論述特徵；（二）在國家劇變的世局中，佛教（或者廣義的宗教）在社會上的角色與作用；（三）在其他思想元素的交互激盪之下，例如晚明流行的夢戲論述、晚清興起的國族主義等，是否也在佛教護國思想的演變歷程中留下鮮明的印記？覺浪道盛的劇場禪、大冶紅爐禪與佛教護國思想的相互關聯性如何？佛教護國思想此一議題對於認識近世的佛教史、思想史、政治史、文化史都有極大的啓發，需要進一步追索探究。

此外，自從天台宗與眞言宗在平安時代建立以來，一直在日本佛教扮演極爲重要的角色，二者皆爲朝廷所重，相關的儀軌流傳迄今。宋代來華的日僧明庵榮西（1141－1215）開創臨濟宗，一向被推爲扶桑禪門初祖，曾作〈興禪護國論〉一文，雖然重點放在宗門獨立的重要性，但其目的一歸於國家興盛；蒙古進攻日本時，日蓮上人（1222－1282）作〈立正安國論〉，將國運安危與教法的關邪顯正（宣揚《法華經》）統而觀之。佛教護國思想昉自印度、于闐（特別是華嚴系的佛王思想），成長於中土，卻結實於東瀛。近代蔡元培

（1868－1940）受日本井上圓了（1858－1919）的影響，提倡「佛教護國論」，而太虛應當時北方知識界的要求，講論《仁王護國經》，衍波所及，圓瑛大師亦就《仁王護國經》有所闡發。《仁王護國經》的眞僞固然不無爭議，但《仁王護國經》與國族主義結合，成為佛門關懷國運具體行動的展現，護國法會也曾經是當時佛教界對於國族精神的重要展演，震華法師（1908－1947）編纂《僧伽護國史》則對清末民初以來佛教護國運動的精神系譜做了精密的描述。清末民初的佛教護國思想，相當程度來自於日本佛教的刺激，而日本佛教則是完整保存了唐代以來的相關儀軌（當然日本當地的因素的滲入也不無可能，尙待進一步精密檢視），亦反映出清末民初知識風尙之一端。不難看出：中國近世佛教護國思想，雖然從唐代密教的護國信仰脫胎而出，然從「忠義菩提」至清末的僧伽護國，近世佛教的護國思想既有豐富多元的底蘊，也是當時歷史情境的具體縮影，同時也收攝某種程度的異國因素，具有多元學術話語的可能性，值得深入探討。

　　再將視角調回覺浪道盛，明清鼎革之後，天崩地解，覺浪道盛《原道七論》帶有明確的政治立場與現實關懷，特別是大冶紅爐禪與三教會同論的說法為佛教護國思想別開新局，儘管情勢險峻無比，然而覺浪道盛從

來沒有絲毫末法意識，追求實踐理想的心情從來不因時移勢轉而有所改變。政權與生命，皆非永恆，只有諦視現實，超越缺陷，在如晦的風雨中淬鍊靈魂與心智，無畏橫逆，對理想永遠不懈的追尋與熱情，或許才是覺浪道盛最重要的啟示。

近世禪者淨土詩義蘊探析
—— 從玉琳通琇的淨土詩談起

一、問題的所在：從玉琳通琇與其〈淨土詩〉談起

儘管「玉琳國師」一劇之後，玉琳通琇（1614－
1675）之名，婦孺皆知。做為滿清皇室最早尊崇的漢僧
國師之一。由於帝力加持，磬山派在玉琳通琇之後宗風
大盛，幾乎有推倒一切之勢。至於玉琳通琇在佛教思想
史的特殊貢獻，至少有雙重明顯的標誌：（一）在開悟
歷程的認知上，其與密雲圓悟（1567－1642）就對高
峰原妙（1238－1295）認知的歧異之處展開一場激烈
的論辯，關於此次論辯的經過，野口善敬先生以「主人
翁之爭」名之，已有詳細的分疏。❶（二）藥師法門的
提倡，雖然根據可信的紀錄，藥師信仰極早傳入中國，

---

❶ 野口善敬，〈雪關智誾と「主人公」論爭〉，《中國哲學論集》26 號
（2000 年 10 月），頁 42-72。

但玉琳通琇以國師之尊，致力於藥師信仰的推廣，在普及藥師信仰一事仍然具有不可忽視的影響力與重要性。玉琳通琇對於推廣藥師信仰一事具有高度的熱誠，亦編有《淨琉璃聖賢錄》之類的感應錄，後人至以藥師再來目之。

玉琳通琇何以對藥師信仰情有獨鐘，其實不易解釋，其自云：「偶入藏，閱《藥師如來本願功德經》，不覺泝額失聲，願人人入如來願海也。」❷也就是說：此事其實帶有相當程度的偶然性，並非是刻意長久經營的結果。是以其復就淨土信仰說道：

　　大凡修持，須量己量法，直心直行，誠能厭惡三界，堅志往生，則專依《阿彌陀經》，收攝六根，淨念相繼；所謂執持名號，一心不亂，決定往生。此內秘菩薩行，外現聲聞乘，先自利而後利人者之所為也。若於現前富貴功名，未能忘情，男女飲食之欲，未知深厭，則於往生法門，未易深信。即信矣，身修淨土，而心戀娑婆，果何益乎？則求其不離欲鈎而成佛智，處於順境，不致淪胥者，固無如

---

❷ 玉琳通琇述，釋音緯編，超琦彙，〈題藥師日課語〉，《普濟玉琳國師語錄》（臺北：佛教出版社，1978 年），卷 12，頁 10 上 - 下。

修持藥師願海者之殊勝難思也。癸巳之夏，山居
不寧，偶奉親歸養江上，晏如程君以刻成《藥師日
課》見示，此出人意表，是輕❸流傳已久，編成日
課，未之聞也，乃得吾江之善士為之助，喜信能修
持，久久不懈，知不獨富貴功名，轉女成男，離危
迪吉，如如意珠，隨願成就，即得於一切成就處，
直至菩提，永無退轉，何幸如之！人間亦有揚州
鶴，但泛如來功德船。❹

此處雖然言《藥師日課》之編成過程，實則重點放在淨
土修行法門實踐要訣與不可思議的效能。收攝六根、一
心不亂云云乃是典型的禪門淨土觀。除了玉琳通琇特別
推崇藥師佛的本懷大願，然而就本文看來，仍以阿彌陀
佛為主要參照殆無可疑，是以其集中收有〈淨土詩〉一
首頗堪玩味，其云：

清月焰涼簟，幽人傳素瓷。
上林華夜發，簫管酒成池。
獨有遯征客，無勞涇渭歧。❺

---

❸ 疑當作「經」。
❹ 同註❷，頁10下-11上；此文亦收入「龍藏本」卷7，然中刪去頗多，
不若此本之全備。

此詩頗不易解，前兩句正是講一心不亂，慕志清涼。中二句則是傳統淨土「聲色設教」的用法，五陰如城，困不得出。「遐征」，暗喻行者專修西方淨土，末尾則以禪淨本旨實則不二作結。

不過，嚴格來說，玉琳通琇此首淨土詩，與藥師法門幾無交涉。不過本詩對觀察一個真誠且備受尊崇的禪門行者的淨土觀仍然有其重要意義。或許我們可以接著問：禪門淨土詩的源流如何？淨土詩與其他禪林文學的題材是否有所交涉？不論從佛教文學或思想史的角度，禪門淨土詩都具有重要的參考意義。除了相關發展歷程的梳理以外，本文也就若干具有代表性禪門宗匠（例如中峰明本、梵石楚琦）之淨土詩作的修辭技巧與精神特質加以分析。

二、禪門淨土詩發展系譜述略

禪宗初興之際，即與淨土法門多有交涉，關於這點，伊吹先生已為禪淨關係的研究別開新局，具有重要的參考價值。[6]宋代以降的禪門大德，對於淨土信仰

---

❺ 玉琳通琇述，釋音緯編，超琦彙，〈淨土詩〉，《普濟玉琳國師語錄》，卷 10，頁 23 下。

❻ 岡部和雄、田中良昭編，辛如意譯，《中國佛教研究入門》（臺北：法鼓文化，2013 年），頁 390。

推展一事亦功績卓著，特別是以淨土信仰與修行實踐
爲主題，創作〈淨土詩〉之類的組詩，成爲禪林文學一
個特殊的主題，且其連綿不絕，亦自成源流。犖犖大
者，諸如五代的永明延壽（904－975）廣爲流傳之禪淨
四料簡，之後如宋代的昭慶省常（959－1020）〈懷淨
土詩〉結構完整，元代的中峰明本（1263－1323）、
天如惟則（1280－1350）、明初的梵石楚琦（1296－
1370），皆有淨土詩流傳於世。明清之際的雲棲袾宏
（1535－1615）、蕅益智旭（1599－1655）被民國初年
的印光大師（1862－1940）奉爲蓮宗祖師，亦皆有淨土
詩。事實上，晚明清初創作淨土詩的禪者不知凡幾，諸
如無異元來（1575－1630）、徹庸周理（1590－1647）
等人之著作中莫不皆有淨土詩。簡單來說，禪者的淨土
詩除了展現其修持淨土法門的心得之外，也同時展示當
時的信仰風氣與知識結構。一個有趣的觀察是禪門的淨
土詩，大量移用禪門公案與禪詩，甚至結合山居詩等傳
統禪林詩學的體裁，來就其心目中理想的淨土信仰加
以闡發。

　　雖然唐代中葉淨土教已盛極一時，淨土相關著述
紛紛問世，唐代詩人亦多崇仰佛教，不過淨土詩之作並
不常見，宋代詩禪之風大興於世，淨土詩之作蔚然成
風，例如慈受懷深（1077－1132）、明教契嵩（1007－

1072）都有淨土詩之作。元代的中峰明本乃一代禪林碩魁，影響深遠，廣及東亞，其〈懷淨土詩〉多達百首，體製宏大，自是之後，挑戰創作長達百首（百八首）長篇淨土詩的作者代不乏人，元代創作淨土詩的禪僧雖然所在多有，若笑隱大訢（1284－1344）、石屋清珙（1272－1352）亦有能詩之目，但中峰明本已然矗立在叢林詩史，成為後人宗仰模範的標竿，迄今仍然鮮有其匹。

　　明初禪流，公推楚石梵琦為第一。楚石梵琦勤修淨業，著有〈西齋淨土詩〉七十七首，成為明代禪者淨土詩的圭臬。謂中峰明本與楚石梵琦為禪林淨土詩史上的雙璧當不為過矣。晚明佛教復興，西方淨土與唯心淨土紛然並作。萬曆三高僧皆有淨土詩之作，顓愚觀衡（1579－1646）、無異元來、永覺元賢（1578－1657）、乃至於僻居雲南的徹庸周理，莫不皆有淨土詩之作。清代以後，個別創作短章淨土詩（例如玉琳通琇）不勝枚舉，但在長篇巨製方面，先有玉琳通琇門下的天然居士編有〈懷淨土詩〉，後有省庵大師（1685－1734）〈勸修淨土詩〉二者相互輝映。不論就作品的數量與內容性質的多元，明清時代禪者的淨土詩皆遠邁前修，開創了禪者淨土詩的輝煌世代。

　　除了眾多個別作者與詩作之外，蕅益智旭編《淨土

十要》時，收入一部《蓮華世界詩》（後來有些編者改
名為《蓮邦詩選》），就實質內容觀之，大體可謂一部
淨土詩選集。此書編者題為「雲棲會下妙意庵廣貴」，
雖然不詳其人，但似乎與雲棲袾宏不無淵源。本書收錄
至於明代為止，僧人所創作之淨土詩，其中魏晉南北朝
五人（含印度四人）、隋唐五代八人、宋十四人、元五
人、明十二人、清八人。待考一人。共計五十三人，二
百餘首，又據詩歌內容分為「如來弘願第一」、「苦勸
迴輈第二」、「翻然嚮往第三」、「一意西馳第四」、
「執持名號第五」、「聖境現前第六」、「發明心地第
七」、「華開見佛第八」、「度眾生第九」九章。雖然
詩選中也收有「警世」等尋常勸善詩歌，但綜觀全書，
仍以花開見佛為極則，謂之為淨土詩選當無不可。又
此書雖然並未標榜禪僧流別，但少數文人與傑僧（如一
行）之外，幾乎盡出禪門，禪宗性格極為明顯。從此書
的成立不難推察：晚明時，禪者創作淨土詩如雲如雨，
遍及諸方。此書選詩雖然略嫌寬鬆，對於其編選過程與
去取標準亦欠缺清楚的說明，但畢竟提供一個認識理解
淨土詩源流的契機，其重要性自然不言可喻。

三、唐代以前淨土詩論略

　　從《蓮華世界詩》所選作品來看，六朝時期共有五

人入選,除東晉詩人謝靈運(385－433)之外另有印度
四人,分別是跋陀羅、迦哩迦、半託迦、阿氏多等人。
前三人詩作皆題作「警世」一類,雖不無厭離穢土之
意,卻難謂之「欣求淨土」。一如古七佛偈,此四人之
詩經常選入各種叢林詩選。但客觀來說,厭離婆娑、割
斷世緣本是佛教文學共同的主題,若循此以往,範圍不
免太廣,必氾濫無涯際。而阿氏多之〈淨土詩〉則云:

> 自然音樂樂無涯,七寶樓臺麗日霞。
> 上妙眾香常不散,繽紛雲裏雨天花。❼

阿氏多此詩可謂極樂淨土的縮景,不難令人聯想到各部
淨土經典的空間描寫,此等樂心美景,自然令人心生嚮
往,就主題而言,筆者管見以為:此詩方得謂之淨土詩
先聲。不過就詩藝論,四句所言皆同一事,主題不免
過於單一,未盡曲折之妙,遠不及謝靈運之作意韻悠
長。其云:

> 法藏長王宮,懷道出國城。

---

❼ 釋廣貴輯,《蓮邦詩選》,《淨土宗大典》(北京:全國圖書館文獻縮
  微複製中心,2003年),第 10 冊,頁 484。

　　願言四十八，弘誓拯羣生。

　　淨土一何妙，來者皆菁英。

　　頹年欲安寄，乘化好晨征。❽

謝靈運此詩原題作：〈無量壽佛頌〉，首聯言其無量壽
佛本生事，頷聯則言其願力廣大無盡，頸聯讚嘆淨土妙
樂，結尾則言歸心向道之誠，不難想見：原詩本即有所
爲而作（例如法會），此詩五言八句，雖然有四組不同
的主題，但卻環環相扣，種種轉折，雖然沒有直接描繪
淨土的富麗莊嚴，但確信者對於無量壽佛的崇仰與追隨
之情卻展露無遺，客觀來說，六朝詩人雖然信佛入道者
所在多有，但若就對後世的影響而言，謝靈運罕有其
儔，故若謂中土「淨土詩」此種題材實爲謝靈運（及其
一代人）所開拓當無大過。

　　《蓮華世界詩》收有唐代僧俗作品共七首，包括
李白（701－762）、白居易（772－846）、李商隱
（813- 約858）、善導（613－681）❾、龐居士（709－

---

❽　同前註，頁471。

❾　善導，俗姓朱。淨土宗第三祖，淨土宗曇鸞、道綽派集大成者。隨密州
　　明勝法師出家，誦《法華》等，習十六觀。貞觀十五年（641），謁見
　　道綽，修學方等懺法。在長安光明寺，傳淨土法門。曾與金剛法師論說
　　念佛之勝劣。高宗時，洛陽龍門造立大盧舍那佛像時，任檢校之職。著
　　《淨土法事讚》等。

808）**❿**、貫休（832－912）**⓫**等人。如同〈警世〉一類
的作品，李商隱〈無量壽佛頌〉與貫休〈觀地獄圖〉之
主題不過觀空觀苦或佛力廣大一類，似不應闌入淨土詩
一類流亞。特別值得注意的是收入唐代淨土祖師代表人
物善導之作一首。其詩云：

> 漸漸雞皮鶴髮，看看行步龍鍾。
> 假饒金玉滿堂，難免衰殘老病。
> 任你千般快樂，無常終時到來。
> 唯有徑路修行，但念阿彌陀佛。**⓬**

此詩直接明白，幾與口語無異，可以放入中國白話詩源
流當中，不免令人想起寒山、王梵志之屬，結尾一句即
全詩眼目所在，此詩出自善導大師手筆，不可與一般文

---

❿ 龐居士，馬祖道一（709－788）禪師法嗣，大鑑下第三世。初謁石頭，
與丹霞爲友，後參馬祖得法。被譽爲達摩東來立禪宗後之「白衣居士第
一人」，與梁代傅大士並稱爲「東土維摩」。臨終前，刺史于頓問疾，
蘊曰：「但願空諸所有，愼勿實諸所無，言訖而化。」常以偈闡明禪
旨，有《龐居士語錄》三卷。

⓫ 貫休，即禪月貫休禪師，俗姓姜。幼從金華和安寺圓貞出家，後入浙東
五洩山修禪。初參無相禪師，後往洪州開元寺聽講《法華經》及《大乘
起信論》。曾入蜀，蜀主王建賜號「禪月大師」。以詩、畫著稱於世，
與修睦、處默、棲隱爲詩友；善繪佛像，尤工水墨羅漢。又擅篆、隸、
草書，獨具風格，時稱「姜體」。有《西嶽集》。

⓬ 釋廣貴輯，《蓮邦詩選》，頁464。

人尋常之作等量齊觀，「但念阿彌陀佛」即開示持名念佛法門，善導大師此偈特別強調念佛法門的重要，後世淨土詩中側重於實踐層面者為數甚夥，不論念佛或觀想等修行過程，大體皆當祖述溯源至此。善導另有一〈般舟贊〉亦十分膾炙人口，亦言淨土法門，❸自當列入淨土詩系譜，可惜《蓮華世界詩》並未收錄。

　善導大師之外，《蓮華世界詩》另收有李白與白居易等著名詩人的作品，白居易之作，一題為〈病中畫西方變相頌〉，一則題為〈念佛偈〉，不難看出白居易事佛之精誠。而李白之作，編者雖冠以〈淨土詠〉之題，事實上，原題實為〈金銀泥畫西方淨土變相贊〉，李白原詩作：

> 向西日入處，遙瞻大悲顏。
> 目淨四海水，身光紫金山。
> 勤念必往生，是故稱極樂。
> 珠網珍寶樹，天花散香閣。
> 圖畫了在眼，願托彼道場。
> 以此功德皋，冥祐為津梁。

---

❸ 釋善導，〈般舟贊〉，慧淨法師、淨宗法師編述，《善導大師全集》（臺北：佛陀教育基金會，2018年），頁551-578。

八十億劫罪，如風掃輕霜。

庶觀無量壽，長覩玉毫光。⓮

此詩原有觀畫題畫的性質，其讚嘆極樂之妙實爲雙關之
語，一指極樂淨土，一則指金銀泥之畫精美絕倫，觀此
畫足以洗除惡業，堅固道心。

綜觀宋代以前的淨土詩，約有數端可說：（一）淨
土詩縱然並非昉自謝靈運，但謝靈運應該具有一個重要
的地位，至少成爲眾人關注的主題一事，謝靈運自有其
不容忘卻的功績。（二）宋代以前的淨土詩，多半側重
在觀看、想像，涉入實際修行時，多集中在彌陀名號的
稱持。畢竟是草創階段，不論在題材、手法、精神內涵
皆尚未充分開展，而且作者皆與禪門無涉，只能謂之爲
淨土詩的先聲，宋代以後由於眾多禪門高僧的參與，淨
土詩也有了截然不同的風貌。

四、宋元禪者淨土詩

宋代兼修淨業的僧人不可勝數。天台的慈雲遵
式⓯、禪宗的天衣義懷（993－1064）⓰等人亦皆有聲於

⓮ 釋廣貴輯，《蓮邦詩選》，頁484。
⓯ 慈雲遵式，寧海葉氏。投天台義全出家，十八歲落髮。雍熙元年
　（984），從寶雲寺義通修學天台宗典籍，盡其奧祕，後繼其席。年二十

後世。北宋的明教契嵩⑰以學兼儒釋著稱，其亦著有淨
土詩，其云：

> 耽閑戀綠潭，高超弄芳餌。
>
> 何事卑王侯，其心越天地。
>
> 皇皇古皇道，勞生自拘繫。
>
> 不如歸去來，乘風拂衣袂。
>
>
> 金仙白玉京，去去何縹緲。
>
> 樓臺十二層，玲瓏汎雲表。
>
> 銀湟月為波，萬頃即池沼。
>
> 芙蕖發異葩，佳音頻伽鳥。
>
> 頓與人間遙，所思空杳杳。

八，入寶雲寺宣講《法華》、《涅槃》等經，並集僧俗專修淨土，有淨
土、金光明、觀音諸懺法行世。後居天竺靈山，於寺東建日觀庵，懺講
不絕，從學者逾千人。著《金園靈苑天竺別集》。

⑯ 越州天衣義懷禪師，樂清陳氏。雪竇重顯（980－1052）禪師法嗣，大鑑
下第十一世。初謁金鑾善、葉縣省，後參重顯得法。出世無為鐵佛，尋
住越州天衣，凡九坐道場。晚年以疾居池陽杉山庵。提倡禪淨雙修，撰
論明理，有《通明集》行於世。清雍正敕諡圓湛振宗禪師。法嗣有圓照
宗本、圓通法秀等多人。

⑰ 明教契嵩，鐔津李氏。洞山曉聰（？－1030）禪師法嗣，大鑑下第十一
世。日誦觀音名號為常課，精通內外典。善屬文，作〈原教篇〉十萬
言，明儒釋一致，抗韓愈之闢佛說。慶曆間住杭州靈隱，晚居餘杭之佛
日山，退老于靈峯永安精舍。撰有《禪門定祖圖》、《傳法正宗記》
等。門人輯有《鐔津文集》傳世。

> 空虛澄遠煙，霽色含秋景。
> 思深每盤桓，駐目西峰頂。
> 明月初團圞，可照佳人影。
> 美人來不來，雲霞渺林嶺。❶

此詩並未收錄於《蓮華世界詩》，但收入清釋濟能（1604－1665）編《角虎集》當中。客觀來說，這三首一組的淨土詩與唐代以前的單純質樸頗有一徑之隔，傳統文學修辭與擬喻的各種複雜手法，皆已滲入無間，文人氣不免稍嫌太重。眾所周知，美人香草在中國修辭傳統中，有濃厚的君臣之義，而禪林借用君臣五位以言修證歷程由來已久，而「美人」在禪林修辭傳統中，借之以喻如佛一般的覺者，亦屢見不鮮。這裡的極樂淨土的形象顯然與淨土經典黃金白銀為背景的七寶樓台大不相同，更多的是借用楚辭傳統形容的自然意象。在某個程度，可謂文化傳統的改造。類似的想法，明清之際著名的畫僧髡殘石溪（1612－1692）❶於此明白說道：

---

❶ 釋濟能，《角虎集》，《卍續藏經》，第 62 冊，No. 1177，頁 215 上 - 中。

❶ 髡殘石溪，一字介邱，號白禿，一號殘道者、電住道人、石道人。俗姓劉，武陵人。有《詩集》及《畫冊》行世。

西方以七寶莊嚴，我卻嫌其太富貴氣。我此間草
木土石卻有別致，故未嘗願往生焉。他日阿彌陀佛
來生此土未可知也。[20]

這段話當然主要是禪者的戲謔，卻不妨視作禪者一種普
遍的文化意識，是以明教契嵩筆下的淨土世界與在此之
前的樣貌大異其趣固其來有自。後世淨土詩有時也與
洋溢自然山林風味的傳統山水田園詩幾乎無二無別，
此風亦肇乎宋代禪僧之手。例如北山禪師[21]〈懷西方〉
一詩云：

已知今是昔何非，深掩柴門到落暉。
竹尾輕搖新月上，簾腰半捲宿雲歸。
山林氣味盈懷抱，松柏香烟滿布衣。
一片蒲團常燕坐，寸心西趂落霞飛。[22]

此等作品若掩去標題之目，稱爲山居詩，亦無絲毫違和
之感。沒有七寶樓台，沒有金銀嚴飾，也沒有念佛之

---

[20] 薛鋒、薛翔，〈附錄〉，《髡殘》（長春：吉林美術出版社，1996
年），頁98。
[21] 可旻，人稱北山法師、北山講僧，生平事蹟不詳，《樂邦文類》卷5，
收錄其〈懷西方〉詩及〈贊淨土·漁家傲〉詞等。
[22] 釋廣貴輯，《蓮邦詩選》，頁475。

聲，只有山林之間坐破蒲團的禪者，一心歸向西方。儘管自然風物（新月、宿雲、香煙）在其他禪詩脈絡中可能都別具意涵，但在此詩中，最重要的卻是「山林氣味盈懷抱」。禪者的文化意識形塑了一個極樂淨土的嶄新樣貌。

　　不過北山禪師仍是個本色僧人，另外一組〈懷淨土〉之作，可以看出其修習念佛法門的精勤。其云：

> 西望樂邦雲杳隔，一鉤新月灣灣白。
> 意欲往生何計策，彌陀一念聲千百。
> 文墨尖新無處用，已將名利渾如夢。
> 一串數珠隨手弄，唯聞念佛心懂勇。
> 覽徧經文與律儀，頻頻唯勸念阿彌。
> 一聲消盡千生業，何況嘮嘮久誦持。
> 紛紛世態盡空華，講外無餘挂齒牙。
> 一串數珠新換線，阿彌陀佛做冤家。
> 菊腦薑芽一飯餘，其他安敢費工夫。
> 從今十指無閒暇，且盡平生弄數珠。
> 唯將焚誦足平生，夜夜嘮嘮一二更。
> 隻影自憐塵世外，風前月下恣經行。
> 善導可嗟今已往，化來老少皆歸嚮。
> 佛念一聲分一鎚，一聲一佛虛空上。㉓

此詩頗有質樸古風，「一鉤新月」指心體發露消息，同時也表明對於善導大師的追慕之情。此詩沒有直接寫明的主題即「一心不亂」，經文律儀已非第一義，何況舞文弄墨等閒工具，行住坐臥皆不離一句佛號。此詩寫的是專心念佛的工夫歷程，而非發明心地、花開見佛。從以上兩例不難看出：北山禪師一方面繼承修行詩的單純質樸，一方面也深諳文人修辭。宋代詩人文人水乳無間，於此又可見一端。

宋代禪者修淨幾乎是普遍的風氣，單只從《蓮華世界詩》所選錄的詩作來看，不論在「發明心地」、「花開見佛」等各個不同的境界，宋代禪者都有深刻的發明。元代中峰明本淨土詩百八首可謂禪者淨土詩的最高峰，而精修淨業的宋代禪師導夫先路之功不可或忘。一般來說，從禪淨合一思想史來看，宋代也是最重要的轉折期，淨土詩的發展亦與之若合符節。就詩歌體制而言，宋代禪者淨土詩將中國詩歌傳統與佛教兩者進行有機融合，為淨土詩最高峰中峰明本的出現打下了良好的基礎。

元代淨土詩之風一仍宋代，眾多優秀的淨土詩作紛紛問世，一時亦有推陳出新之勢。號稱蓮宗中興之祖的

㉓ 同前註，頁 479-480。

優曇❷，除編著《蓮宗寶鑑》❷，也有長篇的淨土詩。
又如以山居詩著稱的石屋清珙❷，其淨土詩亦多有可
觀。然而，不論是體製之宏大、結構之完整、技巧之多
元、內蘊之豐富、影響之廣遠各方面觀之，中峰明本皆
是箇中翹楚，謂之爲禪者淨土詩之最高峰洵非虛語。

　　中峰明本，元代臨濟宗僧。杭州錢塘（浙江杭縣）
人，俗姓孫。又稱智覺禪師、普應國師。幼於天目山參
謁高峰原妙。二十四歲從高峰出家，其後並嗣其法。自
此居無定所，或泊船中，或止菴室，自稱幻住道人，僧
俗瞻禮之，世譽爲江南古佛。仁宗曾招請入內殿，師固
辭不受，僅受金襴袈裟及「佛慈圓照廣慧禪師」之號，
元英宗且歸依之。世壽六十一。遺有《廣錄》三十卷，
其墨跡亦著稱於世。❷

---

❷　普度，字優曇，丹陽人，俗姓蔣。弱冠即於廬山東林寺出家，後住丹陽
　　妙果寺、東林寺善法堂，專修念佛三昧。著有《蓮宗寶鑑》十卷。皇慶
　　元年（1312）正月，仁宗敕令頒行《蓮宗寶鑑》於天下，以師爲蓮宗之
　　教主，賜號「虎溪尊者」。

❷　筆者管見以爲：近代印光大師逕以棲袾宏逕接昭慶省常，將優曇略而不
　　論，而未列入蓮宗祖師系譜，似乎對優曇不盡公允。

❷　石屋清珙，常熟（今屬江蘇）溫氏。臨濟宗第十九世。及長，依崇福寺
　　僧永惟出家。首參高峰原妙和尚，服勤三年，次參道場、及庵、宗信有
　　省。出入吳越，偶登霞霧（霞浦）山天湖，躬自薪蔬，吟詠自得。朝廷
　　聞名，降香幣以旌異，皇后賜金襴衣。寂謚佛慈慧炤禪師。

❷　中峰明本相關二手研究，紀華傳，《江南古佛 —— 中峰明本與元代
　　禪宗》（北京：中國社科院，2006 年）。釋有晃，《元代中峰明本
　　禪師之研究》（臺北：法鼓文化，2007 年）。Natasha Heller, *Illusory*

晚明的雲棲袾宏曾說：「中峰本禪師，得法於高峰妙公，人仰之如山斗，有《懷淨土詩》百篇，盛傳于世。」❷又就《懷淨土詩》在佛教思想史上的地位如是說道：

> 自古〈懷淨土詩〉相望後先，而惟中峰大師百咏，事理兼帶，性相圓通，息參禪念佛之嘵諍，定即土即心之平准。❷

據雲棲袾宏所言，中峰明本淨土詩體道玄妙，境界圓通。或者說：明清時期，盛極一時的《中峰廣錄》為當時禪淨兼修的風氣提供了重要的理論依據。中峰明本全詩太長，不能具引。而其淨土詩或可視為其禪淨不二思想型態具體而微的縮影，例如其言：

> 禪外不曾談淨土，須知淨土外無禪。
>
> 兩重公案都拈却，熊耳峯開五葉蓮。❸

Abiding: The Cultural Construction of the Chan Monk Zhongfeng Mingben (Cambridge, Massachusetts: Harvard University Asia Center, 2014).

❷ 雲棲袾宏，〈略舉尊宿〉，《竹窗隨筆》（北京：北京國家圖書館出版社，2005 年），頁 694。

❷ 雲棲袾宏，《中峰禪師淨土詩·序》，《竹窗隨筆》，頁 250。

❸ 釋明本，《天目明本禪師雜錄》，《卍續藏經》，第 70 冊，No. 1402，

「禪外不曾談淨土，須知淨土外無禪」乃中峰明本之名句，熊耳山，尤以其兩峰並峙如熊耳，故稱熊耳山，乃禪宗初祖菩提達磨之塔所。「熊耳峯開五葉蓮」即禪淨不二之謂也，可謂中峰明本的基本態度，現代學者每喜謂中峰明本「禪即淨土之禪，淨土乃禪之淨土，昔永明和尚離淨土與禪爲四料揀，由是學者不識建立之旨，反相矛盾，謂禪自禪，淨土自淨土也，殊不知參禪要了生死，而念佛亦要了生死，原夫生死無根由，迷本性而生焉，若洞見本性，則生死不待蕩而遣矣，生死既遣，則禪云乎哉？淨土云乎哉？」❸的說法近於禪主淨從，❸而非純粹的淨土觀，此固禪者本色，何足深訝。然而中峰明本不廢淨業的基本立場，對於明清禪淨兼修法門的深入普及，成爲一個重要的標竿，「禪即淨土之禪，淨土乃禪之淨土」與「禪外不曾談淨土，須知淨土外無禪」等說法更成爲佛教學者關注討論的重要課題。

從思想史的角度看，關於禪淨不二的問題過於複雜，非本文所能道盡。禪淨二端往往在唯心的理論基礎

頁 745 上。

❸ 釋明本，〈示吳居士〉，《中峰廣錄》，《磧砂藏》，第 37 冊，No. 1532，頁 404 下。

❸ 荒木見悟著，周賢博譯，《近世中國佛教的曙光 —— 雲棲袾宏之研究》（臺北：慧明文化，2001 年），頁 200。

加以融合，原是其來有自。是故中峰明本〈懷淨土詩〉
中強調自性彌陀之處不可勝數，諸如「誰知自性黃金
佛，常共千華轉法輪」、「即心自性彌陀佛，滿面塵
埃又一年」、「自性彌陀絕證修，只消扣己便相投」、
「長鯨一吸四溟乾，自性彌陀眼界寬」、「一尊自性彌
陀佛，出現扶桑照眼紅」、「自家屋裡彌陀佛，念念開
敷優鉢曇」、「自性彌陀如不念，未知何以敵無常」、
「跳出娑婆即是家，不須特地覓蓮華」云云，莫不當作
如是觀。「自性彌陀」的說法與思維在中峰明本〈懷淨
土詩〉出現頻率之高遠邁前賢，也是中峰明本〈懷淨土
詩〉一個最獨特的醒目標誌。綜觀其作，雖亦不無「鸚
鵡頻伽遶樹鳴，好音和雅正堪聽」、「七重密覆真珠
網，三級平鋪瑪瑙堦」等近乎描述西方淨土的說法，但
多半非以表實有之常態，視之為表德之徵亦無不可。

　　從修辭風格來看，中峰明本〈懷淨土詩〉詩風明白
清楚，近乎口語，與白話一派實無以異。特別值得注意
的是：船意象在中峰明本〈懷淨土詩〉一再出現，或許
可以視之為其刻意經營的擬喻。其曰：

> 活計惟撐一隻船，流中坎止只說緣。
> 古帆幾度張明月，滿目純開佛海蓮。
> 船居念佛佛隨船，常寂光搖水底天。

兩岸中流如不觸，枝枝紅藕發心田。

破曉移船直過東，滿帆披拂藕華風。

一尊自性彌陀佛，出現扶桑照眼紅。

船上西來憶故鄉，四花池上晚風涼。

飄零不奈歸心切，一片輕帆掛夕陽。

任運移船過水南，不須向外覓同參。

自家屋裡彌陀佛，念念開敷優鉢曇。

船駕天風南北方，風河月渚暎心光。

忽移念入同居土，不覺渾身在藕航。

船住東西南北了，依然不離古灘頭。

等閑撥轉虛空舵，香氣滿航花滿洲。

若不行船便住家，從教門外拽三車。

笑看火宅深深處，陸地純開水面花。❸

雖然船意象在佛教中屢見不鮮，從《佛說法船經》開始，便有各種豐富的意涵，此外例如「乘法身船，至涅槃岸」（《佛說八大人覺經》）、如來功德船、「苦海常做度人舟」種種說法不一而足，即令只從淨土詩的傳統看，至少有文彥博「不爲一身求活計，大家齊上渡頭

---

❸ 《天目明本禪師雜錄》，《卍續藏經》，第 70 冊，No. 1402，頁 746-752 上。

船」❸，優曇上人也有「念佛門如大渡船，渡人渾不擇
愚賢」❸的說法。大體而言，在佛教文學的傳統中，船
意象主要象徵解脫苦難的依憑，也象徵修道歷程的追
求，在中峰明本的淨土詩中，意義主要集中在後者，也
同時意謂著向外馳求。在淨土詩之外，中峰明本尚有
〈船居〉、〈水居〉等詩作，❸亦可與之相互參看。

　　總體而言，與在此之前的淨土詩最大的差異是：中
峰明本〈懷淨土詩〉中明白標舉「自性彌陀」的說法，
又大量援引禪宗公案或說法（例如行旅與歸家）進入淨
土詩的視域當中，中峰明本雖然主張禪淨不二，但仍然
有「禪主淨從」的基本立場，其淨土詩也呈現這種特殊
的思想傾向，由於中峰明本在禪宗思想上的巨大身影，
其淨土詩的姿勢與格局也相當程度的影響了後世禪者淨
土詩的寫作方式。

五、明清禪者淨土詩抉微：以楚石梵琦與徹庸周理　爲中心

　　中峰明本之後，禪者創作淨土詩固然蔚然成風，
實罕其儔。就思想境界與影響深遠觀之，唯楚石梵琦

❸　同前註，頁 504。
❸　同前註，頁 504
❸　筆者管見以爲：「船居」、「水居」等題材不妨視爲山居詩的變形。

〈西齋淨土詩〉略堪與之比肩。綜觀淨土詩史，中峰明本〈懷淨土詩〉雖然在思想上大力標舉自性彌陀之說，但略嫌文彩不彰。〈西齋淨土詩〉文彩斑斕較〈懷淨土詩〉過之多矣，且每首詩下多有小注，就其修證歷程明白指點，可見一代宗師手筆，誠為難得。

楚石梵琦，俗姓朱。九歲受永祚寺訥翁謨師，旋至崇恩寺從晉翁詢師，十六歲於昭慶寺受具足戒，二十二歲為道場寺侍者，典藏鑰。後隨元叟行端，為大慧宗杲第五傳弟子。至正十九年（1359）隱於永祚寺，於寺西側建院舍，作《西齋淨土詩》，專淨土業。洪武間主持重建千佛閣，被詔說法。著《楚石梵琦語錄》、《上生偈》等。楚石梵琦往往被視為明初第一流禪者，聲名遠播朝鮮、日本等國。

錢謙益曾就楚石梵琦及其〈西齋淨土詩〉的重要性說道：「師學行高一世，宗說兼通，禪寂之外，專志淨業，作〈西齋淨土詩〉數百首，皆於念佛三昧心中流出，歷歷與契經合，使人讀之恍然，如遊珠網瓊林，金沙玉沼間也。」❸蕅益智旭曾就〈西齋淨土詩〉如是題贊曰：

---

❸ 錢謙益，《列朝詩集小傳》（上海：上海古籍出版社，1983年），頁665。

稽首楚石大導師，即是阿彌陀正覺。（末法能如此高
提祖印者甚難甚難）

以茲微妙勝伽陀，令我讀誦當參學。（此為後來讀此
詩者指示榜樣。即二有參入妙三觀令四悉冷然）

一讀二讀塵念消，三讀四讀染情薄。

讀至十百千萬遍，此身已向蓮花托。

亦願後來讀誦者，同予畢竟生極樂。（畢竟亦有事理。
事則決定趣向。理則不在別處）

還攝無邊念佛人，永破事理分張惡。（此楚石大師賦
懷淨土宗旨。亦是靈峰老人選詩本旨）

同居淨故四俱淨，圓融直捷超方略。（二句和盤托出。
却深固幽遠無人能到）❸

觀此，不難得知：錢謙益與蕅益智旭對〈西齋淨土詩〉
可謂推崇備至，蕅益智旭亦選入《淨宗十要》中，蕅益
智旭想必對楚石梵琦此組詩作下過甚深工夫，遂敢稱
「讀至十百千萬遍」者。其對明代修淨禪者影響之大可
想而知。

綜觀楚石梵琦之作，筆者以為文字工巧流麗，當為

---

❸ 釋成時編，《淨土十要》，第 8 卷，《卍續藏經》，第 61 冊，No.
1164，頁 725 上 - 中。

淨土詩史之冠冕。例如其寫極樂淨土風光曰：

> 却望金蓮寶界遙，樓臺一一倚雲霄。
> 黃鶯韻美春長在，玉樹枝柔歲不凋。
> 流水有聲隨岸轉，好花無數逐風飄。
> 野人自選歸來日，何待諸賢折簡招。
>
> 此邦瀟灑樂無厭，遙羨（二字貴到底）諸人智養恬。
> 座用真珠為映飾，臺將妙寶作莊嚴。
> 純金細礫鋪渠底，軟玉新梢出樹尖。
> 眉相古今描不盡。晚來天際月纖纖（上皆智養恬也）。❸❾

評語部分乃蕅益智旭所加，前一首不寫樓台嚴飾，只寫遙望之姿，摩天倚雲，壯麗自見，寫好花流水，諸賢（覺者）野人（行者）共修，蓮社高賢同心一志。後半則寫極樂淨土之寶貴莊嚴，乃以此表德行高遠，後半皆修心之喻也。筆力逑勁，實一代大作手。禪者寫淨土詩，亦多收歸一心。是以其曰：

> 池中蓮蕚大如車，據實猶為小小華。

---

❸❾ 同前註，頁 726 上。

聖眾略言千萬億，佛身知是幾恒沙（隱言大華）。

我聞妙德同慈氏，誰道彌陀異釋迦。

南北東西清淨土，盡歸方寸玉無瑕。❹

此詩雖曰彌陀釋迦不二，究其實，乃將佛土收入清澄明徹的心體「方寸玉無瑕」當中。楚石梵琦不若中峰明本，處處直言「自性彌陀」，以唯心打通禪淨二端以後，楚石梵琦說明淨業是他的日常功課。是以其曰：

吾身（方袍圓頂）念佛又修禪，自喜方袍頂相圓（下何故單承念佛不承參禪。參）。

曾向多生修福果，始依九品結香緣（絕不似禪和口氣）。

名書某甲深花裏，夢在長庚落月邊（兩聯一順串一倒串）。

濁惡凡夫清淨佛，雙珠黑白共絲穿（且道此是佛耶禪耶。參）。❹

此詩沒有禪者的自衿，只有一個本分盡職的僧人常行日

❹　同前註，頁729下。
❹　同前註，頁730上。

課。有趣的是楚石梵琦的淨土詩中也重新省思淨土祖師
的歷史地位。例如曇鸞，其曰：

> 曾聞金鼎煉硃砂，一服飛驚玉帝家。
> 輕風似舉飄柳絮，美顏如日映桃花。
> 況修淨業身心妙（獅非狐類），兼得慈尊願力加（如
> 日照畫）。
> 此是長生無比法，仙經十卷不須誇（神鸞遺響）。❷

眾所周知，曇鸞早年曾經修習仙家之術，後則專習淨土
之教。明初道教亦盛極一時，此詩或有為而作也未可
知。禪家公案有拈古頌古，故公案一再傳衍。然而淨土
詩卻罕及前代祖師，或偶一提及曇鸞、善導、永明延
壽、中峰明本，但也十分零散，並未形成一個重要的書
寫傳統或主題，楚石梵琦的淨土詩作偶一觸及曇鸞的歷
史地位，其實帶有某種程度學術史的重要意義。

　　楚石梵琦之後，雖然創作淨土詩代不乏人，例如萬
曆三高僧亦皆有之，臨濟宗的笑巖德寶，曹洞宗的無異
元來、永覺元賢都參與淨土詩的創作。然而就長篇巨幅
的淨土詩創作，雲南的徹庸周理似乎不得不帶上一筆。

---

❷ 同前註，頁 729 下。

　　徹庸周理，俗姓杜，雲南榆城人。生於萬曆十九年
（1591），捨報於崇禎十四年（1641），世壽五十一，
僧臘三十九。嗣法密雲圓悟，著有《雲山夢語》、編有
《曹溪一滴》等，雲南妙峰山德雲寺尊爲開山祖師。

　　早在天啓元年（1621），徹庸周理曾在夢中與雲棲
袾宏相見，後來徹庸周理嘗試追溯其夢境，其曰：

　　　時予禮佛已稍倦，伏案，半夢半醒中，見蓮池和
　　尚與我數語，覺而都不復記。卻自喜曰：「將欲
　　著偈，有此境界，吾與西方亦少有因緣乎？」遂
　　援毛，信手寫去，自辰至午，不二三時，而紙都盡
　　滿，不覺有百十偈矣。噫！蓮池和尚出於杭州，予
　　生雲南，沙彌時，即聞遷化矣，且素不識面，而今
　　夢之，豈非彌陀世尊托意以慰喻我歟？時天啟元年
　　蘭盆齋日也。❸

　　徹庸周理〈淨土偈〉共有一○○首，收入《谷響
集》當中，全文太長，不能具引。徹庸周理的淨土觀在
此組詩中畢露無遺，作者明言此組詩成於天啓元年，有

---

❸ 釋周理，《徹庸和尚谷響集》，《明版嘉興藏》，第 25 冊，No. B167，
　頁 310 下。

所觸於雲棲袾宏夢中示現。雲棲袾宏提倡淨土法門，當時名重天下，流風餘韻，以至於今日。❹僻居滇西的徹庸周理對萬曆三高僧之一雲棲袾宏的宗仰之情不難想見，此段話乃徹庸周理自述撰〈淨土偈〉之因由所在。禪者兼修淨土，淵源久矣，且制作淨土詩偈者所在多有，❺犖犖大者若中峰明本、楚石梵琦，莫不如是，徹庸周理〈淨土偈〉亦屬此一流亞，無足為奇。但就此處觀之，徹庸周理仍帶有強烈的禪者色彩，與其說是發心歸淨，無寧說是對雲棲袾宏遺烈的循蹤躡步。此組詩開宗明義亦以夢覺為喻，其曰：

> 大夢宅中誰是覺，迷魂陣上孰為真？
> 閒來極目頻頻看，得自惺惺有幾人？❻

此詩語意清楚，幾乎不必說明，故此組詩偈雖以淨土為題，卻以自覺自醒（「自惺惺」）為指歸。類似的說法

---

❹ 關於雲棲袾宏的淨土思想，可以參見荒木見悟著，周賢博譯，《近世中國佛教的曙光——雲棲袾宏之研究》（臺北：慧明出版社，2001年）；望月信亨著，釋印海譯，《中國淨土教理史》（臺北：華宇出版社，1987年），頁333-340。

❺ 參見顧偉康，《禪淨合一流略》（臺北：東大圖書公司，1991年）。

❻ 釋周理，《徹庸和尚谷響集》，《明版嘉興藏》，第25冊，No. B167，頁308中。

在此組詩偈中屢不一見，在淨土思想史上，雲棲袾宏往往被視爲「唯心淨土」的代言人。袾宏，字佛慧，別號蓮池。俗姓沈氏，古杭仁和人。嘉靖丙寅（1566）投性天理和尚祝髮，又乞昭慶寺無塵玉律師就壇受具。隆慶辛未（1571），入杭州雲棲山，見其山水幽寂，遂有終焉之志。袾宏修習佛法，從參究念佛得力，遂開淨土一門，普攝三根，極力主張，著有《彌陀疏鈔》十萬餘言，融會事理，指歸唯心。又錄古德機緣中喫緊語，編爲《禪關策進》，以示參究之訣。萬曆四十三年（1615）七月初四日面西念佛，端然而逝。世壽八十一，僧臘五十。❹雲棲袾宏亦曾以夢覺說淨土曰：「虛浮界內，是夢非眞。常寂光中，是眞非夢。世人以夢爲眞，以眞爲夢。顛倒如斯，良可悲矣。豈知骨肉之即讎冤，形骸之爲桎梏。得生淨土，是則脫沉痾而再獲天年，釋狴犴而榮歸故里。名之極樂，詎不然乎。若夫菩薩行門，雖云如夢，譬之大喜將臨，夜現吉祥之境，豈比重昏失曉，魂招凶惡之徵。蓋菩薩在夢而將甦，凡夫緜夢而入夢，至於寂光。則朗然大寐之得醒矣。」❹此

---

❹ 生平參見憨山德清，〈雲棲蓮池宏大師塔銘〉，《憨山老人夢遊集》，《卍續藏經》，第 73 冊，No. 1456，頁 655 中 -657 下。

❹ 釋袾宏，《答四十八問》，《卍續藏經》，第 61 冊，No. 1158，頁 505 下。

說法與徹庸周理的夢覺論述大抵並無二致，但徹庸周理
〈淨土偈〉的禪學色彩較雲棲袾宏更有以過之，唯心色
彩至爲濃厚，例如其曰：

> 欲向彼中登上品，先從此處識一心。
> 識得一心無剩法，便是蓮華國裏人。❹

這種說法是典型唯心淨土的論述方式，雖然佛教不同宗
派對「一心」之爲物有種種的說法，但在此處，明顯是
指「一心生萬法」的眞常妙心，《華嚴經》曰：「心如
工畫師。」淨土乃自心所現，彌陀乃與自性相合，徹庸
周理〈淨土偈〉當中類似「但觀一尊彌陀佛，百千三昧
一時成」、「彌陀原是自家身，枉費功夫向外尋」、
「欲得我處生他處，先須我心合佛心」等等說法，無啻
「自性彌陀、唯心淨土」的老調重彈。

　　禪者經常否定西方極樂世界的實有，唯心淨土論者
並不眞的嚮往往生西方極樂世界，徹庸周理也不例外，
做爲本色禪人，徹庸周理〈淨土偈〉主要在宣說個人的
思想主張，強調自己「不羨蓮華國裏人」、「生生世世

---

❹　釋周理，《徹庸和尚谷響集》，《明版嘉興藏》，第 25 冊，No. B167，
　　頁 309 下。

樂長安」、「堪忍久住在娑婆」云云，意即他並不追求
未知的彼岸，而是強調自心化猛火爲清涼的無邊妙用，
故云「眞亦不留妄不立，便是當頭作觀人」、「一念綿
綿常不覺，猛炎勝處白蓮香」、「念得念中無處著，壺
中別有一花香」。

在徹庸周理的理解當中，所謂極樂世界，主要仍是
一心的機能作用，彌陀最重要的意義在於廣大無邊的願
力，極樂世界成就在彌陀的慈悲本懷。故曰「此意初無
人作者，悉是如來願力生」、「彌陀之願我之心，若水
投水冰合冰」，彌陀大願是本色禪人徹庸周理瞻仰崇敬
的目標，但對徹庸周理而言，最重要的不是往生極樂，
而是如何看透人生的虛幻本質，並契入眞如法界。在徹
庸周理這組特殊的淨土偈當中，罕見的流露出某種程度
的歷史興廢之感。例如其曰：

潼關明輔今何在？赤壁周郎命不長。
至今九里山前過，令人追憶漢張良。❺⓿

此詩與淨土崇拜幾無交涉，置於淨土偈組中不免突兀，

---

❺⓿ 釋周理，《徹庸和尚谷響集》，《明版嘉興藏》，第 25 冊，No. B167，
頁 309 中。

意謂功業乃過眼雲煙，張良雖然道家者流，但卻具有高
度的人生智慧，在功成名就之後急流勇退，專心修道。
「反思無數身中事，今日都成夢幻影」、「於今喬木尚
依然，輩輩君臣皆安在」，與其建功立業，無寧念佛修
道。對英靈衲子徹庸周理而言，朝代更迭即如夢幻泡
影，不變的只有人生的無常，與成住壞空周而復始的循
環，徹庸曾經自述其理想的精神境界曰：

> 願我當來作佛時，三成正覺度眾生。
> 第一願如釋迦佛，第二願如彌陀尊。
> 第三成佛如文殊，十方佛剎為一土。
> 依正行願光明等，一一願如三世尊。[51]

其第一理想是釋迦如來，側重在其自覺契證，近於禪
宗；其次為阿彌陀佛，其願力廣大成就蓮邦，具見乎淨
土法門，再者如文殊，涵攝無盡，華嚴教法足以當之。
華嚴是明代佛教經典義學的核心，幾乎是僧人共通的知
識背景。在雲棲袾宏大力推動之下，淨土法門在晚明盛
極一時，入清以後，聲勢更勝以往。不過，對徹庸周理

---

[51] 釋周理，《徹庸和尚谷響集》，《明版嘉興藏》，第 25 冊，No. B167，
頁 313 中。

而言，雖然對雲棲袾宏崇仰有加，但其自身的思想核心仍然是禪，晚唐以後，詩禪合流之風沛然莫之能禦。以唯心淨土、自性彌陀為極則的禪者淨土詩，已見乎元代的中峰明本，徹庸周理的〈淨土偈〉帶入歷史興廢的視野，雖然開創了新的意境，是否也相當程度破壞了宗教修行的永恆神聖性，未來值得進一步深思。

六、代結語

近世禪者淨土詩既是禪淨關係思想史的反映，也是佛教詩學的重要主題。從六朝開始至於近現代，淨土詩的作者自成源流。就淨土詩的發展歷程來看，宋代是個重要的轉折期，明清蔚然成風。長篇巨製的淨土詩後先相望，特別值得注意的是中峰明本、楚石梵琦，還有較不為人所知的徹庸周理。中峰明本的淨土詩大量使用自性彌陀的意象，其實正是唯心淨土的變形，一直到清代中葉以前，這或許可以說是禪者淨土詩的基調。然而清代中葉省庵大師的淨土詩出現以後，雖然仍然強調心的作用，但與在此之前高唱自性彌陀之風已經不可同日而語。雖然淨土詩與山居詩，甚至山水詩有部分意境或典故的疊合，但在主題、目的、讀者都有很大的差別。透過近世禪者的淨土詩，對於認識近世中國佛教思想歷程與文藝展演，或許都將有不同層次的啟發。

《禪門修證指要》與明清禪學

一、前言

　　《禪門修證指要》是聖嚴法師（1930－2009）從《大正藏》、《卍續藏經》中輯出重要的資料，做為禪門修證的依據，既是重要的禪學思想史資料集，也是修行實踐的重要指南。《禪門修證指要》選錄的資料中既有繼承傳統備受重視的資料（例如《信心銘》），也有聖嚴法師的發明與創新。特別是明清部分。

　　聖嚴法師一向以明代佛教專家自許，除了以蕅益智旭為主題的博士論文外，《禪門修證指要》也展現了聖嚴法師對於明代禪學的深厚造詣。《禪門修證指要》選錄了數種重要的明清禪學資料，包括雲棲袾宏（1535－1615）《禪關策進》、憨山德清（1546－1623）〈觀心銘〉、〈初心修悟法要〉、無異元來（1575－1630）《博山參禪警語》、晦山戒顯（1610－1672）《禪門

鍛鍊說》四種。萬曆三高僧中有其二，無異元來嗣法曹洞宗壽昌派，晦山戒顯嗣法臨濟宗三峰派。其中《禪關策進》、《博山參禪警語》二書流傳日本，在江戶時代的禪林廣爲流行，屢經翻刻，又有各種名家註釋。晚年住持杭州靈隱寺的三峰派重鎮晦山戒顯雖然也有語錄行世，但《卍續藏經》只選入《現果隨錄》、《禪門鍛鍊說》。不過，標舉《禪門鍛鍊說》做爲禪門修證的指南，完全出自聖嚴法師的睿見。從《禪門修證指要》選錄的資料，或許可以對聖嚴法師禪宗史觀有一個整體的觀照。做爲明代佛教的專家，同時也是一代禪門宗匠的聖嚴法師，《禪門修證指要》一書可以說是其思想具體而微的縮影。《禪門修證指要》一書有繼承，也有新創，更體現了聖嚴法師自我認同與定位，當然也可以看到特殊的時節因緣，在在值得細細尋繹。由於《禪門修證指要》一書體大思精，牽涉範圍太廣，本文只就《禪門修證指要》一書所選明清部分加以探究。

二、《禪門修證指要》中禪宗發展史觀的再省思

《禪門修證指要》一書共選錄菩提達摩（？－535）、釋亡名（約521－約616）、傅大士（497－569）、三祖僧燦（？－606）、四祖道信（580－651）、牛頭法融（594－657）、五祖弘忍（602－

675）、六祖惠能（638－713）、石頭希遷（701－
791）、永嘉玄覺（665－713）、荷澤神會（668－
760）、馬祖道一（709－788）、清涼澄觀（738－
839）、圭峰宗密（780－841）、臨濟義玄（767－
886）、洞山良价（807－869）、宏智正覺（1091－
1157）、大慧宗杲（1089－1163）、長蘆宗賾、雲棲
袾宏、憨山德清（1546－1623）、博山元來（1576－
1630）、戒顯禪師（1610－1672）、虛雲和尚（1840－
1959）等二十四人。聖嚴法師曾就選錄諸家的緣由曰：

　　向來的禪者，以及重視實際修行的佛教徒，大都
不重視思想史的演變過程，似乎覺得「禪」的修證
方式和觀念，從來不曾有過變化，僅憑以因緣而接
觸到的某一種或某一些禪的方法或禪的文獻，作為
衡斷及修持的標準。縱然是聰明的禪者，涉獵了往
古迄今的各種禪籍，多半也僅以同一個角度來理解
它們，此與各還其本來面目的認識法，是有很大出
入的。❶

---

❶ 釋聖嚴，《禪門修證指要》，收於《法鼓全集》（臺北：法鼓文化，
1999 年），第 4 輯第 1 冊，〈自序〉，頁 7-8。

　　也就是說：《禪門修證指要》一書展現了動態的禪宗史觀，所謂「各還其本來面目」，也就是說彼此之間仍然有所差異，不可任意一概而論。另一方面，從這個序文中也不難看出作者博采縱覽的用心所在，嘗試鎔鑄百家，兼容並蓄。

　　聖嚴法師曾經就宋代以前的禪宗發展歷程大致分為：（一）純禪時代，包括菩提達摩、傅大士、道信、法融、惠能。（二）禪機時代，包括石頭希遷、馬祖道一、南陽慧忠（675－775）、百丈懷海（720－814）、南泉普願（748－834）、龐蘊居士（？－808）、藥山惟儼（751－1834）、圭峰宗密、黃檗希運（？－850）、德山宣鑒（782－865）、臨濟義玄、洞山良价，其中選入《禪門修證指要》的有石頭希遷、永嘉玄覺、荷澤神會（668－760）、馬祖道一、清涼澄觀、圭峰宗密、臨濟義玄、洞山良价諸人，其中比較特別的是華嚴四祖清涼澄觀，雖然聖嚴法師說明採錄清涼澄觀只是襲仍《景德傳燈錄》的體例，但是聖嚴法師特別推崇澄觀曰：「能將世出世間的一切學問匯集而為佛法化世的工具，又能集禪、教（天臺、華嚴、三論）、律、密等各類宗旨而熔於一爐的人，中國佛教史上，清涼國師應算是最早而最有功德的大師之一。因此，《景德傳燈錄》的編者道原，也將他的〈心要〉收集在這部禪宗

迄今爲止仍是最重要的典籍之內。」❷集各類宗旨熔於
一爐，視之爲聖嚴法師之夫子自道似亦無不可。（三）
禪的轉變，主要以大慧宗杲的看話禪與宏智正覺默照禪
爲主。聖嚴法師標舉看話禪與默照禪兩種禪法，乃是
「爲了挽救時弊而起的禪宗復興運動」，在〈中國禪宗
的禪〉❸一文當中所敘只到看話禪與默照禪，《禪門修
證指要》一書則增加了宋代長蘆宗賾、明代雲棲袾宏、
憨山德清、博山元來、清代戒顯禪師、民國虛雲和尚六
人，成爲一部貫串一千四百多年的禪宗通史資料書。

　　在增補的六人當中，選錄長蘆宗賾〈坐禪儀〉，
特別強調它對日本永平道元（1200－1253）〈普勸坐
禪儀〉的影響，另外關於《禪關策進》一書，作者說：
「（《禪關策進》）對於近世日本的禪宗，此書的影響
力亦極大。」❹還有無異元來（博山）的《參禪警語》
一書在近世日本禪林亦廣爲流播。萬曆三高僧之一的紫
柏眞可（1543－1603）雖然刊刻《嘉興藏》居功厥偉，
但似乎不爲聖嚴法師所喜，罕所言及，且在日本禪林流
傳未若雲棲袾宏、無異元來之廣，或因如此，故《禪門

---

❷ 釋聖嚴，《禪門修證指要》，頁 96。
❸ 釋聖嚴，《禪的體驗·禪的開示》，收於《法鼓全集》（臺北：法鼓文
　化，1999 年），第 4 輯第 3 冊，〈中國禪宗的禪〉，頁 62-94。
❹ 釋聖嚴，《禪門修證指要》，頁 171。

修證指要》捨之不談。

從《禪門修證指要》的序言來看，作者似乎也有意融合禪淨之諍。作者曰：

北宋以下，參禪與念佛合流，倡導禪淨雙修最有力的是永明延壽禪師（西元九〇四－九七五年），明末的蓮池大師袾宏（西元一五三五－一六一五年）則將念佛分為「持名」與「參究」的兩門，皆以往生西方淨土為其指歸。持名即是念「南無阿彌陀佛」的六字洪名；參究即是以大疑情參問「念佛是誰」。因此，晚近的淨土行者雖不參禪，而參禪者無不念佛；雖有淨土行者排斥禪門，真的禪者則殊少非議念佛之行，因為淨土的念佛法門，即是禪觀方法的一種，如予排斥，就像有人用右腳踢左腳，舉左手打右手，豈非愚不可及！

事實上，禪者念佛，早在四祖道信（西元五八〇－六五一年）的〈入道安心要方便門〉，即舉《文殊說般若經》所說的念佛法門，勸導大家照著修行：「心繫一佛，專稱名字」，說明禪門也用持名念佛。又引《觀無量壽經》所說：「諸佛法身，入一切心想，是心是佛，是心作佛」的觀點，說明禪門的「是心是佛」，淨土經典中，也早有此說。我本人

亦常勸念佛不得力的人，先學攝心的禪觀方法，心
安之後，專心持名，庶幾容易達成一心念佛的效果。
因為念佛往生極樂者，一心念要比散心念更有力。
一心念，心即與佛相應，散心念，則不能與佛相
應；所以永明延壽的《宗鏡錄》內，數處提到「一
念相應一念佛，念念相應念念佛」的主張，那也正
是《楞嚴經·大勢至菩薩念佛圓通章》所說：「都攝
六根，淨念相繼，得三摩地」的道理。要是六根不
收攝，淨念不相繼，而想「以念佛心，入無生忍」、
「攝念佛人，歸於淨土」，是不容易的事。故請淨土
行者，不可盲目地非議正確的禪門修持。❺

是以《禪門修證指要》在長蘆宗賾下曰：「他是
一位主張禪淨雙修的大師，既著有禪宗的《禪苑清規》
十卷，又著有更多關於淨土宗的書，他說：『念佛參
禪，各求宗旨，谿山雖異，雲月是同。可謂處處綠楊堪
繫馬，家家門戶透長安。』（見《淨土簡要錄》）」❻
在雲棲袾宏下說：「一生致力於戒殺放生，提倡參究念
佛，禪淨雙修。傳受了遍融的華嚴教理、德寶的禪宗心

---

❺ 釋聖嚴，《禪門修證指要》，〈自序〉，頁 8-9。
❻ 釋聖嚴，《禪門修證指要》，頁 151。

法，而以淨土法門爲其指歸。」❼陳劍鍠曾經指出聖嚴
法師參究念佛的路數相當程度乃承繼雲棲袾宏而來。❽
事實上，淨土法門一直是禪門內部普遍流行的修證方
式，聖嚴法師《禪門修證指要》一書雖然是禪學思想史
的資料集，但去取之間以及全體構成之間仍舊展現出作
者獨特的價值取向與知識結構。

三、雲棲袾宏《禪關策進》

雲棲袾宏固然淨宗祖師的形象堅不可破，雲棲袾宏
本人亦推動淨土法門不餘遺力，但雲棲袾宏早年銳意參
禪，其曾自敍編纂經過云：

予初出家，得一帙於坊間。曰：《禪門佛祖綱
目》，中所載多古尊宿，自敍其參學時始之難入，
中之做工夫，經歷勞苦次第，與終之廓爾神悟。心
愛之慕之，願學焉。既而此書於他處，更不再見。
乃續閱五燈、諸語錄、雜傳。無論緇素，但實參實
悟者併入前帙，刪繁取要，彙之成編。易名曰：

---

❼ 釋聖嚴，《禪門修證指要》，頁 171。
❽ 陳劍鍠，《禪淨何爭？——聖嚴法師的禪淨思想與體證》（臺北：法鼓
　文化，2017 年），第六章〈聖嚴法師「以禪攝淨」的詮釋及其運用〉，
　頁 260-263。

《禪關策進》。居則置案，行則携囊，一覽之，則
心志激勵，神采煥發。勢自鞭逼前進。或曰：是編
也，爲未過關者設也，已過關者，長往矣，將安用
之。❾

　　觀此，《禪關策進》似乎是《禪門佛祖綱目》一
書的增補修訂版。綜觀《禪關策進》一書，重在提撕苦
功，而且來源多方，聖嚴法師所用爲《卍續藏經》本，
書後有日本東嶺頭陀圓慈（1721－1792）的跋語曰：
「雖然，此書間以念佛，參究自己。是則是，甚奪衲僧
頴氣，落往生門者不少。若依老僧意，一齊削去可也。
何故？獅子不食鵰殘，猛虎不飡伏肉。往生一機，還
他淨家。衲僧門下實智尚不要，何況假名耶？驅耕夫之
牛，奪飢人之食，始可以爲眞參詳而已。」❿寫作這段
跋文的東嶺圓慈，是江戶時代號稱臨濟中興的白隱慧鶴
（1686－1769）門人，享保六年（1721）四月十四日
生，卒於寬政四年（1792）閏二月七日。著有《宗門無
盡燈論》等。東嶺圓慈對雲棲袾宏的看法其實代表了日

---

❾　釋袾宏輯，《禪關策進》，〈序〉，收於《大正藏》，第 48 冊，No.
　　2024，頁 1097 下。

❿　東嶺圓慈，《禪關策進》，〈重刻禪關策進後序〉，收於《大正藏》，
　　第 48 冊，No. 2024，頁 1109 下。

本臨濟禪者一般的看法，認爲雲棲袾宏雜合淨土，非純禪，故有此文之作。

不過收入新文豐版徑山嘉興藏的《禪關策進》，底本爲晚明錢養庶刊刻的崇禎十二年刻本。錢養庶，明浙江仁和人，字國畢，號廣慶，萬曆中舉於鄉，歷遷南兵部郎，旋歸隱，崇釋氏，受菩薩戒，法名廣雲。崇禎間刻印過釋袾宏《竹窗隨筆》及《二筆》、《三筆》各一卷、《正誤集》一卷、《直道錄》一卷、《遺槁》二卷。⓫其爲雲棲袾宏弟子，其謂刊行《禪關策進》一書的經過曰：「《禪關策進》一刻，乃先師集諸祖參學得悟實究之公案也。日禪日宗日淨，歷歷具載。先師出入與居，藉其鞭逼，雖出願學之虛衷，其示我學人入手捷徑，無如此精切著明者。庶最駑庸，每覽一過，即鼓一銳。自媿悠忽，垂老無成，而凡遇病關、愁關、一切不能、斷不易忍之戀關，實藉此稍稍得力焉。今庶重刻藏板，願見者生精進心，步步踏上，無虛佛祖及我師如鞭之意可已。……崇禎十二年己卯七月中元，雲棲菩薩戒弟子望八老人錢養庶廣雲謹識。」⓬則是推崇不已，毫

⓫　瞿冕良編著，《中國古籍版刻辭典》（濟南：齊魯書社，1999 年），頁696。

⓬　錢養庶，《禪關策進》，收於《嘉興藏》，第 32 冊，〈刊行記〉（無題名，暫擬），No. B277，頁 609。

無間然之辭。不難看出兩者之間的差別：中國方面幾乎是一味推崇，而日本方面的臨濟一系的禪者堅持純禪的立場，對雲棲袾宏略有不滿。

曹洞宗方面，以獨庵玄光（1630－1698）為例，對獨庵玄光而言，在晚明清初的中國僧人當中，最為推崇雲棲袾宏與永覺元賢（1578－1657）二人，其曰：「獨雲棲之袾宏、鼓山之永覺，行古道於今世，不失於故步，實今世之所希有。所以二師之著述，句句誠語，語語不失宗，大異於海棗之談，真末世之藥石」❸、「予看雲棲袾宏、鼓山永覺二師之著述，實今日之水火也。不可一日無也，矯正邪猾，擁護法門，微此二師，佛法悉皆沉於矯詐，所謂功不在禹下者，正謂斯也。」❹

將雲棲袾宏與永覺元賢並列，後者自是洞宗門徒，而雲棲雖仍是晚明中國的傑出人物，但也並非絕無僅有。聖嚴法師雖然推崇雲棲袾宏，但基本立場則是接近曹洞宗，從他對古音琴禪師的部分看法或能略窺一二。《禪關策進》錄古音琴禪師示眾曰：

---

❸ 見獨庵玄光著，鏡島元隆監修，《獨庵玄光護法集》（東京：至言社，1996年），卷3，〈自警語七〉，頁38。

❹ 見獨庵玄光著，鏡島元隆監修，《獨庵玄光護法集》，卷3，〈自警語七〉，頁39。

　　坐中所見善惡，皆由坐時不起觀察，不正思惟。但只瞑目靜坐，心不精采。意順境流，半夢半醒。或貪著靜境，為樂致見種種境界。夫正因做工夫者，當睡便睡一覺。一醒便起，抖擻精神，挪抄眼目，咬住牙根，揑緊拳頭，直看話頭落在何處。切莫隨昏隨沈，絲毫外境不可采著。❺

　　這段話之後原本尚有「行住坐臥之中，一句彌陀莫斷。須信因深果深，直教不念自念。若能念念不空，管取念成一片。當念認得念人，彌陀與我同現」❻，顯然是說參「念佛是誰」的工夫。雲棲袾宏雖然沒有直接評論此則公案，但基本上當無異議，聖嚴法師於此處另外說道：

　　此語錄中所云「抖擻精神，挪挲眼目，咬住牙根，揑緊拳頭，直看話頭」等語，可能不適合用於所有的學人。抖擻精神參話頭，當然是對的，如果將眼睛、牙齒、拳頭都緊張起來用工夫，恐怕會引起生理上的病障，故我常教學人「身體要鬆，精神

---

❺　袾宏輯，《禪關策進》卷 1，〈古音琴禪師示眾〉，頁 1104 下。
❻　袾宏輯，《禪關策進》卷 1，〈古音琴禪師示眾〉，頁 1104 下 -1105 上。

要緊」。工夫始易成片。❼

　　聖嚴法師嘗言話頭用緊法，默照用鬆法。無論如
何，《禪關策進》一書目的本在砥礪禪者用功辦道，不
一定專指禪修全體過程，聖嚴法師此處類似《四十二章
經》中「學道如調琴」的說法，但也與其接近曹洞默照
禪的主張有關。因此在《禪門修證指要》一書刻意選錄
永覺元賢曾經從之修道的博山元來《參禪警語》，而曹
洞宗又多主張與教下相通。從《禪門修證指要》一書可
以不難看出：聖嚴法師雖然對於明代佛教具有深刻的造
詣，而且不循流俗，頓探本源，直接從當時最重要的資
料集《卍續藏經》中收羅輯佚，足見其識見超卓，但另
一方面，聖嚴法師在有意無意之間，似乎有向曹洞宗與
強調「禪教合一」的主張靠近的傾向。

四、晦山戒顯《禪門鍛鍊說》

　　相對於大名鼎鼎的雲棲袾宏，標舉晦山戒顯《禪門
鍛鍊說》是聖嚴法師獨到的見解，不難體會聖嚴法師對
《卍續藏經》所下工夫之深。

　　在聖嚴法師之前，學界似乎對於晦山戒顯其人所知

---

❼　釋聖嚴，《禪門修證指要》，頁 169。

不多。聖嚴法師似乎亦不詳其人，在作者介紹部分，說作者「傳記不詳」，不過他在綜攝其他資料時說：「南嶽下三十六世，徑山具德弘禮禪師的法嗣，具德弘禮禪師與潭吉弘忍，同爲三峯漢月法藏（西元一五七三－一六三五年）的法嗣。從本篇《卍續藏》經本的著作者的自序及自跋看，寫作之時，已在他的晚年，且已當過板首，那是辛丑年的上元日，即是永明王永曆十五年（西元一六六一年），正好是明朝王統的最後一年。」❸大抵不失。但聖嚴法師又云：「可是從日本的《佛書解說大辭典》的介紹看，本篇著作者的自序是寫於明熹宗天啓元年（西元一六二一年），那應是辛酉年了。在那個時代，佛門僧品複雜，而卻出了不少高僧，除了蓮池袾宏、達觀眞可（西元一五四三－一六○三年）、憨山德清、蕅益智旭等四大師之外，禪門也是龍象輩出。戒顯禪師的傳記不詳，但從這篇不朽的《禪門鍛鍊說》作品看來，乃是一位宗說兼通的了不起的禪匠。」❹嚴格來說，後者記年有誤。近年晦山戒顯的研究頗有進境，頗可補充聖嚴法師的看法。

　　聖嚴法師敘明發現《禪門鍛鍊說》的經過云：「本

---

❸　釋聖嚴，《禪門修證指要》，頁 226。
❹　釋聖嚴，《禪門修證指要》，頁 226-227。

人訓練禪眾,一向不用禪門的通套,所以我在禪七中所用方法態度,既不是在近世中國禪寺中看來,也不是從目前日本的禪堂中學來。所以當我讀到本篇《禪門鍛鍊說》之時,內心非常喜悅。文中有些內容不屬於吃緊的部分,酌情加以節略。」[20]

聖嚴法師對《禪門鍛鍊說》推崇不已,謂其「不朽」,足見其心目中地位之高。其曰:

> 從這篇不朽的《禪門鍛鍊說》作品看來,乃是一位宗說兼通的了不起的禪匠。他特別崇仰妙喜大師大慧宗杲的禪風,注重以善巧方便毒辣的鉗鎚,鍛鍊學禪的後進。反對默照禪的死守枯寂。模仿孫子論用兵之道的方式,以十三章,說明他對於訓練禪者的態度及經驗。他的對象是已成善知識的長老師家,不是初入門的新參學者。[21]

也就是說:對聖嚴法師而言,《禪門鍛鍊說》一書可以說充分具有禪師領眾手冊的功能,《禪門鍛鍊說》一書多處反映出晚明清初禪宗的特殊情境。而聖嚴法師

---

[20] 釋聖嚴,《禪門修證指要》,頁 227。

[21] 釋聖嚴,《禪門修證指要》,頁 227。

去取之間也頗值得細究。先說《禪門鍛鍊說》一書的作者晦山戒顯。

　　聖嚴法師編纂《禪門修證指要》時，於晦山戒顯之傳記尚不知其詳，林元白雖引用地方志等資料，亦不甚詳。文德翼詳述其生平曰：

　　萬曆、昌、啟間，佛法始盛於吳越，沿至今茲而遍天下，六詔三韓，莫不被焉。臨濟一宗，自陽歧而下，天童悟、三峰藏、徑山禮，三世其著焉者也。禮有嗣子曰戒顯，名尤振云。顯字願雲，別號晦山，太倉州太原望族周修公季子，母管，好樓居而生師。師性敏異，絕憐愛之，九歲方入里塾，又十年方入州庠，名瀚，字原達，文章為一時祭酒，東南傳倣焉。然師在塾時，隔壁聞大悲咒即成誦，舅氏習天台教，閱至圓教者即心也，輒有省，雖強之婚，興念生死至切，見語風信、瑞光徹，於徹最久參承。抵天童謁悟，授大戒，起名通曉，將持水除艸矣，家人跡至勒歸。無何父卒，妻亦亡，有勸其為宗祀計者，爰作罷菴詩百四十首自誓謝絕之。猶再就試不偶，更值京師賊陷，帝后殉社稷，師大悲憤，約同學某翰林逃去，某不果，遂獨持衣冠書冊，辭拜先師文廟曰：「瀚雖不弟，不

為羅昭諫，終為饒子操耳。」走金陵華山，依昧律
師圓頂受具，年三十有五矣。旋侍昧於三壇，輔香
雪於上方，平陽忞、古南門、天界盛，皆耆舊也，
招，師師俱不往，至高郵地藏見禮和尚，令看雲門
扇子話，四旬不得入處。一日入室，有僧字赤子，
禮問：「如何是赤子之心？」曰：「敲磚打瓦。」
「如何是赤子之用？」曰：「著衣喫飯。」曰：
「雲門扇子跳跳上三十三天聲！」僧無語。令理前
問，禮作小兒曰嗚囝嗚囝，師聞豁然大悟，如鐵壁洞
開，千門萬戶，映攝光明，禮驗以高峰枕子、德山
托缽諸訛公案，無不牛解犀照，禮乃上堂曰：「有
箇大闡提人，眼赤赫地，捲拳捋臂，滅竺種族，釋
迦老子二千年已前預為證據道，觀自在菩薩行深
般若時，雲門扇子跳跳上三十三天，築著帝釋鼻
孔，大小德山未會末後句在，無夢無想，恁麼大用
現前，是大神咒，是大明咒，是無上咒，是無等等
咒。」師喝曰：「這老漢錯與人下註腳。」禮便下
已。應海藏請，復隨禮赴靈隱，旋首眾佛日，禮乃
付衣拂，師授偈曰：「鷲嶺一花開五葉，神州紫氣
靄三峰，燈燈續焰交光處，虎角新生佛日紅。」辭
去，遊匡廬，慕慧遠白社，憩歸宗，復坐夏五老。
鄧元昭太史、徐伯羽太守過訪，欲構青蓮居之，而

雲居請疏至矣。師喜天上雲居，至則率眾耕作，殿
堂廚庫，一時頓新，并營壽塔，期將老焉。過寒
溪，復赴安國，主薦福，又受四祖，休漢上蘭若，
更住護國，歷廣長，遷疏山，入閩禮曹溪，遊青
原。甫返四祖，杭州紳士且虛靈隱以迎。靈隱實禮
和尚重建也，師為成之，歲儉人厖，心力俱殫，住
持五載，搥鼓以辭，還居佛日一旬，即示圓寂。蓋
師交院天衣乾菴時，作偈曰：「老來住院已知非，
六十三年一夢歸，接得天衣來鷲嶺，自投黃鶴作天
衣。」天衣懷至佛日便入寂，蓋已先知之矣。師靄
如春和，澹得秋素，而人情佛法，則毅然斬然，須
斷盡命根，不留一線，乃為證明。祇若寒巖枯木，
無為無事人，尚不之許也，故廣大為室，高峻為
門，衲子莫不奔走。云語錄滿叢林，茲不重贅。至
戒律精嚴，修行勤苦，近古以來，所未嘗有。工於
翰墨，求者如林，遊戲慈悲，在而有之。

　師生萬曆庚戌（1610）七月一日戌時，告寂康熙
閏七月（1672）十七日辰時，世壽如此。方至雲居，
鐘自鳴者三晝夜，夜有白光。四祖時，毗盧塔亦湧
光。靈隱六十初度時，殿堂林泉，莫不吐光，非偶
然者。得法弟子凡二十有五人。遵遺命，以全身迎
塔於雲居常住內青龍窩，左依融師石屋，右拒道容

塔基，即師所自卜也。弟子德翼於師為同學舊友、方外至交；雲居、安國、廣長皆龍象嗣，手師無所用器物，并傳末命，屬銘其塔。嗚呼！余雖非大年、天覺手筆，其忍辭哉。銘曰：

　扇子雲門，曝地深省，俊鶻擊聲，良馬鞭影。我師覰斯，寧恃惺惺，於熟處生，於熱處冷，蓋亦有年，和人和境，產彼婁江，軛此歐嶺，祖宗田地，禪子袖領，雲岫萬重，月湖千頃，過去鼻孔，將來眼睛，何以驗之，墻銘惟永。❷

　原文甚長，但卻是徵考晦山戒顯生平故實最重要的一手資料，故全文錄之。綜上可以得知晦山戒顯生平大概：晦山戒顯，俗名王瀚，字原達，太倉人，生於萬曆庚戌（1610）七月一日，告寂於康熙閏七月（1672）十七日。曾與吳梅村同學，年三十五，在寶華山依三昧寂光剃髮出家，後嗣法靈隱寺具德弘禮（1600－1667）。歷主杭州靈隱寺、雲居山真如禪寺、武漢安國寺、四祖寺等名山巨剎。著有《語錄》、《詩文集》、《現果隨錄》、《禪門鍛鍊說》等。文中言及某翰林即明

---

❷ 文德翼，〈晦山大師塔銘〉，《求是堂文集》，卷18，《四庫禁燬書叢刊》（北京：北京出版社，2000年），《集部》141，頁713-715。

清之際的大詩人吳偉業，平陽忞即木陳道忞（1596－
1674）、古南門爲牧雲通門（1599－1671）、天界盛即
覺浪道盛（1593－1659），不難看出晦山戒顯的法緣深
厚。禪家如木陳道忞、牧雲通門、具德弘禮，教家如蒼
雪讀徹（1588－1656），親受戒於三昧寂光（1580－
1645），也嘗爲寶華山隆昌寺首座，故禪宗源流之外，
亦傳戒律。文德翼〈塔銘〉一文是目前筆者耳目所及，
關於晦山戒顯生平敘述最爲詳盡者，具有重要的史料參
考價值。

　　《禪門鍛鍊說》仿《孫子》之體例，共有十三章。
禪學思想體系當中的軍事話語亦無所不在。以兵喻禪，
在公案中俯拾即是。例如「寸鐵殺人」此一說法，「寸
鐵殺人」公案原出自大慧宗杲，朱子曾經反覆引用，
遂廣爲人知。朱子（1130－1200）曾說：

> 　譬如人載一車兵器，弄了一件，又取出一件來
> 弄，便不是殺人手段。我則只有寸鐵，便可殺人。❷

「寸鐵殺人」的說法應可視爲「一味禪」與「殺人劍、
活人刀」兩重公案餘緒的傳衍變形。「寸鐵殺人」指專

---

❷　羅大經，《鶴林玉露》（北京：中華書局，1985 年），卷 7，頁 75。

注凝神於證悟。「一車子兵器」意謂博雜不精。連排佛最力的朱子都對大慧宗杲此一說法推崇備至，屢屢稱引。在朱子經營的儒學話語系統中，「寸鐵殺人」近於「尊德性」，「一車兵器」則近乎「道問學」（在朱子的自我認知當中，絕不承認自己近於「道問學」的路線），朱子之言的意涵先且不論，以兵喻禪，禪宗（特別是臨濟宗）早已有之，但大慧宗杲將其發揮淋漓盡致。在大慧宗杲的禪學思想中，兵學話語意謂著動能無盡與精進不懈，更意謂著公理正義的追求。這一方面反映了大慧宗杲置身所在的時代脈絡，另一方面，也展現出禪門一代宗匠的凌雲壯志與精密手腕。大慧宗杲的思想格局與話語系統對形塑後世禪學樣態影響極大，以武喻禪的禪學話語體系，對後世禪宗的表述型態具有重要的指導作用。《禪門鍛鍊說》一方面繼承大慧宗杲的看話禪，另一方面，也繼承以兵喻禪的基本精神。

在《禪門鍛鍊說》一書中，晦山戒顯的禪學思想雖然主要仍是看話禪一路，但他特別強調：「重綱宗、勤鍛鍊、持謹慎，此三法皆世所未聞而難行者。」其中「勤鍛鍊、持謹慎」皆是站在師資傳授的立場說。只有「重綱宗」一事，可說是臨濟宗三峰派最重要的家法。《禪門鍛鍊說》中有「研究綱宗」一節，其曰：

　　夫所謂真禪者，有根本、有綱宗。根本未悟，而
遽事綱宗，則多知多解，障塞悟門，必流為提唱之
禪而真悟亡矣。根本既悟，而撥棄綱宗，則承虛弄
影，莽鹵成風，必流為一橛之禪而宗旨滅矣。是故
未悟之，綱宗不必有；既悟之，綱宗不可無也。❷❹
（句讀略做修改）

　　佛門有言：「根本智易開，差別智難明。」就禪
家說，「根本智」即開悟一事，「綱宗」則近乎「差別
智」。認為五家宗旨各有特色，主張各不相同。其曰：

　　蓋參禪一法，打頭喫緊，在乎用已前鍛法，使透
根本，根本既透，又須知此一著之中，有體有用。
其為體也，有明有暗、有背有面、有左有右、有頭
有尾。

　　其為用也，則有殺有活、有擒有縱、有推有扶、
有擡有搦。就對機而言也，則有君有臣、有父有子、
有子有母、有賓有主。就賓主而言也，有順成、有
爭分、有暗合、有互換、有無賓主之賓主。細而剖

---

❷❹ 釋聖嚴，《禪門修證指要》，頁 214。釋戒顯，《禪門鍛鍊說》，卷 1，
〈研究綱宗第九〉，收於《卍續藏經》，第 112 冊，頁 998 上 - 中。

之，則有有句無句，無句中有句，有句中無句。有
雙明、有雙暗。有同生，有同死。究而極之，則有
向上一機，末後一句，古人所謂「始到牢關、不通
凡聖」者是也。臨濟有見乎此，乃於直捷之中，立
三句、三玄、三要，以正其眼目；建四料揀，同喝
四喝、四照用、四賓主、分三種機器，以盡其機用。
乃至五家立法，各有門庭、各有閫奧。玄關金鎖，
百帀千重，陷虎迷師，當機縱奪。（中略）不如是，
不足以斷人命根，而絕人知解也；不如是則學家情
關未透、識鎖難開、法見不消，而通身窠臼也。豈
佛祖正法眼藏也哉？㉕

　　晦山戒顯明白區分五家宗旨，以及臨濟「四料
簡」、「四賓主」、「四照用」，原來自當時臨濟宗三
峰派的主張。關於「綱宗」一事，據說淵源自宋代惠洪
覺範（1071－1128），關於「綱宗」，紫柏眞可屢屢提
及係受惠洪覺範《智證傳》一書之啓發。是書乃惠洪覺
範著成於宣和四年（1122），其動機因鑑於宋代當時禪
者廢經不觀之惡習，以佛教與世俗經典印證禪理。《智

㉕ 釋聖嚴，《禪門修證指要》，頁 214-215。釋戒顯，《禪門鍛鍊說》，
　 卷 1，〈研究綱宗第九〉，《卍續藏經》，第 112 冊，頁 999 上 - 下。

證傳》一書類似「綱宗」的思想雖然隨處可見，「綱宗」一詞曾經出現兩次❷，在惠洪覺範其他的著作，亦有跡可循，例如在《禪林僧寶傳》卷四〈福州玄沙備禪師〉，惠洪覺範曾經就其「綱宗三句」大加發揮，另外在卷七〈筠州九峰玄禪師〉的贊語部分，其言曰：

> 巖頭曰：「但識綱宗，本無實法」，（九峰）玄言：「語忌十成，不欲斷絕；機忌觸犯，不欲染污者。」綱宗也！至引《法華》以證成明佛祖之密說，泮然無疑，藉教以悟宗，夫豈虛語哉。❷

---

❷ 分別見惠洪覺範，《智證傳》，卷3，《嘉興藏》，第20冊，No. B100，頁542下；同書卷8，頁554中。而且這兩則記事都與巖頭全豁禪師有關。

❷ 惠洪覺範，《禪林僧寶傳》，卷7，《嘉興藏》，第20冊，No. B101，頁575中。

❷ 巖頭全豁，俗姓柯，泉州人。少禮清原誼公，於長安西明寺具戒，講《涅槃經》。後參詣德山，嗣其法。初住洞庭臥龍山，又居唐年山，立院號「巖頭」。唐光啓之後，中原盜起，於光啓三年爲賊所殺。世壽六十，僧臘四十四。僖宗敕諡曰「清嚴大師」，塔號「出塵」。生平詳見贊寧，《宋高僧傳》（北京：中華書局，1987年），卷23，〈唐鄂州巖頭山全豁傳〉，頁588；釋靜、釋筠，《祖堂集》（長沙：岳麓書社，1996年），卷7，〈巖頭和尚〉，頁158-163；釋道原，《景德傳燈錄》（臺北：眞善美出版社，1973年），卷16，〈青原第五世·德山鑑嗣·鄂州巖頭全豁禪師〉，頁112-114。釋普濟，《五燈會元》（臺北：文津出版社，1986年），卷7，〈德山鑑禪師法嗣·鄂州巖頭全豁禪師〉，頁375-379。

　　嚴頭，謂嚴頭全豁（828－887）禪師❷。這裡可以看出，「綱宗」係指學問眼目。「藉教以悟宗」意謂以經論義理做為禪理修證的判準，「綱宗」一語在惠洪覺範手中，又帶有以經典做為判準之意味。事實上，若我們追溯「綱宗」一語之用例，在惠洪覺範之前或同時，已有多人言及，亦非惠洪覺範之發明。至少，其所稱引之嚴頭全豁禪師便是一個值得追索的源頭。❷惠洪覺範不止一次稱說嚴頭全豁禪師，在《林間錄》，惠洪覺範又云：

　　　　古之人有大機智，故能遇緣宗，隨處作主。嚴頭和尚曰：「汝但識綱宗，本無是法。」❸

　　惠洪覺範編《智證傳》時，又將嚴頭豁禪師列在第一條的傳語部分，以此開宗明義之用心自是昭然若揭。「但識綱宗，本無實（是）法」──也就是說：禪門一貫拒斥實體化、凝縮式的思維方向，唯有不斷的提振、

---

❷　臨濟禪師語錄一開卷便有「那隱綱宗」四字，但惠洪覺範與紫柏眞可似乎並未對此加以著意。見入矢義高譯註，《臨濟錄》（東京：岩波書店，1996 年），頁 15。

❸　惠洪覺範，《林間錄》，卷下，《嘉興藏》，第 23 冊，No. B133，頁 500 上。

❸　嚴頭全豁禪師在宋代其他燈錄的記載中亦不見特別強調綱宗一事，例如

反省、精練，乃爲禪師本色。❸語言文字、經典記錄不是依歸的極則，而是一個提煉的起點。不過惠洪覺範從巖頭禪師得到的啓發卻是：「然宗門旨要，雖即文字語言不可見，離文字語言亦安能見哉」❸，也就是：巖頭的活躍、游走式的思維被犧牲了，被「實體化」了，而且是被實體化成爲「文字語言」了。惠洪覺範〈五宗綱要旨訣序〉曰：

> 又三十年，還自海外，罪廢之餘，叢林頓衰，所謂通疏粹美者又少，況精深宗、教者乎？百丈法度，更革略盡，輒波及綱宗之語言。❸

由此可以看出：惠洪覺範側身環境之嚴峻，與紫柏眞可並無二致。惠洪覺範慨嘆叢林人才凋落的原因之

《景德傳燈錄》中巖頭全豁禪師條下隻字未提「綱宗」，贊寧《宋高僧傳》只說他「抉擇綱宗」，不過指四處行腳參學而已。然雍正帝編《雍正御選語錄》時卻以「但取綱宗，本無實法」做爲巖頭全豁開卷，在這個意義上，雍正帝也暗中受了「惠洪覺範──紫柏眞可」一脈的影響。見清世宗，《雍正御選語錄·下》，收於《雍正御制佛教大典》（北京：中國社會科學出版社，2004 年），《歷代禪師語錄前集》，卷 14，頁 792。

❸ 惠洪覺範，《智證傳》，卷 1，《嘉興藏》，第 20 冊，No. B100，頁 537 下。

❸ 惠洪覺範，《石門文字禪》（臺北：新文豐出版公司，1973 年），卷 23，頁 2。

一在於不能兼擅禪理與教義，故而無法再出手眼。綱宗之語言之所以不振，並非叢林墮落的根由，而係資具才分的殘落低下、知識學養的荒疏隳墮、以及戒律廢弛有以致之。如果綱宗不是實體，只是一個法則，便無墮落與否的問題。因此，「綱宗」之陵夷，前提必然在於其實體化的結果。惠洪覺範雖然從巖頭獲得「綱宗」的啓發，但使其帶有文字語言（經典教義）強烈色彩，乃係惠洪覺範投射的結果。

《智證傳》一書，其作法乃係仿效儒家經典之體例，先引述一段佛教經典（或論典），然後以己意釋之，並參酌其他資料（主要是《宗鏡錄》、《碧巖錄》等著作），題作「傳曰」。嚴格來說，也並不完全是惠洪的發明，前人意見亦常參伍其間。❸❹《智證傳》一書常標舉五宗七家著名的公案，若「雲門三句」、「抽顧頌」，❸❺但其最初用意恐不在藉此以分別諸家要義，相反地，其藉之以縊合五家宗旨之企圖歷歷可見。❸❻例如惠洪覺範便曾說：「（曹洞宗）故有五位偏正之說，至

---

❸❹ 關於這點，林伯謙有詳細的考證，可以參見氏著，〈惠洪《智證傳》研究〉（《東吳中文學報》第八期〔2002 年 5 月〕，頁 83-124）一文。

❸❺ 論「雲門三句」見《智證傳》，卷 3，《嘉興藏》，第 20 冊，No. B100，頁 542 下；論「抽顧頌」見《智證傳》，卷 8，頁 554 上。

❸❻ 惠洪覺範不只五家禪法，經史子集、乃至軼事傳聞無一不在其熔鑄之列。詳參林伯謙，〈惠洪《智證傳》研究〉，頁 83-124。

於臨濟之句中玄、雲門之隨波逐浪，無異味也。」❸

　　禪宗雖然講不立文字，但語言文字始終是個巨大的課題，體契神聖經驗與語言文字，乃至於經典教義之間的關係亦是爭論不休的課題。各種不同宗派的出現，在某種意義之上，即意謂著系統化思惟的出現，迨及宋代，不同系統的區別認識已經成為另外一個龐大的知識系統。「綱宗」從抽象法則落實成為語言文字，或者說經典知識其實也反映了時代知識典範變遷的趨勢。時代稍後於惠洪覺範的晦嚴智昭（宋淳熙間人，生卒年不詳）曰：

　　　予遊方時，所至盡誠，咨扣尊宿五宗綱要，其間件目往往有所未知者，因慨念：既據師位，而綱宗語句尚不知其名，況旨訣乎！將何以啟迪後昆？❸

　　撇開這段話明顯的炫學姿態不談，綱宗已和語句並稱，於此可見宋代之際，禪門不同宗派之間的系統化原則已經發展成龐大的知識體系，即便是禪門宗匠，亦無法隨時掌握，而須藉助《人天眼目》一類的工具書。

---

❸ 惠洪覺範，〈題清涼注參同契〉，《石門文字禪》，卷 25，頁 17。
❸ 晦嚴智昭，《人天眼目・序》，《嘉興藏》，第 23 冊，No. B132，頁 453 上。

　　將綱宗改造成具有語言文字層面的知識原則係惠洪覺範之力，此點為紫柏真可完全繼承。如前所述，對紫柏真可而言，《智證傳》一書最大的特色即在於「離合宗、教，引事比類，折衷五家宗旨，至發其所祕，犯其所忌而不惜」[39]——也就是說以佛教經論文字做為禪門思想源流的佐證（即「藉教以悟宗」），[40]在紫柏真可的解釋之下，綱宗思想成為惠洪覺範的發明，而紫柏真可則成為惠洪覺範真正的繼承人。

　　不過，惠洪覺範與紫柏真可對「綱宗」一事側重的層面亦稍有不同，對前者而言，「綱宗」乃是指神聖經驗相關知識的系統化原則，特別與語言運用息息相關，[41]但對紫柏真可而言，已多少帶有判教的色彩。馮夢禎轉述紫柏真可之語說：

　　　禪家綱宗若兵符，信陵君以百騎兵入晉鄙軍中，椎殺主將而奪其軍，六十萬眾莫敢誰何，兵符在手耳。五家宗派各有綱宗，綱宗一得，則殺活在己，凡聖莫測。至於家裡人，雖數千里外，一言相聞，

[39]　《智證傳》，卷1，《嘉興藏》，第20冊，No. B100，頁537上。
[40]　關於《智證傳》一書的思想特色，詳細的介紹詳參林伯謙，〈惠洪《智證傳》研究〉，頁83-124。
[41]　關於禪宗的語言觀，詳參周裕鍇，《禪宗語言》（杭州：浙江人民出版社，1999年）一書。

便能鑑定是某家兒孫，寧令野狐外道，羣起為妖祥哉。❷

對紫柏眞可而言，「綱宗」不僅是定位的路標或羅盤，更是魔力強大的指環，可以呼喚天地間神奇的力量聚攏，可以抵擋千軍萬馬，可以降伏邪魔外道。而且，從這段充滿戰鬥意味的文字而看，綱宗思想已經成爲其軍械庫中最具指標作用的火炮。從這段話看來，綱宗無啻禪門迷宮的鑰匙，掌握綱宗，便足掌握禪林萬千門徑的指南。這把鑰匙在砂礫中歷經數百年的隱沒之後，傳付紫柏眞可之手，使得紫柏眞可在複雜曲折的叢林中行進不致迷失方向。

惠洪覺範雖言「綱宗」，其用意絕不在區分各家流派異同，主要在強調語言運用與文字經典的作用。就上文的引證來看，「綱宗」絕非惠洪覺範之發明。因此，將「綱宗」一語之意涵及其效力擴展成爲禪學不可或缺眼目，甚至將其功績歸約於惠洪覺範一人等種種，其相當程度來自於紫柏眞可的建構，而紫柏眞可此一看法也深深影響了明末清初的禪宗，特別是漢月法藏。《禪門

---

❷ 馮夢禎，〈重刻林間錄跋語〉；亦見收於《快雪堂集》，《四庫全書存目叢書‧集部‧別集類》（臺南：莊嚴文化，1997 年），冊 164，卷 30，頁 439。

鍛鍊說》以兵喻禪、辨明綱宗的說法曰其濫觴於漢月法
藏當不無過矣。

　　對於「綱宗」，聖嚴法師曾在解釋蕅益智旭《教
觀綱宗》一書的書名時，就「綱宗」一詞說明其主
張，其曰：

　　對於「綱宗」一詞，一般學者，多以「綱要」或
「大綱」來解釋，其原名也確有「綱要圖」三字。
然而根據我的博士論文《明末中國佛教之研究》第
五章所見，旭師於別處也有用到此一名詞，唯非此
書的書名所指，凡他用到「綱宗」二字之處，均與
禪法、心法有關，他所說的心法，又異於禪宗明心
見性的清淨心或智慧心，乃是天台宗山家派所持的
妄心觀，即是以現前一念心，涵括三千界的凡聖功
德藏，他是沿用永明延壽禪師《宗鏡錄》的「宗」
字義，其經證為《楞伽經》的「大乘諸度門，諸佛
心第一。」《宗鏡錄》卷一則云：「佛語心為宗，
無門為法門」。於此可知，《教觀綱宗》，明處是
介紹天台學，骨子裡含有禪宗的思想。因為教是佛
語，觀是佛心眾生心，宗既是佛及眾生的現前一念
心，凡能依教觀心，便是「綱宗」。教觀即綱宗，
綱宗即教觀，是體用不二的一個書名。❸

　　觀晦山戒顯〈塔銘〉，其也曾受過天台教觀的影響，或移之以視天台亦無不可。嚴格來說，禪門雖然有各家施設，但從未涇渭分明，過分強調彼此之間的差異，不免可能掉入知解情識的陷阱。但晦山戒顯對於五家綱宗的明確判分當可視作三峰派家法的表現。「綱宗」一詞雖然源自宋代，但大行其道可以說是晚明禪學文化的一種時代特色，蕅益智旭將此移之以論天台教觀，也爲天台教觀留下了明顯的時代印記。

五、代結語

　　聖嚴法師在禪學史的貢獻崇高，至少有雙重意義不能忘記：（一）聖嚴法師堪爲臺灣學界研究明末佛教之先驅，所著《明末中国佛教の研究》（中譯本：《明末中國佛教之研究》）、《明末佛教研究》二書，有其開創性的地位。其中，《明末佛教研究》所收四篇論文，對於所涉及的相關人物、作品進行了梳理統計。不僅如此，更重要的是，還對於其發展特色進行了歸納。聖嚴法師所提出的討論主題，即使從現在的角度來看，仍是充滿洞見。在聖嚴法師的研究基礎上，現在的研究者應

---

❸　釋聖嚴，《天台心鑰──教觀綱宗貫註》，收於《法鼓全集》第 7 輯第 12 冊（臺北：法鼓文化，2005 年），〈緒論〉，頁 38-39。

當把握的至少有二點，其一是新文獻的發掘與應用，其二是議題討論的深化。聖嚴法師在明末佛教研究的開拓，有其時代價值與意義。在新出文獻紛紛問世，研究方法、工具多元的今日，進一步檢視、深化，乃至拓展聖嚴法師的研究成果，是未來值得的方向。（二）聖嚴法師輯錄眾多禪家資料，編成《禪門修證指要》一書，做為禪修指南。藉著實際選錄的著作，聖嚴法師一方面跟禪學傳統對話，一方面也開展其獨特的禪學思想。《禪門修證指要》一書有傳統、也有新創，意義遠遠超過一部禪門文選，聖嚴法師一方面讚歎歷來禪門大德的功力，一方面也不忘關注堅固平實的基礎工夫。透過《禪門修證指要》一書，聖嚴法師的識見與慧解展露無遺。《禪門修證指要》選入的明清禪學部分，可以看做聖嚴法師結合理論與實踐兩方面的專長，極具特色。本文限於時間與篇幅，只集中處理雲棲袾宏《禪關策進》與晦山戒顯《禪門鍛鍊說》兩個重要的文本。前者在佛教史上地位崇高，後者則仍屬藉藉無名之輩。但不論何者，聖嚴法師都能保有禪師本色，不隨人轉，直探本源。本文嘗試重新回到此等文本的時代文化脈絡，並結合近年發現的新文獻，就聖嚴法師著作未足之處加以補充，充實漢傳佛教（特別是禪宗文化）的內涵與視野。特別是以原始文獻為基礎，重新消化吸收，融會通解，

理論與實踐雙管齊下，為禪宗文化重新注入源頭活水，無論是從歷史或實踐的角度看，《禪門修證指要》一書都具有重要的參考價值。

徵引書目

佛教藏經或原典文獻

〔《大正藏》，臺北：新文豐出版公司，1983 年；《卍續藏經》，臺北：新文豐出版公司，1975 年；《明版嘉興大藏經》，臺北：新文豐出版公司，1987 年；《磧砂藏》，上海：影印宋版藏經會，1936 年。〕

《中阿含經》，《大正藏》，第 1 冊。

《法海經》，《大正藏》，第 1 冊。

《大般若經》，《大正藏》，第 5 冊。

《金剛般若波羅蜜經》，《大正藏》，第 8 冊。

《摩訶般若波羅蜜經》，《大正藏》，第 8 冊。

《大方廣佛華嚴經》，《大正藏》，第 9 冊。

《大方廣佛華嚴經》，《大正藏》，第 10 冊。

《大寶積經》，《大正藏》，第 11 冊。

《大般涅槃經》，《大正藏》，第 12 冊。

《大集經》，《大正藏》，第 13 冊。

《四十二章經》，《大正藏》，第 17 冊。

《佛說八大人覺經》，《大正藏》，第 17 冊。

《大佛頂如來密因修證了義諸菩薩萬行首楞嚴經》，
　　《大正藏》，第 19 冊。

《善見律毘婆沙》，《大正藏》，第 24 冊。

《大智度論》，《大正藏》，第 25 冊。

《妙法蓮華經玄義》，《大正藏》，第 33 冊。

《大方廣佛華嚴經隨疏演義鈔》，《大正藏》，第 35
　　冊。

《註華嚴法界觀門》，《大正藏》，第 45 冊。

《修華嚴奧旨妄盡還源觀》，《大正藏》，第 45 冊。

《鎮州臨濟慧照禪師語錄》，《大正藏》，第 47 冊。

《瑞州洞山良价禪師語錄》，《大正藏》，第 47 冊。

《筠州洞山悟本禪師語錄》，《大正藏》，第 47 冊。

《大慧普覺禪師語錄》，《大正藏》，第 47 冊。

《禪關策進》，《大正藏》，第 48 冊。

《六祖大師法寶壇經》，《大正藏》，第 48 冊。

《傳心法要》，《大正藏》，第 48 冊。

《三國遺事》，《大正藏》，第 49 冊。

《佛祖統紀》，《大正藏》，第 49 冊。

《神僧傳》，《大正藏》，第 50 冊。

《景德傳燈錄》，《大正藏》，第 51 冊。

《補陀洛伽山傳》，《大正藏》，第 51 冊。

《絕海和尚語錄》，《大正藏》，第 80 冊。

《楞伽師資記》，《大正藏》，第 85 冊。

《佛說法句經》，《大正藏》第 85 冊。

《淨土十要》，《卍續藏經》，第 61 冊。

《答四十八問》，《卍續藏經》，第 61 冊。

《角虎集》，《卍續藏經》，第 62 冊。

《天目明本禪師雜錄》，《卍續藏經》，第 70 冊。

《憨山老人夢遊集》，《卍續藏經》，第 73 冊。

《武林西湖高僧事略‧唐大慈山寰中禪師》，《卍續藏
      經》，第 77 冊。

《觀音經持驗記》，《卍續藏經》，第 78 冊。

《成唯識論自攷》，《卍續藏經》，第 82 冊。

《為霖道霈禪師還山錄》，《卍續藏經》，第 125 冊。

《大方廣佛華嚴經海印道場十重行願常徧禮懺儀》，
      《明版嘉興大藏經》，第 15 冊。

《智證傳》，《明版嘉興大藏經》，第 20 冊。

《禪林僧寶傳》，《明版嘉興大藏經》，第 20 冊。

《憨山大師全集》，《明版嘉興大藏經》，第 22 冊。

《林間錄》，《明版嘉興大藏經》，第 23 冊。

《石門文字禪》，《明版嘉興大藏經》，第 23 冊。

《人天眼目》，《明版嘉興大藏經》，第 23 冊。

《徹庸和尚谷響集》，《明版嘉興大藏經》，第 25 冊。

《曹溪一滴》，《明版嘉興大藏經》，第 25 冊。

《紫竹林顓愚衡和尚語錄》，《明版嘉興大藏經》，第
　　28 冊。

《雲棲法彙》，《明版嘉興大藏經》，第 33 冊。

《竹窗二筆》，《明版嘉興大藏經》，第 33 冊。

《天界覺浪盛禪師全錄》，《明版嘉興大藏經》，第 34
　　冊。

《天界覺浪禪師嘉禾語錄》，《明版嘉興大藏經》，第
　　34 冊。

《即非禪師全錄》，《明版嘉興大藏經》，第 38 冊。

《中峰廣錄》，《卍續藏經》，第 70 冊。

古籍

中國

孟軻，《孟子》，臺北：藝文印書館景印阮元校刻《十
　　三經注疏本》，1955 年。

荀子著，李滌生註，《荀子集釋》，臺北：學生書局，
　　1979 年。

應劭撰，王利器校注，《風俗通義》，臺北：明文書

局，1982 年。

董志翹，《〈觀世音應驗記三種〉譯注》，南京：江蘇古籍出版社，2002 年。

玄奘述，辯機撰，季羨林等校注，《大唐西域記》，北京：中華書局，1985 年。

圓仁，《入唐求法巡禮行記》，桂林：廣西師範大學出版社，2007 年。

圓仁，《入唐求法巡禮行記》，藍吉富主編，《大藏經補編》，臺北：華宇出版社，1985 年，卷四。

法顯撰，章巽校注，《法顯傳校注》，北京：中華書局，2008 年。

義淨著，王邦維校注，《大唐西域求法高僧傳校注》，北京：中華書局，1988 年。

釋靜、釋筠，《祖堂集》，長沙：岳麓書社，1996 年。

贊寧，《宋高僧傳》，北京：中華書局，1987 年。

釋道原，《景德傳燈錄》，臺北：眞善美出版社，1973 年。

釋普濟，《五燈會元》，臺北：文津出版社，1986 年。

張邦基，《墨莊漫錄》，北京：中華書局，2004 年。

延壽著，劉澤亮點校，《宗鏡錄》，《永明延壽禪師全書》，北京：宗教文化出版社，2008 年。

羅大經，《鶴林玉露》，北京：中華書局，1985 年。

黃彰健等校，《明實錄》，京都：中文出版社，1984
　　年。

呂坤，《呂坤全集》，北京：中華書局，2008 年。

黃尚文，《女範篇》，北京國家圖書館藏明萬曆刻本。

袁中道著，錢伯城點校，《珂雪齋集》，上海：上海古
　　籍出版社，2007 年。

陳善纂，《（萬曆）杭州府志》，臺北：成文出版社，
　　1983 年，卷 99。

王士禎，《王士禎全集》，濟南：齊魯書社，2007 年。

王士禎，《池北偶談》，北京：中華書局，2006 年。

毛晉，《野外詩》，丁祖蔭輯，《虞山叢刻》，臺北：
　　傅斯年圖書館藏民國常熟丁氏刊本，乙集。

朱國禎，《湧幢小品》，北京：文化藝術出版社，1998
　　年。

馮夢龍編撰，廖吉郎校訂，繆天華校閱，《醒世恆
　　言》，臺北：三民書局，1989 年。

凌濛初，《二刻拍案驚奇》，北京：時代文藝出版社，
　　2000 年。

憨山德清，《憨山大師全集》，趙縣：河北禪學研究
　　所，2005 年。

張寧修，陸君弼纂，《江都縣志》，《稀見中國地方
　　志匯刊》，北京：中國書店，1992 年，第 12 冊。

〔據萬曆刊本影印〕

陳康祺，《郎潛紀聞》，北京：中華書局，2008 年。

宗曉輯，《樂邦文類》，《淨土宗大典》，北京：全國
　　圖書館文獻縮微複製中心，2003 年，第 9 冊。

釋廣貴輯，《蓮邦詩選》，《淨土宗大典》，北京：全
　　國圖書館文獻縮微複製中心，2003 年，第 10 冊。

釋周理，《徹庸和尚谷響集》，釋印嚴主編，《妙峰山
　　志》，昆明：雲南人民出版社，2008 年。

玉琳通琇述，釋音緯編，超琦彙，《普濟玉琳國師語
　　錄》，臺北：佛教出版社，1978 年。

慧淨法師、淨宗法師編述，《善導大師全集》，臺北：
　　佛陀教育基金會，2018 年。

雲棲袾宏，《竹窗隨筆》，北京：北京國家圖書館出版
　　社，2005 年。

西周生，《醒世姻緣傳》，《古本小說集成》，上海：
　　上海古籍出版社，1990 年。

葉紹袁編，冀勤輯校，《午夢堂集（上）（下）》，北
　　京：中華書局，1998 年。

葉仲韶，《甲行日注》，沈雲龍選輯，《明清史料彙
　　編》，臺北：文海出版社，1967-1969 年，第 3 集，
　　第 6 冊。

葉燮，《已畦文集》，《叢書集成續編》，臺北：新文

豐出版公司，1989 年，第 152 冊。

沈德潛，《歸愚文鈔》，潘務正、李言點校，《沈德潛先生詩文集》，臺北：文海出版社，1967-1969 年，第 3 冊。

全祖望，《鮚琦亭集》，臺北：華世出版社，1977 年。

金鰲等纂修，《海寧縣志》，臺北：成文出版社，1983 年。

甘雨，《姚州志》，臺北：中研院傅斯年圖書館藏光緒十一年刊本。

董說，《昭陽夢史》，《豐草菴全書》，上海：上海圖書館藏康熙刻本。

王廷相著，王孝魚點校，《雅述》，北京：中華書局，1989 年。

釋圓鼎編，《滇釋紀》，成都：四川民族出版社，2002 年。

沈德符，《萬曆野獲編》，北京：中華書局，1959 年。

吳偉業著，李學穎集評標校，《吳梅村全集》，上海：上海古籍出版社，1987 年。

吳偉業，《梅村詩話》，《續修四庫全書》，上海：上海古籍出版社，1995 年，第 1697 冊。

西懷了愓、興宗祖旺、景林心露等編，簡凱廷點校，廖肇亨校訂，《賢首宗乘》，臺北：中央研究院中國

文哲研究所，2017 年。

釋印嚴編，《妙峰山志》，昆明：雲南人民出版社，
　　　2008 年。

錢謙益，《列朝詩集》，上海：上海古籍出版社，1983
　　　年。

錢謙益，《列朝詩集小傳》，臺北：明文書局，1991
　　　年。

錢謙益著，錢曾箋注，錢仲聯標校，《牧齋初學集》，
　　　上海：上海古籍出版社，1985 年。

錢謙益著，錢曾箋注，錢仲聯標校，《牧齋有學集》，
　　　上海：上海古籍出版社，1996 年。

汪琬，《堯峰文鈔》，《四部叢刊》，臺北：商務印書
　　　館，1979 年。

徐崧、張大純纂輯，薛正興校點，《百城煙水》，南
　　　京：江蘇古籍出版社，1999 年。

陳榮昌輯，《滇詩拾遺》，《叢書集成續編》，臺北：
　　　新文豐出版公司，1989 年，第 118 冊。

李鄴嗣選評，《甬上高僧詩》，《四明叢書本》，《叢
　　　書集成續編》，上海：上海書店，1994 年，《集
　　　部》，第 148 冊。

劉獻廷，《廣陽雜記》，北京：中華書局，1997 年。

見月讀體，《一夢漫言》，上海：世界書局，1937 年。

王亨彥輯，《普陀洛迦新志》，收入白化文、劉永明、
　　張智主編，《中國佛寺志叢刊》，揚州：江蘇廣陵
　　古籍刻印社，1993 年，第 82 冊。

釋讀徹著，王培孫輯注，《南來堂詩集》，臺北：鼎文
　　書局，1977 年。

永瑢等撰，《四庫全書總目提要》，上海：商務印書
　　館，1931 年。

靖道謨等編纂，《雲南通志》，《景印文淵閣全書》，
　　臺北：臺灣商務印書館，1983 年，第 570 冊。

徐一夔，《始豐稿》，《景印文淵閣四庫全書》，臺
　　北：臺灣商務印書館，1983 年，第 1229 冊。

清世宗，《御選語錄》，北京：中國社會科學出版社，
　　2004 年。

清世宗，《清世宗御製文集》，《景印文淵閣四庫全
　　書》，臺北：臺灣商務印書館，1983 年，第 1300
　　冊。

黃宅中等修，《道光寶慶府志》，《中國地方志集成·
　　湖南府縣志輯》，南京：江蘇古籍出版社，2002
　　年。

鍾惺，《隱秀軒集》，上海：上海古籍出版社，1996
　　年。

趙允懷、趙奎昌纂輯，《三峰清涼禪寺志》，揚州：江

蘇廣陵古籍刻印社，1996年。

范承勳，《雞足山志》，揚州：江蘇廣陵古籍刻印社，
　　1996年。

潘耒，《遂初堂集》，臺北：中研院史語所藏康熙四十
　　九年刊本。

潘耒，《遂初堂別集》，《四庫存目叢書・集部》，濟
　　南：齊魯書社，1997年，第250冊。

虞淳熙，《虞德園先生集》，《四庫禁毀書叢刊・集
　　部》，北京：京華出版社，2001年，第43冊。

文德翼，《求是堂文集》，《四庫禁燬書叢刊》，北
　　京：北京出版社，2000年，第141冊。

釋正勉、釋性通等輯，《古今禪藻集》，上海圖書館藏
　　明萬曆47年刊本。

釋性通，《南華發覆》，《續修四庫全書・子部道家
　　類》，上海：上海古籍出版社，1997年，第957
　　冊。

臧懋循，《負苞堂文選》，《續修四庫全書・集部》，
　　上海：上海古籍出版社，1997年，第1361冊。

魏禧，《魏叔子文集外篇》，《續修四庫全書・集
　　部》，上海：上海古籍出版社，2000年，第1409
　　冊。

黃省曾，《五嶽山人集》，《四庫全書存目叢書・集

部・別集類》，臺南：莊嚴文化，1997 年，第 94
冊。

馮夢禎，《快雪堂集》，《四庫全書存目叢書・集部別
集類》，臺南：莊嚴文化，1997 年，第 164 冊。

陳威、顧清纂修，正德《松江府志》，《四庫全書存目
叢書》臺南：莊嚴文化，1996 年，第 181 冊。

浦江縣政協文史資料委員會編，《東皋心越全集》，杭
州：浙江人民出版社，2006 年。

石濂大汕著，《海外紀事》，北京：中華書局，2000
年。

龍雲、盧漢修，周鍾嶽纂，《民國新纂雲南通志》，南
京：鳳凰出版社，2009 年。

日本

圓仁，《入唐求法巡禮行記》，桂林：廣西師範大學出
版社，2007 年。

眞人元開著、汪向榮校注，《唐大和上東征傳》，北
京：中華書局，2000 年。

上村觀光編，《五山詩僧傳》，東京：民友社，1912
年。

虎關師鍊，《濟北集》，上村觀光編，《五山文學全
集》，京都：思文閣，1973 年，卷 1。

清拙正澄，《禪居集》，上村觀光編，《五山文學全

集》，京都：思文閣，1973 年，卷 1。

夢巖祖應，《旱霖集》，上村觀光編，《五山文學全
　　集》，京都：思文閣，1973 年，卷 1。

別源圓旨，《東歸集》，上村觀光編，《五山文學全
　　集》，京都：思文閣，1973 年，卷 1。

中巖圓月，《東海一漚集》，《別集》，上村觀光編，
　　《五山文學全集》，京都：思文閣，1973 年，卷
　　2。

明極楚俊，《明極楚俊遺稿》，上村觀光編，《五山文
　　學全集》，京都：思文閣，1973 年，卷 3。

古劍妙快，《了幻集》，上村觀光編，《五山文學全
　　集》，京都：思文閣，1973 年，卷 3。

圓仲伊方，《懶室漫稿》，上村觀光編，《五山文學全
　　集》，京都：思文閣，1973 年，卷 3。

翱之惠鳳，《竹居清事》，上村觀光編，《五山文學全
　　集》，京都：思文閣，1973 年，卷 3。

景徐周麟，《翰林葫蘆集》，上村觀光編，《五山文學
　　全集》，京都：思文閣，1973 年，卷 4。

橫川景三，《補庵京華後集》，玉村竹二編，《五山文
　　學新集》，東京：東京大學出版會，1967-1981 年，
　　卷 1。

天章澄彧，《栖碧摘稿》，玉村竹二編，《五山文學新

集》，東京：東京大學出版會，1967-1981 年，別卷 2。

天境靈致，《天境零致集》，玉村竹二編，《五山文學新集》，東京：東京大學出版會，1967-1981 年，卷 3。

蘭坡景茝，《雪樵獨唱集》，玉村竹二編，《五山文學新集》，東京：東京大學出版會，1967-1981 年，卷 5。

萬里集九，《梅花無盡藏》，玉村竹二編，《五山文學新集》，東京：東京大學出版會，1967-1981 年，卷 6。

鎮源撰，《大日本国法華経験記》，《日本思想大系》，東京：岩波書店，1974 年，第 7 冊。

藤原賴長，《台記》，《增補史料大成》，京都：臨川書店，1975 年，第 23 冊。

獨庵玄光著、鏡島元隆監修，《独庵玄光護法集》，東京：至言社，1996 年。

陳侃，《使琉球錄》，黃潤華、薛英編，《國家圖書館藏琉球資料匯編》，北京：北京圖書館出版社，2000 年，上冊。

夏子陽，《使琉球錄》，黃潤華、薛英編，《國家圖書館藏琉球資料匯編》，北京：北京圖書館出版社，

2000 年，上冊。

汪楫，《使琉球雜錄》，黃潤華、薛英編，《國家圖書館藏琉球資料匯編》，北京：北京圖書館出版社，2000 年，上冊。

徐葆光，《中山傳信錄》，黃潤華、薛英編，《國家圖書館藏琉球資料匯編》，北京：北京圖書館出版社，2000 年，中冊。

上里賢一編，《中山詩文集》，福岡：九州大學出版會，1998 年。

李鼎元，《使琉球記》，《臺灣文獻叢刊》，臺北：臺灣銀行經濟研究室，1971 年，第 292 種。

文部省編，《日本教育史資料》，東京：鳳文書館，1988 年〔初版明治 23 年（1890）復刻〕，第 5 冊。

南浦文之，《南浦文集》（慶安四年刊本），卷下。

南浦文之，《南浦戲言》（日本國會圖書館數據資料庫藏鹿兒島大學玉里文庫）。

向祐等編，《琉球國由來記》，伊波普猷等編：《琉球史料叢書》，東京：井上書房，1962 年，第 1 冊。

伊地知季安，《漢學紀源》，《新薩藩叢書》，東京：歷史圖書社，1971 年，第 5 冊。

五代秀堯、橋口兼柄編纂，《三国名勝図会》，鹿

兒島：南日本出版協會，1966 年〔明治 38 年
　　（1906）刊本複製〕。

越南

黎貴惇，《見聞小錄》，漢喃研究院藏本，中研院文哲
　　所有景印本。

武瓊，《嶺南摭怪列傳》，陳慶浩等編：《越南漢文小
　　說叢刊》，臺北：學生書局，1992 年，第 2 輯，第
　　1 冊。

高春育、劉德稱、陳燦，《大南一統志》，重慶：西南
　　師範大學出版社，2013 年。

專書、論文或網路資源等

巴壺天，《禪骨詩心集》，臺北：東大圖書公司，1990
　　年。

方勇，《莊子學史》，北京：人民出版社，2008 年。

王云，〈明清時期山東運河區域的金龍四大王崇拜〉，
　　《民俗研究》第 2 期，2005 年，頁 126-141。

王元林，《國家祭祀與海上絲路遺跡 —— 廣州南海神廟
　　研究》，北京：中華書局，2006 年。

王元林，〈國家祭祀視野下的金龍四大王信仰〉，《暨
　　南學報》第 2 期，2009 年，頁 209-214。

王平，《中國古代小說文化研究》，濟南：山東教育出

版社，1998 年。

王伊，《三峰清涼禪寺志》，杜潔祥編，《中國佛寺史
　　志彙刊》，臺北：明文書局，1980 年，第 40 冊。

王孝廉，《水與水神》，臺北：漢忠文化，1998 年。

王衍軍，〈明清之間白話文字詞學考察 —— 以《醒世姻
　　緣傳》爲例〉，《社會科學家》第 5 期，2009 年，
　　頁 147-149。

王衍軍，〈論《醒世姻緣傳》中的諧音民俗〉，《齊魯
　　學刊》第 4 期，2009 年，頁 115-117。

王啓元，〈蒼雪與木增交遊因緣考〉，《中國典籍與文
　　化》2 期，2012 年，頁 59-68。

王榮國，〈海洋人文視野下的法顯《佛國記》〉，楊曾
　　文等主編：《東晉求法高僧法顯和《佛國記》》，
　　北京：宗教文化出版社，2010 年，頁 326-332。

王廣西，《佛學與中國近代詩壇》，開封：河南大學出
　　版社，1995 年。

古正美，《貴霜佛教政治傳統與大乘佛教》，臺北：允
　　晨文化，1993 年。

古正美，《從天王傳統到佛王傳統 —— 中國中世佛教治
　　國意識形態研究》，臺北：商周出版社，2003 年。

田秉鍔，〈《金瓶梅》與運河文化〉，《徐州師範學院
　　學報》第 4 期，1990 年，頁 11-16。

申浩，〈近世金龍四大王考 —— 官民互動中的民間信仰現象〉，《社會科學》第 4 期，2008 年，頁 161-167。

向柏松，《中國水崇拜》，上海：上海三聯書店，1999年。

向福貞，〈濟寧商幫與金龍四大王崇拜〉，《聊城大學學報》第 2 期，2007 年，頁 80-82。

江燦騰，《晚明佛教叢林改革與佛學諍辯之研究 —— 以憨山德清的改革生涯為中心》，臺北：新文豐出版公司，1990 年。

何方耀，《晉唐時期南海求法高僧群體研究》，北京：宗教文化出版社，2008 年。

何勁松，《韓國佛教史》，北京：宗教文化出版社，1997 年，上冊。

余秉頤，〈「菩提心」與「忠義心」—— 從九華山佛教看中國佛教的世俗化〉，《安徽史學》1 期，2002年，頁 13-14、12。

吳宗慈，《廬山志》，杜潔祥編，《中國佛寺史志彙刊》，臺北：明文書局，1980 年，第 2 輯，第 16冊。

呂妙芬，《陽明學士人社群 —— 歷史、思想與實踐》，臺北：中央研究院近代史研究所，2003 年。

呂建福，《密教論考》，北京：宗教文化出版社，2008
　　年，頁 248-313。

巫仁恕，《激變良民 —— 傳統中國城市群眾集體行動之
　　分析》，北京：北京大學，2011 年。

李利安，《觀音信仰的淵源與傳播》，北京：宗教文化
　　出版社，2008 年。

李慶新，《濱海之地 —— 南海貿易與中外關係史研
　　究》，北京：中華書局，2010 年。

李豐楙，〈從塗炭齋到扮犯 —— 道教與民俗在解罪的表
　　演〉，發表於「沉淪、懺悔與救度：中國文化的懺
　　悔書寫」國際學術研討會，臺北：中央研究院中國
　　文哲研究所，2008 年 12 月 4-6 日。

杜明德，〈《金瓶梅》與臨清〉，黃霖、杜明德主編，
　　《《金瓶梅》與臨清 —— 第六屆國際《金瓶梅》學
　　術討論會論文集》，濟南：齊魯書社，2008 年，頁
　　170-184。

杜松柏，《禪學與唐宋詩學》，臺北：黎明文化，1976
　　年。

杜松柏，《中國禪詩析賞法》，臺北：金林文化，1984
　　年。

杜寒風，〈禪僧大慧宗杲的「菩提心即忠義心」思
　　想〉，《湖南科技學院學報》3 期，2008 年，頁

1-4。

沖本克己編，辛如意譯，《中國文化中的佛教》，臺
　　北：法鼓文化，2015 年。

見月讀體，《寶華山志》，杜潔祥編，《中國佛寺史志
　　彙刊》，臺北：明文書局，1980 年，第 1 輯，第 41
　　冊。

周裕鍇，《文字禪與宋代詩學》，北京：高等教育出版
　　社，1998 年。

周裕鍇，《禪宗語言》，杭州：浙江人民出版社，1999
　　年。

周裕鍇，《宋代詩學通論》，上海：上海古籍出版社，
　　2007 年。

周裕鍇，《宋僧惠洪行履著述編年總案》，北京：高等
　　教育出版社，2010 年。

周裕鍇，〈「六根互用」與宋代文人的生活、審美及文
　　學表現 —— 兼論其對「通感」的影響〉，《中國社
　　會科學》第 6 期，2011 年，頁 136-224。

岡部和雄、田中良昭編，辛如意譯，《中國佛教研究入
　　門》，臺北：法鼓文化，2013 年。

松浦章，〈胡靖撰《琉球記》（《杜天使冊封琉球眞記
　　奇觀》）解題〉，夫馬進《使琉球錄解題及び研
　　究》，宜野灣：榕樹書林，1999 年，頁 61-69。

松浦章著，董科譯，《清代內河水運史研究》，南京：
　　江蘇人民出版社，2010 年。

林柏謙，〈惠洪《智證傳》研究〉，《東吳中文學報》
　　第 8 期，2009 年 12 月，頁 83-124。

林韻柔，《五臺山與文殊道場——中古佛教聖山信仰的
　　形成與發展》，臺北：臺灣大學歷史系年博士論
　　文，2008 年。

邱紹雄，《中國商賈小說史》，北京：北京大學出版
　　社，2005 年。

姜伯勤，《石濂大汕與澳門禪史——清初嶺南禪學史研
　　究初編》，上海：學林出版社，1999 年。

拜根興，《七世紀中葉唐與新羅關係研究》，北京：中
　　國社會科學出版社，2003 年。

柳存仁，《毘沙門天王法彙——毘沙門天王父子與中國
　　小說之關係》，臺北：彌勒出版社，1989 年。

紀華傳，《江南古佛——中峰明本與元代禪宗》，北
　　京：中國社會科學出版社，2006 年。

胡衍南，《從金瓶梅到紅樓夢》，臺北：里仁書局，
　　2007 年。

胡萬川，〈延州婦人——鎖骨菩薩故事之研究〉，《真
　　實與想像——神話傳說探微》，新竹：國立清華大
　　學出版社，2004 年，頁 237-267。

倪彩霞，《道教儀式與戲劇表演形態研究》，廣州：廣東高等教育出版社，2005 年。

夏伯家，〈宗教信仰與夢文化 —— 明清之際天主教與在較的比較探索〉，《中央研究院歷史語言研究所集刊》76 本 2 分，2005 年，頁 209-248。

夏廣興，《密教傳持與唐代社會》，上海：上海人民出版社，2008 年，頁 58-79。

孫昌武，《佛教與中國文學》，上海：上海人民出版社，1988 年。

孫昌武，《詩與禪》，臺北：東大圖書公司，1994 年。

孫昌武，《中國文學中的維摩與觀音》，北京：高等教育出版社，1996 年。

孫昌武，《禪思與詩情》，北京：中華書局，1997 年。

孫昌武，〈詩僧蒼雪〉，《普門學報》第 20 期，2004 年 3 月，頁 351-368。

孫昌武，《中國佛教文化史》，北京：中華書局，2010 年。

容世誠，《戲曲人類學初探》，臺北：麥田出版公司，1997 年。

徐一智，《明代觀音信仰之研究》，嘉義：中正大學歷史系博士論文，2007 年。

徐玉虎，〈明冊封使郭汝霖李際春著作遺存琉球考〉，

中國明代學會主編，《明人文集與明代研究》，臺北：中國明代研究學會，2001 年，頁 359-375。

徐泓，〈明代家庭的權力結構及其成員間的關係〉，《輔大歷史學報》第 5 期，1993 年 12 月，頁 167-202。

徐泓，〈明代社會轉型之一──以江浙爲例〉，鄭培凱編：《明代政治與文化變遷》，香港：香港城市大學出版社，2006 年，頁 79-123。

徐梵澄，〈關於毘沙門天王等事〉，《世界宗教研究》3 期，1983 年，頁 62-70。

徐堯輝，《明太子、福王亡命在日本──化名張振甫、張壽山》，臺北：臺灣中華書局，1984 年。

徐聖心，〈火·爐·土·均──覺浪道盛與無可弘智的統攝之學〉，《臺大佛學研究》第 14 期，2007 年 12 月，頁 119-157。

徐聖心，《青天無處不同霞──明末清初三教會通管窺》，臺北：臺灣大學出版中心，2010 年。

索羅寧，〈一行慧覺及其《大方廣佛華嚴經海印道場十重行願常徧禮懺儀》〉，《臺大佛學研究》第 23 期，2012 年 7 月，頁 1-76。

馬征，〈從《金瓶梅》看大運河文化的特色與局限〉，《社會科學輯刊》第 1 期，1992 年，頁 133-139。

望月信亨著，釋印海譯，《中國淨土教理史》，臺北：
　　華宇出版社，1987 年，頁 333-340。

常建華，《明代宗族研究》，上海：上海人民出版社，
　　2005 年。

張志強，《唯識思想與晚明唯識學研究》，高雄：佛光
　　山文教基金會，2001 年。

張亞輝，《歷史與神聖性 —— 歷史人類學散論集》，北
　　京：世界圖書出版公司，2010 年。

張哲俊，《中國古代文學中的日本形象研究》，北京：
　　北京大學出版社，2004 年。

張高評，〈禪思與詩思之會通 —— 論蘇軾、黃庭堅以
　　禪爲詩〉，《中文學術前沿》第二輯，2011 年 11
　　月，頁 86-94。

張培鋒，《宋代士大夫佛學與文學》，北京：宗教文
　　化，2007 年。

張培鋒，《宋詩與禪》，北京：中華書局，2009 年。

郭朋，《明清佛教》，福州：福州人民出版社，1985
　　年。

許淑惠，《梵琦、道衍的佛教思想及其著作研究》，臺
　　北：輔仁大學中國文學研究所碩士論文，1994 年。

許檀，《明清時期山東商品經濟的發展》，北京：中國
　　社會科學出版社，1998 年。

陳垣，《清初僧諍記》，北京：中華書局，1962 年。

陳垣，《明季滇黔佛教考》，《陳援菴先生全集》，臺
　　北：新文豐出版公司，1993 年，第 9 冊。

陳垣，《陳垣學術論文集》，北京：中華書局，1980
　　年。

陳乃乾，《蒼雪大師行年考略》，臺北：鼎文書局，
　　1977 年。

陳大康，《明代商賈與世風》，上海：上海文藝出版
　　社，1996 年。

陳小法、江靜，《徑山文化與中日交流》，上海：上海
　　辭書出版社，2009 年。

陳允吉，《佛經文學研究論集》，上海：復旦大學出版
　　社，2004 年。

陳允吉，《佛教與中國文學論稿》，上海：上海古籍出
　　版社，2010 年。

陳正宏，《明代詩文研究史》，上海：上海文化出版
　　社，2000 年。

陳玉女，《明代佛門內外僧俗交涉的場域》，新北：稻
　　鄉出版社，2010 年。

陳玉女，〈明代瑜珈教僧的專職化及其經懺活動〉，
　　《新世紀宗教研究》第 3 卷第 1 期，1994 年 9 月，
　　頁 38-88。

陳玉女，〈明太祖徵召儒僧與統制僧人的歷史意義〉，
　　《中國佛學》第 2 卷第 1 期，1999 年，頁 39-68。

陳先運主編，《章丘歷史與文化》，濟南：齊魯書社，
　　2006 年。

陳永革，《晚明佛學的復興與困境》，高雄：佛光山文
　　教基金會，2001 年。

陳東有，〈再論運河經濟文化與《金瓶梅》〉，《江西
　　大學學報》第 2 期，1991 年，頁 46-51。

陳荊和編，《十七世紀廣南之新史料》，臺北：中華叢
　　書委員會，1960 年。

陳進益，《蕅益智旭《易》佛會通研究》，臺北：東吳
　　大學中國文學系博士論文，2004 年。

陳筱玲，《《禪眞逸史》研究》，臺北：師範大學國文
　　學系碩士論文，2009 年。

陳劍鍠，《禪淨何爭？——聖嚴法師的禪淨思想與體
　　證》，臺北：法鼓文化，2017 年。

鹿憶鹿，《洪水神話——以中國南方民族與台灣原住民
　　爲中心》，臺北：里仁書局，2002 年。

湯用彤，《漢魏兩晉南北朝佛教史》，北京：北京大學
　　出版社，1997 年。

傅崇蘭，《中國運河城市發展史》，成都：四川人民出
　　版社，1985 年。

彭雲鶴，《明清漕運史》，北京：首都師範大學出版
　　社，1995 年。

曾暐傑，〈論蕅益智旭對四書之詮釋及其道統之重
　　建 —— 以《四書蕅益解》中顏回與曾子形象爲核
　　心〉，《思辨集》第 15 期，2012 年 3 月，頁 293-
　　313。

程杰，《中華梅花審美文化研究》，西安：陝西師範大
　　學出版社，2008 年。

程杰，《梅文化論叢》，北京：中華書局，2007 年。

覃召文，《禪月詩魂》，北京：三聯書店，1994 年。

項楚，《敦煌文學叢考》，上海：上海古籍出版社，
　　1991 年。

項楚，《敦煌詩歌導論》，成都：巴蜀書社，2001 年。

黃仁宇，《放寬歷史的視界》，臺北：允晨文化，1988
　　年。

黃仁宇，《明代的漕運》，北京：新星出版社，2005
　　年。

黃李初，〈明代出版家毛晉與雲南麗江木增的交往〉，
　　《江蘇圖書館學報》1 期，1999 年，頁 45-46

黃啓江，〈參訪名師 —— 南宋求法日僧與江浙佛教叢
　　林〉，《佛學研究中心學報》第 10 期，2005 年 7
　　月，頁 185-234。

黃啓江，《一味禪與江湖詩——南宋文學僧與禪文化的蛻變》，臺北：臺灣商務印書館，2010 年。

黃啓江，《無文印的迷思與解讀——南宋僧無文道璨的文學禪》，臺北：臺灣商務印書館，2010 年。

黃啓江，《文學僧藏叟善珍與南宋末世的禪文化——《藏叟摘稿》之析論與點校》，臺北：新文豐出版公司，2010 年。

黃啓江，《南宋六文學僧紀年錄》，臺北：臺灣學生書局，2014 年。

黃啓江，《靜倚晴窗笑此生——南宋僧淮海元肇的詩禪世界》，臺北：臺灣商務印書館，2013 年。

黃敬家，〈八指頭陀詩中的入世情懷與禪悟意境〉，《成大中文學報》第 29 期，2010 年，頁 83-113。

黃敬家，〈空際無影，香中有情——八指頭陀詠梅詩中的禪境〉，《法鼓佛學學報》第 7 期，2010 年，頁 107-147。

楊惠南，〈看話禪和南宋主戰派之間的交涉〉，《中華佛學學報》第 7 期，1994 年，頁 191-212。

楊萍，〈《醒世姻緣傳》中的民俗文化〉，《吉林省教育學院學報》第 10 期，2009 年，頁 34-35。

楊儒賓，〈水與先秦諸子思想〉，臺大中文系編印：《語文·情性·義理——中國文學的多層面探討國

際學術會議論文集》，臺北：臺大中文系，1996
年，頁 533-574。

楊儒賓，〈儒門別傳——明末清初《莊》《易》同流的
思想史意義〉，鍾彩鈞、楊晉龍編，《明清文學與
思想中之主體意識與社會——學術思想篇》，臺
北：中央研究院中國文哲研究所，2004 年，頁 245-
289。

葛永海，《古代小說與城市文化研究》，上海：復旦大
學出版社，2004 年。

廖奔，《中國古代劇場史》，鄭州：中州古籍出版社，
1997 年。

廖肇亨，〈金堡之節義觀與歷史評價探析〉，《中國文
哲研究通訊》第 9 卷第 4 期，1999 年，頁 95-116。

廖肇亨，〈明末清初叢林論詩風尚探析〉，《中央研究
院文哲所集刊》第 20 期，2002 年 3 月，頁 263-
301。

廖肇亨，《中邊‧詩禪‧夢戲——明末清初佛教文化論
述的呈現與開展》，臺北：允晨文化，2008 年。

廖肇亨，〈以忠孝作佛事——明末清初佛門節義觀論
析〉，鍾彩鈞主編，《明清文學思想中的情、理、
欲——學術思想篇》，臺北：中央研究院中國文哲
研究所，2009 年，頁 199-244。

廖肇亨，〈四海斯文自一家 —— 江戶前期日本儒者詩文中的世界圖像〉，張伯偉編，《域外漢籍研究集刊》，北京：中華書局，第 5 輯，2009 年，頁 259-280。

廖肇亨，〈知海則知聖人 —— 明代琉球冊封使海洋書寫義蘊探詮〉，臺灣古典文學研究集刊編輯委員會編，《臺灣古典文學研究集刊·第二號》，臺北：里仁書局，2009 年，頁 1-35。

廖肇亨，〈今釋澹歸之文藝觀與詩詞創作析論〉，《武漢大學學報》第 63 卷第 6 期，2010 年，頁 697-704。

廖肇亨，〈從「清涼聖境」到「金陵懷古」 —— 從尚詩風習側探晚明清初華嚴學南方系之精神圖景〉，《中央研究院中國文哲研究集刊》第 37 期，2010 年 9 月，頁 51-94。

廖肇亨，《忠義菩提 —— 晚明清初空門遺民及其節義論述探析》，臺北：中央研究院中國文哲研究所，2013 年。

廖肇亨，《巨浪迴瀾 —— 明清佛門人物及其藝文》，臺北：法鼓文化，2014 年。

熊少華，《破山海明評傳》，北京：宗教文化出版社，2003 年。

蒲安迪著，馬曉多譯，〈逐出樂園之後 ── 《醒世姻緣傳》與十七世紀中國小說〉，樂黛雲、陳珏編選，《北美中國古典文學研究名家十年文選》，南京：江蘇人民出版社，1996 年，頁 311-347。

趙維平，《明清小說與運河城市》，上海：上海三聯書店，2007 年。

劉勇強，〈一僧一道一術士 ── 明清小說超情節人物的敘事學意義〉，《文學遺產》第 2 期，2009 年，頁 104-116。

劉洪強，〈《醒世姻緣傳》的作者為章丘文士考〉，《江漢大學學報（人文科學版）》第 3 期，2010 年，頁 47-48。

劉苑如，〈涉遠與歸返 ── 法顯求法的行旅與傳記敘述研究〉，黃應貴、王璦玲主編：《空間與文化場域 ── 空間移動之文化詮釋》，臺北：國家圖書館，2009 年，頁 319-354。

劉淑芬，《滅罪與度亡 ── 佛頂尊勝陀羅尼經幢之研究》，上海：上海古籍出版社，2008 年。

劉達科，《佛禪與金朝文學》，鎮江：江蘇大學出版社，2010 年 12 月。

蔡榮婷，〈北宋牧牛詩析論〉，鄭健行主編，《中國詩歌與宗教》，香港：中華書局，1999 年，頁 291-

336。

蔡榮婷，〈北宋時期禪宗詩偈的風貌〉，《花大中文學
　　報》第 1 期，2006 年 12 月，頁 205-226。

鄭偉章，〈毛晉代麗江木增刻書略述〉，《文獻》4 期，
　　2009 年，頁 115-119。

蕭麗華，《唐代詩歌與禪學》，臺北：東大，1997 年。

蕭麗華，《「文字禪」詩學的發展軌跡》，臺北：新文
　　豐出版公司，2012 年。

龍彼得著，王秋桂、蘇友貞譯，〈中國戲劇源於宗教儀
　　典考〉，《中外文學》第 7 卷第 12 期，1979 年 12
　　月，頁 158-181。

濱島敦俊著，朱海濱譯，《明清農村社會與民間信
　　仰》，廈門：廈門大學出版社，2008 年。

薛鋒、薛翔，《髡殘》，長春：吉林美術出版社，1996
　　年。

謝明陽，《明遺民的莊子定位論題》，《國立臺灣大學
　　文史叢刊》，臺北：國立臺灣大學出版委員會，
　　2001 年。

謝明陽，〈覺浪道盛《莊子提正》寫作背景考辨〉，
　　《清華學報》第 42 卷第 1 期，2012 年，頁 146-
　　150。

錢鍾書，《管錐篇》，北京：中華書局，1982 年。

瞿冕良，《中國古籍版刻辭典》，山東：齊魯書社，1999 年。

顏迪昌，《清詞史》，南京：江蘇古籍出版社，1990 年。

魏道儒，《中國華嚴宗通史》，南京：江蘇古籍出版社，1998 年。

魏道儒主編，《佛教護國思想與實踐》，北京：社會科學文獻出版社，2012 年。

嚴耀中，《漢傳密教》，上海：學林出版社，1999 年，頁 27-28。

釋太虛，《太虛大師全書》，北京：宗教文化出版社，2005 年。

釋印順，《初期大乘佛教之起源與開展》，臺北：正聞出版社，1994 年。

釋印嚴主編，《妙峰山志》，昆明：雲南人民出版社，2008 年。

釋有晃，《元代中峰明本禪師之研究》，臺北：法鼓文化，2007 年。

釋見曄，《明末佛教發展之研究 —— 以晚明四大師為中心》，臺北：法鼓文化，2007 年。

釋果燈，《明末清初律宗千華派之興起》，臺北：法鼓文化，2004 年。

釋開濟，《華嚴禪——大慧宗杲的思想特色》，臺北：
　　文津出版社，1996 年。

釋聖空，〈試析雍正在《揀魔辨異錄》中對漢月法藏的
　　批判〉，《中華佛學研究》第 5 期，2001 年 3 月，
　　頁 411-440。

釋聖嚴，《明末中国佛教の研究——特に智旭を中心と
　　して》，東京：山喜房書林，1975 年。

釋聖嚴，《明末佛教研究》，臺北：東初出版社，1987
　　年。

釋聖嚴，《禪門修證指要》，臺北：法鼓文化，1999
　　年。

釋聖嚴，《天台心鑰——教觀綱宗貫註》，臺北：法鼓
　　文化，2002 年。

釋道堅，《破山禪學研究》，北京：宗教文化出版社，
　　2008 年。

釋鎮澄，《清涼山志》，杜潔祥主編，《中國佛寺史志
　　彙刊》，臺北：明文書局，1980 年，第 2 輯第 29
　　冊。

黨燕妮，〈毘沙門天王信仰在敦煌的流傳〉，《敦煌研
　　究》3 期，2005 年，頁 99-104。

顧偉康，《禪淨合一流略》，臺北：東大圖書公司，
　　1991 年。

JCC 出版部著，《絵で解る琉球王国 —— 歴史と人物》，沖繩：JCC 出版部，2011 年。

入矢義高，《佛教文學集》，東京：平凡社，1975 年。

入矢義高，《求道と悅樂 —— 中國の禪と詩》，東京：岩波書店，1983 年。

入矢義高監修，唐代語錄研究班編，師備著，《玄沙廣錄》，京都：禪文化研究所，1987 年。

入矢義高譯註，《臨濟錄》，東京：岩波書店，1989 年。

入矢義高等譯註，克勤著，《碧巖錄》，東京：岩波書店，1997 年。

上原兼善，《幕藩制形成期の琉球支配》，東京：吉川弘文館，2001 年。

上原兼善，《島津氏の琉球侵略 —— もう一つの慶長の役》，宜野灣：榕樹書林，2009 年。

上野忠昭，〈道衍（姚廣孝）の信仰〉，《佛教大學大學院研究紀要》第 16 期，1988 年 3 月，頁 47-69。

大谷哲夫，〈獨庵玄光師の特異性とその位置〉，鏡島元隆編，《獨庵玄光と江戶思潮》，東京：ぺりかん社，1995 年，頁 51-66。

小師順子，〈毘沙門天靈驗譚の成立について —— 不空と毘沙門天の關係を中心〉，《印度學佛教學研

究》第 53 卷第 1 期，2004 年，頁 208-210。

川村湊，《補陀落 —— 觀音信仰への旅》，東京：作品
　　社，2003 年。

五來重，《熊野詣》，東京：講談社，2008 年。

夫馬進，《使琉球錄解題及び研究》，宜野灣：榕樹書
　　林，1999 年。

木村得玄，《初期黃檗派の僧たち》，東京：春秋社，
　　2007 年。

木村得玄，《隱元禪師と黃檗文化》，東京：春秋社，
　　2011 年。

木村清孝著，戴燕譯，〈萬松行秀的禪世界 —— 萬松行
　　秀與華嚴思想的關係〉，《宗教研究》第 6 期，
　　1992 年，頁 75-80。

木宮泰彥，《日華文化交流史》，東京：富山房，1972
　　年。

古賀勝次郎，〈薩摩藩の儒學の傳統〉，古賀勝次郎代
　　表早稻田大學日本地域文化研究所編，《薩摩の歷
　　史と文化》，東京：行人社，2013 年，頁 71-112。

平久保章，《隱元隆琦》，東京：吉川弘文館，1962
　　年。

永井政之，〈萬松行秀考〉，《宗教研究》第 50 卷第 3
　　期，1976 年，頁 161-162。

玉村竹二，《五山文學》，東京：至文堂，1985 年。

田仲一成，《中國祭祀演劇研究》，東京：東京大學出
版會，1981 年。

田仲一成，《中國の宗族と演劇》，東京：東京大學出
版會，1985 年。

田仲一成，《中國鄉村祭祀研究 ── 地方劇の環境》，
東京：東京大學出版會，1989 年。

田仲一成，《中國巫系演劇研究》，東京：東京大學出
版會，1993 年。

田邊勝美，《毘沙門像の誕生》，東京：吉川弘文館，
1999 年。

石井公成編集，《漢字文化圏への廣がり》，《新アジ
ア佛教史》，東京：佼成出版社，2010 年。

石橋成康，〈姚廣孝に見られる明初の儒佛關係〉，
《佛教大學佛教文化研究所所報》第 9 期，1991 年
3 月，頁 6-9。

西嶋定生，《邪馬台國と倭國 ── 古代日本と東アジ
ア》，東京：吉川弘文館，1994 年。

伊藤幸司，《中世日本の外交と禪宗》，東京：吉川弘
文館，2002 年。

伊藤幸司，《中世日本の外交と禪宗》，東京：吉川弘
文館，2002 年。

伊藤愼吾，〈文之玄昌と聖蹟圖〉，《國語國文》72 卷
　　　7 期，2003 年 7 月，頁 17-31。

寺田隆信，《明代鄉紳の研究》，京都：京都大學學術
　　　出版會，2009 年。

池宮正治等編，《久米村 —— 歷史と人物》，那霸：ひ
　　　るぎ社，1993 年。

佐々木綱洋，《都城唐人町 —— 海に開く南九州：16 −
　　　17 世紀日中交流の一斷面》，宮崎：鑛脈社，2009
　　　年。

佐々木憲德，《佛教の忠義哲學》，京都：山崎寶文
　　　堂，1940 年。

佐伯富，〈近世中國における観音信仰〉，塚本博士
　　　頌寿記念会編，《塚本博士頌寿記念仏教史学論
　　　集》，京都：塚本博士頌寿記念会，1961 年，頁
　　　372-389。

村上雅孝，〈文之玄昌と宋学 ——「周易伝義大全」の
　　　書き入れを通して見た〉，《文化》（東北大學文
　　　學會）57 卷 3 期，1993 年 4 月，頁 165-182。

村井章介，《東アジア往還 —— 漢詩と外交》，東京：
　　　朝日新聞社，1995 年。

忽滑谷快天，《禪學思想史》，東京：玄黃社，1923
　　　年。

岩生成一，《南洋日本町の研究》，東京：岩波書店，
　　2007 年。

岩城英規，〈智旭《周易禪解》について〉，《印度學
　　學研究》第 40 卷第 1 期，1991 年 1 月，頁 121-
　　125。

岩崎日出男，〈不空三藏の護國活動の展開につい
　　て〉，《印度學佛教學研究》第 42 卷第 1 期，1993
　　年，頁 249-251。

岸本美緒，《明清交替と江南社會——17 世紀中國の秩
　　序問題》，東京：東京大學出版會，1970 年。

東恩納寬惇，《南島風土記》，《東恩納寬惇全集》，
　　東京：第一書房，1993 年，第 7 卷。

松井孝純，〈屋久島如竹法華僧考〉，《印度學佛教學
　　研究》24 卷 1 期，1975 年 12 月，頁 418-421。

松長有慶，〈護國思想の起源〉，《印度學佛教學研
　　究》第 15 卷第 1 期，1966 年，頁 69-78。

松長有慶，〈密教の國家觀の變遷〉，《日本佛教學會
　　年報》第 37 期，1971 年，頁 53-68。

武藤長平，《西南文運史論》，東京：岡書院，1926
　　年。

牧田諦亮，〈道衍傳小稿——姚廣孝の生涯〉，《東洋
　　史研究》第 18 卷第 2 期，1959 年。

知名定寬，《琉球佛教史の研究》，宜野灣：榕樹書
　　林，2008 年。

阿部肇一，《中國禪宗史の研究：政治社會史的考
　　察》，東京：研文出版，1986 年。

柳田聖山，〈隱元の東渡と日本黃檗禪〉，源了圓、楊
　　曾文編，《日中文化交流史叢書》（宗教），東
　　京：大修館書店，1996 年，第 4 冊，頁 277-295。

長谷部幽蹊，《明清佛教教團史研究》，京都：同明舍
　　出版，1993 年。

栂尾祥雲，〈密教教典と護國思想〉，《密教研究》第
　　74 期，1940 年，頁 100-112。

原田弘道，〈耶律楚材と萬松行秀〉，《駒澤大學佛教
　　學部研究紀要》第 55 期，1997 年，頁 1-18。

根井淨，《補陀落渡海史》，京都：法藏館，2008 年。

紙屋敦之，《幕藩制國家の琉球支配》，東京：校倉書
　　房，1990 年。

能仁晃道編著，《隱元禪師年譜》，京都：禪文化研究
　　所，1999 年。

荒牧典俊，《北朝隋唐中國佛教思想史》，京都：法藏
　　館，2000 年。

荒木見悟，《陽明學の位相》，東京：研文出版，1992
　　年。

荒木見悟著，廖肇亨譯，〈覺浪道盛初探〉，《中央研究院文哲所通訊》，第9卷4期，1999年12月，頁77-94。

荒木見悟，《憂國烈火禪 —— 禪僧覺浪道盛のたたかい》，東京：研文出版，2000年。

荒木見悟著，周賢博譯，《近世中國佛教的曙光 —— 雲棲袾宏之研究》，臺北：慧明文化，2001年。

荒木見悟著，廖肇亨譯，《明末清初的思想與佛教》，臺北：聯經出版社，2006年。

高田祥平，《東皋心越 —— 德川光圀が歸依した憂國の渡來僧》，東京：里文出版，2013年。

高野澄，《熊野三山・七つの謎》，東京：祥傳社，2008年。

高橋竹迷，《隱元隆琦・木庵・即非》，東京：國書刊行會，1978年。

高橋博巳，〈獨庵玄光小傳（一）〉，《金城學院大學論集・人文科學編》第5卷第2號，2009年，頁337-346。

清水茂，〈論金堡的詞〉，清水茂著，蔡毅譯，《清水茂漢學論集》，北京：中華書局，2003年。

清水茂，〈澹歸和尚と藥地和尚〉，《中國詩文論叢 —— 平野顯照教授退官紀念論文集》，京都：大

谷大學出版會，1994 年，頁 220-234。

速水侑，《観音信仰》，東京：塙書房，1989 年。

速水侑，《民眾の導者 —— 行基》，東京：吉川弘文館，2004 年。

陳垣撰，野口善敬譯註，《訳註清初僧諍記 —— 中国仏教の苦悩と士大夫たち》，福岡：中国書店，1989年。

野口善敬，〈雪関智誾と「主人公」論争〉，《中國哲學論集》26 號，2000 年 10 月，頁 42-72。

森克己，〈日宋交通と末法思想的宗教生活との連關〉，《日宋文化交流の諸問題》，東京：刀江書院，1950 年，頁 101-127。

渡邊匡一，〈爲朝渡琉譚のゆくえ —— 齟齬する歷史認識と國家、地域、そして人〉，《日本文學》50 卷 1 期（2001 年），頁 19-27。

菊池誠一，《シリーズ港町の世界史（二） —— 港町のトポグラフィ》，東京：青木書店，2006 年。

奧崎裕司，《中國鄉紳地主の研究》，東京：汲古書院，1978 年。

榎本渉，《東アジア海域と日中交流 —— 九～十四世紀》，東京：吉川弘文館，2007 年。

榎本渉，《僧侶と海商たちの東シナ海》，東京：講談

社，2010 年。

增田勝機，《薩摩にいた明國人》，鹿兒島：高城書房，1999 年。

蔭木英雄，《中世禪林詩史》，東京：笠間書院，1994年。

濱島敦俊，《明代江南農村社會の研究》，東京：東京大學出版會，1982 年。

濱島敦俊，《總管信仰——近世江南農村社會と民間信仰》，東京：研文出版，2001 年。

彌永信美，《觀音變容譚》，京都：法藏館，2002 年。

鎌田茂雄，〈海印三昧について〉，《駒澤大學佛教學部研究紀要》24 號，1966 年 3 月，頁 35-46。

鎌田茂雄，《中國佛教史》，東京：東京大學出版會，1982-1999 年。

Andrew H. Plaks. "After the Fall: Hsing-shih yin-yüan chuan and the Seventeenth-Century Chinese Novel", *HJAS* 45, no.2 (1985), pp 543-580.

Baroni, Helen J. *Obaku Zen: The Emergence of the Third Sect of Zen in the Tokugawa Japan*. Honolulu: Hawaii University Press, 2000.

Brook, Timothy. *Praying For Power: Buddhism and the Formation of Gentry Society in Late-Ming China*.

Cambridge, Mass.: Council on East Asian Studies, Harvard University and Harvard-Yenching Institute: Distributed by Harvard University Press, 1993.

Ch'en, Kenneth K. S. *Buddhism in China: A Historical Survey. Princeton, N.J*: Princeton University Press, 1964.

Curtin, Philip D. *Cross-Cultural Trade in World History*. New York: Cambridge University Press, 1984.

Eliade, Mircea. *Patterns in Comparative Religion*. New York: Sheed & Ward, 1958.

Gregory, Peter N, and Daniel A. Getz. *Buddhism in the Sung*. Honolulu: University of Hawai'i Press, 1999.

Heller, Natasha. *Illusory Abiding: The Cultural Construction of the Chan Monk Zhongfeng Mingben*. Cambridge, Massachusetts: Harvard University Asia Center, 2014.

Hsu, Sung-peng. *A Buddhist leader in Ming China: The Life and Thought of Han-shan Te-ching*. University Park: Pennsylvania State University Press, 1979.

Martin W. Huang.（黃衛總）"Karmic Retribution and the Didactic Dilemma in the Xingshi yin-yuan Zhuan"，《漢學研究》第 15 卷第 1 期，1997 年 6 月，頁 397-440。

Perdue, Peter C. *Exhaust the Earth: State and Peasant in Hunan, 1500-1850*. Cambridge, MA: Harvard University Asia Center, 1987.

Reischauer, Edwin O. *Ennin's Travel in T'ang China*. New York: Ronald press company, 1955.

Richard Schechner. "From Ritual to Theatre and Back." *Ritual, Play, and Performance: Readings in the Social Sciences / Theatre*. ed. by Richard Schechner and Mady Schuman. New York: Seabury Press, 1976.

Shahar, Meir. *The Shaolin Monastery: History, Religion, and the Chinese Martial Arts*. Honolulu: University of Hawai'i Press, 2008.

Susan Naquin. *Peking: Temples and City Life, 1400-1900*. Berkeley: University of California Press, 2000.

Wheeler, Charles James. *Cross-cultural Trade and Trans-regional Networks in the Port of Hoi An: Maritime Vietnam in the Early Modern Er*a. Ph.D. Dissertation, Yale University, 2001.

Wu, Jiang. *Enlightenment in Dispute: The Reinvention of Chan Buddhism in Seventeenth-Century China*. New York: Oxford University Press, 2008.

Wu, Jiang. *Leaving for the Rising Sun: Chinese Zen Master*

Yinyuan and the Authenticity Crisis in Early Modern East Asia. New York: Oxford University Press, 2014.

Yu, Chun-fang. *The Renewal of Buddhism in China: Chu-hung and the Late Ming Synthesis.* New York: Columbia University Press, 1981.

Zürcher, E. *The Buddhist Conquest of China: The Spread and Adaptation of Buddhism in Early Medieval China.* Leiden: E.J. Brill, 1959.

論文刊登出處一覽

1. 聖境與生死流轉——日本五山漢詩中普陀山文化意象的嬗變

   〈聖境與生死流轉——日本五山漢詩中普陀山文化意象的嬗變〉，石守謙、廖肇亨主編，《東亞文化意象的形塑》，頁191-224。臺北：允晨文化。2011年1月。

2. 曹洞宗壽昌派在東亞的流衍傳布——以東皋心越與石濂大汕為中心

   〈晚明清初曹洞宗壽昌派在東亞的流衍傳布——以石濂大汕與東皋心越為中心的討論〉，釋果鏡、廖肇亨主編，《求法與弘法——漢傳佛教的跨文化交流國際研討會論文集》，頁333-373。臺北：法鼓文化。2015年10月。

3. 脫軌・錯位・歸返——《醒世姻緣傳》中的懺罪書寫與河川文化的相互投影

   〈脫軌・錯位・歸返——《醒世姻緣傳》中的懺罪書寫與河川文化的相互投影〉，《文與哲》第18期，頁515-546。高

雄：國立中山大學中文系。2011 年 6 月。

4. 欲識玄玄公案，黃粱未熟以前 —— 從《谷響集》看明
   季滇僧徹庸周理的思想淵源與精神境界
   〈欲識玄玄公案，黃粱未熟以前 —— 從《谷響集》看明季滇
   僧徹庸周理的思想淵源與精神境界〉，《法鼓佛學學報》第
   14 期，頁 165-204。新北：法鼓佛教學院。2014 年 6 月。

5. 泠然萬籟作，中有太古音 —— 從《古今禪藻集》看明
   代僧詩的自然話語與感官論述
   〈泠然萬籟作 中有太古音 —— 從《古今禪藻集》看明代僧
   詩的自然話語與感官論述〉，《人文宗教研究》總第 8 輯。
   Vol.6 No.2，頁 5-44。北京：北京大學宗教文化研究院。
   2017 年 3 月。

6. 葉燮與佛教
   〈葉燮與佛教〉，《漢語佛學評論》第五輯，頁 263-251。
   光州：廣州中山大學哲學系佛學研究中心。2017 年 10 月。

7. 慧業通來不礙塵 —— 從蒼雪讀徹《南來堂詩集》看晚
   明清初賢首宗南方系的發展歷程
   〈慧業通來不礙塵 —— 從蒼雪讀徹《南來堂詩集》看晚明清
   初賢首宗南方系的發展歷程〉，《中央研究院中國文哲研究
   集刊》第 46 期，頁 1-29。臺北：中央研究院中國文哲研究
   所。2015 年 3 月。

8. 覺浪道盛〈原道七論〉義蘊試析 —— 從三教會同看近世佛教護國思想

〈覺浪道盛〈原道七論〉義蘊試析 —— 從三教會同看近世佛教護國思想〉,《人間佛教研究》第 7 期,頁 67-96。香港:香港中文大學人間佛教研究中心。2016 年 12 月。

寫在出版之前

　　漢傳佛教研究近年獲得大幅進展，特別是文化史研究角度的開展，幾乎是一波強勁的浪潮，沛然莫乎能禦。過去，傳統佛教研究幾乎全部集中在中古以前，宋代以下，往往以「混雜」或「庶民化」簡而視之，對宋代以後遺留迄今的眾多文獻資料視而不見。殊不知從唐宋轉型到晚清思想革命，在中國文化歷史重要的轉型時期，佛教總是扮演了關鍵性的作用。在佛教的刺激之下，宋代新儒家嘗試深入探討心性之學，開創了儒學的新紀元。此外，文學、藝術、民俗無一不深惹宗風。從知識菁英的哲學思辨到庶民百姓的日常生活，佛教真正普及到中國各個角落的不同階層，研究這段時期的思想文學宗教，捨佛教而不談，終成滲漏。佛教同時也是同時期東亞文化交流之際，最重要的載體，天台、華嚴、禪雖然都發軔於中國，但卻也都在東亞各國開花結果。

　　以敦煌資料為例，當年發言權幾乎全部主要集中

在法國伯希和（Paul Pelliot，1878－1945）、英國斯坦因（Marc Aurel Stein，1862－1943）、日本大谷光瑞（1876－1948）之手。漢傳佛教部分，資料大部分的架構已經完全被《大正藏》與《卍續藏》所壟斷。近來中古佛教研究，古寫經也蔚然成風，又全部歸尊於日本學界與寺院。華語學界即使奮力追趕，只能完全被動等待對方公布資料，就是現在的窘況。明清佛教的文獻近年以迅急驟烈的方式大量問世，能從文獻源頭直接掌握學術話語的契機實在是千載一遇的良機，捨此則無他途。可惜宋代以降的佛教，長久以來，一直不受學界重視。關於晚明佛教的研究，臺灣學術界最初雖由聖嚴法師開啓名山大業，一度在國內外追隨者眾，可惜未能眞正形成洪潮。如今撼醒天下人耳目，斯其時矣！以明清佛教文獻爲出發點，可以對思想史、文學史、民俗、藝術等面向提供一個嶄新的觀點，建立一個更廣闊的學術視野。

多年來，我的學術興趣雖然一直轉變，但卻從來沒有離開明清佛教。雖然新出文獻如雨後春筍，但我依然仍對新文豐版的《明版嘉興大藏經》與《卍續藏》懷有無可言說的親切感，可以說，他們就是我青春時期最親近的友人。歌哭於斯的回憶不可勝記。但此書所以面世，可以說是法鼓文化同仁極力催促的結果，若不是他

們積極鞭策，此書呈現在眾人面前的時日恐尚在未定之天。我知道這裡的論文並不完美，畢竟還是一段摸索學習過程的記錄。困知經年，聊此殘篇，此番校對作業期間，重讀幾過，不免愧怍增重，視同《懺悔錄》一類也無不可。但無論如何，好像暫時只能這樣了。感謝老友聖心為此書題字，天地萬物無不變異，唯此相知之情入水不濕、入火不燃。

智慧海 64

倒吹無孔笛——明清佛教文化研究論集

Blowing the Holeless Flute Upside Down: Collection of Research
Papers on the Buddhist Culture in Ming and Qing Dynasties

著者	廖肇亨
出版	法鼓文化
總監	釋果賢
總編輯	陳重光
編輯	李金瑛
封面設計	王璽安
內頁美編	小工
地址	臺北市北投區公館路186號5樓
電話	(02)2893-4646
傳真	(02)2896-0731
網址	http://www.ddc.com.tw
E-mail	market@ddc.com.tw
讀者服務專線	(02)2896-1600
初版一刷	2018年11月
初版二刷	2019年 3 月
建議售價	新臺幣600元
郵撥帳號	50013371
戶名	財團法人法鼓山文教基金會－法鼓文化
北美經銷處	紐約東初禪寺
	Chan Meditation Center (New York, USA)
	Tel: (718)592-6593 Fax: (718)592-0717

法鼓文化

國家圖書館出版品預行編目資料

倒吹無孔笛：明清佛教文化研究論集 / 廖肇亨
　著. -- 初版. -- 臺北市：法鼓文化, 2018. 11
　面；　公分
ISBN 978-957-598-794-7 (平裝)

1.佛教史 2.文化研究 3.明代 4.清代

228.206　　　　　　　　　　　107017016